EIGENTUM des FREISTAATES THÜRINGEN

Dieses Lehrmittel wurde am 20.06.2011 mit der Nummer 1100.15 in das Inventar aufgenommen und es soll mehrere Jahre verwendet werden können. Darum dürfen keine Einträge, Unterstreichungen oder Markierungen vorgenommen werden. Es wird dringend angeraten, das Buch mit einem Umschlag zu versehen, damit es nicht unnötig verschmutzt wird.

Datum Ausleihe	Name	Datum Rückgabe
03.09.12	Luisa Glaser	
26.8.12	Kevi Kamstedt	
	Rainer Hanka	
11.08.16	Melanie S. Weckner	
13.8.18	M. Schlosser	

Schulleiter:

Schulstempel:

Löwentorschule
Tel. 2234 / PSF 149
Bleicherode / Thüringen

Praxis Sprache 10

Herausgegeben von	Wolfgang Menzel
Erarbeitet von	Sabine Haeske Ute Hirth Angelika Kluger Roswitha Radisch Günter Rudolph Jürgen Schäfer
Illustriert von	Konrad Eyferth

1 **Blaue Aufgabenziffern** kennzeichnen **Lernangebote zur Differenzierung**.

Die Lupe verweist auf Seiten aus anderen Kapiteln, die die Lernbereiche funktional miteinander verzahnen.

© 2008 Bildungshaus Schulbuchverlage
Westermann Schroedel Diesterweg Schöningh Winklers GmbH, Braunschweig
www.westermann.de

Das Werk und seine Teile sind urheberrechtlich geschützt. Jede Nutzung in anderen als den gesetzlich zugelassenen Fällen bedarf der vorherigen schriftlichen Einwilligung des Verlages. Hinweis zu § 52 a UrhG: Weder das Werk noch seine Teile dürfen ohne eine solche Einwilligung gescannt und in ein Netzwerk eingestellt werden. Dies gilt auch für Intranets von Schulen und sonstigen Bildungseinrichtungen.
Auf verschiedenen Seiten dieses Buches befinden sich Verweise (Links) auf Internet-Adressen. Haftungshinweis: Trotz sorgfältiger inhaltlicher Kontrolle wird die Haftung für die Inhalte der externen Seiten ausgeschlossen. Für den Inhalt dieser externen Seiten sind ausschließlich deren Betreiber verantwortlich. Sollten Sie bei dem angegebenen Inhalt des Anbieters dieser Seite auf kostenpflichtige, illegale oder anstößige Inhalte treffen, so bedauern wir dies ausdrücklich und bitten Sie, uns umgehend per E-Mail davon in Kenntnis zu setzen, damit beim Nachdruck der Verweis gelöscht wird.

Druck A^3 / Jahr 2010
Alle Drucke der Serie A sind im Unterricht parallel verwendbar.

Redaktion: Regina Nußbaum, Muna Bering
Typographisches Konzept: Sandra Grünberg, Thomas Schröder
Umschlaggestaltung: Konrad Eyferth, Thomas Schröder
Satz: designbüro ARNDT + SEELIG, Bielefeld
Druck und Bindung: westermann druck GmbH, Braunschweig

ISBN 978-3-14-**12**0690-6

Praxis Sprache
10
Sprechen · Schreiben · Lesen

westermann

Praxis Sprechen, Schreiben, Lesen

- **8 Texte lesen – Sinn verstehen**
- 8 Lesestrategien anwenden
- 12 Einen Text mit Hilfe von Lesestrategien erarbeiten
- 15 Einen Text mit Kreisdiagrammen in Verbindung setzen

- **18 Start in den Beruf**
- 19 Wege zur Arbeit – Junge Leute berichten
- 21 Zu einer Reportage ein Protokoll schreiben
- 24 Eine Infografik lesen – Informationen entnehmen und bewerten
- 26 Strategien trainieren – Prüfungssituationen bewältigen
- 29 Vorstellungsgespräche trainieren
- 33 Vorstellungsgespräche im Rollenspiel erproben

- **34 Sich mit globalen und individuellen Problemen auseinandersetzen**
- 34 Sich mit einem Thema vertraut machen
- 37 Eine Themenfrage analysieren
- 39 Materialien zu einer Themenfrage erschließen, zusammentragen und belegen
- 47 Informationen ordnen
- 48 Gliederungspunkte für eine dialektische Erörterung erarbeiten
- 50 Sich mit Gliederungsvorschlägen auseinandersetzen
- 52 Den Hauptteil einer dialektischen Erörterung ausgestalten
- 54 Einleitung und Schluss einer Erörterung ausformulieren
- 57 Entwürfe überarbeiten – Checklisten nutzen

- **58 Bertolt Brecht**
- 58 Kindheit und Jugend
- 59 Der junge Brecht: *Die Hauspostille*
- 63 Brecht und das epische Theater: *Die Dreigroschenoper*
- 67 Der politische Brecht: *Die Keuner-Geschichten*
- 73 Brecht und die Emigration: Gedichte
- 76 Brecht und die Emigration: *Kalendergeschichten*
- 80 Rückkehr nach Deutschland
- 84 Stimmen und Gegenstimmen

86	**Filme lesen: Schindlers Liste – das Buch**
86	In einen Roman „einsteigen"
87	Ein Portfolio zu einem Roman anfertigen
91	Literarische Figuren untersuchen
94	Die Wirkung einer Figur analysieren
96	Motive literarischer Figuren untersuchen
98	Handlungsstränge eines Romans untersuchen
106	**Filme lesen: Schindlers Liste – der Film**
106	Filmische Gestaltungsmittel untersuchen
110	Erste Begegnung zwischen Schindler und Stern (10.40–13.39)
112	Figurenanalyse
114	Schindler holt Stern aus dem Zug (42.05–45.20)
116	Einen Filmausschnitt mit der Romanvorlage vergleichen
116	Einen Sequenzplan erstellen
117	Schindler und Ingrid beobachten die Räumung des Gettos (54.03–1.07.20)
118	Filmmusik untersuchen
119	Besonderheiten im Film „Schindlers Liste"

120	**Johann Wolfgang von Goethe: Faust**
120	Auf den Lebensspuren von Johann Wolfgang von Goethe
123	Das Faust-Thema im Wandel der Zeit
125	Johann Wolfgang von Goethe: *Faust – Der Tragödie erster Teil*
129	Sich zur Faustfigur positionieren
131	Den Osterspaziergang interpretieren
133	Fausts Konflikt erschließen
137	Untersuchendes Erschließen der Liebestragödie
144	Johann Wolfgang von Goethe: *Faust – Der Tragödie zweiter Teil*
147	Form und Sprache im Faust, Teil I, untersuchen

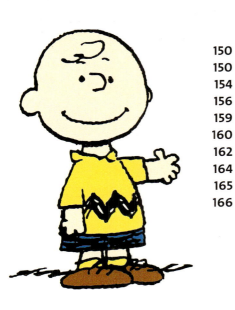

150	**Das Komische**
150	Warum lachen wir? – Informationsentnahme aus einem Text
154	Wortfelder – Wörter unterscheiden, Begriffe definieren
156	Das Komische – Informationsentnahme aus einem Text
159	Komische Gedichte: Limericks – lesen und übersetzen
160	Satirische Mittel untersuchen
162	Satiren untersuchen
164	Der Satiriker und die Satire – Aufgaben und Grenzen diskutieren
165	Satiren schreiben
166	Eine Betrachtung (Essay) untersuchen und schreiben

168	**Einen Roman erschließen – Bernhard Schlink: Der Vorleser**
168	Erste Annäherung an den Roman
170	Die zentralen Themen des Romans in Zeit und Raum erfassen
171	Die Figuren- und Konfliktanlage untersuchen
175	Erzählperspektiven und Erzählweisen erkennen
176	Handlungsmotive literarischer Figuren nachvollziehen
179	Analphabetismus als Handlungsmotiv bewerten
181	Sich mit dem Thema *Schuld* auseinandersetzen
182	Die Entwicklung literarischer Figuren erfassen
184	Die Konstellation der Hauptfiguren visualisieren
186	Die Interpretation eines Romans vorbereiten und schreiben
187	Eine Buchrezension verfassen
189	Biografische Bezüge zum Romangeschehen entdecken

190	**Elemente der Lyrik**
190	Lyrik oder Prosa?
192	Aus Prosa Lyrik gestalten
194	Das lyrische Ich
195	Eine Gedichtinterpretation untersuchen und schreiben
196	Epochen der Lyrik
198	Ein Sonett des Barock analysieren
200	Sprachliche Bilder in einem romantischen Gedicht entschlüsseln
201	Eine Ballade betont vortragen
203	Experimentelle Lyrik untersuchen
204	Biografische Bezüge in Gedichten erkennen

206	**Liebe, Träume, Leben**
206	Sich mit einem Jugendbuchauszug auseinandersetzen
209	Ein Gedicht lesen und interpretieren
210	Gedichte selbstständig erschließen
212	Auf der Suche nach dem ICH
214	Texte verstehen – Sachtext/Diagramm
218	Sich zu Lebensweisheiten positionieren

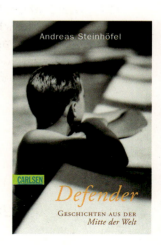

Schritt für Schritt: Wort – Satz – Text

220 Praxis Rechtschreiben

- **220 Im Überblick: wichtige Regeln der Schreibung von Wörtern**
- **223 Ein Test: Schreibung von Wörtern**
- **224 Groß- und Kleinschreibung**
- 224 Partizipien werden zu Substantiven (Nomen)
- **226 Besondere Fälle der Groß- und Kleinschreibung**
- 226 Partizip, Adjektiv oder Substantiv (Nomen)?
- 227 Groß oder klein: Sprachbezeichnungen
- 228 Groß oder klein: Farbbezeichnungen
- 229 Groß oder klein: Zahlangaben
- 230 Zusammenfassung: Signale der Großschreibung
- 232 Ein Test: Groß- und Kleinschreibung von Wörtern
- **234 Im Überblick: Getrennt- und Zusammenschreibung**
- **239 Fremdwörter**
- 239 Was sind Fremdwörter?

242 Praxis Grammatik

- **242 Im Überblick: Wortarten**
- 243 Überblick über die Wortarten
- **246 Gleichsetzungsnominativ als Bestandteil des Prädikats**
- **247 Im Überblick: Satzglieder**
- **250 Attribute: Nominalstil – Verbalstil**
- **252 Partizip I – Partizip II**
- **256 Konjunktiv**
- 256 Konjunktiv I – Indirekte Rede
- 259 Konjunktiv II – Wünsche, Vorgestelltes, Nichtwirkliches
- **262 Aktiv und Passiv**
- 262 Bildung und Funktion von Passivformen wiederholen
- 263 Wie Handlungsanweisungen formuliert werden können
- **265 Im Überblick: Kommasetzung**
- 267 Nebenordnung: Kommasetzung
- 268 Unterordnung: Kommasetzung
- 269 Ein Test: Kommasetzung
- **270 Bildhafte Ausdrucksweise**
- **273 Wörter gehen unter – Wörter verändern ihre Bedeutung**
- 273 Was versteht man eigentlich unter der Bedeutung eines Wortes?
- 274 Wörter gehen unter
- 275 Die Bedeutung von Wörtern wandelt sich

278 Gewusst wie: Arbeitstechniken

- 278 Wie man sich in sprachlichen Zweifelsfällen helfen kann

282 Fachausdrücke der Grammatik und Rechtschreibung
286 Quellen

Texte lesen – Sinn verstehen

Lesestrategien anwenden

1 Bevor ihr den folgenden Text lest, solltet ihr zunächst anhand der Überschrift Erwartungen an den Text äußern, z. B.:
– Welche Informationen könnte der Text enthalten?
– Welche Fragen sollte euch der Text auf jeden Fall beantworten?

2 Lest jetzt den Text **orientierend**.
– Lest den Text rasch durch, auch wenn ihr dabei nicht alles sofort versteht.
– Versucht dann, in einigen Sätzen zu beschreiben, wovon der Text im Wesentlichen handelt.

Mit dem Lügendetektor der Wahrheit auf der Spur?

In Filmen ist das manchmal ganz einfach: Ein Krimineller wird an einen Lügendetektor angeschlossen und der Lüge überführt. Oder ein Beschuldigter kann durch den Lügendetektor
5 seine Unschuld beweisen, also beweisen, dass er die Wahrheit sagt. Kann man mit einem Gerät tatsächlich erkennen, dass ein Mensch lügt? Oder dass er die Wahrheit sagt?

Der Lügendetektor ist ein Gerät, das verschie-
10 dene Körperreaktionen misst. Solche Körperreaktionen sind unter anderem die Änderung der Atemfrequenz, die Änderung des Pulses oder des Blutdrucks, die Änderung des Hautwiderstandes durch Schwitzen, das leichte Zittern ei-
15 ner Person. Diese vielfältigen Reaktionen werden durch den Lügendetektor gemessen und gleichzeitig aufgezeichnet. Deshalb heißt ein Lügendetektor in den USA meist Polygraf. Eine Auswertung findet jedoch nicht durch das Gerät
20 selbst statt.

Ob die gemessenen Körperreaktionen auf eine Lüge oder auf die Wahrheit verweisen, entscheiden die Wissenschaftler oder Polygrafisten, die die aufgezeichneten Daten interpretieren.
25 Sie bewerten alle gemessenen Reaktionen und versuchen zu ermitteln, ob die aufgezeichneten Reaktionen echt, also unabsichtlich sind oder ob sie von einer Person absichtlich und irreführend gezeigt wurden.

30 Und was hat das alles damit zu tun, ob eine Person lügt oder die Wahrheit sagt? Alle Lügendetektoren gehen von der Annahme aus, dass ein Mensch bei einer Lüge mindestens geringfügig nervös wird. Diese Nervosität kann zwar
35 für das bloße Auge unsichtbar bleiben, aber das vegetative Nervensystem des Menschen, das nicht willentlich beeinflusst werden kann, reagiert im Allgemeinen auf solche Reize. So schlägt das Herz bei Angst unwillkürlich schnel-
40 ler, oder die Schweißdrüsen werden angeregt, wenn wir nervös sind. Diese Schweißdrüsen werden auch aktiviert, wenn wir einen Gegenstand oder ein Ereignis wiedererkennen. Vor allem die Schweißdrüsen an den Hand- und

Fußflächen reagieren auf die beschriebenen Emotionen.

Bei dem Test mit dem Lügendetektor kommen vor allem zwei Testverfahren zum Einsatz. Bei dem Tatwissenstest bekommt der Verdächtige Fragen zu der Tat gestellt, zu denen ihm mehrere Antworten präsentiert werden. Eine solche Frage-Antwort-Kombination könnte z. B. so aussehen:

War der gestohlene Gegenstand in
1. einer Handtasche,
2. einer Sporttasche,
3. einer Plastiktüte,
4. einem Stoffbeutel,
5. einem Rucksack?

Der Täter weiß sicher, worin sich der gestohlene Gegenstand befand. Wenn er bei der richtigen Antwort Reaktionen zeigt, dann gibt er unbewusst Wissen preis, das nur der Täter oder vielleicht eine am Tatort anwesende Person haben kann.

Eine etwas kompliziertere Methode ist der Kontrollfragentest. Bei diesem Test findet zunächst ein Gespräch des Polygrafisten mit dem Tatverdächtigen statt. In diesem Gespräch entwickelt und stellt der Wissenschaftler Fragen, die sich auf eine erfundene Tat beziehen. Das sind die sogenannten Kontrollfragen. Dann stellt der Polygrafist dem Tatverdächtigen Fragen zur echten Tat. Aus dem Vergleich der Reaktionen des Tatverdächtigen auf die erfundene und die echte Tat werden dann Rückschlüsse auf die Täterschaft der Person gezogen. Der Täter – so die Annahme der Wissenschaftler – werde stärker auf die echte Tat reagieren als auf die erfundene. Ein Unschuldiger würde anders reagieren, weil er die echte Tat ja nicht wiedererkennt.

Der Lügendetektor wird heute vor allem in den USA sowohl vor Gericht als auch bei Bewerbungsgesprächen für bestimmte Arbeitsstellen eingesetzt. Der Geheimdienst CIA und die Bundespolizei FBI verwenden Lügendetektoren, um die Vertrauenswürdigkeit von Bewerbern und Mitarbeitern einzuschätzen. In Deutschland dagegen hat der Bundesgerichtshof 1998 den Kontrollfragentest als Beweismittel in Strafprozessen und später auch in Zivilprozessen abgelehnt. Der Tatwissenstest darf dagegen unter bestimmten Bedingungen angewandt werden.

Die Kritik an den Lügendetektortests ist vielfältig. So wird angeführt, dass es keine Beweise für die Zuverlässigkeit der Tests gibt. Im Gegenteil gibt es viele Beispiele, dass der Lügendetektortest nachweislich versagte. Ein Mitarbeiter des CIA verkaufte z. B. jahrelang geheime Informationen an die Sowjetunion – wodurch viele Spione in der Sowjetunion ihr Leben verloren. Die zwei Lügendetektortests, die während seiner Spionagetätigkeit durchgeführt wurden, bestand er ohne Probleme. Bei seiner Vernehmung gab er an, er habe sich auf Anraten seiner sowjetischen Kontaktleute während der Tests einfach entspannt. Dem Spion war es also gelungen, die Ergebnisse des Tests in die gewünschte Richtung zu beeinflussen. Umgekehrt ist jeder Unschuldige in Gefahr, als Lügner dazustehen, der auf eine Frage nicht gelassen reagieren kann. Außerdem müssen alle gemessenen Ergebnisse von den Polygrafisten interpretiert werden, wobei diese bei den gleichen Daten zu unterschiedlichen Ergebnissen kommen können. Für die Betroffenen haben diese unsicheren Ergebnisse aber eventuell zur Folge, dass sie unschuldig eingesperrt werden. Andererseits wird vielleicht ein Serienmörder aufgrund eines Lügendetektortests freigelassen.

3 Hier findet ihr weitere Lesestrategien, die ihr an diesem Text üben sollt.

Genauer lesen – Unverstandenes klären:

- Nach dem ersten Überblick im orientierenden Lesen lest ihr jetzt noch einmal langsamer und genauer.
  – Notiert dabei mit einem Stift unbekannte Begriffe, z. B. *vegetatives Nervensystem*.
  – Klärt die Begriffe, die euch unbekannt sind, mit Hilfe eines Partners oder durch Nachschlagen in einem Wörterbuch oder Lexikon.

Zwischenüberschriften formulieren

- Der Text ist schon in Abschnitte gegliedert, die sich auf bestimmte Gesichtspunkte des Themas beziehen. Wenn man Überschriften zu diesen Abschnitten formuliert, kann man im Überblick erkennen, was im Wesentlichen in diesem Text steht.
  – Hier findet ihr vier Überschriften zu diesem Text. Ordnet sie den richtigen Abschnitten zu.
  – Zu zwei Abschnitten müsst ihr selbst Überschriften formulieren. Schreibt dann eure Überschriften in der richtigen Reihenfolge auf.

Zwei Testverfahren mit Hilfe des Lügendetektors
      Was ein Lügendetektor ist und wie er eingesetzt wird
Wo der Lügendetektor eingesetzt wird
      Wodurch man mit dem Lügendetektor Lügen erkennen kann

Lesen mit dem Stift

🔴 Wenn ihr einen Text für ein Referat auswerten möchtet, dann sollten wichtige Wörter unterstrichen oder Stichwörter herausgeschrieben werden.
Notiert zu den Zwischenüberschriften Stichwörter,
die den wesentlichen Inhalt der Abschnitte enthalten sollen.
Zu dem zweiten Abschnitt des Textes könnten sie so lauten:
Was ein Lügendetektor ist und wie er eingesetzt wird
ein Gerät – misst Körperreaktionen, zeichnet sie auf, z. B.:
Atemfrequenz, Puls …

– Ergänzt zu diesem Abschnitt weitere Stichwörter.
 Legt auch zu den übrigen Abschnitten einen Stichwortzettel an.
– Ihr könnt die Arbeit zu den verschiedenen Abschnitten
 in der Klasse aufteilen.

Einen zusammenfassenden Text schreiben – offene Fragen stellen

🔴 Durch einen kurzen Text, den man mit Hilfe des Stichwortzettels schreibt,
kann man zeigen, dass man den Text verstanden hat.
Ein solcher Text könnte so anfangen und enden:
Kann ein Lügendetektor wirklich feststellen, ob ein Mensch lügt
oder die Wahrheit sagt? In Filmen scheint das …
Die Kritiker des Lügendetektortests bezweifeln die Zuverlässigkeit
dieses Verfahrens, gerade weil von diesem Test das Schicksal von
Menschen abhängen kann: Unschuldige können als Täter erscheinen und
Täter …

🔴 Am Ende eines solchen Textes kann man aber auch fragen, was man in
dem gelesenen Text nicht erfahren hat oder nicht ganz verstanden hat.
Mich würde besonders interessieren, warum der Lügendetektortest
trotz der Kritik an seiner Zuverlässigkeit in Amerika immer noch
angewandt wird …

4 Wenn ihr euch durch die verschiedenen Lesestrategien intensiv mit dem Text befasst habt, könnt ihr sicher die folgenden Fragen richtig beantworten:
– Wie heißen die Wissenschaftler, die einen Lügendetektor einsetzen?
– Ist die Bezeichnung Lügendetektor eigentlich richtig?
– Wer muss letztlich herausfinden, ob jemand lügt?
– Durch welche Körperreaktionen können sich Gefühle äußern,
 auch wenn dies dem Einzelnen nicht bewusst ist?
– Welches Testverfahren ist auch in Deutschland erlaubt?

Verfahren zur Textstrukturierung kennen und selbstständig anwenden

Einen Text mit Hilfe von Lesestrategien erarbeiten

1 Lest den folgenden Text zunächst rasch durch. Notiert in wenigen Sätzen, worum es in diesem Text im Wesentlichen geht.

Wie alt können wir werden?

Je mehr die Forscher über die Ursachen des Alterns herausfinden, desto stärker wächst ihre Überzeugung, dass sich die Lebenszeit des Menschen erheblich verlängern lässt – und dies ganz ohne die Krankheiten der späten Jahre. Die Alternsforschung (Gerontologie) ist eine optimistische Wissenschaft geworden.

Am 1. Januar 2150 ist Zahltag. Dann wird die Summe fällig, um die zwei US-Alternsforscher im Jahre 2000 öffentlich gewettet haben. Jeder hat 150 Dollar gesetzt, die seitdem auf einem Treuhandkonto liegen. Beide sind geachtete Wissenschaftler und haben bei derartigen Auftritten an ihren Ruf zu denken. Beide gehören innerhalb der internationalen Gerontologengemeinschaft unterschiedlichen Lagern an, als deren Meinungsführer sie gelegentlich auftreten. Und jeder der beiden will genauer als der Kollege einschätzen können, wie lang unser Leben künftig dauern wird. Die beiden Forscher rechnen nicht damit, den Wettgewinn persönlich einstreichen zu können. Durch Zins und Zinseszins wunderbar vermehrt, dürfte er in anderthalb Jahrhunderten auf 500 Millionen Dollar angewachsen sein und die Erben des Siegers zu Multimillionären machen.

„Bei 130 Jahren ist Schluss", sagt S. Jay Olshansky. Mehr ist nach Überzeugung des Soziologen der University of Chicago für den Menschen nicht drin. Olshansky beruft sich auf die Erkenntnisse der letzten anderthalb Jahrhunderte. Demnach gilt Altern als unabänderliches Gesetz. Die Natur halte ihre Lebewesen so lange in gutem Zustand, bis deren Nachwuchs auf der Welt ist. Dann baue der Körper zusehends ab. Der menschliche Organismus sei nur für eine bestimmte Dauerleistung konstruiert. Wie bei einem Auto mit zu vielen Kilometern auf dem Tachometer, so Olshanskys Lieblingsvergleich, komme unweigerlich die Phase der Materialermüdung, dann jene der Reparaturen. Bis schließlich ein Teil nach dem anderen versage. Die Grenze des menschlichen Lebens lasse sich deshalb nicht wesentlich über die 122 Jahre verschieben, die die 1997 verstorbene Französin Jeanne Calment erreicht hat.

„Keineswegs", widerspricht Steven Austad von der University of Texas. „Wir stehen mit dem Hinausschieben der Altersgrenze erst am Anfang." Bald, da ist sich der Zoologe sicher, werde man das Altern des Menschen im Griff haben und es nach Belieben verlangsamen können. „Von denjenigen, die im Jahr 2000 zur Welt gekommen sind, werden einige", so Austads Vorhersage, „bei klarem Verstand das Jahr 2150 erleben." Und der Zoologe Austad steht mit seiner Meinung nicht allein. Der Chef des Max-Planck-Instituts für demografische Forschung in Rostock, James Vaupel, vertritt ebenfalls die Noch-lange-nicht-am-Ende-Theorie. Wer wie Olshansky die „Laufzeiten" des Menschen festlege, mache seinerseits Angaben „mit begrenzter Lebensdauer", sagt der Rostocker. Tatsächlich musste Olshansky seine Höchstmarken bereits zweimal nach oben korrigieren, weil die von Frauen gelebten Zeiten seine Altersgrenze über-

holt hatten. Grafiken aus dem Institut in Rostock beweisen bereits seit Jahren etwas nie Dagewesenes: dass es mit der Lebenserwartung in den Industrienationen dynamisch aufwärtsgeht (siehe Grafik). Besonders die Daten für Frauen ergeben eine pfeilgerade Linie, die schräg nach oben weist. Nicht alle können da mithalten. Männer sind da nicht so ausdauernd. Insgesamt aber, so deutet Vaupel seine Zahlen, wird die Lebenserwartung von derzeit drei Monaten pro Jahr künftig sogar noch schneller steigen.

Es kommt noch erstaunlicher: Ist die riskante Phase der ersten Babymonate überwunden, vermindert sich das Sterberisiko. Im Alter von zehn bis zwölf Jahren ist es am wenigsten wahrscheinlich, dass man den nächsten Geburtstag nicht erlebt. Bis zum 30. Lebensjahr erhöht sich die Sterbewahrscheinlichkeit leicht, um sich dann bis ins hohe Alter etwa alle acht Jahre zu verdoppeln. Neuerdings aber beobachten Demografen, dass die Sterbewahrscheinlichkeit nach dem 85. Lebensjahr sogar sinkt. Ein unglaublicher Befund. Er bedeutet: Hochbetagte altern langsamer. Solche Erkenntnisse lassen frühere Theorien alt aussehen.

Neue Erkenntnisse gibt es auch in der Erforschung der kleinsten Bestandteile des Lebens: der Zellen, der Gene und der Moleküle. Von dort kommen Einblicke, die ebenso verblüffen wie die der Demografie. An Einzellern, Wirbellosen oder Nagern führen Molekularbiologen vor, wie man das Altern im Labor verlangsamen kann. Es sind bisher mehrere Dutzend Gene gefunden worden, die das Altern steuern. Werden sie ein- oder ausgeschaltet oder sonstwie manipuliert, so leben Hefe, Fadenwurm, Fliege, Maus um ein Vielfaches länger, als es dem Durchschnitt entspricht. Und nicht nur das: Auch Krankheiten werden ausgebremst.

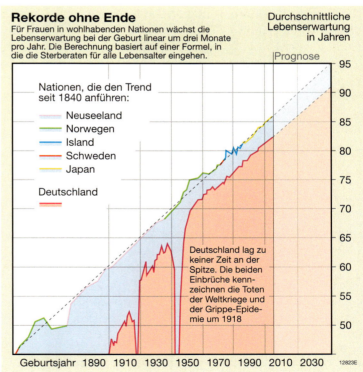

Strategien zum Leseverstehen kennen und anwenden

2 Erarbeitet auch diesen Text mit Hilfe der Lesestrategien,
die ihr oben bereits kennen gelernt habt.
- Lest den Text genau durch und klärt unbekannte Begriffe.
- Formuliert Zwischenüberschriften zu den einzelnen Abschnitten.
- Schreibt zu den Zwischenüberschriften einen Stichwortzettel,
  der die wesentlichen Informationen des Abschnitts enthält.
- Fasst dann den Text in wenigen Sätzen zusammen.

3 Ihr könnt jetzt beantworten, welche der folgenden
Aussagen sinngemäß in dem Text vorkommen.
Zwei Aussagen widersprechen dem Text.

a) Der Soziologe Olshansky ist der Meinung, dass Menschen nicht
   älter als 130 Jahre werden können.
b) Die längste Lebensdauer hat in Europa ein Bauer aus Frankreich
   erreicht.
c) Die Molekularbiologen sind der Meinung, dass man die Lebenszeit
   von Lebewesen durch Genmanipulationen verlängern kann.
d) In den Industrieländern erreichen die Menschen gegenüber früher
   ein immer höheres Alter.
e) Ab dem 30. Lebensjahr verdoppelt sich die Sterbewahrscheinlichkeit
   bis zum Lebensende alle acht Jahre.

4 Schau dir die Grafik auf Seite 13 noch einmal aufmerksam an.
- Beschreibe mit deinen Worten in einem kurzen Text,
  wie sich die durchschnittliche Lebenserwartung für Frauen
  in Deutschland von 1890 bis 1990 verändert hat.
- Setze diese Erkenntnisse dann in Vergleich zu den Ländern
  Neuseeland, Norwegen, Island und Schweden.
- Welche Erkenntnisse kannst du im Hinblick auf die
  durchschnittliche Lebenserwartung für Frauen in Japan formulieren?

5 Angeregt durch diesen Informationstext und die Grafik, könnt ihr sicherlich
auch einmal über die folgenden Fragen nachdenken:
- **Warum sind die Menschen früher nicht so alt geworden,
  wie sie es heute werden können?**
- **Warum werden Frauen durchschnittlich viel älter als Männer?**
- **Lässt sich das Altern auch bei den geistigen Fähigkeiten aufhalten?**

6 Stellt selbst weitere Fragen an den Text und diskutiert gemeinsam darüber.

Einen Text mit Kreisdiagrammen in Verbindung setzen

1 In etwa vierzig Jahren wird es bei uns sicher andere Energieformen geben, mit denen wir unsere Häuser beheizen, unsere Haushaltsgeräte betreiben oder die Industrie ihre Produkte herstellt.

Nehmt einmal an, ihr solltet für die Energieformen des Jahres 2050 eine Voraussage machen, welchen Anteil bestimmte Energieformen dann haben werden. Wie würdet ihr die Anteile der folgenden Energieformen schätzen? Denkt daran: Ihr habt 100% Energie zu verteilen!

Vergleicht eure Ergebnisse in der Klasse.

Erdöl:	?%
Wasserkraft:	?%
Windenergie:	?%
Solarenergie:	?%
Biomasse:	?%

2 Lest nun den folgenden Text, in dem ein Autor dargestellt hat, wie er unseren Energieverbrauch im Jahre 2050 sieht.

Woher kommt im Jahr 2050 unsere Energie?

Es gibt keinen Zweifel. Die weltweite Nachfrage nach Energie steigt. Es steigt aber auch unsere Abhängigkeit von einigen wenigen Staaten, aus denen wir unsere Energie beziehen. Der Ausbau
5 erneuerbarer Energien, wie Sonne, Wind und Wasser, könnte nicht nur diese Abhängigkeit verringern. Damit könnte auch die Umweltbelastung sinken, die durch die Förderung von Erdöl, Kohle und anderen fossilen Energien entsteht.
10 Doch bis dahin ist es noch ein weiter Weg.

Es spricht vieles dafür, dass das 21. Jahrhundert das Solarzeitalter werden könnte. Das würde bedeuten: Wir können es schaffen, in den nächsten 45 Jahren zu fast 100% auf erneuerba-
15 re Energien umzusteigen. Denn wir haben alle Energieträger, die wir künftig brauchen, direkt vor der Haustür: Sonne, Wind, Wasserkraft, Erdwärme und Bioenergie vom Acker und vom Wald. Wir benötigen kein Öl aus Arabien, kein
20 Gas aus Sibirien, kein Uran aus Australien. Im Jahre 2005 stand das Erdöl mit über 36,2% unangefochten an der Spitze der Energieträger; Braunkohle und Steinkohle waren mit 24,1% beteiligt, während die Solarenergie im Vergleich
25 zu den fossilen Brennstoffen noch völlig bedeutungslos war.

Nach einer Studie der Europäischen Kommission könnte der Energieverbrauch im Jahr 2050 ganz anders aussehen. 40% unserer Ener-
30 gie würden dann aus Solarkraft gespeist werden, nur noch 5% aus Erdöl. Voraussetzung für das Erreichen dieses Ziels ist freilich, dass wir lernen, mit Energie intelligenter umzugehen: durch besser gedämmte Häuser, durch Energie-
35 spargeräte und Autos, die die Energie effizienter nutzen. Auch Ölmultis wie Shell und BP haben intern bereits ähnliche Energieszenarios erarbeitet. Die EU geht davon aus, dass die Verwirklichung des Energieszenarios 2050 etwa fünf
40 Millionen neue Arbeitsplätze schafft – davon 1,1 Millionen in Deutschland. Die Zukunft hat bereits begonnen.

Die alten Energien sind bald nicht mehr bezahlbar, weil sie immer knapper werden und

Informationen aus linearen und nicht linearen Texten entnehmen und vergleichen

irrsinnige Folgekosten nach sich ziehen. Aber Sonne, Wind, Wasserkraft, Erdwärme und Bioenergien stehen uns „ewig", preiswert und umweltfreundlich zur Verfügung. An jedem Tag schickt uns die Sonne etwa 15 000-mal mehr Energie auf die Erde, als zurzeit alle 6,5 Milliarden Menschen verbrauchen; enthalten die Windströme 308-mal mehr Energie, als weltweit verbraucht wird; wächst 15-mal mehr Biomasse als zur Gewinnung der gesamten Weltenergie nötig. Gewiss sind das theoretische Zahlen. Aber sie zeigen, dass die von der Natur zur Verfügung gestellte Energie auch praktisch bei Weitem ausreicht, um ab 2050 etwa neun bis zehn Milliarden Menschen mit aller Energie zu versorgen, die sie brauchen. Die Sonne ist der Motor allen Geschehens auf unserem Planeten. Mit Hilfe der Sonne haben wir erstmals die Chance, in einer Welt zu leben, in der kein Kind mehr verhungern muss. Die solare Energiewende ist möglich, und das Solarzeitalter hat bereits begonnen.

Ist das alles auch finanzierbar? Der große ökonomische Vorteil der ökologischen Energiegewinnung ist, dass Sonne, Wind, Wasser und Erdwärme uns fast überall dort, wo wir sie benötigen – also ohne weltweite Transportwege –, kostenlos zur Verfügung stehen. Die Sonne schickt uns keine Rechnung. In der gegenwärtigen Diskussion wird oft übersehen oder bewusst verschwiegen, dass die Technologien für die Gewinnung der erneuerbaren Energien in den letzten zehn Jahren um etwa 50% preiswerter geworden sind, während die Preise der alten Energien sich verdreifacht haben. Atomenergie gehört ohnehin ins Museum für Technikgeschichte und bleibt gefährlich. Und jedes AKW ist ein potenzielles Angriffsziel für Terroristen.

Erneuerbare Energien sind weltweit eine Wachstumsbranche. In Deutschland produzieren wir bereits 11% des Stroms, 5% der Heizung sowie 3,5% des Kraftfahrzeug-Sprits aus erneuerbaren Energien. 2020 können es insgesamt schon 25% sein. Zehntausende Bauern erzeugen ihre Energie schon heute selbst – entweder durch Solarstromanlagen (Photovoltaik) auf ihren Scheunen und Solarwärme-Anlagen (Sonnenkollektoren) auf ihren Häusern und Biodiesel oder Windstrom auf ihren Äckern. Landwirte werden Energiewirte. Ihre Zukunft heißt: grünes Gold statt schwarzes Öl.

Angesichts dieser Erfolgsstory urteilt Norbert Walter, Chefvolkswirt der Deutschen Bank, und wendet sich dabei an die Bedenkenträger in Politik und Medien: „Wer jetzt noch auf erneuerbare Energien eindrischt, hat nicht alle Tassen im Schrank." Mit einem Bruchteil des Aufwands, der betrieben wird, um einen Menschen auf den Mars zu schicken, wird Industrieländern wie Deutschland, den USA oder Japan auch der Durchbruch zur solaren Weltwirtschaft gelingen. Immerhin haben die Verbände der alternativen Energien angekündigt, dass bis 2020 etwa 200 Milliarden Euro in erneuerbare Energien investiert werden können, wenn die politischen Rahmenbedingungen günstig bleiben. Dieser Betrag übersteigt die Ankündigungen für Investitionen der alten Energiewirtschaft um etwa das Vierfache. Alternative Energien werden langfristig nicht mehr alternativ, sondern konkurrenzlos sein. Einer der Hauptgründe: Solar- und Windkraftanlagen sind in wenigen Tagen oder Wochen installiert. Für den Bau fossiler Kraftwerke braucht man mehrere Jahre. Und für den Bau eines Atomkraftwerks ein Jahrzehnt und länger.

Zur solaren Energiewende gehört unabdingbar die ökologische Verkehrswende, denn 20% aller Treibhausgase entstehen durch unsere heutigen Autos. Ein Liter Benzin verpestet 10 000 Liter Luft. Die Zukunft einer intelligenten Mobilität heißt: weit mehr öffentlicher Verkehr und der Rest mit Hilfe anderer Autos – Hybridautos, Zwei-Liter-Autos, Elektroautos, Biospritautos, Pflanzenölautos und langfristig Wasserstoffautos. Je früher wir die Weichen für eine ökologische Verkehrs- und eine solare Energiewende stellen, desto besser wird es uns in Zukunft gehen.

3 In dem Text ist von einem „Solarzeitalter"
und einer „solaren Energiewende" die Rede.
Was ist damit gemeint? Stellt dazu einen
Stichwortzettel zusammen.

Solarzeitalter
*— fast hundertprozentiges Umsteigen auf
  erneuerbare Energien*
— ...

4 Ob die solare Energiewende bis zum Jahre 2050 so
eintritt, wie im Text beschrieben, wissen wir nicht.
Geht noch einmal mit eurem Partner den Text
durch und sucht nach Signalen, die zeigen, dass
es gar nicht so sicher ist, ob die erneuerbaren
Energien sich durchsetzen werden. Wie bewertet
ihr in diesem Zusammenhang Sätze wie:

Es spricht vieles dafür, dass …
*Wir können es schaffen, in den nächsten
45 Jahren …*

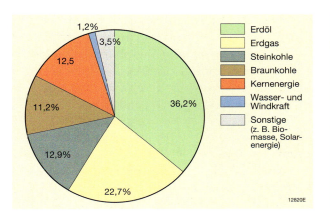

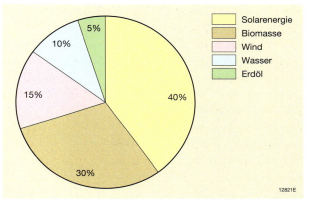

5 Ordnet die beiden Kreisdiagramme den passenden Abschnitten im Text zu.
Gebt den beiden Kreisdiagrammen eine passende Überschrift.

6 Beantwortet mit Hilfe der Diagramme folgende Fragen:
– Welche Energiequellen sind in beiden Diagrammen aufgeführt?
  Wie verändern sich deren Anteile?
– Welche Energiearten sind 2050 gegenüber 2005 völlig verschwunden?
– Welche Energiearten gibt es in dem Diagramm von 2050,
  die 2005 noch nicht aufgeführt waren?
– In welchem Kreisausschnitt ist wohl die Solarenergie
  in dem Diagramm von 2005 enthalten?
– Bei welchen Energiearten, die in beiden Diagrammen wörtlich
  aufgeführt sind, ergeben sich die größten Veränderungen?

7 Im Text wird an einigen Stellen darauf
hingewiesen, dass ein Umsteigen auf erneuerbare Energien zwar möglich ist. Es müssen aber
bestimmte Bedingungen erfüllt werden.
Schreibt diese Bedingungen in Stichwörtern auf.

8 Diesen Text hat jemand geschrieben, der eindeutig
ein Anhänger der erneuerbaren Energien ist.
Durch welche Textstellen wird das deutlich?
Zitiert entsprechende Zeilen.

Informationen aus linearen und nicht linearen Texten entnehmen und vergleichen

Start in den Beruf

Im ersten Teil dieses Kapitels könnt ihr euch mit verschiedenen Texten rund um das Berufsleben beschäftigen und lernen, wie Infografiken ausgewertet werden.
Im zweiten Teil geht es dann darum, Prüfungssituationen wie den Einstellungstest und das Vorstellungsgespräch zu trainieren.

Es gibt noch rund 700 Wandergesellinnen und -gesellen im deutschsprachigen Raum. An der Farbe ihrer **Kluft** ist zu erkennen, welches Handwerk sie beherrschen, z. B.: grau (Steinbildhauer/in), weinrot (Vergolder/in), blau (Schlosser/in) und schwarz (Zimmerleute).

Der **Stenz** ist der Wanderstab, der die „zünftig reisenden" Gesellen stets auf ihrer „Tippelei" begleitet.

Nähere Informationen und weitere Links findet ihr im Internet unter: **www.tippelei.de**

Wege zur Arbeit – Junge Leute berichten

Viele Jugendliche steuern nach dem Schulabschluss ihr Berufsziel ganz direkt auf geradem Weg an, manche machen Umwege und einige gehen auch ganz ungewöhnliche Wege. Zu diesen gehört z. B. Anke aus Freiberg, die hier neben anderen Jugendlichen von ihren Erfahrungen berichtet.

Anke, 21

„Nach dem Schulabschluss habe ich den Beruf der Kunstschmiedin erlernt. Das ist für ein Mädchen schon etwas Besonderes. In der Lehre war ich bei drei verschiedenen Betrieben. Im Frühjahr habe ich die Gesellenprüfung abgelegt. Was ich aber ab nächster Woche mache,
5 ist etwas ganz Seltenes. Ich gehe nämlich auf Wanderschaft. Es gibt heute nicht mehr viele Gesellen und Gesellinnen, die für drei Jahre von einem Meister zum anderen ziehen, um immer neue Werkstätten kennen zu lernen. Die „Schächte", das sind Organisationen für wandernde Gesellen, haben feste Regeln, an die man sich halten muss.
10 Man darf nicht nach Hause, man trägt ständig seine Kluft, man darf nur zu Fuß gehen oder per Anhalter reisen usw.
Mit dem Ranzen auf dem Rücken, einem Knotenstock in der Hand und dem Hut auf dem Kopf geht es durch ganz Deutschland. Unterwegs trifft man andere Handwerksgesellen, man kennt sich und hilft
15 sich. Wenn man Glück hat, kann man in dieser Zeit in einem Meisterbetrieb für mehrere Wochen arbeiten und Geld verdienen; wenn man Pech hat, kommt man nur für einige Tage irgendwo unter und bekommt nur Essen und eine Schlafstelle. Ich bin sehr gespannt darauf, wie es mir die nächsten drei Jahre ergeht."

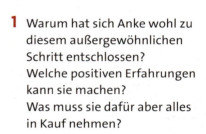

1 Warum hat sich Anke wohl zu diesem außergewöhnlichen Schritt entschlossen? Welche positiven Erfahrungen kann sie machen? Was muss sie dafür aber alles in Kauf nehmen?

2 Könnt ihr euch vorstellen, später einmal einen ähnlichen Weg einzuschlagen wie Anke? Begründet.

Karsten, 18

„Nach der Schule wollte ich eine kaufmännische Ausbildung machen. Ich habe jede Menge Bewerbungen verschickt, aber nur Absagen bekommen. Damit hatte ich nicht gerechnet. Also ging ich auf die Handelsschule. Doch das war nichts für mich, nach einem halben Jahr habe
5 ich die Schule abgebrochen. Ich hatte einfach keine Lust mehr, zur Schule zu gehen. Schon am nächsten Tag war ich bei der Arbeitsagentur zu einem Beratungsgespräch. Irgendwie hatte ich Glück. Ich wurde sofort in einen berufsvorbereitenden Lehrgang vermittelt. Dort lernte ich die Arbeit eines Kochs in einer Großküche kennen. Gefiel mir gut.
10 Nun wusste ich genau: Ich wollte Koch, Konditor oder Bäcker werden. Kurz darauf habe ich in einem Hotel im Nachbarort ein Praktikum bekommen. Hier mache ich jetzt meine Ausbildung zum Koch und manchmal sogar schon mit einem Kollegen zusammen die Schicht."

3 Warum ging bei Karsten auf seinem Ausbildungsweg zunächst einiges schief? Wie hat er seine Probleme gelöst?

Informationen aus Texten zielgerichtet wiedergeben

Michael, 21

„Vor fünf Jahren hatte ich das Abschlusszeugnis in der Tasche und eine Lehrstelle auch. Ich wollte richtig arbeiten, etwas mit den Händen machen. In meinem Dorf gab es einen Tischlermeister, da konnte ich anfangen. Mein Meister war freundlich, in der Berufsschule kam ich auch ganz gut klar. Nach bestandener Gesellenprüfung wurde ich übernommen. Meine Welt war in Ordnung, dachte ich. Aber die kleine Tischlerei war nicht sehr modern. Als immer weniger Aufträge reinkamen, gab mein Meister den Betrieb auf. Da stand ich nun mit dem Gesellenbrief und war arbeitslos. Doch ich hatte Glück. Meine Bewerbung bei einer großen Möbelfabrik in der 120 km entfernten Stadt war erfolgreich. Ich war das erste Mal in meinem Leben auf mich gestellt. In der neuen Firma war ich einer unter vielen. Die Probezeit bestand ich nicht, weil ich mit den computergesteuerten Maschinen nicht gut zurechtkam. Ich schrieb Bewerbung um Bewerbung. Nichts klappte. Schließlich habe ich einen neuen Job als Lagerist in einem Auto- und Motorradcenter gefunden. Zwar bin ich froh, dass ich wieder Arbeit habe, aber auf Dauer ist das nicht das Richtige für mich."

4 Welche Umstände haben dazu geführt, dass Michaels Erwartungen sich nicht erfüllt haben?
Was könnte er eurer Meinung nach ändern?

Selina, 17

„Ich werde Elektronikerin für Maschinen und Antriebstechnik und bin im ersten Lehrjahr. Ursprünglich wollte ich Erzieherin werden, aber sicher war ich mir nicht. Die Berufsberaterin meinte, dass mir ein technischer Beruf gut liegen könnte. Meine Familie und Freunde waren natürlich erst sehr erstaunt, aber dann fanden sie meine Entscheidung auch klasse. Neun Azubis sind wir – acht Jungen und ich als einziges Mädchen. Das hatte ich mir schwieriger vorgestellt, als es dann war. Man muss selbstbewusst sein und auch mal einen Spaß mitmachen. Ich bin bisher sehr zufrieden, auch wenn die Umstellung am Anfang schwer war. In den ersten Wochen war ich am Feierabend immer absolut erledigt. Vor allem die Grundausbildung war körperlich anstrengend. Da musste ich mich richtig durchbeißen. Beim Feilen und Sägen durfte man nicht gerade ‚fein' sein, wir haben sogar einen ganzen Lkw zusammengebaut. Jetzt liegt die Grundausbildung hinter uns und wir lernen, Installations- und Schutzschaltungen zu bauen."

5 Wie schafft es Selina, sich in einem sogenannten Männerberuf zu behaupten? Was haltet ihr von ihrer Entscheidung?

6 Und wie sieht das umgekehrt aus – wenn ein Junge z. B. in einem Kindergarten arbeiten möchte? Wird das so ohne Weiteres akzeptiert?

7 **Mobilität, Teamfähigkeit, Belastbarkeit, Zielstrebigkeit, Leistungsbereitschaft, Anpassungsfähigkeit** und **aktives Interesse** gehören im Berufsleben zu den Schlüsselqualifikationen.
Welche dieser Qualifikationen würdet ihr schwerpunktmäßig Anke, Karsten, Michael und Selina zuordnen? Begründet!

Zu einer Reportage ein Protokoll schreiben

1 Wie sieht der Arbeitsalltag von Berufskraftfahrerinnen und -fahrern aus? Eine Journalistin wollte das genau wissen und hat einen „Trucker" quer durch Deutschland begleitet. Lest ihre Reportage:

„Auf der Autobahn ist jeder allein"

Es ist die Zeit dazwischen, die mürbe macht. Nicht das Fahren, nicht das Abladen, sondern das ewige Warten, eine Stunde, zwei Stunden, manchmal drei oder vier. Bernd blickt auf die Uhr. Es ist Montagabend, kurz vor zehn. Im Ersatzteillager in Germersheim hat die Arbeit gerade erst richtig begonnen. Gabelstapler fahren im Neonlicht die Gänge entlang, sie transportieren riesige Metallkörbe und Holzkisten. Männer in grauen Kitteln kleben Etiketten auf Pappkartons.

Vor wenigen Minuten hat der 41-jährige Berufskraftfahrer seinen Lkw an die Rampe des Lagers gefahren und die Papiere zur Anmeldung in die Halle gebracht. Jetzt sollen Ersatzteile für Hannover aufgeladen werden – bloß wann, das ist die Frage. Er schlendert zum Kaffeeautomaten und drückt eine Taste. Im Warteraum hängt beißender Qualm in der Luft, auf den weißen Tischen häufen sich Plastikbecher, leere Coladosen und volle Aschenbecher. Er sieht müde aus. Irgendwann ist Mitternacht. Bernd darf abfahren. Er ist schon 26 Stunden von zu Hause fort.

Sonntag, 22 Uhr, Braunschweig, Hof der Spedition

Die Arbeitswoche beginnt für Bernd mit einer Ladung Bier: 23 Tonnen Pils, abgefüllt in PET-Flaschen, das sind 66 Paletten. Er muss sie von Braunschweig nach Wiesloch fahren. Es ist eine Express-Fahrt, weil nachts geladen wird und die Ware am frühen Morgen bereits am Ziel sein muss. Er steigt in seinen Arbeitsplatz, einen „Low Liner" mit kleinen Rädern und einer drei Meter hohen Ladefläche, 410 PS stark. Bernd nennt den Lkw „mein Auto". Er rollt vom Hof, vor ihm liegt die Straße im Scheinwerferlicht.

Zentrale Inhalte einer Reportage erschließen

Gegen Mitternacht, A 7 bei Kassel

Sonntagnacht gehört die Autobahn den Lastwagen. Wie aufgefädelt fahren sie auf der rechten Spur, dicht an dicht. Der Regen trommelt gegen die Windschutzscheibe. Auf der nassen Fahrbahn spiegeln sich die Rücklichter, als zögen sie rote Fäden hinter sich her. Das Funkgerät knistert: „Diese Strecke muss dein Auto doch im Schlaf kennen." Es ist Dieters Stimme, der Kollege ist mit einer Ladung Coladeckel unterwegs nach Schweinfurt und fährt hundert Meter hinter Bernd her. Am Hattenbacher Kreuz biegt Dieter ab. „Dann mal einen schönen Tag noch", sagt er durch das Funkgerät. „Der hat ja gerade erst angefangen", antwortet Bernd.

Der Druck ist stärker geworden auf der Straße. Die Fahrer müssen ihre Ware pünktlich liefern, sie müssen schnell sein und zuverlässig. Einige überholen unvorsichtig, drängeln. Bernd ärgert sich darüber. „Das muss doch nicht sein", ruft er, als sich einer vor ihm in die Lücke quetscht. Vor einigen Jahren war alles entspannter. Oft fuhren sie eine Tour zu zweit und wechselten sich regelmäßig ab. „Jetzt gibt es keine Solidarität mehr auf der Straße. Auf der Autobahn ist jeder allein", sagt er, „es ist noch nicht einmal sicher, dass ein Kollege hält, wenn ich mit einer Panne liegen bleibe." Er fürchtet, dass alles noch schlimmer werden könnte: „Schon jetzt ist die Konkurrenz groß. Viele kleinere Unternehmen können nur überleben, wenn sie möglichst viele Runden im Monat fahren. Das schlägt auf unsere Arbeitsplätze durch."

Montag, 3 Uhr morgens, Rastplatz hinter Frankfurt

Mit der Dämmerung kommt die Müdigkeit. Zwischen vier und sechs Uhr morgens ist es am schlimmsten, besonders wenn es regnet. Bernd will etwas schlafen. Es dauert, bis er einen Parkplatz auf dem Rasthof findet, die Lastwagen stehen dicht an dicht. Zweimal zehn und dreimal neun Stunden dürfen Fernfahrer in der Woche fahren. Dazwischen müssen sie immer wieder Pausen einlegen. Wer sich nicht an die Ruhezeiten hält, muss mit hohen Bußgeldern rechnen. Bernd klettert auf die Matratze hinten in der Kabine und zieht den Vorhang zu.

7 Uhr, Getränke-Lager in Wiesloch, Rampe 30

Bernd öffnet die Klappe seines Lkw und lädt das Bier auf einen Gabelstapler, dann lädt er leere Paletten wieder auf. Manchmal überlegt er, wie es wäre, mal etwas anderes zu machen. Einen Job, der mehr Zeit lässt für seine Familie. Er fährt, seit er 17 Jahre alt ist. Er war in vielen Ländern. Er kennt jede Autobahnabfahrt und jede größere Stadt in Deutschland. Er hat alles gesehen. Er weiß, was er an seinem Job hat. In der Firma stimmt das Arbeitsklima. Auf der Straße ist er auf sich gestellt, kann sich alles selbst einteilen. Also fährt er weiter. Tag für Tag, 150 000 Kilometer im Jahr. Er lässt den Motor an. Die Paletten müssen zu einer Spedition nach Germersheim gebracht werden. Danach hat er Zeit zu schlafen.

Dienstagmorgen, 4 Uhr, A 7 bei Kassel

Auf der Straße ist die Einsamkeit ein ständiger Begleiter. Wer sie nicht ertragen kann, hat verloren. „Es sind Tausende um einen herum, und doch sitzt man allein in seiner Zelle", sagt Bernd. Eine dicke, weiße Wand legt sich schwer über die Autobahn. Einige Lkw haben ihre Nebellampe eingeschaltet. Im CD-Spieler singt Bryan Adams „Summer of 69".

Dienstagmorgen, 10 Uhr, Braunschweig, Hof der Spedition

Die letzten Stunden waren stressig. Bernd musste die Ersatzteile in Hannover ausladen, warten, dann zu einer anderen Firma fahren und wieder Elektrogeräte einladen. Dann war Stau auf der A 2. Er ist froh, endlich wieder in Braunschweig zu sein. Er stellt sein Auto ab, freut sich auf seine Kinder. Am Abend, gegen 22 Uhr, wird er wieder starten. Wohin? Er weiß es noch nicht.

Katrin Teschner

2 Welche Eindrücke habt ihr von Bernds Arbeitsalltag gewonnen?
Was habt ihr behalten, was ist euch wichtig?

3 Um die folgenden Fragen zu beantworten, solltet ihr noch einmal in der Reportage nachlesen.

1) Was gefällt Bernd an seinem Beruf? Was mag er nicht?
2) Wie haben sich seine Arbeitsbedingungen im Laufe der letzten Jahre verändert?
3) Was denkt er über die Zukunft seiner Arbeit?
4) Wie lassen sich Beruf und Familienleben miteinander vereinbaren?
5) Was ist seiner Meinung nach die wichtigste Eigenschaft, die man für diesen Beruf mitbringen sollte?
6) Warum wird er wohl trotz vieler Schwierigkeiten weiterfahren?

4 Diese Reportage ist sehr abwechslungsreich geschrieben. Da lohnt es sich, einmal genauer hinzugucken: So gibt es …

a) **stimmungsvolle Schilderungen:**
Zeile 35–38: Der Regen trommelt gegen die Windschutzscheibe. Auf der nassen Fahrbahn spiegeln sich die Rücklichter, als zögen sie rote Fäden hinter sich her.
b) **nüchterne Detail-Informationen:**
Zeile 22–23: 23 Tonnen Pils, abgefüllt in PET-Flaschen …
c) **wörtliche Reden:**
Zeile 51: „Das muss doch nicht sein", ruft er …
d) **Vergleiche und Metaphern:**
Zeile 34: Wie aufgefädelt …
Zeile 35: Der Regen trommelt …

Sucht weitere Beispiele der Punkte a) bis d) und notiert die Zeilenangaben.
Lest euch eure gefundenen Textstellen vor.

5 36 Stunden dauerte die Fahrt, von der die Reportage berichtet.
Notiere in Stichwörtern die Stationen der Fahrt in der richtigen zeitlichen Reihenfolge. Die folgenden Zwischenüberschriften helfen dir dabei.

*Sonntag um 22 Uhr – Arbeitsbeginn für Bernd –
Hof der Spedition in Braunschweig – Sonntag gegen Mitternacht – …*

6 Verfasse nun ein **Protokoll** über die Dienstfahrt des Kraftfahrers Bernd.
– Bei Protokollen handelt es sich in der Regel um nüchterne Sachtexte. Welche Informationen aus der Reportage gehören deshalb nicht in das Protokoll hinein?
– Welche Informationen musst du in dem Protokoll verwenden? Nutze dazu deine zeitliche Übersicht über den Verlauf der Fahrt. Für genauere Einzelheiten lies noch einmal in der Reportage nach.
– Formuliere das Protokoll in ganzen Sätzen und schreibe überwiegend im Präsens.
– So kannst du beginnen:

Protokoll einer Dienstfahrt

*Am Sonntagabend beginnt die Arbeit für den Kraftfahrer Bernd um 22.00 Uhr mit einer Expressfahrt von Braunschweig nach Wiesloch. Auf dem Hof seiner Spedition übernimmt er seinen Lkw, der mit 66 Paletten Bier für ein Getränkelager in Wiesloch beladen ist.
…*

Ein Protokoll zu einer Reportage schreiben

Eine Infografik lesen – Informationen entnehmen und bewerten

Infografiken wie die folgende findet man häufig in Zeitungen und Zeitschriften. In einer Mischung aus Diagramm, Bild und Text sollen statistische Daten möglichst übersichtlich dargestellt werden. Trotzdem sind solche Infografiken oft recht komplex. Ihr müsst euch also – nach dem ersten Blick – genau „einlesen":

1 Bearbeite die folgenden Aufgaben schriftlich.
 – Um welchen Zusammenhang geht es in der Überschrift? Formuliere einen vollständigen Satz.
 – Wie ist die Grafik insgesamt gestaltet? Notiere Stichwörter.
 – In welcher Form sind die statistischen Daten dargestellt? Notiere ein Stichwort.
 – Nach welchen Kategorien sind die Daten geordnet? Notiere ein Stichwort.
 – Was bedeuten die Zahlen genau? Beachte die Erklärungen oben rechts. Formuliere einen vollständigen Satz.
 – Wie lautet die Kernaussage des Diagramms? Welche Schlussfolgerungen kannst du daraus ziehen? Formuliere in vollständigen Sätzen.

2 Besprecht eure Ergebnisse aus Aufgabe 1 gemeinsam in der Klasse.

3 Vielleicht sind euch einige der Berufsbezeichnungen aus der Infografik noch unbekannt – dann informiert euch darüber im Internet.

4 Welche genannten Ausbildungsberufe gehören zum *Handwerk*, welche zu den Bereichen *Industrie* und *Handel*? Beachtet auch die jeweilige Anzahl der Lehrstellen. Bewertet das Ergebnis.

5 Welcher der im Diagramm aufgelisteten Berufe interessiert euch?
– Wie viele Jugendliche mit welchem Abschluss haben in diesem Beruf einen Ausbildungsvertrag bekommen?
– Was können Jugendliche konkret tun, um ihre Chancen auf eine Lehrstelle in ihrem Wunschberuf zu erhöhen? Sprecht über eure Erfahrungen.

6 Lest euch den folgenden Text durch und vergleicht ihn mit den Informationen der Infografik.
 a) Bei der Beschreibung der Grafik haben sich drei inhaltliche Fehler eingeschlichen. Findet sie heraus.
 b) Drei Sätze enthalten wichtige Informationen, die sich aber so nicht aus der Grafik ablesen lassen. Nennt die Sätze.

Konkurrenz auf dem Lehrstellenmarkt
1. Seit Jahren ist nicht nur das Lehrstellenangebot kleiner als die Nachfrage; auch Abiturienten und Realschulabsolventen machen Hauptschülern so manche Lehrstelle streitig.
2. Vor allem junge Männer und Frauen ohne Schulabschluss haben es sehr schwer, eine Lehrstelle zu ergattern.
3. Lediglich 820 Jugendliche ohne Abschluss konnten einen Ausbildungsvertrag als Hauswirtschaftshelfer/-in abschließen und nur 615 als Friseur/-in.
4. Dagegen gab es 8280 Hauptschulabsolventen mit einer Lehrstelle im Friseurhandwerk.
5. Viele Schulabgänger mit Hauptschulabschluss begannen eine Lehre als Verkäufer/-in oder als Einzelhandelskaufmann/-frau.
6. 8099 Hauptschulabsolventen entschieden sich für eine Ausbildung zum Koch oder zur Köchin.
7. Nur wenige Realschulabsolventen kamen in einer kaufmännischen Lehre unter: 13760 als Einzelhandelskaufmann/-frau und 10661 als Bürokaufmann/-frau.
8. Auch bei den Abiturienten stehen kaufmännische Ausbildungen hoch im Kurs; sie streben vorrangig Ausbildungen in der Industrie, im Bankwesen und im Einzelhandel an.
9. Neben dem Schulabschluss spielt bei der erfolgreichen Lehrstellensuche auch ein ausgeprägter Berufswunsch eine große Rolle.
10. So haben Untersuchungen gezeigt, dass sich Jugendliche mit einem gefestigten, realistischen Berufswunsch wesentlich erfolgreicher bewerben als andere, da sie ihr Ziel engagierter und hartnäckiger verfolgen.

Einen nicht linearen Text auswerten

Strategien trainieren – Prüfungssituationen bewältigen

Sich auf Einstellungstests vorbereiten

1 Endlich – die lang ersehnte Einladung zum Einstellungstest liegt im Briefkasten. Was empfindet ihr jetzt? Freude, Aufregung – oder habt ihr etwa ein flaues Gefühl im Magen? Welche Gedanken gehen euch durch den Kopf, wenn ihr an einen Einstellungstest denkt? Sprecht über eure Bedenken, Sorgen, Hoffnungen …

… möchten wir Sie zu einem Einstellungstest einladen …

2 Überlegt:
– Was erwartet euch wohl? Was wird von euch erwartet?
– Was könnt ihr tun, um Probleme wie Nervosität und Prüfungsangst abzubauen?
– Wie könnt ihr euch auf diese Prüfungssituation vorbereiten?

3 Beachtet die Tipps:

Während des Einstellungstests – 10 Tipps
- sich konzentrieren und dem Testleiter aufmerksam zuhören
- sich vom (beabsichtigten) Zeitdruck nicht aus dem Konzept bringen lassen
- Aufgabenstellungen und -beispiele genau lesen
- leserlich schreiben
- leichte Aufgaben zuerst bearbeiten
- bei Problemen mit der Lösung zur nächsten Aufgabe übergehen
- bei mehreren Lösungsmöglichkeiten das Ausschlussverfahren anwenden
- im Zweifelsfall raten
- bei längeren Aufsätzen vor dem Schreiben eine Gliederung erstellen
- bei Aufsätzen Zeit für die Rechtschreibkontrolle einplanen

4 Der Schlüssel zum Erfolg ist eine gute **Vorbereitung auf den Einstellungstest.**
– Deshalb solltet ihr euch gezielt über Einstellungstests **informieren:** Testratgeber findet ihr in der Buchhandlung oder Bibliothek – gedruckt, auf CD oder DVD oder online im Internet. Kostenloses Informationsmaterial zum Thema Bewerbung gibt es u. a. bei der Bundesagentur für Arbeit, bei Sparkassen, Banken und Krankenkassen.
– Mit Hilfe dieses Materials könnt ihr für den Einstellungstest **trainieren**. Denn obwohl jeder Einstellungstest andere Aufgaben hat, kommen bestimmte Aufgabentypen immer wieder vor.

5 Auf den nächsten beiden Seiten findet ihr typische Testaufgaben, die sich mit den **sprachlichen Fähigkeiten** beschäftigen. Damit könnt ihr alleine üben. Ihr könnt aber auch in der Klasse einen Einstellungstest simulieren. Wenn ihr euch dafür entscheidet, solltet ihr folgende **Spielregeln** einhalten.

– Jeder sitzt für sich allein. Keiner redet oder schummelt.
– Vor euch liegen euer geschlossenes Sprachbuch, ein leerer Block und ein Stift.
– Eine Testleiterin oder ein Testleiter startet mit der Aufforderung, das Buch aufzuschlagen und euren Namen auf ein Blatt zu schreiben. Dann werden die Anweisungen für den Beginn und Ende jeder Aufgabe gegeben. Die Zeit wird dabei mit einer Stoppuhr kontrolliert.

Aufgabe 1
Schreibe möglichst viele verschiedene Wörter mit dem gleichen **Anfangsbuchstaben** auf.
Beispiel: E/e → Esel, erleben, Emil, Eule, Eis, ein, einverstanden ...

a) Wörter mit dem Anfangsbuchstaben **A/a** (Zeit: **60** Sekunden)
b) Wörter mit dem Anfangsbuchstaben **P/p** (Zeit: **45** Sekunden)
c) Wörter mit dem Anfangsbuchstaben **L/l** (Zeit: **30** Sekunden)

Aufgabe 2
Schreibe möglichst viele verschiedene Wörter mit einem bestimmten **ersten** und **letzten Buchstaben** auf.
Beispiel: Anfangsbuchstabe **A/a**   Endbuchstabe **e** → alle, Affe, Auge ...

a) Anfangsbuchstabe **E/e**   Endbuchstabe **n**   (Zeit: **60** Sekunden)
b) Anfangsbuchstabe **P/p**   Endbuchstabe **e**   (Zeit: **45** Sekunden)
c) Anfangsbuchstabe **M/m**   Endbuchstabe **t**   (Zeit: **30** Sekunden)

Aufgabe 3 (Zeit: **60** Sekunden)
Ordne die folgenden neun Buchstabengruppen zu sinnvollen Wörtern und schreibe sie auf.
Beispiel: GRIN → Ring

a) USAH   d) EDFRP   g) RETTUB
b) XETT   e) UBELTE   h) NYHAD
c) TOAU   f) ETASCH   i) LESCHA

Aufgabe 4 (Zeit: **60** Sekunden)
Hier geht es um die Wortbedeutung. Suche aus jeder Reihe das Wort heraus, das am besten das unterstrichene Fremdwort erklärt.
Schreibe den Kennbuchstaben auf. **Beispiel:**
Katastrophe: a) Chaos b) Katalog c) Niederschlag d) Unglücksfall → d)

1. perfekt: a) Pergament   b) vollkommen   c) präzise   d) regelmäßig
2. Methode: a) Meinung   b) Anstrengung   c) Metapher   d) Vorgehensweise
3. logisch: a) intelligent   b) selbstverständlich c) folgerichtig d) prima
4. Quantität: a) Wert   b) Qualität   c) Anzahl   d) Quarantäne

Aufgabe 5 (Zeit: **60** Sekunden)
Welche Wörter bezeichnen einen Gegensatz?
Schreibe aus jeder Reihe ein Wortpaar auf.
Beispiel:
rot – weiß – hellgrün – rosa – schwarz
→ weiß/schwarz

a) fröhlich – flüssig – flink – fair – fest
b) nie – oft – manchmal – immer – vielleicht
c) Treue – Lob – Liebe – Ehre – Tadel
d) beginnen – gewinnen – besinnen – frieren – verlieren

Eine Testsituation simulieren

Aufgabe 6 (Zeit: **30** Sekunden)
In den folgenden Wörtern ist jeweils ein falscher Buchstabe.
Notiere stattdessen die richtigen Buchstaben. **Beispiel:** gelp → b

a) Pulwer
b) vertig
c) gehnen
d) greulich
e) Fabrig
f) entlich
g) empfählen
h) forläufig
i) stetz

Aufgabe 7 (Zeit: **60** Sekunden)
Suche aus jeder Reihe das richtig geschriebene Fremdwort heraus.
Notiere den Kennbuchstaben. **Beispiel:**
a) Republick b) Republik c) Republiek → b)

1. a) Reparertur   b) Reperatur   c) Reparatur
2. a) Rabbat   b) Rabatt   c) Rabbatt
3. a) Maschine   b) Maschiene   c) Machiene
4. a) Skitze   b) Skizze   c) Skizte
5. a) Publikum   b) Puplikum   c) Publiekum
6. a) Karackta   b) Caracter   c) Charakter

Aufgabe 8 (Zeit: **90** Sekunden)
In dem folgenden Brieftext sind sehr viele Wörter falsch geschrieben. Finde möglichst viele heraus und schreibe sie berichtigt auf.
Beispiel:
Sehr geerte Damen und Herren! → geehrte

Wir danken Ihnen für Ihre anfrage und können Ihnen miteilen, das die gewünschten Änderungen an den Fahrädern inerhalb einer Woche von uns durchgefürt werden können.
Der Preiss für die umrüstung beträgt inklusiwe Meerwerdsteuer **557,65** Euro. Über ihren Auftrag würden wir uns ser freuen.

Mit freundlichen Grüssen
Bernd Müller

Aufgabe 9 (Zeit: **90** Sekunden)
In dem folgenden Text sind einige Kommas zu viel gesetzt. Notiere die Kennziffern der **falsch** gesetzten Kommas. **Beispiel:**
Wer zu einem Test eingeladen wird,[1] sollte sich gut,[2] darauf vorbereiten. → 2

Im Vordergrund von Einstellungstests,[1] steht oft das Schulwissen,[2] hauptsächlich Deutsch und Mathematik. Aber auch Allgemeinwissen ist gefragt,[3] deshalb verfolgt,[4] regelmäßig Nachrichtensendungen und lest die Tageszeitung. Rückt der Prüfungstag näher,[5] so solltet ihr folgende Ratschläge beherzigen: Geht am Abend vorher,[6] rechtzeitig zu Bett,[7] damit ihr am nächsten Tag ausgeruht seid. Frühstückt in Ruhe und geht früh genug aus dem Haus,[8] damit ihr pünktlich zum Prüfungstermin erscheinen könnt. Nehmt euer Einladungsschreiben,[9] einen Block und Stifte mit. Für eine Pause,[10] solltet ihr euch etwas zu essen und zu trinken einpacken.

Tipp: Weitere Übungen für Einstellungstests findest du z. B. unter:
www.focus.de/D/DB/DB19_neu/DB19C/db19c.htm

Vorstellungsgespräche trainieren

Das Vorstellungsgespräch ist oft der letzte und entscheidende Schritt im Bewerbungsverfahren, denn fast alle Betriebe vergeben einen Ausbildungsplatz erst nach einem persönlichen Gespräch. Deshalb solltet ihr euch auf diese mündliche Test- und Prüfungssituation mental und inhaltlich gut vorbereiten.

1 Schaut euch das Foto an. Was fällt euch auf?
 – Was sollte die Bewerberin in dieser Situation sagen? Begründet eure Entscheidung. Habt ihr eigene Vorschläge?
 – Ist sie eurer Meinung nach passend gekleidet? Welche Tipps habt ihr?

2 „Verstell dich nicht, sei einfach du selbst und bleib ruhig."
Was haltet ihr von diesem Ratschlag?
Wie bekommt **ihr** eure Nervosität in den Griff?

Natürlich gibt es Fragen, die in fast allen Vorstellungsgesprächen gestellt werden. Der Spitzenreiter ist diese Frage:

Warum haben Sie sich gerade bei uns beworben?

a) Weil meine Eltern das wollten.

b) Weil ich seit frühster Kindheit nur die Schokoriegel Ihrer Firma esse.

c) Ich bin rein zufällig auf Ihre Stellenanzeige gestoßen.

d) Ich habe mich ausführlich über mehrere Ausbildungsbetriebe informiert. Die Informationen über Ihre Firma haben mir besonders gut gefallen.

3 Warum wird wohl gerade diese Frage am häufigsten gestellt?

4 Beurteilt die Antworten a) bis d) aus Sicht der Firma:
 – Was wirkt eher schlecht oder unglaubwürdig?
 – Was kommt wohl besser an?
 Begründet eure Einschätzung.

5 Und was würdet ihr antworten?

… jede Menge Geld verdienen …

Weitere häufig gestellte Fragen an Bewerberinnen und Bewerber:

… weil ich einfach super bin …

1. Was sind Ihre beruflichen Ziele nach der Ausbildung?
2. Warum sollten wir uns gerade für Sie entscheiden?
3. Welche Vorteile bietet dieser Beruf Ihrer Meinung nach? Hat er auch Nachteile?
4. Womit beschäftigen Sie sich in Ihrer Freizeit?
5. Was interessiert Sie besonders?
6. Gibt es gesundheitliche Einschränkungen in Bezug auf eine berufliche Tätigkeit als …?
7. Können Sie sich eine andere Berufsausbildung vorstellen?
8. Was wissen Sie von uns?
9. Wie stellen Sie sich die Ausbildung bei uns vor?
10. Wie sind Sie auf diesen Beruf gekommen?
11. Welche Schulfächer liegen Ihnen besonders?
12. Erzählen Sie etwas über Ihren Freundeskreis.
13. Wie kommen Sie mit Ihren Lehrern und Ihren Mitschülern aus?
14. Wie erklären Sie sich Ihre schwachen Leistungen in …?
15. Leben Sie bei Ihren Eltern?
16. Wie stehen Ihre Eltern zu Ihrer Berufswahl?
17. Welches Buch haben Sie zuletzt gelesen? Was hat Ihnen daran gefallen?
18. Sie haben gestern sicher die Nachrichten verfolgt. Was sagen Sie zu …?
19. …?

Das eigene Gesprächsverhalten und das anderer beobachten und reflektieren

6 Ordnet die Fragen nach den Bereichen:

Beruf und Betrieb **Schule und Allgemeinbildung**
Hobbys und Interessen **Familie und Freunde**

7 Überlegt gemeinsam, was die Betriebe mit solchen Fragen über ihre Bewerber herausfinden möchten. Zum Beispiel:

Leistungsmotivation	**Anpassungsbereitschaft**	**Lernbereitschaft**
aktives Interesse	**Teamfähigkeit**	**Initiative**
Zuverlässigkeit	**Allgemeinbildung**	**…**

„Warum haben Sie ein Jahr länger bis zum Abschluss gebraucht?"
„Warum sind Ihre Zeugnisnoten nur mittelmäßig?"

8 Wie offen sollte man mit solchen heiklen Fragen im Bewerbungsgespräch umgehen? Darf man bei der Antwort eurer Meinung nach auch mal etwas verschweigen? Tauscht euch darüber aus.

9 Formuliert eigene Antworten zu den verschiedenen Fragen auf Seite 30 und besprecht sie miteinander in der Gruppe.

10 Denkt euch weitere Fragen aus. Vor allem berufsspezifische Fragen sind wichtig, denn ein Kfz-Meister z. B. möchte vielleicht andere Dinge in Erfahrung bringen als die Leiterin eines Supermarktes. Findet also spezielle Fragen und Antworten zu den Berufen, die euch interessieren.

11 Hier und auf der nächsten Seite findet ihr verschiedene Materialien zur **Vorbereitung eines Vorstellungsgesprächs** mit Anregungen zur Nutzung.

zu Material 1:

- Welche der Fragen wären euch in einem Vorstellungsgespräch wichtig?
- Mit welchen Fragen kann ein Bewerber sein Interesse signalisieren?
- Überlegt euch eigene beruf- und firmenspezifische Fragen.

Fragen von Bewerberinnen und Bewerbern **Material 1**

1. Werde ich an einem oder mehreren Arbeitsplätzen ausgebildet?
2. Wie ist die Arbeitszeit geregelt?
3. Wie sind die Berufsschulzeiten geregelt?
4. Wie viele Auszubildende hat die Firma?
5. Werden Auszubildende nach der Ausbildung übernommen?
6. Wie viel verdiene ich während der Ausbildung?
7. Wie viel Urlaub bekommt man als Azubi?

Das eigene Gesprächsverhalten und das anderer beobachten und reflektieren

zu Material 2 und 3:

- In welchen Phasen läuft ein Vorstellungsgespräch gewöhnlich ab?
- Welche Tipps geben die Jugendlichen, welche die Erwachsenen?
- Schreibt die Tipps stichwortartig auf ein Plakat, das ihr im Klassenraum aushängen könnt.

Erfahrungen von Jugendlichen — Material 2

Als ich die Einladung erhalten habe, habe ich den Termin des Vorstellungsgesprächs in einem kurzen Brief bestätigt. Ich habe mir den Weg zum Betrieb vorher genau angesehen. Denn ich wollte ja pünktlich dort sein, zehn Minuten vor Gesprächsbeginn.
Jonas

Im Internet habe ich mich dann auf der Homepage des Betriebes aktuell informiert. Ich habe mir zusammen mit meinen Eltern Antworten auf mögliche Fragen überlegt. Außerdem habe ich mir Fragen notiert, die ich im Gespräch stellen kann. Am Tag vorher bin ich noch einmal meine Bewerbungsunterlagen durchgegangen und habe in der Berufsinformationsbroschüre nachgelesen.
Anja

Meine große Schwester hat mich beraten, was ich anziehe. Mein Outfit sollte weder zu aufgestylt noch zu lässig sein. Die neue Jacke hatte ich vor dem Gespräch ein paar Mal angezogen. So habe ich mich dann in der Kleidung richtig wohl gefühlt.
Mirko

Die Ausbildungsleiterin hat mich auf meine Aufregung angesprochen. Da habe ich gesagt, dass ich nervös bin, weil mir das Gespräch sehr wichtig ist. Ich habe mich an den Ratschlag meines Vaters erinnert und mich ganz bewusst aufrecht hingesetzt. So konnte ich gleich freier atmen.
Yvonne

Erfahrungen der Betriebe — Material 3

In unserem Betrieb sitzen die Bewerber gleich mehreren Fremden gegenüber. Meistens ist außer mir noch der Ausbildungsleiter und ein Mitglied des Betriebsrates dabei. Da kann ich schon verstehen, wenn sich Bewerber etwas mulmig fühlen. Doch wenn wir uns erst einmal gegenseitig vorgestellt haben, ist die Stimmung gleich lockerer. Mit Anfangsfragen, wie z. B. nach dem Weg zum Betrieb oder dem Wetter, will ich den Jugendlichen die Angst nehmen.
Betriebsrätin

Mir gefällt es gut, wenn jemand auf Fragen nicht nur mit *ja* und *nein* antwortet, sondern frei von sich erzählt. Wenn ich nach Interessen frage, möchte ich etwas über die Persönlichkeit herausfinden. Auf Berufswahl und Bewerbung komme ich erst später zu sprechen. Ich erwarte schon, dass sich die Jugendlichen auf das Gespräch vorbereitet haben und damit ihr Interesse beweisen.
Ausbildungsleiter

Bei uns dauern Vorstellungsgespräche etwa 45 Minuten. Dann verabschieden wir die Jugendlichen und sagen ihnen, dass sie in etwa einer Woche mit der Entscheidung rechnen können, weil wir auch noch mit anderen Bewerbern sprechen wollen.
Personalchefin

Gute Umgangsformen sind bei uns ein absolutes Muss. Es macht einen schlechten Eindruck, wenn sich jemand auf dem Stuhl herumlümmelt oder andere nicht ausreden lässt. Wer beim Sprechen Kaugummi kaut oder seine Kopfhörer nicht abnimmt, mag ja cool sein, aber in unsere Firma passt er nicht. Natürlich achte ich auch auf die Kleidung. Es sagt schon einiges aus, wenn Jugendliche wissen, was zu ihnen und dem Anlass passt, und das auch tragen.
Verkaufsleiter

Vorstellungsgespräche im Rollenspiel erproben

Am besten führt ihr eure Rollenspiele in einer Gruppe von etwa sechs Mädchen und Jungen durch, damit jeder mindestens einmal in die Rolle eines Bewerbers und in die eines Chefs/einer Chefin schlüpfen kann.
Tipp: Wenn ihr in der Schule einen Camcorder zur Verfügung habt, ist es sicher für die Auswertung lohnend, diese Spielszenen aufzunehmen.

1 So bereitet ihr euch auf eure Rolle vor: Überlegt euch einen konkreten Ausbildungsberuf und -betrieb. Legt euch Rollenkarten mit Stichwörtern, möglichen Fragen und Antworten an, die ihr während des Spiels verwenden könnt. Nutzt dazu die Informationen auf den Seiten 30–32.

Rollenkarte Bewerber/-in

Berufswunsch: Speditionskaufmann/-frau
- Blickkontakt halten!
- in ganzen Sätzen reden

- interessiert an kaufmännischen Tätigkeiten wie Kostenkalkulationen ... mag aber auch den persönlichen Kontakt zu Kunden ...
- seit 1922 im Familienbesitz – spezialisiert auf Umzüge im In- und Ausland ...

Eigene Fragen: ...

Rollenkarte Chef/Chefin

Inhaber/-in der Spedition Schulz und Co.
- Begrüßung, Vorstellung, Platz anbieten
- Bewerber/-in auf Nervosität ansprechen
- LÄCHELN!

Fragen:
- Wie sind Sie gerade auf diesen Ausbildungsberuf gekommen?
- Warum bewerben Sie sich bei uns?
- ...

2 Als Zuschauer beobachtet ihr das Verhalten der Spieler. Teilt die Aufgaben untereinander auf. Achtet auf:

1: **nichtsprachliche Signale:**
Blickkontakt, Lächeln, Körperhaltung, Gesten ...
2: **Sprechweise:**
Deutlichkeit, Lautstärke, Tempo, Freundlichkeit ...
3: **Formulierung:**
nicht einsilbig, flüssig, zusammenhängend, angemessen in der Wortwahl ...
4: **Gesprächsführung:**
einander ausreden lassen, nicht unterbrechen, zuhören ...
5: **Inhalte der Antworten:**
glaubwürdig, nicht übertrieben, überzeugend, kompetent ...

3 Besprecht nun euer Rollenspiel. Beachtet dabei, dass solche Auswertungsgespräche immer Gelungenes und Verbesserungswürdiges zum Thema haben sollten.

♦ Als **Spieler** (Bewerber/Chef) sprecht ihr zunächst über **eure** Eindrücke. Wie habt ihr euch in der Rolle gefühlt?

♦ Als **Zuschauer** äußert ihr euch anschließend, wie die Szene auf euch gewirkt hat. Denkt daran, mit einem Lob zu beginnen und bei Minuspunkten unbedingt fair zu bleiben. Gebt dann den Spielern eine sachliche Rückmeldung zu den einzelnen Beobachtungspunkten. Macht auch Verbesserungsvorschläge.

Ein Vorstellungsgespräch situations- und adressatengerecht trainieren

Sich mit globalen und individuellen Problemen auseinandersetzen

Sich mit einem Thema vertraut machen

Für Klima-Wende bleibt noch eine letzte Frist

Bangkok. Der Menschheit bleibt eine letzte Frist, um die drohende Klima-Katastrophe noch abzumildern – und die dafür nötigen Kosten sind weit geringer als bislang angenommen. Dies ist das Fazit des gestern in Bangkok verabschiedeten dritten Teils des UN-Klimaberichts.

Innerhalb der nächsten acht Jahre muss dem Bericht zufolge die Wende geschafft sein: Ab 2015 dürfte der Ausstoß von Treibhausgasen nicht mehr steigen, und bis zum Jahr 2050 müssten die CO_2-Emissionen um 50 bis 85 Prozent reduziert werden. Nur so könne es gelingen, den Anstieg der Jahresmitteltemperatur auf maximal 2 bis 2,4 Grad zu begrenzen und damit die schlimmsten Folgen für die Entwicklung des Planeten abzuwenden. Doch selbst dann wären im Jahr 2050 weltweit bis zu zwei Milliarden Menschen von Wasserknappheit bedroht.

Die Delegierten der Konferenz des Weltklimarats hatten sich gestern Morgen nach zähem Ringen auf den abschließenden Wortlaut des Berichts geeinigt. Die rund 2000 Wissenschaftler, die an dem Papier gearbeitet hatten, betonten, dass genügend Geld und Technologien vorhanden seien, um noch rechtzeitig umzusteuern. Es sei aber schnelles Handeln nötig. Pro Jahr müssten 0,12 Prozent der jährlichen Weltwirtschaftsleistung in den Klimaschutz investiert werden. Dies würde das Wirtschaftswachstum kaum bremsen. Wenn aber nichts getan wird, dann könnten die jährlichen Kosten des Klimawandels langfristig zwischen 5 und 20 Prozent des Bruttosozialprodukts liegen. Die Experten schlagen viele konkrete Maßnahmen vor, darunter vor allem den massiven Einsatz von erneuerbaren Energien, Biokraftstoffen und neuen Technologien sowie eine größere Energieeffizienz.

Die Bundesregierung bezeichnete den Bericht als Aufbruchsignal. Umweltminister Sigmar Gabriel (SPD) sagte: „Wir haben keine Zeit zu verlieren." Die Umweltverbände und die Grünen drängten zu schnellem Handeln und forderten konkrete gesetzgeberische Schritte. (ap/rtr/ddp/zr)

Freie Presse vom 05./06. Mai 2007

1 Fasst zusammen, um welche Problematik es sich in diesem Artikel handelt.

2 Informiert euch über die im Text verwendeten Fachbegriffe anhand nebenstehender Definitionen.
– Gebt die Bedeutung der Definitionen mit eigenen Worten wieder und nennt Beispiele zur Veranschaulichung.
– Schlagt gegebenenfalls weitere Fachwörter selbstständig nach.

3 Erarbeitet aus dem Zeitungsartikel
– die durch die Menschen hervorgerufene Ursache für die Klimakatastrophe.
– den Zeitraum zur Minimierung dieser Ursache, um die Katastrophe abzumildern.
– fünf konkrete Klimaschutzmaßnahmen.
– ein Beispiel für eine Folge des Temperaturanstiegs trotz Klimaschutzmaßnahmen.

4 Erläutert, warum die Wissenschaftler vor allem auf schnelles Handeln drängen.

Klimakatastrophe: durch den Menschen hervorgerufene Erderwärmung mit verheerenden Folgen

Treibhausgase: gasförmige Stoffe, die zur Erderwärmung beitragen und sowohl einen natürlichen als auch einen anthropogenen, d. h. durch den Menschen verursachten Ursprung haben können, wie z. B. die stark umweltschädigenden Gase Kohlen(stoff)dioxid (CO_2), Methan (CH_4), Distickstoffoxid (Lachgas, N_2O), Fluorkohlenwasserstoffe (FKW) und Schwefelhexafluorid (SF_6)

Emission: das Ausströmen luftverunreinigender Stoffe in die Außenluft

Technologien: Gesamtheit der Prozesse zur Gewinnung und Bearbeitung von Rohstoffen in Fertigprodukte

Informationen zielgerichtet entnehmen – begründete Schlussfolgerungen ziehen

Der Mensch als Sünder

Abschlussbericht des Klimarates: „Folgen plötzlich und unumkehrbar"

Valencia. Der Weltklimarat IPCC hat in Valencia seinen Abschlussbericht vorgelegt. Im Folgenden sind die wichtigsten Punkte des sogenannten Synthese-Berichts aufgeführt:

• Der Mensch steht als Ursache des Klimawandels praktisch fest. Die Folgen dieses Wandels werden nach Einschätzung der Experten vermutlich „plötzlich oder unumkehrbar" sein.

• Die Temperaturen werden bis zum Jahr 2100 bis vier Grad Celsius gegenüber 1990 ansteigen, möglicherweise sogar um 6,4 Grad. Um die Erwärmung auf zwei bis 2,4 Grad zu begrenzen, muss der CO_2-Ausstoß bis 2050 um rund 50 bis 85 Prozent niedriger sein als noch im Jahr 2000.

• Weltweit wird es immer mehr Hitzeperioden, Dürren und Überschwemmungen geben. Dies hat einen Mangel an Trinkwasser und Artensterben zur Folge.

• Gletscherschmelze, Schneeknappheit in den Bergen und das Zurückgehen des Eises im Sommer in der Arktis sind Belege für den Klimawandel. In seinem ursprünglichen Papier war der Rat noch davon ausgegangen, dass der Meeresspiegel bis zum Jahrhundertwechsel zwischen 18 und 59 Zentimeter ansteigen wird. Angesichts der weitaus düsteren Prognosen von aktuellen Studien will er sich nun aber nicht mehr auf diese Obergrenze festlegen.

• Alle Länder werden vom Klimawandel betroffen sein, am härtesten wird es aber die ärmsten von ihnen treffen, vor allem kleine Inselstaaten und solche, in denen zahlreiche Menschen in tief liegenden Deltas leben.

• Eine Reduzierung der Treibhausgase ist vergleichsweise kostengünstig möglich, das Zeitfenster für eine noch rechtzeitige Begrenzung wird jedoch immer enger. (rtr)

UN-Generalsekretär Ban Ki-Moon (r.) und Rajendra Pachauri, Vorsitzender des Weltklimarates, mit dem Abschlussbericht.

Freie Presse vom 19.11.2007

5 Vergleicht die Aussagen zum Klimawandel in den Zeitungsberichten vom Mai und November 2007 miteinander. Welche Entwicklung stellt ihr fest?

6 Welchen Standpunkt zum Thema **Klimawandel** vertretet **ihr**? Informiert euch dazu auch über die aktuellsten Ergebnisse des Klimarates und der Weltklimakonferenz.

Eine Themenfrage analysieren

„Fakt ist, dass eine Erderwärmung von 0,6°C in den letzten 100 Jahren zu verzeichnen ist, wobei die letzten 30 Jahre entscheidend waren. […] Und dass sich etwas bei stetiger Erhöhung der Erdtemperatur verändern wird, ist gewiss. Man kann immer nur vom heutigen Stand ausgehen, aber der zeigt deutlich, dass bereits Klimaveränderungen vorliegen. Fakt ist, … mehr CO_2-Ausstoß bedeutet automatisch höhere Temperaturen."
Deshalb stellt sich die Frage: **Lässt sich die Erderwärmung durch Verringerung des anthropogenen CO_2-Ausstoßes nachhaltig beeinflussen?**

1 Tragt zusammen, welche verschiedenen Standpunkte man zum oben genannten Thema einnehmen könnte.
– Formuliert eine These (Pro) und eine Antithese (Contra).
– Welcher Meinung würdet ihr euch vorerst anschließen? Mit welchem Ziel?

2 Erörterungen kann man linear oder dialektisch aufbauen.
– Informiert euch noch einmal über diese Formen der Erörterung.
– Wie ist die oben genannte Themenfrage angelegt?

> Zweck der **Erörterung** ist eine umfassende und sachliche Darstellung, die das mögliche Pro und Contra zu einem Thema berücksichtigt.
> - Man erarbeitet sich selbst einen fundierten Standpunkt.
> - Man gibt dem nicht informierten Leser durch Argumente eine Hilfe zur eigenen Standpunktbildung oder man widerlegt vorhandene Meinungen.
> - Man zieht sowohl Schlussfolgerungen für das persönliche Verhalten, leitet aber auch gesellschaftliche Notwendigkeiten ab.
> - Man wird sich durch das sorgfältige Abwägen von Pro- und Contra-Argumenten seines eigenen Standpunktes bewusst.

Linear (entwickelnd, aufsteigend)

Diese Form der Erörterung kommt meist dann zum Einsatz, wenn das Thema als Ergänzungsfrage (Warum? Wie? Welche Folgen? …), also ohne Pro und Contra angelegt ist. Nach einer zum Thema/zur Problemfrage hinführenden Einleitung wird im Hauptteil Argument an Argument mit aufsteigender Aussagekraft aneinandergereiht (Gewichtung: stärkstes Argument am Ende).
Der Schlussteil enthält eine abschließende Stellungnahme mit eventuellem Ausblick auf zukünftige Entwicklungen.

Dialektisch (kontrovers, entgegengesetzt, strittig)

Wenn das zu bearbeitende Thema als Entscheidungs- oder Satzfrage gestellt wird, findet die dialektische Erörterung Anwendung. Hierbei werden im Hauptteil **Pro** und **Contra** in Form einer **These** und **Antithese** mit den dazugehörigen Argumenten (im Block oder wechselseitig angeordnet) gegenübergestellt und gewichtet.
Im Schlussteil trifft man nach kurzer Abwägung des Für und Wider eine Entscheidung, die auch ein Kompromiss sein kann und Einschränkungen enthält.

3 Einem fundierten Standpunkt zu einer Themenfrage geht eine gründliche Analyse voraus. Erkläre mit Hilfe folgender Definition, was man unter anthropogenem CO_2-Ausstoß versteht.

> **Analyse eines Themas:**
> 1. Kernbegriffe erkennen und erklären
> 2. Thema mit eigenen Worten formulieren
> 3. Teilfragen ableiten

Luftverunreinigungen durch CO_2-Ausstoß

Allgemein entstehen Luftverunreinigungen durch Substanzen, die die Zusammensetzung der reinen Luft verändern. Sie können Folgen natürlicher Vorgänge sein (Vulkanausbrüche, Sandstürme …) oder vom Menschen verursacht werden (anthropogen). Solche anthropogenen Luftverschmutzungen entstehen hauptsächlich durch die Verbrennung fossiler Energieträger wie zum Beispiel Kohle, Erdöl und Erdgas. Dabei entsteht auch das stabile Spurengas Kohlendioxid (CO_2), das sich mehrere Jahrzehnte in der Atmosphäre aufhält und als ein wesentlicher Faktor für die Erderwärmung gilt.

4 Welche Bedeutung des Wortes **nachhaltig** trifft eurer Meinung nach am ehesten auf die Themenfrage zu?

> **Wortfeld zum Begriff nachhaltig:**
> 1. einschneidend
> 2. anhaltend, dauernd, für längere Zeit

5 Überprüfe jetzt, inwieweit du die Themenfrage richtig verstanden hast. Schreibe sie mit deinen eigenen Worten auf.

6 Betrachte nun das Thema von verschiedenen Seiten, damit du bei der Bearbeitung der Themenfrage nichts Wesentliches auslässt.
Leite dazu Teilfragen zum Thema ab, die dir bei der Informationssuche als Leitfaden dienen, z. B.:
- Welchen Einfluss hat der anthropogene CO_2-Ausstoß überhaupt auf die Erderwärmung?
- Wodurch entsteht der anthropogene CO_2-Ausstoß?
- Wie kann der Mensch diesen CO_2-Ausstoß nachhaltig reduzieren?
- Welche Probleme sind aufgrund der Reduzierung zu befürchten?
- Wer muss in diesem Prozess Verantwortung tragen?
- Wer kann sich sonst noch beteiligen?
- …

7 Stellt euren Fragenkatalog im Plenum vor.

8 Macht euch vor Beginn eurer Materialsuche noch einmal bewusst,
– wo und wie ihr Informationen zu einer Themenfrage finden könnt;
– in welcher Form ihr die gefundenen Informationen notiert;
– welche Regeln für die wortwörtliche Übernahme von Informationen gelten.

Materialien zu einer Themenfrage erschließen, zusammentragen und belegen

> Bei der **dialektischen Erörterung** ist es zweckmäßig, die gefundenen Informationen in einer Tabelle mit je einer Spalte für das Pro und Contra aufzulisten.
> Man kann die Informationen auch nach Teilfragen geordnet auf DIN-A5- oder DIN-A6-Blätter schreiben und dann der Pro- und Contra-Seite zuordnen.

Folgende Materialien enthalten Informationen zu eurer Themenfrage:
Lässt sich die Erderwärmung durch Verringerung des anthropogenen CO_2-Ausstoßes nachhaltig beeinflussen?

Klimawandel: Es wird wärmer!

Stefanie Wilhelm

[…] Klimaveränderungen hat es auf der Erde also immer gegeben. Neu ist jedoch, dass sich das Klima noch nie so schnell verändert hat wie heute. Neu ist auch, dass zum ersten Mal der Mensch für den Klimawandel verantwortlich ist. Dass es auf der Erde immer wärmer wird, liegt vor allem am Treibhauseffekt. In einem Treibhaus für Pflanzen sorgt ein Glasdach dafür, dass Sonnenstrahlen hineingelangen, Wärmestrahlen jedoch nicht wieder entweichen können. Ähnlich wie das Glasdach wirken in unserer Atmosphäre bestimmte Gase. Die wichtigsten sind Kohlendioxid, Methan, Fluorkohlenwasserstoffe und Lachgas. Sie lassen die einfallenden Sonnenstrahlen passieren, verhindern aber, dass die Wärme, die von der Erde zurückgestrahlt wird, in den Weltraum entweichen kann. Dadurch erhöht sich die Temperatur auf der Erde.

Dabei ist der natürliche Treibhauseffekt eigentlich etwas Gutes. Ohne ihn wäre Leben auf der Erde nicht möglich. Die Durchschnittstemperatur würde weit unter null Grad Celsius liegen. Doch seit die Menschen Fabriken bauen und immer mehr Energie verbrauchen, gelangt immer mehr Kohlendioxid in die Atmosphäre und verstärkt so den Treibhauseffekt um ein Vielfaches. Das meiste Kohlendioxid entsteht, wenn zur Energiegewinnung Öl, Kohle oder Erdgas verbrannt werden. Gleichzeitig werden große Waldgebiete vernichtet, sodass es weniger Bäume gibt, die das Kohlendioxid aus der Luft aufnehmen können. Vor allem die tropischen Regenwälder in Südamerika sind wichtig für unser Klima. Sie werden auch als „grüne Lunge der Erde" bezeichnet. Forscher gehen davon aus, dass die Durchschnittstemperatur auf der Erde in den nächsten hundert Jahren zwischen 2 und 4,5°C ansteigt. Die Veränderungen, die dieser Temperaturanstieg mit sich bringt, sind in Ansätzen heute schon zu spüren.

Bereits deutlich zeigen sich die Folgen des Klimawandels am Nordpol. Dort gibt es immer weniger Eis. Wenn weiterhin so viel Kohlendioxid in die Atmosphäre entlassen wird wie bisher, könnte der Nordpol schon in 34 Jahren eisfrei sein. Mit dem Packeis würden auch die Eisbären und viele andere Tierarten verschwinden. Auch die Gletscher schmelzen. Die Alpen könnten noch vor Ende dieses Jahrhunderts eisfrei sein. Die höher gelegenen Gletscher des tibetischen Hochgebirges werden bis dahin um die Hälfte geschrumpft sein.

Schon heute brechen riesige Felsen ab und geraten ins Rutschen, weil das Eis die Hänge rings um den Gletscher nicht mehr stützen kann.

Bereits jetzt zwingt der Klimawandel viele Tiere zum Umsiedeln. Die Orcas, die sogenannten Killerwale, ziehen infolge der Eisschmelze viel höher in den Norden. Vor der englischen Küste wurden in diesem Sommer Mondfische beobachtet, die eigentlich in der Nähe des Äquators zu Hause sind. Weißspitzenriffhaie sind aus dem Südpazifik ins Mittelmeer gewandert, und der Löffler, eine Ibisart aus dem Mittelmeerraum, bevorzugt mittlerweile das deutsche Wattenmeer zum Nisten.

Viele Tier- und Pflanzenarten werden durch den Klimawandel ihren Lebensraum verlieren. Feuchtgebiete werden verschwinden und Wüsten Platz machen. Bereits jetzt geraten empfindlich aufeinander abgestimmte Ökosysteme aus dem Gleichgewicht. Raupen, die zu spät schlüpfen, finden nur Blätter vor, die viel zu zäh für sie sind. Laicht der Kabeljau zu früh, gibt es noch kein Plankton und seine Jungen müssen verhungern.

Auch der Mensch muss sich auf schlimme Veränderungen gefasst machen. Der Meeresspiegel wird ansteigen. Einige Inseln und manche Küstenregionen könnten langsam im Meer versinken. Forscher gehen außerdem davon aus, dass es in Zukunft immer häufiger zu extremen Wetterereignissen wie Stürmen, Überschwemmungen und Dürre kommen wird. Auch vor Wassermangel und vor der Ausbreitung von Infektionskrankheiten warnen sie. Der Welt könnte durch die Folgen des Klimawandels eine der größten Wirtschaftskrisen der neueren Geschichte drohen.

Dass es auf der Erde wärmer wird, ist unvermeidbar. Selbst wenn es möglich wäre, ab sofort jeglichen Ausstoß von Kohlendioxid einzustellen, wenn also kein Auto mehr fahren würde, alle Kohlekraftwerke abgestellt würden und keine Fabrik mehr in Betrieb wäre, selbst dann würde die Temperatur auf der Erde noch ein paar Jahrzehnte weiter zunehmen. Denn ein Kohlendioxid-Molekül ist träge und kann bis zu 200 Jahre in der Atmosphäre verweilen.

Dennoch ist die Lage nicht hoffnungslos. Entscheidend ist nämlich, wie schnell das Klima wärmer wird. Wenn die Erderwärmung 2 bis 2,4°C nicht überschreitet, könnten die schlimmsten Folgen des Klimawandels verhindert werden und die Situation bliebe beherrschbar. Wenn wir den Ausstoß von Treibhausgasen weltweit reduzieren, ist es möglich, dieses Ziel zu erreichen. Ein Anfang wurde 1997 in der japanischen Stadt Kyoto gemacht. Dort haben sich einige Länder, unter anderem Deutschland, dazu verpflichtet, ihren Ausstoß von Treibhausgasen bis 2012 um mindestens fünf Prozent zu reduzieren. Leider haben andere Länder, wie zum Beispiel die USA, dabei noch nicht mitgemacht. Durch Energiesparmaßnahmen und die verstärkte Nutzung alternativer Energieträger, wie Sonnen-, Wind- und Wasserkraft, könnte der Anstieg der Treibhausgase bis 2050 halbiert werden. Politiker auf der ganzen Welt müssen dafür Sorge tragen, dass in ihrem Land etwas für den Klimaschutz getan wird. Aber auch jeder Einzelne kann helfen und zum Klimaschutz beitragen.

1 Sucht und ergänzt die folgenden Sätze aus dem Text:
– Neu ist auch, dass zum ersten Mal ...
– Das meiste Kohlendioxid entsteht, wenn ...
– Wenn die Erderwärmung 2 bis 2,4°C nicht überschreitet, ...
– Denn ein Kohlendioxid-Molekül ist ...
– Leider machen andere Länder, wie ...

2 Welche Textabschnitte geben Antwort auf folgende Fragen?
a) Wie kann man die Klimaerwärmung verlangsamen?
b) Welchen Anteil hat das CO_2 an der Erderwärmung?
c) Welche Folgen hat der Klimawandel für die Umwelt, für die Pflanzen- und Tierwelt und für die Menschen?
d) Warum nimmt die Natur immer weniger Kohlendioxid auf?
e) Wie wirken Treibhausgase?
f) Inwiefern treten Probleme bei der Reduzierung von Treibhausgasen auf?

3 Mit welchen Meinungen setzt sich der folgende Text auseinander? Formuliere zu beiden Abschnitten die jeweils enthaltene These und Antithese mit ihrer Begründung.

Der menschliche Beitrag zum Treibhauseffekt

I. Ist der menschliche Beitrag zum Treibhauseffekt gegenüber dem natürlichen nicht sehr klein und daher unbedeutend?

[…] Viele Laien verstehen unter dem Gesamttreibhauseffekt die gegenwärtige Erderwärmung. Sie sind deshalb überrascht, dass im Gegensatz zur allgemeinen „Panikmache" der Treibhauseffekt also nur zum kleinsten Teil (insgesamt 2%) vom Menschen verursacht sein soll. Die Zahl 2% trifft jedoch nur zu, wenn man den menschlichen Treibhauseffekt (der die derzeitige Erderwärmung überwiegend verursacht) mit dem natürlichen Treibhauseffekt vergleicht, der seit Urzeiten die Erde warm hält und etwa 33°C ausmacht. Schon eine grobe (weil lineare) Überschlagsrechnung ergibt, dass 2% von 33°C etwa 0,7°C ergibt – was ziemlich genau der im 20. Jahrhundert tatsächlich gemessenen Erderwärmung entspricht und daher die Warnungen der Klimaforscher stützt, nicht etwa relativiert. Dass eine kleine relative Änderung erhebliche Auswirkungen mit sich bringen kann, mag ein Blick auf die menschliche Gesundheit verdeutlichen: eine Erhöhung der (absoluten) Körpertemperatur um 1% bedeutet 40° Fieber! […]

II. Ist der anthropogene[1] CO_2-Ausstoß im Rahmen des natürlichen Kohlenstoffkreislaufs nicht sehr gering und daher unbedeutend?

Es ist richtig, dass im Rahmen des natürlichen Kohlenstoffkreislaufs große Mengen ausgetauscht werden, zwischen Atmosphäre und Ozean im Mittel rund 90 Gt C[2] pro Jahr, zwischen Atmosphäre und Vegetation rund 60 Gt C pro Jahr. Damit verglichen erscheint die anthropogene Emission von derzeit rund 8 Gt C pro Jahr gering. Doch besteht dabei ein ganz wesentlicher Unterschied: Der Ozean nimmt ungefähr gleich viel CO_2, wie in die Atmosphäre abgegeben wird, auch wieder auf. Die CO_2-Nettobilanz für die Atmosphäre ist also praktisch gleich Null. Das Gleiche gilt für die Vegetation. Die anthropogene Emission ist hingegen kein Austauschprozess, sondern eine zusätzliche Quelle, die sozusagen das Fass zum Überlaufen bringt. Ein Teil dieser Emissionen werden vom Ozean und der Vegetation zusätzlich aufgenommen, aber nicht alles. Und genau darauf reagiert die atmosphärische CO_2-Konzentration mit dem bekannten Anstieg von rund 280 ppm[3] auf derzeit (2001) rund 370 ppm während des Industriezeitalters, während sie in den rund 10 000 Jahren davor (Holozän) in etwa konstant geblieben ist. […]

4 Welche Aussagen sind richtig? Der Anteil des Menschen am Treibhauseffekt …
- ist unbedeutend, weil er gegenüber der natürlichen Erderwärmung nur zwei Prozent ausmacht.
- erscheint zwar prozentual gering, verursacht jedoch eine Erhöhung des Treibhauseffektes um ein Vielfaches.
- bringt den natürlichen Kohlenstoffkreislauf zwischen Atmosphäre und Ozean bzw. Vegetation aus dem Gleichgewicht.
- scheint zwar gering, bewirkt aber, dass sich der CO_2-Gehalt in der Atmosphäre ständig erhöht.
- hat keinen Einfluss auf den Klimawandel, weil innerhalb des natürlichen Kohlenstoffkreislaufes viel größere Mengen CO_2 ausgetauscht werden.

---
[1] durch den Menschen beeinflusst, verursacht
[2] Gigatonnen Kohlenstoff
[3] parts per million

5 Wertet die folgende Karikatur in Partnerarbeit aus.
– Auf welches Problem nimmt der Karikaturist Bezug?
– Worin besteht der Witz der Zeichnung? Durch welche gestalterischen Mittel kommt das zum Ausdruck?
– Wer und was wird kritisiert?
– Welche Forderung wird indirekt erhoben?

Eine **Karikatur** ist eine übertreibende Darstellung charakteristischer Merkmale von Personen, politischer Ereignisse und gesellschaftlicher Missstände. Durch die humoristische Hervorhebung bzw. Überbetonung bestimmter Merkmale werden Verhaltensweisen und Ereignisse bloßgestellt, lächerlich gemacht und kritisiert.

Horst Haitzinger: „Hier bin ich Mensch, hier darf ich's sein!"

Information und Wertung in einer Karikatur erkennen und werten

6 Untersuche, worüber genau diese Grafik informiert. Welche Angaben findest du auf der linken, welche auf der rechten Seite?
- Worauf beziehen sich die Zahlenangaben 54,4 bis 9,2?
- Berechne, um wie viel Mio. t die Treibhausgase von 2006 bis 2020 reduziert werden sollen.
- Wodurch soll diese Reduktion erreicht werden?

7 Was genau sind erneuerbare Energien? Wo seht ihr dabei Möglichkeiten, dass sich auch jeder Einzelne an der Reduzierung von Treibhausgasen beteiligen kann?

S. 15–17

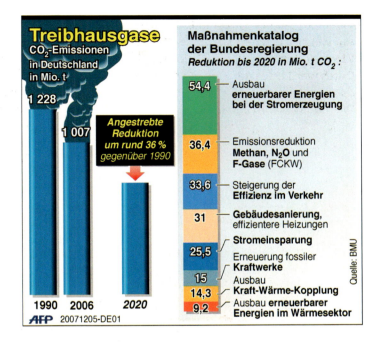

8 Formuliere mit Hilfe des folgenden Textes, welche Chancen sich für das Einsparen von Energie im Haushalt ergeben.

Die größten Energiesünden im Haushalt

■ **Sünde Nr. 1:** Viele Stromfresser sind im Einsatz – alte Kühl- und Gefriergeräte (mit defekten Dichtungen), betagte Waschmaschinen und Geschirrspüler mit Energieeffizienzklasse* D oder geringer.

■ **Sünde Nr. 2:** Der Kühlschrank steht neben dem Herd und arbeitet wegen der hohen Umgebungstemperatur stärker als eigentlich nötig.

■ **Sünde Nr. 3:** Die Warmwassertemperatur ist zu hoch (über 55°C) eingestellt.

■ **Sünde Nr. 4:** Geschirrspüler und Waschmaschinen gehen in Betrieb, obwohl sie nicht voll ausgelastet sind.

■ **Sünde Nr. 5:** Gekocht wird ohne passenden Deckel auf dem Topf (das verbraucht dreimal so viel Energie) oder mit einem für die Herdplatte zu kleinen Topf.

■ **Sünde Nr. 6:** Die Raumtemperatur im Schlafzimmer beträgt über 20°C.

■ **Sünde Nr. 7:** Statt Energiesparlampen sind konventionelle Glühlampen in Betrieb. Oft brennt volle Beleuchtung, obwohl der Raum nicht genutzt wird.

■ **Sünde Nr. 8:** Elektrogeräte wie Fernseher, Videorekorder, Hifi-Anlage und PC laufen ständig im Stand-by-Betrieb.

---

* Energieeffizienzklasse: Bewertungsskala des Energielabels für Elektro-Großgeräte (Kühlschränke, Waschmaschinen usw.). Gibt Auskunft über den Energieverbrauch (Strom und Wasser) des Gerätes und über zusätzliche Gebrauchseigenschaften. Einteilung von A++, A+, A bis G, wobei A++ die beste Klasse darstellt und G die schlechteste.

9 Arbeite aus den folgenden Materialien die Antworten zu diesen Fragen heraus:
- Welchen Anteil nehmen die USA und China weltweit in der Treibhausgas-Erzeugung ein?
- Welchen Standpunkt vertreten führende Politiker dieser Länder zur Begrenzung der Erderwärmung und wie argumentieren sie? Zitiere dabei geeignete Textstellen in der Niederschrift wörtlich.

S. 46

Tipp: Die Markierungen im ersten Text findest du als Beispiele für das Zitieren in der Übersicht auf der nächsten Seite wieder.

* Das Kyoto-Protokoll (benannt nach dem Konferenzort Kyoto in Japan) ist ein 1997 beschlossenes Zusatzprotokoll zur Ausgestaltung der Klimarahmenkonvention (UNFCCC) der Vereinten Nationen mit dem Ziel des Klimaschutzes. Das 2005 in Kraft getretene und 2012 auslaufende Abkommen schreibt erstmals verbindliche Zielwerte für den Ausstoß von Treibhausgasen fest, welche die hauptsächliche Ursache der globalen Erwärmung sind.

China legt eigenen nationalen Plan zum Klimaschutz vor

Reich der Mitte will verstärkt Sonnen- und Windenergie nutzen – Quoten zum Abbau von Emissionen abgelehnt – Land gilt weltweit als zweitgrößter Treibhausgas-Erzeuger

Peking. [...] <u>China [hat] erstmals einen nationalen Plan zum Klimaschutz vorgestellt. Das zu den größten Verursachern von Treibhausgasen gehörende Land will Maßnahmen in der Wirtschaft und im Energiesektor ergreifen</u>, die aber seinem kräftigen Wachstum nicht schaden sollen. Die Verantwortung für den globalen Kampf gegen den Klimawandel weist die kommunistische Regierung in Peking den entwickelten Industrienationen zu.

Dem gestern vorgestellten 60 Seiten umfassenden Plan zufolge will die Regierung <u>Sonnen- und Windenergie fördern, den Verkehr umweltfreundlicher gestalten, mehr Müll wiederverwerten, Wälder aufforsten und die Landwirtschaft besser an die veränderten Temperaturen anpassen.</u> [...]

Die Regierung in Peking erteilte den Plänen von Bundeskanzlerin Merkel eine Absage, bei dem Treffen eine Begrenzung der Erderwärmung auf maximal zwei Grad Celsius als Ziel zu vereinbaren. „<u>China wird sich auf keine Quoten zur Reduzierung von Emissionen festlegen</u>", erklärte Ma Kai, Vorsitzender der Nationalen Entwicklungs- und Reformkommission, die den Klimaplan vorlegte. <u>Statt von den armen Ländern die Erfüllung von Quoten zu fordern, sollten die reichen mehr Umwelttechnologie zur Verfügung stellen.</u> „Die obersten und wichtigsten Prioritäten von Entwicklungsländern sind eine nachhaltige Entwicklung und der Kampf gegen Armut", heißt es in dem Plan für das 1,3 Milliarden Einwohner zählende Land. [...]

Anders als die USA hatte sich die Volksrepublik China dem Kyoto-Protokoll* angeschlossen, unter dem es als Entwicklungsland von Quoten zur Reduzierung der Treibhausgase freigestellt ist. Angesichts des Wachstums in China steigt aber der Druck auf das Land, bald feste Zusagen zu machen.

Die USA und China gelten als die größten Verursacher von Treibhausgasen. Laut eines gestern bekannt gewordenen Berichts der Weltbank rangiert Indonesien auf Platz drei der Liste. Hier sind es weniger die Industrie, sondern vielmehr Waldbrände und die Abholzung des Regenwaldes, die den Kohlendioxid-Ausstoß nach oben treiben. (rtr/afp)

Freie Presse vom 05.06.2007

Bush gegen klare Klimaschutz-Ziele

Washington. US-Präsident George W. Bush hat verpflichtende Zusagen im Kampf gegen den Klimawandel erneut abgelehnt. Auf einer von der US-Regierung einberufenen Klimakonferenz in Washington sagte Bush gestern, jedes Land müsse für sich selbst „den passenden Mix aus politischen Instrumenten und neuen Technologien" finden. Der US-Präsident betonte, dass der Klimaschutz nicht zu Lasten der Wirtschaft gehen dürfe. Er verlangte einen weltweiten Fonds, mit dem saubere Technologien gefördert werden sollen.
(afp) Freie Presse vom 29./30.09.07

10 Wägt einmal ab, welche Folgen die Haltung der USA und Chinas für den weltweiten Abbau von CO_2 und die damit verbundene Erderwärmung haben könnte.

11 Informiert euch über den neuesten Stand der jährlich stattfindenden Klimagipfel und der Arbeit des Klimarates. Visualisiert für eure Mitschüler: Welche Beschlüsse wurden realisiert? Welche wurden vernachlässigt? Was ist Neues dazugekommen? Wie geht es weiter?

Regeln für das wörtliche Zitieren

- **von ganzen Sätzen**
  Chinas Politiker vertreten den Standpunkt: „Statt von den armen Ländern die Erfüllung von Quoten zu fordern, sollten die reichen mehr Umwelttechnologie zur Verfügung stellen."(Zeile 40–44)

- **von Satzteilen (Auslassungen am Satzanfang, Satzende oder dazwischen)**
  „Das zu den größten Verursachern von Treibhausgasen gehörende Land will Maßnahmen in der Wirtschaft und im Energiesektor ergreifen, […]", aber dabei nicht auf Wirtschaftswachstum verzichten. (Zeile 4–8)
  In Chinas nationalem Klimaschutzplan werden konkrete Maßnahmen aufgeführt wie z. B. „[…] Sonnen- und Windenergie fördern, den Verkehr umweltfreundlicher gestalten, mehr Müll wiederverwerten, Wälder aufforsten und die Landwirtschaft besser an die veränderten Temperaturen anpassen." (Zeile 19–26)

- **von Wörtern oder Wortgruppen**
  Obwohl China zu „den größten Verursachern von Treibhausgasen" zählt, lehnen führende Politiker des Landes die Festlegung klarer Quoten für Treibhausgase ab. (Zeile 4–5)

- **Zitat im Zitat**
  „,China wird sich auf keine Quoten zur Reduzierung von Emissionen festlegen', erklärte Ma Kai, Vorsitzender der Nationalen Entwicklungs- und Reformkommission […]." (Zeile 33–39)

- **Einfügungen** zur Anpassung des Zitats an den eigenen Text werden in eckige Klammern gesetzt, z. B. „[…] China [hat] erstmals einen nationalen Plan zum Klimaschutz vorgestellt."

Hinweise zur Vermeidung von Fehlern beim Zitieren:
- Ein Zitat muss nahtlos an den Text angepasst werden.
- Die Herkunft eines Zitats wird durch die Quellenangabe belegt.
- Die Aneinanderreihung mehrerer Zitate ist nicht sinnvoll.
- Zitate sollten sparsam verwendet werden.

Regeln für das sinngemäße Zitieren

Unter sinngemäßem Zitieren versteht man die inhaltlich korrekte Wiedergabe einer Textstelle oder Textpassage mit eigenen Worten. Dabei werden zwar keine Anführungszeichen gesetzt, aber die Quelle muss angeführt werden.
Beispiele:
- Ma Kai hob hervor, dass sich China nicht auf konkrete Werte zur Verringerung von Emissionen festlegen lasse. (vgl. China legt eigenen nationalen Plan zum Klimaschutz vor. In: Freie Presse. Chemnitzer Zeitung. 05.06.2007)
- Für Chinas Politiker sind die Industriestaaten für die Bekämpfung des Klimawandels verantwortlich. (vgl.: ebenda)

Indirekte Zitate werden häufiger als direkte verwendet. Bei beiden handelt es sich um fremdes Gedankengut, dass man bei Verwendung belegen muss, um sich nicht einem Plagiatvorwurf* auszusetzen.

* Plagiat: Diebstahl geistigen Eigentums

Quellenangaben für das Zitieren

Quelle	Angaben und ihre Reihenfolge	Beispiel
Buchtitel	Name, Vorname des Autors: Titel. Erscheinungsort: Erscheinungsjahr, Verlag, Seite	Ludwig, Karl-Heinz: Eine kurze Geschichte des Klimas. München: 2006, Verlag C. H. Beck, Seite …
Sammelband mit verschiedenen Autoren und einem Herausgeber	Name, Vorname: Titel. Aus: Name, Vorname (Hg.): Titel. Verlag, Erscheinungsort(e), Erscheinungsjahr, Seite	Mack, Günther: Ozeane – unbekanntes Land. Aus: AugenBlicke 9. Westermann Schulbuchverlag GmbH, Braunschweig 2001, S. 14 ff.
Zeitschrift	Name, Vorname des Autors: Titel des Artikels. Untertitel. Aus: Name der Zeitung, (Jahrgang) Heft und Jahr	May, Hanne: Die perfekte Hülle. Das Passivhaus: Wohnen ohne Heizung. Aus: neue energie, Nr. 11, 2006
Zeitung	s.o. (wenn Autor angegeben ist) Datum	Inselstaat befürchtet Untergang. Tuvalu warnt vor Erderwärmung. Aus: Freie Presse. Chemnitzer Zeitung. 14.09.2007
Lexikon auf CD-ROM	Name des Lexikons, Name des Anbieters, Erscheinungsjahr (Aktualität der Basisversion)	Microsoft ® Encarta ® '99 Enzyklopädie. © 1994–98 Microsoft Corporation
Internet	vollständige URL (Internetadresse), Datum der Entnahme	http://www.wind-energie.de 08.10.2007

Informationen ordnen

1 Hier findet ihr zwei Ergebnisse einer Stoffsammlung. Die Faktensammlung der linken Spalte wurde bereits überarbeitet. Erklärt die Vorgehensweise. Welche anderen Möglichkeiten seht ihr noch für die Überarbeitung von ungeordneten Stoffsammlungen?

2 Ermittelt für die rechte Spalte, welche Informationen inhaltlich zusammengehören, welche doppelt erscheinen bzw. zusammengefasst werden können.

Wie kann der Mensch den CO_2-Ausstoß nachhaltig reduzieren?

Pro
- ● Verpflichtung aller Länder auf verbindliche Grenzwerte
- ● mehr erneuerbare Energien verwenden
- ● Ersatz der fossilen Energieträger durch Sonnen-, Wind- und Wasserkraft
- ● Politiker aller Länder müssen sich einigen
- ● stärkere Nutzung von Biokraftstoffen
- ● energiesparende Verfahren zur Herstellung von Produkten
- ● ● Energie in Industrie, Handel, Gewerbe, Haushalten, Verkehr einsparen
- ● Stand-by-Schaltung im Haushalt vermeiden
- ● Vermeidung von Energieverschwendung, z. B. beim Kochen passenden Deckel zum Topf verwenden, Topfgröße entsprechend der Herdplattengröße auswählen
- ● Autofahrten reduzieren
- ● Energiesparlampen verwenden, beim längeren Verlassen des Raumes Licht löschen
- ● Verfahren zur Nutzung der Abwärme bei der Energieerzeugung
- ● Haushaltgeräte mit Energieeffizienzklasse A
- ● umweltfreundliche und wirtschaftliche Kraftwerke
- ● Investitionen in umweltfreundliche Technik
- ● Füllmenge von Geschirrspüler und Waschmaschine voll auslasten
- ● Warmwasser- und Raumtemperatur nicht zu hoch einstellen

Contra
- – anthropogener Anteil ist unbedeutend
- – nur einige Länder haben sich bisher verpflichtet, den CO_2-Ausstoß zu reduzieren
- – Klimaschutz funktioniert aber nur weltweit und gemeinsam
- – größte CO_2-Verursacher weichen gemeinsamen Festlegungen aus
- – einzelne Klimaschutzmaßnahmen begrenzen die Erderwärmung nicht
- – hohe Kosten für Umstellung der Energiegewinnung
- – ein Teil der Menschen bestreitet immer noch den Zusammenhang zwischen anthropogenem CO_2-Ausstoß und Erderwärmung
- – alternative Energieträger nicht ausreichend für den hohen Energiebedarf
- – USA und China verpflichten sich nicht für ein bestimmtes Maß bei der Senkung von CO_2
- – viele Menschen verharmlosen Klimawandel
- – manche unterschätzen den menschlichen Anteil daran
- – jeder sucht nur seinen eigenen Vorteil, gegenseitige Schuldzuweisungen
- – ganze Industriebranchen verharmlosen das Problem
- – kurzsichtige Denkweisen
- – kein Verzicht auf Bequemlichkeiten
- – hohe Kosten bei der Umstellung auf neue Technologien

Wer muss sich weltweit daran beteiligen?
● Politiker ● Wissenschaftler ● Unternehmer ● Privatpersonen

Informationen zielgerichtet entnehmen, ordnen, vergleichen, prüfen und ergänzen

Gliederungspunkte für eine dialektische Erörterung erarbeiten

Wenn durch die Analyse des Themas Teilfragen abgeleitet und die gesammelten Informationen geordnet wurden, dann könnte das Ergebnis bereits so aussehen wie in der folgenden Tabelle – allerdings ohne die *kursiv* gedruckten abgeleiteten Gliederungspunkte.

1 Erklärt anhand der ersten zwei Beispiele, wie man ausgehend von Teilfragen und geordneten Informationen zu einem Gliederungspunkt kommt.

Teilfragen	Geordnete Stoffsammlung
Welchen Einfluss hat der anthropogene CO_2-Ausstoß überhaupt auf die Erderwärmung? ↓ **Abgeleiteter Gliederungspunkt:** *Einfluss des anthropogenen CO_2-Ausstoßes für die Erderwärmung*	– Anteil des Menschen im Vergleich zum naturbedingten CO_2-Ausstoß beträgt etwa 2% – dieser scheinbar geringe Teil bringt aber Natur aus dem Gleichgewicht – Natur baut zwar selbst produziertes CO_2 ab, nicht jedoch zusätzlich erzeugtes in diesem Umfang – Mensch verhindert gleichzeitig den pflanzlichen Abbau von CO_2 durch Abholzung großer Waldgebiete – CO_2 lagert sich in Atmosphäre ab, bleibt Jahrhunderte stabil, ständig kommt neues dazu, dadurch wird Treibhauseffekt vervielfacht (Lawine)
Wodurch entsteht der anthropogene CO_2-Ausstoß? ↓ **Abgeleiteter Gliederungspunkt:** *Entstehung des anthropogenen CO_2-Ausstoßes*	Industriezeitalter: Energiegewinnung durch Verbrennung von Kohle, Öl und Erdgas und Gewinnung von Ackerland durch großflächige Brandrodung Schwerpunkte z. B. in Deutschland: Kraft- und Heizwerke 43,2% Industrie, Gewerbe und Handel 24,8% Privathaushalte 13% PKW 11,9% übriger Verkehr 7,1% *Prozentangaben aus: Das Weltklima im Visier. ADACmotorwelt 4/2007, S. 69*

2 Ergänze die Gliederungspunkte in den folgenden Beispielen.

Teilfragen	Geordnete Stoffsammlung
Welche Folgen hat eine unbegrenzte Erderwärmung bis 2100? ↓ **Abgeleiteter Gliederungspunkt:** ?	**Für die Umwelt:** – Anstieg des Meeresspiegels – Untergang von Inseln und Küstengebieten – extremes Wetter (Dürre, Hochwasser) – Wüstenbildung **Für Tiere und Pflanzen:** – Aussterben von Tier- und Pflanzenarten – Verlagerung ihrer Lebensräume **Für die Menschen:** – Wassermangel – Ernteausfälle – Zunahme von Infektionskrankheiten – Wirtschaftskrisen Mit der Natur stirbt der Mensch!
Wie kann der Mensch den CO_2-Ausstoß nachhaltig reduzieren? ↓ **Abgeleiteter Gliederungspunkt:** ?	**Aufgabe der Politiker:** internationale Verpflichtung auf Grenzwerte und weltweite wirksame Klimaschutzmaßnahmen **Aufgabe der Wissenschaftler:** – Erarbeitung von Technologien zum Einsatz erneuerbarer Energien (Sonne, Wind, Wasserkraft, Biokraftstoffe) – Entwicklung energiesparender Verfahren mit höherer Wirksamkeit (Abwärme nutzen, umweltfreundliche Kraftwerke …) **Aufgabe der Unternehmer:** – Investitionen in den Klimaschutz – Umstellung auf umweltfreundliche Energien und Verfahren in der Produktion – Herstellung umweltfreundlicher Erzeugnisse **Verantwortung jedes Einzelnen:** Keine Energieverschwendung! – Energie einsparen durch Vermeidung von Stand-by-Schaltungen – Einsatz von Energiesparlampen – Kauf von Haushaltsgeräten mit Energieeffizienzklasse A – sparsamer Umgang mit Heizung und Wasser – Füllmenge Geschirrspüler und Waschmaschine voll auslasten – Warmwasser- und Raumtemperatur nicht zu hoch einstellen – beim Kochen nur passenden Deckel zum Topf verwenden und Topfgröße der Herdplattengrößen entsprechend auswählen – Wärmeschutz an Gebäuden – Reduzierung der Autofahrten

Teilfragen	Geordnete Stoffsammlung
Welche Probleme gibt es bei der Reduzierung des CO_2-Ausstoßes? ↓ **Abgeleiteter Gliederungspunkt:** ?	Ansicht, Anteil des Menschen am CO_2-Ausstoß sei unbedeutend **auf politischer Ebene:** – kein einheitliches Handeln der Länder – Hauptverursacher USA und China weichen notwendigen Maßnahmen aus – gegenseitige Schuldzuweisungen (Industrieländer fordern die Einhaltung der Quoten für CO_2 von den Schwellenländern, diese wiederum fordern von den Industrienationen entsprechende Technologien) – kurzsichtige Denkweisen, eigene Interessen stehen im Vordergrund **auf wirtschaftlicher Ebene:** – Umstellung der Branchen kostet viel Geld – ganze Industriebranchen verharmlosen das Problem (z. B. Autoindustrie), stellen sich der Verantwortung nicht **im privaten Bereich:** – kaum Verzicht auf Bequemlichkeiten, z. B. Autofahrten – zum Teil wenig Interesse und Bereitschaft für Klimaschutzmaßnahmen – Unterschätzung des eigenen Beitrages zum Klimaschutz

3 Ordne nun allen Teilfragen und dazugehörigen Informationen deiner Stoffsammlung Oberbegriffe zu, die einen Gliederungspunkt ergeben.
– Schreibe diese Gliederungspunkte untereinander auf.
– Lege eine Reihenfolge fest. Gewichte vom schwächsten zum stärksten Aspekt. Damit hast du bereits einen Entwurf für deine Gliederung.

Sich mit Gliederungsvorschlägen auseinandersetzen

1 Setzt euch mit folgenden Gliederungsvorschlägen auf Seite 51 auseinander.
– Welche Unterschiede sind erkennbar? Worauf sind diese zurückzuführen?
– Welche Standpunkte zur Themenfrage werden die Verfasser wohl einnehmen?

1.	**Einleitung**	**1.**	**Einleitung**
1.1	Aktueller Erkenntnisstand zu Folgen der Erderwärmung	1.1	Aktuelles Ereignis
1.2	**Themenfrage:** Lässt sich die Erderwärmung durch Verringerung des anthropogenen CO_2-Ausstoßes nachhaltig beeinflussen?	1.2.	**Themenfrage:** Lässt sich die Erderwärmung durch Verringerung des anthropogenen CO_2-Ausstoßes nachhaltig beeinflussen?
2.	**Hauptteil**	**2.**	**Hauptteil**
2.1	**These:** Der anthropogene CO_2-Ausstoß kann verringert und damit die Erderwärmung nachhaltig begrenzt werden.	2.1	**Pro:** Anthropogener Einfluss unbedeutend – **Contra:** Anthropogener Einfluss ausschlaggebend
2.1.1	Bedeutung des CO_2-Ausstoßes für die Erderwärmung	2.2	**Pro:** Erderwärmung nicht aufhaltbar – **Contra:** Mensch kann anthropogene Ursachen minimieren
2.1.2	Ursachen des CO_2-Ausstoßes	2.3	**Pro:** Kein einheitliches Handeln der Politiker – **Contra:** Nationale und internationale Verantwortlichkeit der Politiker
2.1.3	Wege zur Verringerung des CO_2-Ausstoßes		
2.1.3.1	Politisch-wirtschaftliche Maßnahmen	2.4	**Pro:** Umstellung der Industrie auf alternative Energien zu kostenaufwendig – **Contra:** Einzige Alternative zu noch größerer Belastung durch Katastrophen
2.1.3.2	Individueller Beitrag		
2.2	**Antithese:** Der anthropogene CO_2-Ausstoß lässt sich nicht im notwendigen Maß verringern.		
2.2.1	Uneinigkeit zwischen den Ländern	2.5	**Pro:** Zu wenig Beteiligung der einzelnen Bürger – **Contra:** Möglichkeiten aufzeigen und Anreize schaffen
2.2.2	Abwehrhaltung in der Industrie		
2.2.3	Geringes Umweltbewusstsein der Bürger		
3.	**Schluss**	**3.**	**Schluss**
3.1	Zusammenfassende wertende Stellungnahme zur Themenfrage	3.1	Zusammenfassende wertende Stellungnahme zur Themenfrage
3.2	Forderungen	3.2	Forderungen

2 Lege nun eine eigene Gliederung an. Gewichte die Oberbegriffe so, dass die Reihenfolge deinen Standpunkt unterstützend hervorhebt. Setze also die überzeugendsten Gesichtspunkte ans Ende.

3 Diskutiert anschließend eure Entwürfe in Gruppen.

Tipps: Ordne die Argumente **in der Wichtigkeit steigend** an. Achte auf die Ausgewogenheit der Gliederungspunkte, z. B. sollten unter jedem Hauptaspekt mindestens zwei Unterpunkte stehen. Wähle den Nominalstil.

Den Hauptteil einer dialektischen Erörterung ausgestalten

1 Auf welche Teilfragen geben die unten stehenden Argumente Antwort?
Überprüft die Argumentationskette nach folgenden Gesichtspunkten:
– Woran ist Pro- bzw. Contra-Argumentation erkennbar?
– Inwiefern sind die Argumente gewichtet?
– Wodurch werden die Argumente gedanklich und sprachlich verknüpft?
  Lest entsprechende Textstellen vor.
– Woran wird der objektiv-sachliche Stil deutlich?
– Wo sind Wertungen erkennbar?

Der Anteil des Menschen im Vergleich zum naturbedingten CO_2-Ausstoß auf der Erde erscheint mit zwei Prozent denkbar gering, ist aber dennoch ausschlaggebend für die Erderwärmung.	Behauptung
Während nämlich das von der Natur erzeugte CO_2 auch wieder von ihr abgebaut wird, reichert sich das vom Menschen erzeugte in der Atmosphäre an. Es bildet eine immer dichter werdende Barriere, da CO_2 über Jahrhunderte unverändert stabil bleibt.	Begründung
So kann beispielsweise ein Teil der Wärmestrahlen nicht ins All zurückgelangen.	Beispiel
Dadurch dass aber immer neues und auch immer mehr CO_2 produziert wird, wächst die Barriere in der Atmosphäre stetig an und der Treibhauseffekt wird beschleunigt.	Folgerung
Manche mögen einwenden, dass die Natur das zusätzlich entstandene CO_2 ebenso aufnimmt wie das natürliche. Aber gerade das ist nicht der Fall,	Überleitung/Behauptung
denn der Mensch verhindert genau das, indem er der Natur die Grundlage dafür entzieht.	Begründung
So werden zum Beispiel ganze Wälder abgeholzt oder Flüsse und Ozeane durch Abwässer verseucht.	Beispiel
Infolgedessen kann kein zusätzlicher Austauschprozess stattfinden und die Erde heizt sich immer mehr auf.	Folgerung
Die Folgen dieser Erderwärmung bedrohen alle Lebewesen dieser Welt. Deshalb muss der anthropogene CO_2-Ausstoß schleunigst gesenkt werden.	Überleitung/Behauptung Begründung
Dafür gibt es mannigfaltige Möglichkeiten auf verschiedenen Ebenen. So kann man z. B. anstelle der fossilen Energieträger Kohle, Öl und Erdgas erneuerbare Energien einsetzen, also Sonne, Wind- und Wasserkraft.	Beispiel
Der CO_2-Ausstoß könnte durch diese Umstellung vor allem nachhaltig abgebaut werden.	Folgerung

2 Die nächsten zwei Argumente sind noch lückenhaft. Schreibe sie ab und ergänze.

An dieser Stelle wird jedoch oft eingewendet, dass die Umstellung auf die alternativen Energien viel zu kostenaufwendig und wenig effektiv ist.	**Überleitung/Behauptung**
Der Grund dafür liegt in den noch zu wenig entwickelten Technologien und der fehlenden Nachfrage.	**Begründung**
Wer kauft schon ein Auto, das …	**Beispiel**
Hier gibt es noch viel Nachholbedarf in der Wissenschaft und Industrie.	**Folgerung**
Die Senkung des CO_2-Ausstoßes kann aber trotzdem gelingen.	**Überleitung/Behauptung**
Denn die Politiker haben es in der Hand. Sie müssen … und gesetzliche Grundlagen schaffen.	**Begründung**
Teilweise wurden hierfür schon Erfolge auf verschiedenen Klimakonferenzen erzielt, wie zum Beispiel in Kyoto 1997 oder auf Bali 2007.	**Beispiel**
Nur so ist der Spagat zwischen umweltfreundlicher Technik, hoher Effektivität und vertretbaren Preisen zu schaffen.	**Folgerung**

3 Fasse anhand dieser Übersicht zusammen, was der Hauptteil in einer Erörterung leisten kann.

> Im **Hauptteil** deiner Erörterung stellst du das Pro und Contra zur Themenfrage gegenüber. Du kannst dabei alle Argumente, die die These stützen, in einem Block zusammenfassen und die Argumente zur Antithese in einem zweiten Block gegenüberstellen.
>
> Wenn du den Pro-Argumenten je ein Contra-Argument entgegenstellen kannst, besteht auch die Möglichkeit, die Argumente wechselseitig anzuordnen, also Pro – Contra, Pro – Contra …
> Die Reihenfolge der Argumente sollte so sein, dass das schwerwiegendste, also das überzeugendste, an letzter Stelle steht.
> Im Hauptteil strebst du eine begründete Entscheidung oder Lösung (Synthese) an. Deshalb müssen die einzelnen Argumente nicht nur einleuchtend, sondern auch gedanklich und sprachlich gut miteinander verbunden sein (reihende Verknüpfung, Steigerung, Vor- und Rückverweise). Außerdem ist ein sachlicher und objektiver Stil in der Erörterung überzeugender.
> Beim Aufbau der Argumente kannst du variieren. Neben der Abfolge Behauptung – Begründung – Beispiel – Folgerung gibt es auch folgende Möglichkeit: Du setzt das Beispiel an den Anfang und fügst anschließend an, was es beweist. Danach nimmst du Bezug auf die Folgerung und These.

4 Schreibe nun das Konzept für den Hauptteil deiner Erörterung.
Nimm dazu deine Gliederung und deine geordnete Stoffsammlung als Grundlage und formuliere deine Argumente aus.
Du kannst dabei auch auf die Checklisten von Seite 57 zurückgreifen.

Einleitung und Schluss einer Erörterung ausformulieren

1 Macht euch die Funktion der Einleitung einer Erörterung noch einmal bewusst.

> **Einleitung** und **Schluss** stellen gewissermaßen den **Rahmen der Erörterung** dar. Sie nehmen zwar in Bezug auf den Umfang nur einen geringen Teil ein, sind aber trotzdem unerlässliche Bestandteile einer Erörterung.
> Während die Einleitung in erster Linie den Leser zum Thema hinführen und damit vertraut machen soll, ist sie aber auch gleichzeitig der sogenannte „Ohröffner". Mit der Einleitung soll also das Interesse des Lesers für das Thema geweckt werden. Dafür stehen mehrere Varianten zur Auswahl:
>
> | | |
> |---|---|
> | • aktuelle Ereignisse oder Anlässe | „In weniger als 20 Jahren wird das Wasser knapp", heißt es in einem Bericht der FP Anfang der Woche. |
> | • allgemeine Feststellungen oder Behauptungen | In den zurückliegenden Jahren häufen sich extreme Wetterereignisse. Deshalb beschäftigen sich immer mehr Menschen mit dem Klimawandel. |
> | • persönlich Erlebtes | In den Herbstferien erlebte ich eine der schwersten Sturmfluten an der Nordseeküste mit. |
> | • geschichtlicher Rückblick | Klimaschwankungen hat es in der Geschichte der Erde schon immer gegeben. |
> | • Definition eines Kernbegriffs | Wenn heute vom Klimawandel der Erde die Rede ist, meint man nicht nur die Veränderung des Wetters allgemein, sondern fast immer die derzeitig stattfindende globale Erwärmung mit ihren katastrophalen Auswirkungen. |
> | • Zitat | „Wer sich jetzt noch weigert, die CO_2-Notbremse zu ziehen, setzt das Leben unzähliger Menschen und Tiere aufs Spiel. Ausreden lässt dieser Bericht nicht mehr zu", sagte Greenpeace-Klimaexpertin Gabriela von Goerne auf der Sitzung des Klimarates am 16.11.2007. *http://www.owl-online.de/news/tagesthema/heute/HAUPT-GESCHICHTE-KLIMARAT 17.11.2007* |
>
> Die Einleitung endet mit der Formulierung der Themenfrage. Damit wird zum Hauptteil der Erörterung übergeleitet.

2 Welche Varianten wurden für folgende Einleitungen gewählt?

> Wassermangel, Hungersnöte, zerstörerische Orkane, untergehende Inseln und Küstenregionen – das sind nur einige der Folgen, die Wissenschaftler für die nächsten Jahrzehnte prophezeien, wenn die Erderwärmung ungebremst fortschreitet. Als eine Hauptursache der Erderwärmung wird der seit der Industrialisierung ständig zunehmende CO_2-Ausstoß genannt. Deshalb stellt sich die Frage: Lässt sich die Erderwärmung durch Verringerung des anthropogenen CO_2-Ausstoßes nachhaltig beeinflussen?

Hans Verolme, Chef der Umweltstiftung WWF, ist sich sicher: „Die harten Fakten sind, dass wir den Klimawandel verursacht haben, und es ist ebenso klar, dass wir den Schlüssel zum Stopp der globalen Erwärmung in unseren Händen haben."[1]
Aber was genau ist der Schlüssel? Können wir die Erderwärmung durch Verringerung des anthropogenen CO_2-Ausstoßes nachhaltig beeinflussen?
[1] http://www.owl-online.de/news/tagesthema/heute/HAUPTGESCHICHTE-KLIMARAT 17.11.2007

> „Klimawandel heizt Deutschland besonders ein"[2] heißt die Schlagzeile des Artikels von Volker Mrasek am 12.10. im Spiegel online. In dem Bericht erfährt der Leser von den erschreckenden Folgen der Erderwärmung für Deutschland bis zum Jahr 2040. Eine wesentliche Ursache dafür ist der CO_2-Ausstoß. Vielerorts wird nun diskutiert: Lässt sich die Erderwärmung durch Verringerung des anthropogenen CO_2-Ausstoßes nachhaltig beeinflussen?
> [2] http://www.spiegel.de/wissenschaft/natur 17.11.2007

3 Wertet aus, ob diese Einleitungen ihrer Funktion gerecht werden.

4 Entnehmt dem folgenden Text, welche Aufgaben dem Schlussteil einer Erörterung zukommen.

Dem **Schlussteil** in der dialektischen Erörterung kommen zwei Aufgaben zu: Eine davon ist die Abrundung der Erörterung. Der Schluss lässt die Argumentation also ausklingen.
Die zweite und wichtigste Funktion ist die endgültige Formulierung des persönlichen Standpunktes zur Themenfrage. Obwohl der Leser durch Gewichtung der Argumente und wertende Aussagen im Hauptteil die Meinung des Verfassers bereits vermuten kann, wird im Schluss eine eindeutige Stellungnahme zu den gegensätzlichen Argumenten formuliert. Es muss klar sein, welche Position vertreten wird, zu welchem Ergebnis der Verfasser also kommt. Im Schlussteil werden somit die wichtigsten Argumente zusammengefasst, und es wird die eigene wertende Stellungnahme formuliert.
Zusätzlich zur wertenden Stellungnahme können am Ende auch Wünsche geäußert, Ausblicke gegeben oder Folgerungen gezogen werden.

Manchmal mündet eine Erörterung aber auch in einen Kompromiss, denn nicht immer lassen sich alle Fragen lösen. In jedem Fall aber sollte man es vermeiden, neue Argumente im Schlussteil anzuführen.

5 Schaut euch folgende Beispiele an.
– Welche Standpunkte sind erkennbar? Woran wird das deutlich?
– Wo findet ihr Wünsche, Ausblicke, Folgerungen oder Einschränkungen?

A Die Menschen sind eindeutig die Verursacher der überdurchschnittlichen Erderwärmung. Da die Wissenschaftler genügend nachhaltige Lösungen zur Reduzierung des CO_2-Ausstoßes anbieten, muss nun – bei Strafe des Untergangs – ein sofortiges weltweites Umdenken einsetzen. Dabei trägt auch jeder Einzelne große Verantwortung.

B Abschließend ist festzustellen, dass die Themenfrage eindeutig bejaht werden kann. Im Zusammenspiel aller Beteiligten haben wir eine Chance, die Erderwärmung nachhaltig zu begrenzen. Ich werde mich dafür auf jeden Fall einsetzen und mich mit meiner Familie noch stärker am Energiesparen beteiligen.

C Jedem ist nach Kenntnis der Fakten klar, dass der anthropogene CO_2-Ausstoß die Erderwärmung auf ein gefährliches Ausmaß erhöht hat und infolgedessen die Existenz der Menschheit bedroht ist. Dennoch ziehen manche einflussreiche Politiker, Unternehmer und auch ein Großteil der Bürger nicht die richtigen Schlussfolgerungen daraus. Statt die Möglichkeiten zur Senkung des CO_2-Ausstoßes zu nutzen, ignorieren sie diese oder lehnen sie unter fadenscheinigen Begründungen ab. Doch das bedroht alle Menschen der Erde, denn Umweltverschmutzung macht nicht an Ländergrenzen halt.

D Zusammenfassend ist festzustellen, dass es nicht nur möglich, sondern dringend nötig ist, die Erderwärmung nachhaltig zu beeinflussen. Wenn die Menschheit den CO_2-Ausstoß einschränkt, ist die Erde noch zu retten. Da aber noch zu wenig in dieser Richtung getan wird, wünsche ich mir von allen Verantwortlichen auf der Klimakonferenz eindeutige Zustimmung zu weltweiten Lösungen.

6 Schreibe deine Schlussvariante auf. Unterstreiche darin die Sätze, die deinen eindeutigen Standpunkt enthalten.

Tipp: Folgende Formulierungen könnt ihr für eure Schlussgestaltungen verwenden.
- Nach Betrachtung des Für und Wider komme ich zu dem Ergebnis ...
- Aus all dem Genannten lässt sich schlussfolgern, dass ...
- Die Antwort auf die Themenfrage liegt klar auf der Hand: ...
- Abschließend möchte ich feststellen/ hervorheben, dass ...
- Nach Abwägung aller Argumente vertrete ich die Meinung, dass ...

Entwürfe überarbeiten – Checklisten nutzen

1 Eure Aufsätze oder einzelne Teile daraus könnt ihr gemeinsam in einer Schreibkonferenz beurteilen und bearbeiten. So könnt ihr dabei vorgehen:
   – Setzt euch in **Kleingruppen** zusammen.
   – Lest jeden Text gründlich und schreibt euren ersten Eindruck unter das Konzept. Macht auch Anmerkungen am Rand, wenn ihr Fehler bemerkt oder die Darstellung unerklärliche Lücken aufweist.
   – Nach der kritischen Prüfung aller Texte verständigt ihr euch darüber, was ihr für gelungen haltet bzw. was verbessert werden muss. Macht dazu konstruktive Vorschläge, die weiterhelfen, und beratet darüber.

2 Nutzt zur Bearbeitung eurer Konzepte die beiden folgenden Checklisten.

Checkliste: Arbeitsschritte einer dialektischen Erörterung

1. Das Thema erschließen durch Begriffsbestimmungen, Wiedergabe der Themenfrage mit eigenen Worten und Ableiten von Teilfragen
2. Materialsammlung anlegen
3. Informationen zur Beantwortung der Themenfrage nach Pro und Contra sortiert entnehmen, Regeln für das Zitieren beachten
4. Stoffsammlung überprüfen nach Themenbezogenheit und Überflüssigem
5. Stoffsammlung gemeinsamen Gesichtspunkten zuordnen, Gliederungspunkte formulieren
6. Reihenfolge der Gliederungspunkte festlegen; Gewichtung vornehmen
7. Bauform wählen: Blockartige oder wechselseitige bzw. verzahnte Anordnung der Argumente
8. Wertungen auch durch sprachliche Formulierungen deutlich machen
9. Konzept vor der Reinschrift überarbeiten

Checkliste für die Überarbeitung einer dialektischen Erörterung

Aufbau: Einleitung – Hauptteil – Schluss; Absätze am Ende eines Arguments
Inhalt: überzeugende Argumente in steigender Anordnung und logischer Verknüpfung; Abwägung von Pro und Contra
Schluss: wertende Standpunktformulierung
Wortwahl und Satzbau: treffend, abwechslungsreich, logisch aufeinander Bezug nehmend
Sprache: Rechtschreib- und Grammatikfehler

Bertolt Brecht

Kindheit und Jugend

Bertolt (er heißt eigentlich Eugen Berthold Friedrich) Brecht wird am 10. Februar 1898 in Augsburg als Sohn von Berthold und dessen Frau Sophie geboren. Der Vater ist Direktor einer Papierfabrik. Der Junge wächst also in sehr wohlhabenden, aber auch biederen und konservativen Verhältnissen auf. Er besucht die Volksschule und das Gymnasium. Dort gerät er bald mit einigen Lehrern in Konflikt, weil er sich an die autoritären Schulverhältnisse nicht anpassen kann. 1915 schreibt er in einem pazifistischen Besinnungsaufsatz seine Meinung über Krieg und Frieden nieder. Er wird deswegen beinahe von der Schule verwiesen.

Der Widerstand gegen das konservative Bürgertum, unter dem Brecht im Elternhaus aufgewachsen ist, und die Zuwendung zu den einfachen („geringen") Leuten begann schon in seiner frühen Jugend. Davon zeugt ein späterer Kommentar in Form dieses Gedichtes:

Ich bin aufgewachsen als Sohn
Wohlhabender Leute. Meine Eltern haben mir
Einen Kragen umgebunden und mich erzogen
In den Gewohnheiten des Bedientwerdens
Und unterrichtet in der Kunst des Befehlens. Aber
Als ich erwachsen war und um mich sah
Gefielen mir die Leute meiner Klasse nicht,
Nicht das Befehlen und nicht das Bedientwerden.
Und ich verließ meine Klasse und gesellte mich
Zu den geringen Leuten.

1 Eine **Anekdote** ist ein pointierter Kurztext über ein Ereignis, das man einer bekannten Person zuschreibt und mit dem man sie charakterisiert.
Ob die Anekdote von Herbert Ihering der Wirklichkeit entspricht – oder ob sie nur einen Charakterzug Brechts darstellen soll? Wie urteilt ihr selbst darüber?

Auch gegen seine Lehrer und ihre Art der Beurteilung richtete sich Brechts Widerstand. Davon zeugt die folgende Anekdote von *Herbert Ihering*:

Brecht, der schwach im Französischen war, und ein Freund, der schlechte Zensuren im Lateinischen hatte, konnten Ostern nur schwer versetzt werden, wenn sie nicht noch eine gute Abschlussarbeit schrieben. Aber die lateinische Arbeit des einen fiel ebenso mäßig aus wie die französische des anderen. Darauf radierte der Freund mit einem Federmesser einige Fehler in der Lateinarbeit aus und meinte, der Professor habe sich wohl verzählt. Der aber hielt das Heft gegen das Licht, entdeckte die radierten Stellen, und eine Ohrfeige tat das Übrige.

Brecht, der nun wusste, so geht das nicht, nahm rote Tinte und strich sich noch einige Fehler mehr an. Dann ging er zum Professor und fragte ihn, was hier falsch sei. Der Lehrer musste bestürzt zugeben, dass diese Worte richtig seien und er zu viele Fehler angestrichen habe. „Dann", sagte Brecht, „muss ich doch eine bessere Zensur haben." Der Professor änderte die Zensur, und Brecht wurde versetzt.

Der junge Brecht: *Die Hauspostille*

Nach dem Abitur am Ende des Ersten Weltkriegs 1917 arbeitet Brecht vorübergehend in einem Lazarett als Kriegsdiensthelfer. Hier lernt er durch die eingelieferten Verwundeten die Folgen des Krieges kennen. Die Jahre danach wirkt er in München in Karl Valentins Theater mit, schreibt Kritiken und Kurzgeschichten. 1918 schreibt Brecht sein erstes Theaterstück, in dessen Mittelpunkt *Baal* steht, ein Vagabund und Säufer, zugleich aber auch Lyriker und Sänger, der etwas von Brechts eigenem Lebensgefühl verkörpert. 1922 heiratet Brecht Marianne Zoff, ein Jahr später kommt die Tochter Hanne Marianne zur Welt. Im Jahr 1924 übersiedelt Brecht nach Berlin und wird Dramaturg am Deutschen Theater. Er schreibt das Theaterstück *Im Dickicht der Städte*. Sein Sohn Stefan wird geboren. 1927 wird seine *Hauspostille* gedruckt.

Brechts Vorbild für die Textsammlung der *Hauspostille* war die *Postille* Martin Luthers (1527). Sie wurde im häuslichen Familienkreis vorgelesen und diente der Belehrung, Erbauung und Erklärung von Bibeltexten, Fabeln und Legenden. Belehren wollte auch Brecht seine Leser mit der *Hauspostille*, doch die Texte selbst sind von ganz anderer Art: Finsternis und Verbrechen, Anklage gegen die Gesellschaft, Stellungnahme für die Verachteten und Geschlagenen, Liebe und Tod sind die Themen. Gegliedert sind diese Texte nach fünf „Lektionen", und die einzelnen Lektionen enthalten mehrere Kapitel. Im Vorwort zur *Hauspostille* schreibt Brecht:

> „Diese Hauspostille ist für den Gebrauch der Leser bestimmt. Sie soll nicht sinnlos hineingefressen werden. Die erste Lektion wendet sich direkt an das Gefühl des Lesers … Die zweite Lektion wendet sich mehr an den Verstand … Die dritte Lektion durchblättere man in den Zeiten der rohen Naturgewalten … Die vierte Lektion ist das Richtige für die Stunden des Reichtums … Die nachfolgenden fünf Kapitel der fünften Lektion sind für das Angedenken und die frühen Geschehnisse."

Die folgende *Ballade von der Hanna Cash* (Seite 60/61) steht in der „dritten Lektion Chroniken". Hierzu schreibt Brecht:

> „In den Zeiten der rohen Naturgewalten (Regengüsse, Schneefälle, Bankrotte usw.) halte man sich an die Abenteuer kühner Männer und Frauen in fremden Erdteilen; solche bieten die Chroniken, welche so einfach gehalten sind, dass sie auch für Volksschulslesebücher in Betracht kommen … Zur Unterstützung der Stimme kann er (der Sprecher) mit einem Saiteninstrument akkordiert werden … Kapitel 6 (Von der Hanna Cash) gilt für die Zeit einer beispiellosen Verfolgung. (…)"

Ballade von der Hanna Cash

1 Brecht stellt sich die Begegnung mit einer solchen Ballade stets so vor, dass sie **gesprochen** werden soll. Bereitet das Vorlesen in Gruppen vor.

1 Mit dem Rock von Kattun und dem gelben Tuch
Und den Augen der schwarzen Seen
Ohne Geld und Talent und doch mit genug
Vom Schwarzhaar, das sie offen trug
Bis zu den schwärzeren Zeh'n:
    Das war die Hanna Cash, mein Kind
    Die die „Gentlemen" eingeseift
    Die kam mit dem Wind und ging mit dem Wind
    Der in die Savanne läuft.

    2 Die hatte keine Schuhe und die hatte auch kein Hemd
    Und die konnte auch keine Chöräle!
    Und sie war wie eine Katze in die große Stadt geschwemmt
    Eine kleine graue Katze zwischen Hölzer eingeklemmt
    Zwischen Leichen in die schwarzen Kanäle.
        Sie wusch die Gläser vom Absinth[1]
        Doch nie sich selber rein
        Und doch muss die Hanna Cash, mein Kind
        Auch rein gewesen sein.

3 Und sie kam eines Nachts in die Seemannsbar
Mit den Augen der schwarzen Seen
Und traf J. Kent mit dem Maulwurfshaar
Den Messerjack aus der Seemannsbar
Und der ließ sie mit sich gehn!
    Und wenn der wüste Kent den Grind
    Sich kratzte und blinzelte
    Dann spürt die Hanna Cash, mein Kind
    Den Blick bis in die Zeh.

    4 Sie „kamen sich näher" zwischen Wild und Fisch
    Und „gingen vereint durchs Leben"
    Sie hatten kein Bett und sie hatten keinen Tisch
    Und sie hatten selber nicht Wild noch Fisch
    Und keinen Namen für die Kinder.
        Doch ob Schneewind pfeift, ob Regen rinnt
        Ersöff auch die Savann
        Es bleibt die Hanna Cash, mein Kind
        Bei ihrem lieben Mann.

---

[1] ein scharfer Kräuterschnaps

Zentrale Inhalte einer Ballade erschließen

5 Der Sheriff sagt, daß er ein Schurke sei
   Und die Milchfrau sagt: er geht krumm.
   Sie aber sagt: Was ist dabei?
   Es ist mein Mann. Und sie war so frei
   Und blieb bei ihm. Darum.
         Und wenn er hinkt und wenn er spinnt
         Und wenn er ihr Schläge gibt:
         Es fragt die Hanna Cash, mein Kind
         Doch nur: ob sie ihn liebt.

      6 Kein Dach war da, wo die Wiege war
         Und die Schläge schlugen die Eltern.
         Die gingen zusammen Jahr für Jahr
         Aus der Asphaltstadt in die Wälder gar
         Und in die Savann aus den Wäldern.
               Solang man geht in Schnee und Wind
               Bis daß man nicht mehr kann
               So lang ging die Hanna Cash, mein Kind
               Nun mal mit ihrem Mann.

² Topf, Geschirr

7 Kein Kind war arm, wie das ihre war
   Und es gab keinen Sonntag für sie
   Keinen Ausflug zu dritt in die Kirschtortenbar
   Und keinen Weizenfladen im Kar²
   Und keine Mundharmonie.
         Und war jeder Tag, wie alle sind
         Und gab's kein Sonnenlicht:
         Es hatte die Hanna Cash, mein Kind
         Die Sonn stets im Gesicht.

      8 Er stahl wohl die Fische, und Salz stahl sie.
         So war's. „Das Leben ist schwer."
         Und wenn sie die Fische kochte, sieh:
         So sagten die Kinder auf seinem Knie
         Den Katechismus her.
               Durch fünfzig Jahr in Nacht und Wind
               Sie schliefen in einem Bett.
               Das war die Hanna Cash, mein Kind
               Gott mach's ihr einmal wett.

2 Gebt den „Lebenslauf" dieser Frau aus dem Wilden Westen in eigenen
Worten wieder. Woher sie stammt, kann man sich leicht vorstellen; von ihrer
Jugend bis ins Alter kann man ihre Biografie dem Text entnehmen – oder
vermuten. Beachtet das mehrmalige Auftreten der Adjektive *schwarz, grau*!

3 Schreibe eine Kurzbiografie zu Hanna Cash.

Eigene Deutungen einer Ballade entwickeln und am Text belegen

4 Wie beurteilt **ihr** das Verhalten der Hanna Cash? Wie beurteilt es **der Erzähler**?
Und inwiefern dokumentiert sich hier Brechts „Nähe zu den geringen Leuten"?
– Sprecht über die Absicht, mit der der Erzähler die *Hanna Cash* schildert, und sammelt Belege dazu.
– Gebt Auskunft über die Wirkung, die diese Figur auf euch als Leser ausübt.
Berücksichtigt dabei, dass diese Figur durchaus widersprüchliche Züge trägt!

5 Sprachlich und formal ist diese Ballade außerordentlich kunstvoll und originell gestaltet:
– Welche Auffälligkeiten fallen euch ins Auge?
– Nach welchem Reimschema sind die Strophen aufgebaut?
– Die Reime Brechts sind hier nicht immer ganz „rein". Welche klingen merkwürdig?
– In der vierten Strophe reimt sich eine Stelle überhaupt nicht;
sie fällt also aus dem Rahmen. Macht euch Gedanken darüber, warum wohl
Brecht **an dieser Stelle keinen Reim** setzen wollte.
– Aus wie vielen Hebungen (betonten Silben) bestehen die einzelnen Verse?
Beachtet dabei die häufig unbetonten Auftakte!
– Wie sind die Ausdrücke in Anführungszeichen gemeint?
– Worauf mag die in jedem Refrain wiederholte Anrede *mein Kind* hindeuten?
– Benennt die Reimwörter, die Brecht gewählt hat,
um diese Anrede ständig zu wiederholen.

6 Bertolt Brecht verwendet in dieser Ballade so gut wie keine abstrakten Begriffe,
sondern fast ausschließlich Konkreta. Es ist aber wichtig, manchmal mitzudenken,
worauf abstrakt und zusammenfassend hingewiesen wird.
– Sucht für die folgenden Begriffe die konkreten Bezeichnungen im Text:
Armut – Religion – Liebe – Treue – Erziehung – Glück – Wohnung – Nahrung
– Einige Formulierungen sind für Interpretationen offen. Was kann man sich vorstellen unter:
eingeseift (Strophe 1) – *kam mit dem Wind und ging mit dem Wind* (1) – *rein gewesen sein* (2) –
keinen Namen für die Kinder (4) – *die Schläge schlugen die Eltern* (6) – *Mundharmonie* (7)?

7 Brecht hat seine Balladen aus der *Hauspostille* oft mit Gitarrenbegleitung selbst vorgetragen, halb gesprochen, halb mit heiserer Stimme mehr gekrächzt als gesungen. Die *Hanna Cash* ist für eine Gestaltung als **Rap** wie gemacht! Dafür muss man aber etwas üben, denn die regelmäßigen Hebungen müssen deutlich betont werden – und die unbetonten Silben (Senkungen) dürfen nicht untergehen, sondern müssen ebenfalls klar artikuliert werden. Das ist nicht ganz einfach, da es mitunter bis zu drei unbetonte Silben hintereinander gibt:

*Die **hat**-te kei-ne **Schu**-he und die **hat**-te auch kein **Hemd**
Ei-ne **klei**-ne grau-e **Kat**-ze in die **Höl**-zer ein-ge-**klemmt***

Manchmal muss man die in Anführungszeichen stehenden Ausdrücke ironisch in „vornehmer Sprache" sprechen:

*Sie „**ka**-men sich **nä**-her" zwischen **Wild** und **Fisch***

Und einmal muss man eine unbetonte Silbe, damit der Reim deutlich wird, unnatürlich und ironisch betonen:

*Sich **kratz**-te und **blin**-zel-**tee** ...
Den **Blick** bis **in** die **Zeh**.*

Brecht und das epische Theater: *Die Dreigroschenoper*

Bertolt Brecht verstand sich selbst immer als Theaterpraktiker, der mit neuen Formen experimentieren wollte. Mit seinem modernen **epischen Theater** erlangte er Weltruhm, seine Dreigroschenoper wurde 1928 zu einem ersten großen Erfolg. In dem Komponisten Kurt Weill fand Bertolt Brecht einen Partner, der seine Ideen in genialer Weise musikalisch umsetzte. Die Lieder aus der *Dreigroschenoper*, wie z. B. der Song von *Mackie Messer*, wurden außerordentlich populär, und noch heute zählt die *Dreigroschenoper* zum selbstverständlichen Spielplan großer Theaterbühnen.

Ein wichtiger Begriff für das Brechtsche Theater ist der **Verfremdungseffekt** (oder **V-Effekt**). So möchte Brecht zum Beispiel nicht, dass die Figuren auf der Bühne beim Publikum Mitleid erregen, wie dies in Theaterstücken sonst der Fall ist. Die Zuschauer sollen sich nicht mit den Figuren identifizieren, sondern Distanz zu ihnen gewinnen. Sie sollen sich nicht in das Geschehen einfühlen, sondern desillusioniert werden. Dazu tragen u. a. folgende **Verfremdungseffekte** bei:

Kommentare zur kommenden Handlung, bei denen die Schauspieler aus ihrer Rolle heraustreten – vor allem aber die Sänger, die sich immer wieder mit ihren Songs in die Handlung einmischen, etwas erklären oder ihre Meinung dazu sagen; Spruchbänder und Plakate, die während der Aufführung gezeigt werden; Projektionen auf der Bühne oder im Zuschauerraum; häufiger Szenenwechsel auf offener Bühne; Kostüm- und Maskenwechsel vor den Augen der Zuschauer; ein sehr spartanisch ausgestattetes Bühnenbild. So lässt Brecht z. B. das Stück *Der Kaukasische Kreidekreis* in einem Gemeindesaal spielen, in dem keine eigene Bühne aufgebaut ist, die Illusionen erzeugt, sondern wo die Dinge eines solchen einfachen Saals noch zu erkennen sind. Die Zuschauer essen und trinken erst noch etwas, bevor das Stück beginnt. So können die Zuschauer eine kritische Distanz zum Geschehen auf der Bühne aufbauen und selbstständig nach Lösungen für die Widersprüche in der dargestellten Handlung suchen.

Diese **Verfremdungseffekte** sollen den Zuschauer letztlich in die Lage versetzen, Alltägliches aus einem neuen Blickwinkel zu sehen, um damit gesellschaftliche Strukturen und deren politische Ursachen zu erkennen. Brecht wollte mit seiner Form des **epischen Theaters** die Welt als veränderlich darstellen und den Zuschauer zu ihrer Veränderung aufrufen. Seine Form des Theaters ist ein Appell an den Verstand und nicht an das Gefühl, es ist politische Wirkungsstätte.

„Die Widersprüche sind unsere Hoffnung." Diese Auffassung Bertolt Brechts basiert auf seiner marxistischen Weltanschauung und spiegelt sich so gleichzeitig in seinem künstlerischen Werk wider, indem er die gesellschaftliche Wirklichkeit immer wieder in Frage stellt, sie als veränderbar kennzeichnet und den Menschen als die verändernde Kraft ansieht.

Die Handlung der Dreigroschenoper spielt zum großen Teil in der Welt der Bettler und Räuber, im Untergrund. Der von der Polizei gesuchte Straßenräuber Macheath, auch Mackie Messer genannt, will Polly heiraten, die Tochter des Oberhauptes der Londoner Bettler, Peachum. Der aber versucht mit allen Mitteln, diese Verbindung zu verhindern.

Doch Polly und Macheath geben sich das Ja-Wort in einem von Macheath' Bande reich ausgestatteten Pferdestall. Selbst ein Pfarrer wurde bestellt, der dem Paar den kirchlichen Segen geben soll. Als Pollys Vater davon erfährt, zeigt er Macheath an. Dem gelingt zunächst die Flucht. Er wird aber dann von einer ehemaligen Geliebten verraten und von der Polizei verhaftet. Nun droht ihm das Todesurteil durch den Strang.

Gang zum Galgen

Alle ab durch die Tür links. Diese Türen sind in den Projektionsflächen. Dann kommen auf der anderen Seite von der Bühne alle mit Windlichtern wieder herein. Wenn Macheath oben auf dem Galgen steht, spricht

PEACHUM:
Verehrtes Publikum, wir sind soweit   *der Schauspieler tritt aus seiner Rolle*
Und Herr Macheath wird aufgehängt   *heraus und spricht das Publikum direkt*
Denn in der ganzen Christenheit   *an = satirischer[1] Kommentar zur*
Da wird dem Menschen nichts geschenkt.   *kommenden Handlung*

Damit ihr aber nun nicht denkt
Das wird von uns auch mitgemacht
Wird Herr Macheath nicht aufgehängt
Sondern wir haben uns einen anderen Schluß ausgedacht.

Damit ihr wenigstens in der Oper seht
Wie einmal Gnade vor Recht ergeht.
Und darum wird, weil wir's gut mit euch meinen,
Jetzt der reitende Bote des Königs erscheinen.

Auf den Tafeln steht:
Drittes Dreigroschen-Finale

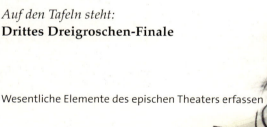

Wesentliche Elemente des epischen Theaters erfassen

Auftauchen des reitenden Boten

CHOR:
Horch, wer kommt!
Des Königs reitender Bote kommt!

Hoch zu Roß erscheint Brown als reitender Bote

BROWN:
Anläßlich ihrer Krönung befiehlt die Königin, daß der Captain Macheath sofort freigelassen wird. *Alle jubeln.* Gleichzeitig wird er hiermit in den erblichen Adelsstand erhoben – *Jubel* – und ihm das Schloß Marmarel sowie eine Rente von zehntausend Pfund bis zu seinem Lebensende überreicht. Den anwesenden Brautpaaren läßt die Königin ihre königlichen Glückwünsche senden.

MAC:
Gerettet, gerettet! Ja, ich fühle es, wo die Not am größten, ist die Hilfe am nächsten.

POLLY:
Gerettet, mein lieber Mackie ist gerettet.
Ich bin sehr glücklich.

FRAU PEACHUM:
So wendet alles sich am End zum Glück. So leicht und friedlich wäre unser Leben, wenn die reitenden Boten des Königs immer kämen.

PEACHUM:
Darum bleibt alle stehen, wo ihr steht, und singt den Choral der Ärmsten der Armen, deren schwieriges Leben ihr heute dargestellt habt, denn in Wirklichkeit ist gerade ihr Ende schlimm. Die reitenden Boten des Königs kommen sehr selten, wenn die Getretenen widergetreten haben. Darum sollte man das Unrecht nicht zu sehr verfolgen.

ALLE singen zur Orgel, nach vorn gehend:

Verfolgt das Unrecht nicht zu sehr, in Bälde
Erfriert es schon von selbst, denn es ist kalt.
Bedenkt das Dunkel und die große Kälte
In diesem Tale, das von Jammer schallt.

gesungen

der Darsteller des Polizeichefs Brown, der Macheath verhaftet hat, wechselt in die Rolle des reitenden Boten = Rollenwechsel; rezitativischer[2] Gesang

arienhafter[3] Gesang

Sprechgesang, agitatorisch vorgetragen

der Darsteller des Peachum gibt hier Regieanweisungen und zeigt damit auf, dass die Schauspieler nur in eine Rolle geschlüpft sind. = Zuschauer werden aus der Handlung herausgerissen

verklärter choralartiger[4] Gesang zur Orgel = Parodie[5]

Wesentliche Elemente des epischen Theaters erfassen

DIE SCHLUSS-STROPHEN DER MORITAT
MORITATENSÄNGER:

Und so kommt zum guten Ende
Alles unter einen Hut.
Ist das nötige Geld vorhanden
Ist das Ende meistens gut.

Daß nur er im Trüben fische
Hat der Hinz den Kunz bedroht.
Doch zum Schluß vereint am Tische
Essen sie des Armen Brot.

Denn die einen sind im Dunkeln
Und die andern sind im Licht.
Und man siehet die im Lichte
Die im Dunkeln sieht man nicht.

Der Moritatensänger[6] ist keine handelnde Person; er fasst das Geschehen zusammen und formuliert die Moral

Verwendung der Melodie des Mackie-Messer-Songs vom Anfang der Oper, als der Moritatensänger das erste Mal auftritt; Drehorgelbegleitung = Leierkasten

1 Tauscht eure Gedanken über den Inhalt, insbesondere über den Schluss der „Dreigroschenoper" aus.
Was ist für euch das Verblüffende daran?

2 Das **DREIGROSCHEN-FINALE** wird hier wie ein Choral in der Kirche gesungen.
Welchen inhaltlichen Widerspruch entdeckt ihr vor diesem Hintergrund?

3 Ende gut, alles gut? Setzt euch mit der moralischen Auffassung des Moritatensängers auseinander.

4 Lest noch einmal auf Seite 63 Brechts Auffassung von seinem epischen Theater nach.
Vergleicht mit den Bemerkungen am Rand des Textes.
– Welche Verfremdungseffekte findet ihr hier wieder? Was sollen sie bewirken?
– Könnt ihr euch erklären, weshalb Bertolt Brecht den Macheath davonkommen lässt?

5 Besorgt euch eine Aufnahme der „Dreigroschenoper" und hört euch das Finale an.
Achtet dabei besonders auf die Wirkung und Funktion der Musik.

---

[1] Satire (lat.): ironisch-witzige Darstellung und Kritik menschlicher Schwächen

[2] Rezitativ (ital.): Sprechgesang mit sparsamer Instrumentalbegleitung, führt die Handlung fort; hier: siehe Arie

[3] Arie (ital.): kunstvoller Sologesang in einer Oper, drückt Gefühle und Gedanken aus, meist mit Orchesterbegleitung; hier: durch nicht ausgebildete Opernstimmen, die Schauspieler, vorgetragen, dadurch „primitiver" Gesang

[4] Choral (lat.): Kirchenlied, das von der Gemeinde während des Gottesdienstes zur Lobpreisung des Herrn gesungen wird

[5] Parodie (griech.): scherzhafte Nachahmung, Umbildung ernster Dichtung

[6] Moritat: zu einer Bildertafel vorgetragenes Lied eines Erzählers über ein schreckliches oder rührendes Ereignis

Wesentliche Elemente des epischen Theaters erfassen

Der politische Brecht: *Die Keuner-Geschichten*

In den 20er- und 30er-Jahren setzt sich Brecht gründlich mit dem Marxismus auseinander, jener Theorie von Karl Marx, welche die Umgestaltung der Klassengesellschaft aus Besitzenden und Besitzlosen in eine klassenlose Gesellschaft zum Ziel hat. Er schreibt die Stücke *Aufstieg und Fall der Stadt Mahagonny* und *Die heilige Johanna der Schlachthöfe*. Die Ehe mit Marianne Zoff wird 1927 geschieden. Die Aufführung der *Heiligen Johanna* in Darmstadt wird durch die nationalsozialistischen Stadtverordneten abgelehnt; in Erfurt wird die Aufnahme des Stückes *Die Maßnahme* durch Eingreifen der Polizei unterbrochen. Ab 1930 schreibt Brecht seine bekannten *Geschichten vom Herrn Keuner*. In ihnen geht es angesichts des sich ausbreitenden Nationalsozialismus' unter anderem um die Möglichkeit, sich mit der Nazi-Herrschaft auseinanderzusetzen.

Mit *Herrn Keuner* oder *Herrn K.* hat Brecht eine Figur geschaffen, dessen Geschichten die Leser provozieren: zum Mitdenken, zum Nachdenken, zum Diskutieren. Was ist das für ein Mensch, dieser Keuner? Man hat seinen Namen zu übersetzen versucht als „Keiner" (Walter Benjamin), also „kein Besonderer"; oder (von *griechisch* Koiné) als „Öffentlicher, Allgemeiner". Jedenfalls ist er in seinen Geschichten ein (oft politisch) Denkender, Argumentierender, der konventionelle Verhaltensmuster und moralische Normen und Werte in Frage stellt und dem Leser Denkanstöße liefert für ein verändertes soziales, politisches oder moralisches Verhalten. Keuner liefert allerdings nicht wie der Kalendermann Johann Peter Hebel eigene Lösungen für ein Problem, sondern überlässt es den Lesern, womöglich in Diskussionen, die mit den Texten gestellten Fragen selbst zu beantworten.

Der hilflose Knabe

Herr K. sprach über die Unart, erlittenes Unrecht stillschweigend in sich hineinzufressen, und erzählte folgende Geschichte: „Einen vor sich hin weinenden Jungen fragte ein Vorübergehender nach dem Grund seines Kummers. ›Ich hatte zwei Groschen für das Kino beisammen‹, sagte der Knabe, ›da kam ein Junge und riß mir
5 einen aus der Hand‹, und er zeigte auf einen Jungen, der in einiger Entfernung zu sehen war. ›Hast du denn nicht um Hilfe geschrien?‹, fragte der Mann. ›Doch‹, sagte der Junge und schluchzte ein wenig stärker. ›Hat dich niemand gehört?‹, fragte ihn der Mann weiter, ihn liebevoll streichelnd. ›Nein‹, schluchzte der Junge. ›Kannst du denn nicht lauter schreien?‹, fragte der Mann. ›Nein‹, sagte der Junge und blickte ihn
10 mit neuer Hoffnung an. Denn der Mann lächelte. ›Dann gib auch den her‹, sagte er, nahm ihm den letzten Groschen aus der Hand und ging unbekümmert weiter."

1 Das ist eine merkwürdige Geschichte! Diskutiert über folgende Fragen:
- Wie wirkt das Verhalten des Mannes auf euch?
- Was wollte der Mann eigentlich erreichen?
- Was hätte der Mann eurer Meinung nach eher tun sollen?
- Gehört dieser Mann zu den „Bösen" der Literatur?
- Was sollte der Knabe aus dem Verhalten des Mannes lernen?

2 Schreibe in der Ich-Form auf, was du getan hättest, wenn du der Mann gewesen wärest.

3 Der folgende Text zeigt ein Beispiel, wie ein Schüler die Keuner-Geschichte vom hilflosen Knaben interpretiert. Lest zuvor die Geschichte selbst noch einmal durch.

Interpretation einer Keuner-Geschichte von Bertolt Brecht

Bertolt Brecht hat seine Kalendergeschichten 1953 veröffentlicht. In vielen dieser Geschichten tritt ein „Herr Keuner" auf, der eine Art Lehrer ist. Der gibt in seinen Geschichten immer Beispiele dafür, wie man sich in bestimmten schwierigen Situationen verhalten sollte.

Die Geschichte „Der hilflose Knabe" besteht aus zwei Teilen. Im ersten Satz wird „Herr K." von dem Erzähler eingeführt, und es wird sehr allgemein gesagt, worüber er spricht: „Über die Unart, erlittenes Unrecht in sich hineinzufressen."

Im zweiten Teil gibt dann Herr Keuner ein Beispiel. Er erzählt von dem Gespräch zwischen einem „Vorübergehenden" und einem weinenden „Knaben", der am Rande der Straße hockt und in sich hineinweint. Der Mann fragt den Knaben, warum er denn weine. Und der sagt ihm, dass ihm ein anderer Junge Geld gestohlen hat. Der Mann scheint nicht zu verstehen, warum der Junge nicht laut um Hilfe geschrien hat. Er streichelt ihn „liebevoll", und dann passiert das Überraschende: Er nimmt ihm auch das restliche Geld weg und „ging einfach weiter." Die Geschichte besteht fast nur aus wörtlichen Reden, die der Erzähler nicht weiter kommentiert. Herr K. lässt dann den Leser mit diesem ungerechten Schluss völlig allein. Der Leser soll sich jetzt wohl selbst denken, was mit der Geschichte gemeint ist.

Ich frage mich: Warum hat der Mann den anderen Jungen nicht verfolgt und ihm das Geld einfach wieder abgenommen? Oder warum hat er den Knaben nicht wenigstens getröstet? Ich denke mir, dass Herr K. den Jungen für die „Unart" bestrafen wollte, von der er am Anfang gesprochen hat. Vielleicht wollte er, dass der Junge das nächste Mal das „erlittene Unrecht" eben nicht mehr in sich hineinfrisst. Vielleicht soll der Junge lernen, lauter zu schreien und nicht nur vor sich hin zu weinen. Wahrscheinlich ist es besser, andere Menschen auf ein Unrecht aufmerksam zu machen, als sich einfach alles gefallen zu lassen. Und da denke ich auch an die Gewalt, die bei uns an den Schulen und auf der Straße passiert. Wenn man schon zu schwach ist, sich gegen Stärkere zu wehren, dann sollte man wenigstens schreien. Dann kommen die Menschen einem vielleicht eher zu Hilfe, als wenn man nur leise in sich hineinweint oder gar wegguckt. Ich denke, das könnte Brecht mit seiner Geschichte gemeint haben.

4 Der Schüler hat sich mit dieser Geschichte sehr genau auseinandergesetzt. Vergleiche seinen Text mit den Angaben im Kasten unten auf der Seite. In welchen Zeilen der Interpretation steht was?

S. 186

Der Autor:	Bertolt Brecht, Zeile …
Der Erzähler:	Herr K., Zeile …
Aufbau der Geschichte:	…
Sprachliche Auffälligkeiten:	…
Handlung, Ereignisse:	…
Handlungsort:	…
Figuren:	…
Eigene Deutung:	…
Fragen, die offenbleiben:	…
Bezug der Geschichte zur eigenen Gegenwart:	…
Welche Stellen werden wörtlich zitiert?	…

Eine Interpretation besteht in der Regel aus mehreren Teilen:

1. Autor und Art des Textes:
- Wer ist der Autor?
- Aus welcher Zeit stammt der Text?
- Um welche Textsorte handelt es sich?

2. Aufbau des Textes:
- Wie ist der Text aufgebaut?
- Was fällt sprachlich auf: wörtliche Rede, Gedankenrede, Kommentare?

3. Kurze Wiedergabe des Inhalts:
- Wovon handelt der Text: Ereignisse, Auseinandersetzungen?
- Wo spielt sich die Handlung ab: ein Ort, mehrere Orte?
- Welche Figuren kommen vor: Wie stehen sie zueinander? Wie reden sie?

4. Deutung des Textes:
- Wie verstehe ich den Text: Was ist leicht zu verstehen? Was gibt mir Rätsel auf?
- Welche Fragen stellt der Text: Kann ich sie beantworten? Bleiben Fragen offen?
- Was bedeutet der Text für meine Gegenwart: Lässt er sich auf das Leben heute übertragen?

5. Zitate als Beleg:
- Was in einer Interpretation aus dem Text **zitiert** wird, setzt man in wörtliche Redezeichen.

---

5 Die Geschichte von Bertolt Brecht ist, wie die meisten Erzähltexte, in der Vergangenheitsform geschrieben: der Erzähltext selbst im Präteritum, im Perfekt dagegen hin und wieder die wörtlichen Reden.
– Welche Zeitformen kommen in der Interpretation vor?
– Und wie hat der Schreiber die wörtlichen Reden wiedergegeben?

Eigene Deutungen zu einem Text entwickeln, belegen und sich mit anderen darüber verständigen

6 Eine **andere Art der Interpretation** eines Textes ist seine **szenische Darstellung**. Für die Keuner-Geschichte *Der hilflose Knabe* benötigt ihr dafür **vier Personen:**

1. Herrn Keuner, der die Geschichte einleitet;
2. den Knaben;
3. einen zweiten Jungen, der ihm das Geld wegnimmt;
4. den vorbeikommenden Mann.

– Natürlich könnt ihr das Ganze mit eigenen Worten nachspielen. Doch der Ausgang der Geschichte muss beibehalten werden!
– Stellt diese Szene in mehreren Vierergruppen dar. Danach solltet ihr loben und kritisieren, wie die einzelnen Gruppen ihre Szene gespielt haben.

7 Hier findest du eine zweite Keuner-Geschichte von Bertolt Brecht: *Die Rolle der Gefühle*. Schreibe eine Interpretation darüber. Beachte dabei die Hinweise im Kasten auf Seite 69.

Die Rolle der Gefühle

Herr Keuner war mit seinem kleinen Sohn auf dem Land. Eines Vormittags traf er ihn in der Ecke des Gartens und weinend. Er erkundigte sich nach dem Grund des Kummers, erfuhr ihn und ging weiter. Als aber bei seiner Rückkehr der Junge immer noch weinte, rief er ihn her und sagte ihm:
5 „Was hat es für einen Sinn zu weinen bei einem solchen Wind, wo man dich überhaupt nicht hört?" Der Junge stutzte, begriff diese Logik und kehrte, ohne weitere Gefühle zu zeigen, zu seinem Sandhaufen zurück.

8 Die folgende Geschichte will natürlich, wie Brecht, der Theatermann, es selbst immer wieder tat, **vorgelesen** werden!

Wenn die Haifische Menschen wären

„Wenn die Haifische Menschen wären", fragte Herrn K. die kleine Tochter seiner Wirtin, „wären sie dann netter zu den kleinen Fischen?" „Sicher", sagte er. „Wenn die Haifische Menschen wären, würden sie im Meer für die kleinen Fische gewaltige Kästen bauen lassen, mit allerhand Nahrung drin, sowohl Pflanzen als auch
5 Tierzeug. Sie würden sorgen, daß die Kästen immer frisches Wasser hätten, und sie würden überhaupt allerhand sanitäre Maßnahmen treffen. Wenn zum Beispiel ein Fischlein sich die Flosse verletzen würde, dann würde ihm sogleich ein Verband gemacht, damit es den Haifischen nicht wegstürbe vor der Zeit. Damit die Fischlein nicht trübsinnig würden, gäbe es ab und zu große Wasserfeste; denn lustige Fisch-
10 lein schmecken besser als trübsinnige. Es gäbe natürlich auch Schulen in den großen Kästen. In diesen Schulen würden die Fischlein lernen, wie man in den Rachen der Haifische schwimmt. Sie würden zum Beispiel Geographie brauchen, damit sie die

Keuner-Geschichten interpretieren

großen Haifische, die faul irgendwo liegen, finden könnten. Die Hauptsache wäre natürlich die moralische Ausbildung der Fischlein. Sie würden unterrichtet werden,
15 daß es das Größte und Schönste sei, wenn ein Fischlein sich freudig aufopfert, und daß sie alle an die Haifische glauben müßten, vor allem, wenn sie sagten, sie würden für eine schöne Zukunft sorgen. Man würde den Fischlein beibringen, daß diese Zukunft nur gesichert sei, wenn sie Gehorsam lernten. Vor allen niedrigen, materialistischen, egoistischen und marxistischen Neigungen müßten sich die Fischlein
20 hüten und es sofort den Haifischen melden, wenn eines von ihnen solche Neigungen verriete. Wenn die Haifische Menschen wären, würden sie natürlich auch untereinander Kriege führen, um fremde Fischkästen und fremde Fischlein zu erobern. Die Kriege würden sie von ihren eigenen Fischlein führen lassen. Sie würden die Fischlein lehren, daß zwischen ihnen und den Fischlein der anderen Haifische ein
25 riesiger Unterschied bestehe. Die Fischlein, würden sie verkünden, sind bekanntlich stumm, aber sie schweigen in ganz verschiedenen Sprachen und können einander daher unmöglich verstehen. Jedem Fischlein, das im Krieg ein paar andere Fischlein, feindliche, in anderer Sprache schweigende Fischlein tötete, würden sie einen kleinen Orden aus Seetang anheften und den Titel Held verleihen. Wenn die Haifische
30 Menschen wären, gäbe es bei ihnen natürlich auch eine Kunst. Es gäbe schöne Bilder, auf denen die Zähne der Haifische in prächtigen Farben, ihre Rachen als reine Lustgärten, in denen es sich prächtig tummeln läßt, dargestellt wären. Die Theater auf dem Meeresgrund würden zeigen, wie heldenmütige Fischlein begeistert in die Haifischrachen schwimmen, und die Musik wäre so schön, daß die Fischlein unter
35 ihren Klängen, die Kapelle voran, träumerisch, und in allerangenehmste Gedanken eingelullt, in die Haifischrachen strömten. Auch eine Religion gäbe es ja, wenn die Haifische Menschen wären. Sie würde lehren, daß die Fischlein erst im Bauch der Haifische richtig zu leben begännen. Übrigens würde es auch aufhören, wenn die Haifische Menschen wären, daß alle Fischlein, wie es jetzt ist, *gleich sind*. Einige von
40 ihnen würden Ämter bekommen und über die anderen gesetzt werden. Die ein wenig größeren dürften sogar die kleineren auffressen. Das wäre für die Haifische nur angenehm, da sie dann selber öfter größere Brocken zu fressen bekämen. Und die größeren, Posten habenden Fischlein würden für die Ordnung unter den Fischlein sorgen, Lehrer, Offiziere, Ingenieure im Kastenbau usw. werden. Kurz, es gäbe über-
45 haupt erst eine Kultur im Meer, wenn die Haifische Menschen wären."

9 Diese Keunergeschichte stellt eine verzwickte Mischform dar.
Man könnte sie als eine Satire in der Form einer Fabel bezeichnen.
– Wen repräsentieren in dieser Fabel die „Haifische", wen die „kleinen Fische"?
– Als Satire bezieht sie sich auf die gegenwärtige Wirklichkeit
der Nazizeit, die der Erzähler übertrieben positiv darstellt,
aber zugleich auf kritische Weise verspottet.
Welche Themen und Institutionen werden hier im Einzelnen
positiv herausgestellt *(Wohnung, ärztliche Versorgung ...)*?
Und woran erkennt man, dass sie damit zugleich kritisiert werden?
Lest den Text daraufhin genau durch.

10 Das Auffälligste an dieser Geschichte sind die Verbformen, mit denen die Sätze gebildet sind; man nennt sie „irreale Konzessivsätze". Sucht weitere Beispielsätze heraus:
Wenn die Haifische Menschen wären, würden sie ... bauen. ...

11 In dieser Geschichte wird aber darüber hinaus nahezu alles in konjunktivisch-irrealer Form wiedergegeben. In Interpretationen wird dazu die These vertreten:
Das Paradoxe an dieser Keunergeschichte ist, dass sich das irreal Dargestellte auf die Realität der damaligen Zeit bezieht.
Versucht, diese These zu bestätigen.

S. 261

12 Listet auf, auf welche Realitäten eines totalitären Staates die angesprochenen Dinge verweisen und wozu sie dienten:

Es gibt eine ärztliche Versorgung,   damit die Menschen den Mächtigen erhalten bleiben.
Es gibt Feste,   weil ...
Es gibt eine moralische Ausbildung,   damit ...
Es gibt Kriege,   um ...
Es gibt eine Kunst,   die ... darstellt.
Es gibt eine Musik,   ...
...   ...

13 Eine einzige Stelle in diesem Text steht im Indikativ. In ihr wird behauptet, dass die bestehende Realität tatsächlich so sei. Und genau dies ist ironisch gemeint. Sucht diese Stelle heraus und gebt an, was an dieser Behauptung gerade **nicht** stimmt.

14 Stellt euch einmal vor, das kleine Mädchen hätte Herrn Keuner gebeten: „Erkläre mir doch einmal, warum die Mächtigen heute eigentlich so böse sind." Dann müsste Herr K. mit der Wahrheit, wie er sie wahrnimmt, herausrücken, und er würde ihr wohl Folgendes erklären:

„Die Mächtigen eines totalitären Staates behandeln die Menschen wie ein Material, das sie für ihre Zwecke gebrauchen. Sie bauen für die, die von ihnen abhängig sind, riesige Wohnblocks, versorgen sie mit frischem Wasser, sanitären Einrichtungen und ärztlicher Betreuung, – alles das aber nur deswegen, damit sie ihren Interessen als zufriedene und gesunde Bürger immer zur Verfügung stehen." ... .

Schreibt Passagen des Textes in diese indikativische Form um.

Brecht und die Emigration: Gedichte

1933 am Tag nach dem Reichstagsbrand verlässt Brecht Deutschland und flieht über Prag und Wien nach Zürich, dann nach Kopenhagen. In einem Bauernhaus in Svendborg in Dänemark lässt er sich nieder. Hier schreibt er seine Gedichtsammlung *Svendborger Gedichte* und das Theaterstück *Der gute Mensch von Sezuan*. 1935 wird Brecht durch die Nationalsozialisten ausgebürgert. 1938 werden Brechts Werke in der Düsseldorfer Ausstellung „Entartete Kunst" gezeigt. Brecht reist weiter nach Schweden, wo *Mutter Courage und ihre Kinder* entsteht. 1940 fährt Brecht nach Helsinki. Als die Deutschen Finnland besetzen, reist er über Russland nach Kalifornien, wo er mit seiner Familie ein Haus in Santa Monica bei Hollywood bewohnt. In Zürich wird 1943 sein erfolgreiches Drama *Leben des Galilei* uraufgeführt. 1944/45 entsteht das Stück *Der kaukasische Kreidekreis*.

Kalifornischer Herbst

Gedichte 1947–1956

I   In meinem Garten
    Gibt es nur immergrüne Pflanzen. Will ich Herbst sehn
    Fahr ich zu meines Freundes Landhaus in den Hügeln. Dort
    Kann ich für fünf Minuten stehn und einen Baum sehn
    Beraubt des Laubs, und Laub, beraubt des Stamms.

II Ich sah ein großes Herbstblatt, das der Wind
    Die Straße lang trieb, und ich dachte: Schwierig
    Den künftigen Weg des Blattes auszurechnen!

1 Dieses Gedicht schrieb Brecht in Kalifornien, wo er in einem Haus in der Nähe von Los Angeles lebte. Wie mag er sich wohl dort gefühlt haben, als er dieses Gedicht schrieb? Und an welchen Stellen des Gedichtes wird das deutlich?

2 In seinem Arbeitsjournal machte sich Brecht im Januar 1942 die folgende Notiz. Was fällt euch daran auf?

„Merkwürdig, ich kann in diesem Klima nicht atmen. Die Luft ist völlig geruchlos, morgens und abends gleich, im Haus wie im Garten. Und es gibt keine Jahreszeiten. Überall gehörte es zu meinen Morgenverrichtungen, mich aus dem Fenster zu beugen und Luft zu schnappen; hier habe ich diese Verrichtung gestrichen. Da ist weder Rauch noch Grasgeruch zu haben. Die Pflanzen kommen mir vor wie die Zweige, die wir als Kinder in den Sand steckten; zehn Minuten später hingen die Blätter welk herab …"

Zusammenhänge zwischen Text, Entstehungszeit und Leben des Autors herstellen

3 Erörtert folgende Fragen zum Gedicht *Kalifornischer Herbst* auf Seite 73:
– Inwiefern ist von Bedauern und Leiden auch hier etwas zu spüren?
 Woran leidet der lyrische Sprecher? Was fehlt ihm in diesem kalifornischen Exil?
– Worauf könnte die merkwürdige Formulierung hinweisen:
 Baum ... beraubt des Laubs, und Laub, beraubt des Stamms?
– Und was könnte der letzte Satz der zweiten Strophe für das lyrische Ich bedeuten?

4 Die erste Strophe stellt eine Art beschreibenden Bericht dar. Als was könnte man die zweite Strophe bezeichnen? Und inwiefern wird das auch durch den unterschiedlichen Gebrauch der Zeitformen deutlich?

5 Im Gedicht *Kalifornischer Herbst* sind, wie sehr oft bei Brecht, Wörter ans Ende eines Verses gestellt, die eigentlich zur nächsten Zeile gehören. Das gehört zu seiner Auffassung, dass Gedichte „gestisch" gesprochen werden sollen (s. Seite 75). Das heißt, man muss nach solchen Wörtern die Stimme erheben und einen Augenblick lang innehalten, bevor man das erste Wort des nächsten Verses spricht. Erprobt das beim Sprechen.

Der Pflaumenbaum

Svendborger Gedichte 1939

Im Hofe steht ein Pflaumenbaum
Der ist klein, man glaubt es kaum.
Er hat ein Gitter drum
4 So tritt ihn keiner krumm.

Der Kleine kann nicht größer wer'n.
Ja größer wer'n, das möcht er gern.
's ist keine Red davon
8 Er hat zu wenig Sonn.

Den Pflaumenbaum glaubt man ihm kaum
Weil er nie eine Pflaume hat
Doch er ist ein Pflaumenbaum
12 Man kennt es an dem Blatt.

Vom Sprengen des Gartens

Gedichte 1941–1947

O Sprengen des Gartens, das Grün zu ermutigen!
Wässern der durstigen Bäume! Gib mehr als genug. Und
Vergiss nicht das Strauchwerk, auch
4 Das beerenlose nicht, das ermattete
Geizige! Und übersieh mir nicht
Zwischen den Blumen das Unkraut, das auch
Durst hat. Noch gieße nur
8 Den frischen Rasen oder den versengten nur:
Auch den nackten Boden erfrische du.

6 Schon beim ersten Vorlesen wird deutlich, wie unterschiedlich diese beiden Gedichte gestaltet sind: das eine wie ein gereimtes Kindergedicht, das andere wie ein Nachdenkgedicht. Entsprechend unterschiedlich müssen sie auch gesprochen werden.
Wenn ihr euch das zweite Gedicht vorlest, dann achtet wieder auf das „gestische" Sprechen beim Innehalten nach dem letzten Wort in mancher Zeile. Gerade hier kann durch das „gestische" Sprechen eine besondere Spannung erzielt werden.

7 Beide Gedichte sind sich aber darin ähnlich, dass in ihnen die Liebe Bertolt Brechts zu den *„geringen Dingen"* zum Ausdruck kommt. Und obwohl dies hier die kleinen Naturdinge sind, sind doch dahinter auch die Menschen gemeint. Übertragt die einzelnen Naturbilder auf menschliche (soziale, pädagogische) Verhältnisse:
der kleine Pflaumenbaum – Gitter – hat zu wenig Sonn –
nie eine Pflaume – erkennt ihn an dem Blatt;
das beerenlose, geizige Strauchwerk – das Unkraut – den nackten Boden.

In seinen Ausführungen *Über reimlose Lyrik mit unregelmäßigen Rhythmen* hat Brecht auf Besonderheiten seiner Gedichte hingewiesen. Unter anderem schrieb er:

„Mitunter wurde mir, wenn ich reimlose Lyrik veröffentlichte, die Frage gestellt, wie ich dazu käme, so was als Lyrik auszugeben … Die Frage ist berechtigt, weil die Lyrik, wenn sie schon auf den Reim verzichtet, doch gewohntermaßen wenigstens einen festen Rhythmus bietet. Viele meiner letzten lyrischen Arbeiten zeigen weder Reim noch regelmäßigen festen Rhythmus. Meine Antwort, warum ich sie als lyrisch bezeichne, ist: weil sie zwar keinen regelmäßigen, aber doch einen (wechselnden, synkopierten*, gestischen) Rhythmus haben … Man muss im Auge behalten, dass ich meine Hauptarbeit auf dem Theater verrichtete; ich dachte immer an das Sprechen. Und ich hatte mir für das Sprechen (sei es der Prosa oder des Verses) eine ganz bestimmte Technik erarbeitet. Ich nannte sie gestisch."

---

* *Erläuterung:* Eine Synkope ist in der Musik die Betonung eines an sich unbetonten Notenwertes. Brecht bezieht diesen Begriff auf ein unbetontes Wort, das er an das Ende eines Verses stellt und damit hervorhebt. Damit wird das Sprechen auf das folgende Wort zu, das am nächsten Versanfang steht, verzögert – und auch dieses Wort wird betont.

8 Das Gedicht *Vom Sprengen des Gartens* ist ein Beispiel dafür, wie die „gestische" Sprache Brechts gestaltet ist.
Übertragt es einmal in normale Redeweise, wobei ihr Satzumstellungen vornehmen und etwas andere Worte verwenden könnt, z. B.:
… Und übersieh mir weder das Unkraut zwischen den Blumen …
Wenn ihr dann beides sprechend nebeneinanderstellt, wird deutlich, welche Spannung Brecht mit Versen in gestischer Sprache erzielen kann.

Sprachliche Gestaltungsmittel in ihren Wirkungszusammenhängen und ihrer historischen Bedingtheit erkennen

Brecht und die Emigration: *Kalendergeschichten*

Während der Emigration schreibt Brecht in den Jahren 1935–1941 eine Reihe von Geschichten und Gedichten wie *Die unwürdige Greisin, Der Soldat von La Ciotat, Kinderkreuzzug, Der Schneider von Ulm, Legende von der Entstehung des Buches Taoteking* und auch *Der Augsburger Kreidekreis*. Diese Texte werden zunächst in Zeitungen und Zeitschriften veröffentlicht. Erst 1949, nach seiner Rückkehr nach Deutschland im selben Jahr, werden diese Texte unter dem Titel *Kalendergeschichten* herausgegeben.

Der Titel *Kalendergeschichten* geht auf die Vorbilder Grimmelshausen und Johann Peter Hebel zurück, die schon lange vor Bertolt Brecht Geschichten zur Unterhaltung und Belehrung der Leser geschrieben hatten. Dieses Büchlein Brechts sollte einmal zu seinen bekanntesten Werken überhaupt gehören.

Die unwürdige Greisin

Meine Großmutter war zweiundsiebzig Jahre alt, als mein Großvater starb. Er hatte eine kleine Lithographenanstalt in einem badischen Städtchen und arbeitete darin mit zwei, drei Gehilfen bis zu seinem Tod. Meine Großmutter besorgte ohne Magd den Haushalt, betreute das alte, wacklige Haus und kochte für die Mannsleute und Kinder.

Sie war eine kleine magere Frau mit lebhaften Eidechsenaugen, aber langsamer Sprechweise. Mit recht kärglichen Mitteln hatte sie fünf Kinder großgezogen – von den sieben, die sie geboren hatte. Davon war sie mit den Jahren kleiner geworden.

Von den Kindern gingen die zwei Mädchen nach Amerika, und zwei der Söhne zogen ebenfalls weg. Nur der Jüngste, der eine schwache Gesundheit hatte, blieb im Städtchen. Er wurde Buchdrucker und legte sich eine viel zu große Familie zu.

So war sie allein im Haus, als mein Großvater gestorben war. Die Kinder schrieben sich Briefe über das Problem, was mit ihr zu geschehen hätte. Einer konnte ihr bei sich ein Heim anbieten, und der Buchdrucker wollte mit den Seinen zu ihr ins Haus ziehen. Aber die Greisin verhielt sich abweisend zu den Vorschlägen und wollte nur von jedem ihrer Kinder, das dazu imstande war, eine kleine geldliche Unterstützung annehmen. Die Lithographenanstalt, längst veraltet, brachte fast nichts beim Verkauf, und es waren auch Schulden da. Die Kinder schrieben ihr, sie könne doch nicht ganz allein leben, aber als sie darauf überhaupt nicht einging, gaben sie nach und schickten ihr monatlich ein bißchen Geld. Schließlich, dachten sie, war ja der Buchdrucker im Städtchen geblieben.

Der Buchdrucker übernahm es auch, seinen Geschwistern mitunter über die Mutter zu berichten. Seine Briefe an meinen Vater, und was dieser bei einem Besuch und nach dem Begräbnis meiner Großmutter zwei Jahre später erfuhr, geben mir ein Bild von dem, was in diesen zwei Jahren geschah.

Es scheint, daß der Buchdrucker von Anfang an enttäuscht war, daß meine Großmutter sich weigerte, ihn in das ziemlich große und nun leerstehende Haus aufzunehmen. Er wohnte mit vier Kindern in drei Zimmern. Aber die Greisin hielt überhaupt nur eine sehr lose Verbindung mit ihm aufrecht. Sie lud die Kinder jeden Sonntagnachmittag zum Kaffee, das war eigentlich alles.

76 Zentrale Inhalte einer Kalendergeschichte erschließen

Sie besuchte ihren Sohn ein- oder zweimal in einem
Vierteljahr und half der Schwiegertochter beim
Beereneinkochen. Die junge Frau entnahm einigen
ihrer Äußerungen, daß es ihr in der kleinen Wohnung des Buchdruckers zu eng war. Dieser konnte
sich nicht enthalten, in seinem Bericht darüber ein
Ausrufezeichen anzubringen.

Auf eine schriftliche Anfrage meines Vaters,
was die alte Frau denn jetzt so mache, antwortete
er ziemlich kurz, sie besuche das Kino.

Man muß verstehen, daß das nichts Gewöhnliches war, jedenfalls nicht in den Augen ihrer Kinder. Das Kino war vor dreißig Jahren noch nicht,
was es heute ist. Es handelte sich um elende,
schlecht gelüftete Lokale, oft in alten Kegelbahnen
eingerichtet, mit schreienden Plakaten vor dem
Eingang, auf denen Morde und Tragödien der
Leidenschaft angezeigt waren. Eigentlich gingen
nur Halbwüchsige hin oder, des Dunkels wegen,
Liebespaare. Eine einzelne alte Frau musste dort
sicher auffallen. Und so war noch eine andere Seite
dieses Kinobesuchs zu bedenken. Der Eintritt war
gewiß billig, da aber das Vergnügen ungefähr unter den Schleckereien rangierte, bedeutete es „hinausgeworfenes Geld". Und Geld hinauswerfen
war nicht respektabel.

Dazu kam, daß meine Großmutter nicht nur mit
ihrem Sohn am Ort keinen regelmäßigen Verkehr
pflegte, sondern auch sonst niemanden von ihren
Bekannten besuchte oder einlud. Sie ging niemals
zu den Kaffeegesellschaften des Städtchens. Dafür
besuchte sie häufig die Werkstatt eines Flickschusters in einem armen und sogar etwas verrufenen
Gäßchen, in der, besonders nachmittags, allerlei
nicht besonders respektable Existenzen herumsaßen, stellungslose Kellnerinnen und Handwerksburschen. Der Flickschuster war ein Mann in
mittleren Jahren, der in der ganzen Welt herumgekommen war, ohne es zu etwas gebracht zu haben.
Es hieß auch, daß er trank. Er war jedenfalls kein
Verkehr für meine Großmutter.

Der Buchdrucker deutete in einem Brief an, daß
er seine Mutter darauf hingewiesen, aber einen
recht kühlen Bescheid bekommen habe. „Er hat

Zentrale Inhalte einer Kalendergeschichte erschließen

etwas gesehen", war ihre Antwort, und das Gespräch war damit zu Ende. Es war nicht leicht, mit meiner Großmutter über Dinge zu reden, die sie nicht bereden wollte.

Etwa ein halbes Jahr nach dem Tod des Großvaters schrieb der Buchdrucker meinem Vater, daß die Mutter jetzt jeden zweiten Tag im Gasthof esse. Was für eine Nachricht!

Großmutter, die zeit ihres Lebens für ein Dutzend Menschen gekocht und immer nur die Reste aufgegessen hatte, aß jetzt im Gasthof! Was war in sie gefahren?

Bald darauf führte meinen Vater eine Geschäftsreise in die Nähe, und er besuchte seine Mutter. Er traf sie im Begriffe, auszugehen. Sie nahm den Hut wieder ab und setzte ihm ein Glas Rotwein mit Zwieback vor. Sie schien ganz ausgeglichener Stimmung zu sein, weder besonders aufgekratzt noch besonders schweigsam. Sie erkundigte sich nach uns, allerdings nicht sehr eingehend, und wollte hauptsächlich wissen, ob es für die Kinder auch Kirschen gäbe. Da war sie ganz wie immer. Die Stube war natürlich peinlich sauber, und sie sah gesund aus.

Das einzige, was auf ihr neues Leben hindeutete, war, daß sie nicht mit meinem Vater auf den Gottesacker gehen wollte, das Grab ihres Mannes zu besuchen. „Du kannst allein hingehen", sagte sie beiläufig, „es ist das dritte von links in der elften Reihe. Ich muß noch wohin."

Der Buchdrucker erklärte nachher, daß sie wahrscheinlich zu ihrem Flickschuster mußte. Er klagte sehr.

„Ich sitze hier in diesen Löchern mit den Meinen und habe nur noch fünf Stunden Arbeit und schlecht bezahlte, dazu macht mir mein Asthma wieder zu schaffen, und das Haus in der Hauptstraße steht leer."

Mein Vater hatte im Gasthof ein Zimmer genommen, aber erwartet, daß er zum Wohnen doch von seiner Mutter eingeladen werden würde, wenigstens pro forma, aber sie sprach nicht davon. Und sogar als das Haus voll gewesen war, hatte sie immer etwas dagegen gehabt, daß er nicht bei ihnen wohnte und dazu das Geld für das Hotel ausgab!

Aber sie schien mit ihrem Familienleben abgeschlossen zu haben und neue Wege zu gehen, jetzt, wo ihr Leben sich neigte. Mein Vater, der eine gute Portion Humor besaß, fand sie „ganz munter" und sagte meinem Onkel, er solle die alte Frau machen lassen, was sie wolle. Aber was wollte sie?

Das nächste, was berichtet wurde, war, daß sie eine Bregg bestellt hatte und nach einem Ausflugsort gefahren war, an einem gewöhnlichen Donnerstag. Eine Bregg war ein großes, hochrädriges Pferdegefährt mit Plätzen für ganze Familien. Einige wenige Male, wenn wir Enkelkinder zu Besuch gekommen waren, hatte Großvater die Bregg gemietet. Großmutter war immer zu Hause geblieben. Sie hatte es mit einer wegwerfenden Handbewegung abgelehnt, mitzukommen. Und nach der Bregg kam die Reise nach K., einer größeren Stadt, etwa zwei Eisenbahnstunden entfernt. Dort war ein Pferderennen, und zu dem Pferderennen fuhr meine Großmutter.

Der Buchdrucker war jetzt durch und durch alarmiert. Er wollte einen Arzt hinzugezogen haben. Mein Vater schüttelte den Kopf, als er den Brief las, lehnte aber die Hinzuziehung eines Arztes ab.

Nach K. war meine Großmutter nicht allein gefahren. Sie hatte ein junges Mädchen mitgenommen, eine halb Schwachsinnige, wie der Buchdrucker schrieb, das Küchenmädchen des Gasthofs, in dem die Greisin jeden zweiten Tag speiste. Dieser Krüppel spielte von jetzt ab eine Rolle.

Meine Großmutter schien einen Narren an ihr gefressen zu haben. Sie nahm sie mit ins Kino und zum Flickschuster, der sich übrigens als Sozialdemokrat herausgestellt hatte, und es ging das Gerücht, daß die beiden Frauen bei einem Glas Rotwein in der Küche Karten spielten. „Sie hat dem Krüppel jetzt einen Hut gekauft mit Rosen drauf", schrieb der Buchdrucker verzweifelt. „Und unsere Anna hat kein Kommunionskleid!" Die Briefe meines Onkel wurden ganz hysterisch, handelten nur von der „unwürdigen Aufführung unserer lieben Mutter" und gaben sonst nichts mehr her. Das Weitere habe ich von meinem Vater.

Der Gastwirt hatte ihm mit Augenzwinkern zugeraunt: „Frau B. amüsiert sich ja jetzt, wie man hört."

In Wirklichkeit lebte meine Großmutter auch diese letzten Jahre keinesfalls üppig. Wenn sie nicht im Gasthof aß, nahm sie meist nur ein wenig Eierspeise zu sich, etwas Kaffee und vor allem ihren geliebten Zwieback. Dafür leistete sie sich einen billigen Rotwein, von dem sie zu allen Mahlzeiten ein kleines Glas trank. Das Haus hielt sie sehr rein, und nicht nur die Schlafstube und die Küche, die sie benutzte. Jedoch nahm sie darauf ohne Wissen ihrer Kinder eine Hypothek auf. Es kam niemals heraus, was sie mit dem Geld machte. Sie scheint es dem Flickschuster gegeben zu haben. Er zog nach ihrem Tod in eine andere Stadt und soll dort ein größeres Geschäft für Maßschuhe eröffnet haben.

Genau betrachtet lebte sie hintereinander zwei Leben. Das eine, erste, als Tochter, als Frau und als Mutter, und das zweite einfach als Frau B., eine alleinstehende Person ohne Verpflichtungen und mit bescheidenen, aber ausreichenden Mitteln. Das erste Leben dauerte etwa sechs Jahrzehnte, das zweite nicht mehr als zwei Jahre.

Mein Vater brachte in Erfahrung, daß sie im letzten halben Jahr sich gewisse Freiheiten gestattete, die normale Leute gar nicht kennen. So konnte sie im Sommer früh um drei Uhr aufstehen und durch die leeren Straßen des Städtchens spazieren, das sie so für sich ganz allein hatte. Und den Pfarrer, der sie besuchen kam, um der alten Frau in ihrer Vereinsamung Gesellschaft zu leisten, lud sie, wie allgemein behauptet wurde, ins Kino ein!

Sie war keineswegs vereinsamt. Bei dem Flickschuster verkehrten anscheinend lauter lustige Leute, und es wurde viel erzählt. Sie hatte dort immer eine Flasche ihres eigenen Rotweins stehen, und daraus trank sie ihr Gläschen, während die anderen erzählten und über die würdigen Autoritäten der Stadt loszogen. Dieser Rotwein blieb für sie reserviert, jedoch brachte sie mitunter der Gesellschaft stärkere Getränke mit.

Sie starb ganz unvermittelt, an einem Herbstnachmittag in ihrem Schlafzimmer, aber nicht im Bett, sondern auf dem Holzstuhl am Fenster. Sie hatte den „Krüppel" für den Abend ins Kino eingeladen, und so war das Mädchen bei ihr, als sie starb. Sie war vierundsiebzig Jahre alt.

Ich habe eine Photographie von ihr gesehen, die sie auf dem Totenbett zeigt und die für die Kinder angefertigt worden war.

Man sieht ein winziges Gesichtchen mit vielen Falten und einen schmallippigen, aber breiten Mund. Viel Kleines, aber nichts Kleinliches. Sie hatte die langen Jahre der Knechtschaft und die kurzen Jahre der Freiheit ausgekostet und das Brot des Lebens aufgezehrt bis auf den letzten Brosamen.

1 So könnt ihr zu diesem Text arbeiten:

– Schneidet Bildmaterial und kleinere Texte/Überschriften zum Thema „alte Menschen" aus Zeitschriften aus und klebt sie auf. Welche Ähnlichkeiten und Unterschiede in der Darstellung älterer Menschen lassen sich im Vergleich mit der „unwürdigen Greisin" von Bertolt Brecht feststellen?
– Wen bezeichnet man heute als Greis oder Greisin?
– Welches Verhalten wird in der Erzählung als *unwürdig* angesehen? Wen stört das eigentlich und weshalb?
– Worüber würden sich heute vielleicht Söhne und Töchter (noch) aufregen?
– Hältst du das Verhalten der alten Frau ebenfalls für unwürdig? Begründe deine Meinung.
– Wer erzählt eigentlich die Geschichte? Welche Haltung hat der Erzähler zum Verhalten der alten Frau?

Eigene Deutungen entwickeln, am Text belegen und sich mit anderen darüber verständigen

Rückkehr nach Deutschland

Im Jahre 1948 befindet sich Brecht in Zürich. Er wartet auf seine Einreisegenehmigung nach Westdeutschland, die ihm jedoch von den alliierten Behörden verweigert wird. Er übersiedelt daher in die DDR nach Ostberlin. Dort wird er Generalintendant des Deutschen Theaters, in dem er seine Stücke *Herr Puntila und sein Knecht Matti* und *Mutter Courage* aufführt. In seinem Haus in Buckow entstehen die *Buckower Elegien*. Nach dem Aufstand am 17. Juni 1953 weist Brecht der Regierung der DDR gegenüber in einem Telegramm darauf hin, dass „die Arbeiter ... in berechtigter Unzufriedenheit" gehandelt hätten und „nicht mit Provokateuren auf eine Stufe gestellt werden" dürften. 1955 erhält Brecht in Moskau den Stalin-Preis und in Paris einen Preis für die Inszenierung des *Kaukasischen Kreidekreises*. Er erwirbt ein Haus an der dänischen Küste, um sich dort zum Schreiben zurückzuziehen. 1956 nimmt Brecht noch an einer Aufführung der *Dreigroschenoper* teil. Am 14. August 1956 stirbt Brecht an den Folgen eines Herzinfarkts. Auf dem Dorotheenfriedhof in Berlin wird er am 17. August beerdigt.

Rückkehr nach Deutschland: Helene Weigel und Bertolt Brecht bei ihrer Ankunft in Dresden

Am 17. Juni 1953 erhoben sich die Werktätigen in der DDR aus Unzufriedenheit über die Arbeitsbedingungen in einem Aufstand gegen ihre Regierung. Brecht wandte sich mit einem Brief an Walter Ulbricht, den 1. Sekretät der SED. Im Prinzip versicherte er ihm seine Loyalität zur Staatspartei SED, gab ihm aber Ratschläge, wie sich der Staat gegenüber seinen Bürgern verhalten sollte. In Brechts Nachlass fand sich später das folgende berühmt gewordene satirische Gedicht:

Die Lösung

Buckower Elegien 1953

Nach dem Aufstand des 17. Juni
Ließ der Sekretär des Schriftstellerverbands
In der Stalinallee Flugblätter verteilen
4 Auf denen zu lesen war, dass das Volk
Das Vertrauen der Regierung verscherzt habe
Und es nur durch doppelte Arbeit
Zurückerobern könne. Wäre es da
8 Nicht doch einfacher, die Regierung
Löste das Volk auf und
Wählte ein anderes?

1 Dieses Gedicht konnte Brecht damals nicht veröffentlichen, ohne dass er
in Gefahr geraten wäre, sein Ansehen bei den Regierenden der DDR zu verlieren.
– Welche Idealvorstellung über das Verhältnis von Volk und Regierung
liegt der Ironie des Gedichtes zugrunde?
– Was hätte seiner Überzeugung nach auf den Flugblättern stehen müssen?
– Und was hätte eine volksfreundliche Regierung eigentlich tun müssen?

2 In dem Gedicht *Eisen* hat Brecht die alte Fabel
von Äsop, *Die Eiche und das Schilfrohr*, auf moderne
Arbeitsverhältnisse übertragen. Bei Äsop riss der
Sturm die Eiche mitsamt ihren Wurzeln aus dem
Boden, während das Schilfrohr unter den Stößen
des Sturms nur *schwankte* und *sich bog*.
Die einzelnen Bilder des Gedichts können konkret auf
politische und soziale Verhältnisse übertragen werden.
Was könnte also der *Sturm* bedeuten?
Was der *eiserne Bauschragen*?
Was die Wendung *was da aus Holz war*?
Und was *bog sich und blieb*?

3 Aber: Ist dieses Gedicht nicht ein Plädoyer
für Anpassung und gegen den Widerstand?
Diskutiert darüber.

Eisen

Buckower Elegien 1953

Im Traum heute Nacht
Sah ich einen großen Sturm.
Ins Baugerüst griff er
4 Den Bauschragen* riss er
Den eisernen, abwärts.
Doch was da aus Holz war
Bog sich und blieb.

―――――
* kreuzweise (schräg) verschränktes Gestell

Als ich nachher von dir ging

Vier Liebeslieder 1950

Als ich nachher von dir ging
An dem großen Heute
Sah ich, als ich sehn anfing
4 Lauter lustige Leute.

Und seit jener Abendstund
Weißt schon, die ich meine
Hab ich einen schönern Mund
8 Und geschicktere Beine.

Grüner ist, seit ich so fühl
Baum und Strauch und Wiese
Und das Wasser schöner kühl
12 Wenn ich's auf mich gieße.

4 In seinen letzten Schaffensjahren hat Bertolt Brecht auch
einige seiner schönsten Liebesgedichte geschrieben.
Lasst euch das Gedicht *Als ich nachher von dir ging*,
nachdem ihr es durchgelesen habt, vorlesen. Entscheidet
euch dafür, ob es ein weiblicher oder ein männlicher Sprecher lesen sollte, – und begründet eure Entscheidung.

5 In diesem Gedicht steht fast alles „zwischen den Zeilen".
Ein Liebesgedicht, in dem das Wort „Liebe" nicht vorkommt,
in dem „Küsse" und andere Intimitäten nicht mit Worten
benannt werden. Und doch: Aus den Andeutungen über das
große Heute und die *Abendstund* geht deutlich hervor, was
gemeint ist und was sich durch die Liebesbegegnung danach
verändert hat.

Eigene Deutungen entwickeln, am Text belegen und sich mit anderen darüber verständigen

6 Hier findet ihr zwei Anregungen, wie ihr mit diesem Gedicht in der Klasse umgehen könnt:

- **Schreibgespräch:** Zwei Partner führen ein Schreibgespräch über das Gedicht. Sprechen ist dabei nicht gestattet. Der erste Partner schreibt einen Satz auf ein Blatt Papier, einen Satz über seinen ersten Eindruck, die Wirkung des Gedichtes oder über eine für ihn bedeutsame Stelle. Dann erhält der andere das Blatt und reagiert auf den Satz oder ergänzt ihn. Dann wieder der erste Partner, der nun seinerseits auf das Geschriebene reagiert usw. Wer nichts mehr zu sagen hat, beendet dieses Gespräch.

- **Tagebuchaufzeichnung:** In einem Tagebuch hat das lyrische Ich des Gedichtes später aufgezeichnet, was es erfahren hat, wie es sich danach gefühlt hat und wie es ihm jetzt geht. Es bringt dabei vor allem zum Ausdruck, was sich nach dem erfahrenen Glück alles verändert hat, wie die Welt nun anders erscheint.

Eine Interpretation von Marcel Reich-Ranicki (Auszug):

(…) Das Gedicht „Als ich nachher von dir ging" stammt aus dem 1950 für den Komponisten Paul Dessau geschriebenen Zyklus „Vier Liebeslieder", bestimmt für eine Singstimme und Gitarre. Sie wurden 1953 uraufgeführt und zunächst im Programmheft zu diesem Konzert gedruckt. In Brechts ursprünglicher Niederschrift lautete der Titel dieses Gedichts: „Lied einer Liebenden". Doch von der Liebe spricht die Liebende nicht. So ist es meist in der erotischen Dichtung: Sie benennt nicht ihr Thema, sie umschreibt es.

Das Mädchen berichtet, es habe in einer Abendstunde etwas erlebt, wodurch seine Sicht verändert worden sei. Und dies in zweifacher Weise: Es sieht nun alles besser und anders zugleich. Was ist denn gemeint, was hat sich in dieser Stunde abgespielt? Darüber möchte das Mädchen nicht so direkt sprechen („weißt schon, die ich meine"). Jedenfalls war es davon ganz in Anspruch genommen – so sehr, dass es nicht recht wahrnehmen konnte, was ringsherum war: Erst „nachher", als es von jenem wegging, den es besuchte, fing es wieder an, richtig zu sehen.

Kann man da noch zweifeln, was sich dort ereignet hat? Waren die beiden miteinander im Bett? Natürlich, doch war es nicht etwa ein alltägliches Beisammensein, vielmehr ein außergewöhnliches Erlebnis: Es machte den Tag zum „großen Heute". Kurz und gut: Vermutlich hat das Mädchen in jener Abendstunde ihre Jungfräulichkeit eingebüßt. Da diese Vokabel gar zu betulich und altmodisch klingt, verwenden wir meist ein lateinisches Wort: „Defloration", zu Deutsch „Entblühung". Nur trifft es nicht recht zu, weil in Wirklichkeit gerade das Gegenteil eintritt: Der erste Geschlechtsverkehr hat in der Regel nicht Entblühung zur Folge, sondern Erblühen: Es ändert sich das Verhältnis zur Welt.

Jetzt sieht sie, die Liebende, um sich lauter lustige Leute, grüner erscheinen ihr Baum und Strauch und Wiese, alles ist anders geworden. Ihr Selbstvertrauen ist gewachsen – sie glaubt schon, einen schöneren Mund und geschicktere Beine zu haben. Ohne die Liebe auch nur mit einem Wort zu erwähnen, zeigt Brecht, was sie zu bewirken vermag – eine überraschende Intensivierung unseres Lebensgefühls, eine ungeahnte Steigerung unseres Daseins. Das kann man auch knapper ausdrücken: Er zeigt das Glück der Liebe.

Diese Verse kennen keinen Widerspruch zwischen Geradlinigkeit und Charme, zwischen Direktheit und Zartheit. Als er sie schrieb, war Brecht zweiundfünfzig Jahre alt, also längst ein reifer Poet – aber einer, der ein Liebender geblieben ist, vielleicht sogar ein jugendlich Liebender.

7 Vergleicht diese Interpretation mit Sätzen, die ihr in euren Schreibgesprächen selbst geschrieben habt.
– Habt ihr Ähnliches benannt?
  Habt ihr noch andere Dinge herausgefunden?
– Welche Informationen, Deutungen und Einsichten
  hat diese Interpretation euren eigenen hinzugefügt?

8 Normalerweise werden Wörter und Sätze, die in einer Interpretation aus einem Text zitiert werden, in Anführungszeichen gesetzt. Bei einigen hat das Reich-Ranicki auch getan, bei anderen nicht. Über Gründe dafür kann man nur Vermutungen anstellen. Sucht solche Stellen im Gedicht und der Interpretation.

Der Blumengarten

Buckower Elegien 1953

Am See, tief zwischen Tann und Silberpappel
Beschirmt von Mauer und Gesträuch ein Garten
So weise angelegt mit monatlichen Blumen
4 Dass er vom März bis zum Oktober blüht.

Hier, in der Früh, nicht allzu häufig, sitz ich
Und wünsche mir, auch ich mög allezeit
In den verschiedenen Wettern, guten, schlechten
8 Dies oder jenes Angenehme zeigen.

9 In diesem zweiteiligen Gedicht schreibt Brecht, der hier ohne Zweifel hinter dem lyrischen Ich steht, etwas Gültiges darüber, wie er sich das Leben eines Menschen wünscht.
– Was bedeutet dabei das Bild vom Garten?
– Und was wünscht er sich, ganz bescheiden, von einem Menschen?

Stimmen und Gegenstimmen

1 Bertolt Brecht ist vielleicht der größte Schriftsteller des 20. Jahrhunderts gewesen. Sein Werk umfasst Lyrik, Prosa und Dramatik in einem Umfang wie das keines anderen Dichters. Doch politisch und menschlich war Brecht stets umstritten. Setzt euch mit den folgenden Stimmen und Gegenstimmen kritisch auseinander.

Herbert Ihering, 1922
Brecht empfindet das Chaos und die Verwesung körperlich. Daher die beispiellose Bildkraft der Sprache. Diese Sprache fühlt man auf der Zunge, am Gaumen, im Ohr, im Rückgrat. Sie lässt Zwischenglieder weg und reißt Perspektiven auf. Sie ist brutal sinnlich und melancholisch zart. Gemeinheit ist in ihr und abgründige Trauer. Grimmiger Witz und klagende Lyrik. Brecht sieht den Menschen. Niemals steht bei ihm eine Gestalt isoliert. Seit Langem hat es in Deutschland keinen Dichter gegeben, der so voraussetzungslos die tragischen Notwendigkeiten hatte: die Verknüpftheit der Schicksale, die Einwirkung der Menschen aufeinander.
in: Brecht-Bildmonographie. Hamburg: Rowohlt 1989, S. 161

Lion Feuchtwanger, 1957
Deutschland hat viele große Sprachmeister. Sprachschöpfer hatte es in diesem zwanzigsten Jahrhundert einen einzigen: Brecht. Brecht hat bewirkt, dass die deutsche Sprache heut Spürungen und Gedanken ausdrücken kann, die sie, als Brecht zu dichten anfing, nicht auszusagen vermochte.
in: Brecht-Bildmonographie. Hamburg: Rowohlt 1989, S. 163

Marianne Kesting, 1959
Über seinen Tod hinaus blieb Brecht ein Skandalon, eines jener furchtbaren Ärgernisse, an denen sich die Diskussion immer wieder entzünden muss. Sein Werk, das bleiben wird, sitzt wie ein Stachel im Fleisch unserer Zeit. Figur des Widerstands in einem widerspruchsvollen Jahrhundert, machte sich Brecht zum Brennpunkt des großen Konflikts, der unsere Zeit durchzieht. Das war seine Größe. Seine Tragik war, dass dieser Konflikt, in seiner Person allein, nicht gelöst werden konnte.
in: Brecht-Bildmonographie. Hamburg: Rowohlt 1989, S. 150

Marcel Reich-Ranicki, 1995
Wie wird es Bertolt Brecht ergehen? Werden seine Theaterstücke, die nicht zu Unrecht eine enorme Rolle gespielt haben und die zum großen Teil jetzt schon vergessen sind, je eine Renaissance erleben? Ich bin nicht sicher. Und seine Lyrik? Ich liebe nach wie vor viele Gedichte von Brecht, … und ich kann mir ein Deutschland nicht vorstellen, dem seine Dichtung gleichgültig sein könnte. Dass zu ihren Höhepunkten erotische Verse gehören, ist allgemein bekannt. Doch was zeichnet sie vor allem aus? Vielleicht die ganz selbstverständliche und daher immer aufs Neue verblüffende Einheit von volksliedhafter Schlichtheit und raffinierter Artistik, von Alltagssprache und Poesie.
in: Frankfurter Anthologie. Bd. 18. Frankfurt a. M. und Leipzig 1995, S. 160

2 Erstellt zum Abschluss eurer Arbeit an diesem Kapitel eine Präsentation zu Bertolt Brecht, die sein Leben und sein literarisches Schaffen in vielschichtiger Weise widerspiegelt.

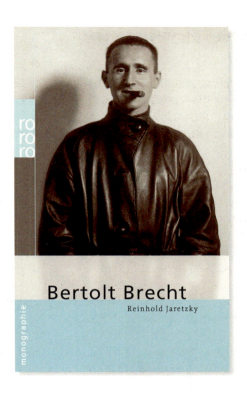
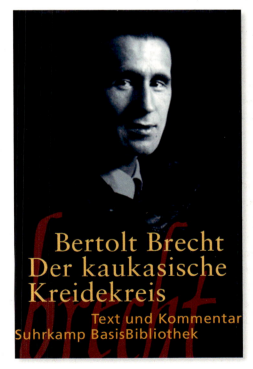
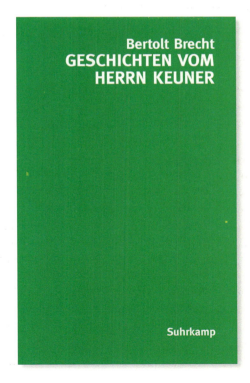

Filme lesen: Schindlers Liste – das Buch

Auf den folgenden Seiten lernt ihr einen Roman kennen, dessen Verfilmung so einfühlsam ist, dass selbst auf Privatsendern dieser Film niemals durch Werbung unterbrochen wird.

In einen Roman „einsteigen"

1 Sicher habt ihr schon einmal von „Schindlers Liste" gehört. Was ist euch besonders in Erinnerung geblieben? Was interessiert euch im Vorfeld der Behandlung dieses Buches?

2 Welche Bedeutung hat die folgende Vorbemerkung des Verfassers für das Lesen des Romans?

Vorbemerkung des Verfassers

* Lebenskünstler

1980 erkundigte ich mich in Beverly Hills in einem Koffergeschäft nach dem Preis von Aktenmappen. Der Laden gehörte Leopold Pfefferberg, einem überlebenden Schindlerjuden. Hier, zwischen allerlei aus Italien importierten Lederwaren, hörte ich zum ersten Mal den Namen Oskar Schindlers, jenes deutschen *bon vivant**,
5 Spekulanten, Charmeurs und wandelnden Widerspruchs, der in jener Epoche, die heute allgemein als Holocaust bekannt ist, eine typische Auswahl von Angehörigen einer zum Tode verurteilten Rasse gerettet hat.

Diese Darstellung der erstaunlichen Geschichte von Oskar Schindler basiert auf Gesprächen mit 50 überlebenden Schindlerjuden in sieben Ländern – Aus-
10 tralien, Israel, Westdeutschland, Österreich, USA, Argentinien und Brasilien. In Begleitung von Leopold Pfefferberg habe ich außerdem jene Orte aufgesucht, die in diesem Buch eine bedeutende Rolle spielen: Krakau, Schindlers Wahlheimat; Plaszow, wo Amon Göth sein verruchtes Arbeitslager betrieb; die Lipowastraße in Zablocie, wo Schindlers Fabrik noch zu sehen ist; Auschwitz-Birkenau, das La-
15 ger, aus dem Schindler die Frauen rettete. Dokumente und sonstige Informationen erhielt ich von den wenigen noch erreichbaren Mitarbeitern Schindlers aus Kriegszeiten und von den zahlreichen Freunden aus der Nachkriegszeit. Aufgenommen wurden ferner Zeugenaussagen, die von Schindlerjuden gegenüber Jad Wa-Schem, dem israelischen Dokumentationszentrum und der Gedenkstätte für
20 die Opfer der Judenverfolgung, gemacht wurden, sowie Papiere und Briefe, die ihn betreffen und die z. T. von Jad Wa-Schem und z. T. von etlichen seiner Freunde beigesteuert wurden.

Eine wahre Begebenheit in Form eines Romans zu erzählen, ist heutzutage nicht ungewöhnlich. Ich habe diese Form gewählt, einmal, weil das Talent des Schrift-
25 stellers das einzige ist, über das ich verfüge, zum andern, weil mir die Romanform für die Behandlung eines so widersprüchlichen und überragenden Charakters, wie Schindler einer war, am meisten geeignet scheint. Fiktionen allerdings habe ich nach Kräften vermieden, denn die tun dem Wahrheitsgehalt Abbruch, auch habe ich mich bemüht, zwischen Wirklichkeit und jenen Mythen zu unter-
30 scheiden, die sich unvermeidlich um jemand von der Statur Schindlers ranken. Gelegentlich war es notwendig, Gespräche zu rekonstruieren, über die Schindler und andere nur knappe Aufzeichnungen hinterlassen haben, doch die meisten davon und die Schilderungen aller Ereignisse basieren auf der Erinnerung der Schindlerjuden, Schindlers selber und der anderer Personen, die Zeugen der
35 waghalsigen Rettungsbemühungen Schindlers waren. An erster Stelle möchte ich zwei Überlebenden danken – Leopold Pfefferberg und Mosche Bejski, Richter am Obersten Gerichtshof des Staates Israel, die mir nicht nur ihre Erinnerungen mitteilten und gewisse Dokumente überließen, die sehr zur Genauigkeit meines Berichtes beitrugen, sondern auch die erste Fassung des Buches lasen und Än-
40 derungsvorschläge machten. Von den vielen anderen, seien es nun Überlebende oder Freunde Schindlers aus der Nachkriegszeit, die mir mit Informationen, Briefen und Dokumenten behilflich waren, nenne ich Frau Emilie Schindler, Mrs Ludmila Pfefferberg, Dr. Sophia Stern, Mrs Helen Horowitz, Dr. Jonas Dresner, Mr und Mrs Henry und Mariana Rosner, Leopold Rosner, Dr. Alex Rosner,
45 Dr. Odek Schindel (…).

3 Was ist das Besondere an dem Roman „Schindlers Liste"?
Argumentiert in diesem Zusammenhang mit dem Begriff „literarische Fiktion".

Ein Portfolio zu einem Roman anfertigen

Ein **Portfolio** ist eine Mappe, in der du eigene Arbeiten sammelst. Anhand deiner Texte im Portfolio (*Dokumente* genannt) kannst du auch deine Lernfortschritte und deine kritischen Gedanken (Reflexionen) zur deiner eigenen Arbeit nachvollziehen. Es ist empfehlenswert, eine Mischung aus *prozess-* und *produktorientiertem* Portfolio anzulegen. Denn bei einigen Texten bietet es sich an, den Prozess ihrer Entstehung von der Erstfassung über die Überarbeitung bis hin zur Endfassung zu dokumentieren (prozessorientiert). Bei anderen Dokumenten dagegen ist es sinnvoller, nur die bereits überarbeiteten, gelungenen Endergebnisse in das Portfolio aufzunehmen und wirkungsvoll zu präsentieren (produktorientiert). Diese fertigen Texte können dem Lehrer / der Lehrerin schließlich auch zur Beurteilung vorgelegt werden.

Vor der Behandlung des Buches ist es wünschenswert, dass jeder den Roman gelesen und Lektüreaufzeichnungen angefertigt hat. Die folgenden Aufgaben helfen dir bei der selbstständigen Erschließung von „Schindlers Liste". Verfolge bei deiner Lektüre folgende Stränge: **Handlung**, **Figuren** und **Figurenkonstellation**, **Thema** (geschichtliche Hintergrundinformationen).

Die Handlung

S. 169

1 Damit du bei diesem umfangreichen Buch nicht den Überblick verlierst, fertige dir einen Konspekt zu den einzelnen Kapiteln an. Dein Konspekt könnte so beginnen:

Kapitel	Zusammenfassung der Handlung
1	Schindler kommt 1939 nach Krakau, um dort Großunternehmer zu werden.
2	Erste Begegnung Schindlers mit Stern, der Oberbuchhalter bei Buchheisters ist. Stern berät ihn wegen der Firma „Rekord", die Schindler übernehmen will.
…	…

2 Es gibt einige Kapitel, die besonders wichtig für die Handlung sind. Fertige dir zu diesen eine Inhaltsangabe an:

Kapitel 20 – Die endgültige Räumung des Gettos
Kapitel 24 – Schindlers Taten, die zu seinem Mythos beitrugen
Kapitel 33 – Die Schindlerfrauen in Auschwitz

3 Das Kapitel 14 eignet sich besonders gut, um es später mit der entsprechenden Szene im Film zu vergleichen. Bereite zunächst eine Tabelle vor, die du auch während des Films zur Hand haben solltest, und fülle die Spalte „Buch" aus.

	Buch	Film
Ort	…	…
Welchen Personen begegnet Schindler?	…	…
Ausgangssituation	…	…
Handlungsschritte	1. Anruf einer Sekretärin, dass Arbeiter aus DEF auf dem Weg zum Bahnhof sind 2. …	…
Wen rettet Schindler?	…	…
Was bewegt mich besonders?	…	…

4 Im Buch sind viele Figuren extremen Situationen ausgesetzt.
– Im Kapitel 16 kehrt z. B. der junge Drogist Bachner, nachdem er acht Tage zuvor abtransportiert wurde, ins Getto zurück. Stell dir vor, du bist eine Person, der er von seinen Erlebnissen erzählt. Bringe deine Betroffenheit in einem **inneren Monolog** zum Ausdruck.
– Im Kapitel 17 wird Mordechai Wulkan, von Beruf Juwelier, zu einer Arbeit in die alte technische Hochschule geführt. Welche Gedanken könnten ihm bei dieser Tätigkeit durch den Kopf gehen? Auch hier ist ein **innerer Monolog** möglich.

Der **innere Monolog** einer Figur steht in der **Ich-Form** und im **Präsens**. Er enthält die unausgesprochenen Gedanken, Gefühle, Ahnungen, Freuden, Ängste … einer Figur.

Figuren und Figurenkonstellation

S. 113

1 Beim Lesen des Romans werden dir viele verschiedene Personen begegnen. Damit du nicht den Überblick verlierst und im Notfall zügig nachschlagen kannst, lege dir eine Figurenübersicht an. Diese könnte so aussehen:

Figur	Rolle	wichtige Textstellen
Emilie Schindler	Ehefrau von Oskar Schindler, in Mähren geblieben	...
Julian Scherner	SS- und Polizeiführer im Distrikt Krakau	...
Rolf Czurda	Chef des SD in Krakau	...
Leo John	Schutzhaftlagerführer	...
Lisiek	...	...

2 Fertige zu folgenden Personen Figurenkarten an:
Untersturmführer Göth, (Hier hilft dir besonders Kapitel 19.)
Itzhak Stern,
Oskar Schindler. (Besonders viele Informationen erhältst du in Kapitel 1.)

Informationen sammeln, ordnen, ergänzen

3 Verfolge auch, wie Schindlers Verhältnis zu den Juden im Buch dargestellt wird, und stelle dies übersichtlich zusammen. So könntest du beginnen:

- Herbst 1939: Schindler sucht Juden als Geschäftspartner, die ihm nützlich sein könnten.
- Schindler lässt sich von Pfefferberg Luxusgüter vom Schwarzmarkt besorgen.
- 4. 12. 1939: Schindler verkündet bei Buchheisters, dass es morgen „losgeht" (= Warnung für Stern).
- Schindler beschäftigt Juden in seiner Fabrik, um deren Einstellung Stern ihn bittet (Mitte 1940 bereits 150 Juden).

Tipp: Schwierigkeiten und Probleme, mit denen Schindler fertig werden muss, findest du in den Kapiteln 7, 11, 12.

4 Erstelle für zentrale Figuren dieses Buches eine Figurenkonstellation. Du kannst mit verschiedenen Farben arbeiten, um darzustellen, welche Personen deiner Meinung nach zusammengehören. Folgende Figuren sollte deine Übersicht auf jeden Fall enthalten:

Oskar Schindler, Amun Göth, Itzhak Stern, Julian Scherner, Rolf Czurda, Julius Madritsch, Titsch, Victoria Klonowska, Symche Spira, Poldek Pfefferberg, Marek Biberstein, Abraham Bankier, Ingrid, Marcel Goldberg, Emilie Schindler. Du kannst auch weitere Figuren ergänzen.

Thema (geschichtliche Hintergrundinformationen)

1 Notiere übersichtlich historische Daten und Fakten, die du dem Buch entnehmen kannst. (Beachte besonders das Kapitel 20!)

2 Recherchiere ferner in der Bibliothek bzw. im Internet nach weiteren Eckpunkten der Judenverfolgung während des Zweiten Weltkrieges und stelle deine Ergebnisse übersichtlich zusammen.

Sprachliche Gestaltung

1 Wie ihr in den Vorbemerkungen schon erfahren habt, ist die Sprache dieses Buches dokumentarisch, d. h. sehr sachorientiert, mit Zahlen und Fakten untermauert, die Namen sind nicht frei erfunden. Sucht Beispiele für diese dokumentarische Sprache im Buch.

Literarische Figuren untersuchen

Ihr kennt nun bereits den Roman „Schindlers Liste" und habt sicher schon eure Meinungen dazu ausgetauscht. Im Folgenden werdet ihr noch einmal besonders wichtige Textstellen und Figuren unter die Lupe nehmen, um die Vielschichtigkeit der Anlage der Figuren zu verdeutlichen.

Prolog – Herbst 1943

Polen im Herbst. Aus einem eleganten Wohnblock in der Straszewskiegostraße am Rande des alten Stadtkerns von Krakau tritt ein hochgewachsener junger Mann in teurem Mantel, darunter den zweireihigen Smoking und an dessen Aufschlag ein großes Parteiabzeichen. Er erblickt seinen Chauffeur, der, sein Atem eine Dampfwolke, die Tür der blinkenden Adlerlimousine aufhält und ihm zuruft: „Geben Sie acht, Herr Schindler, der Bürgersteig ist eisig wie das Herz einer Witwe."

Mit dieser Schilderung befinden wir uns auf sicherem Boden. Der hochgewachsene junge Mann bevorzugt bis ans Ende seiner Tage Zweireiher, hat – er ist so etwas wie ein Techniker – eine Schwäche für große, auffällige Automobile und ist, obwohl Deutscher und in diesem Augenblick einer von etlichem Einfluss, jemand, zu dem ein polnischer Chauffeur bedenkenlos eine scherzhaft gemeinte Bemerkung machen kann. Ganz so einfach allerdings lässt sich die Geschichte nicht fortsetzen, denn hier haben wir es mit dem handfesten Sieg des Guten über das Böse zu tun, einem Sieg, der sich in Zahlen ablesen lässt. (…)

Tatsächlich ist das Wort Tugend bereits so gefährlich, dass es sogleich einiger Erläuterungen bedarf. Herr Oskar Schindler, der eben jetzt den vereisten Bürgersteig in diesem eleganten alten Wohnviertel Krakaus betritt, war kein tugendhafter Mensch im üblichen Sinn. Er hielt sich in dieser Stadt eine deutsche Mätresse und hatte eine Affäre mit seiner polnischen Sekretärin. Seine Ehefrau Emilie wohnte meist daheim in Mähren, kam allerdings gelegentlich auf Besuch zu ihm nach Polen. Immerhin bleibt festzuhalten: Er war in jedem Fall ein großmütiger Liebhaber und von guten Manieren. Doch die landläufige Auffassung von Tugend würde das nicht als Entschuldigung gelten lassen. Er war ferner ein Trinker. Manchmal trank er, weil es ihm Vergnügen machte, dann wieder trank er mit Geschäftspartnern, Bürokraten, SS-Funktionären zwecks Durchsetzung bestimmter Absichten. Er verstand es wie wenige, beim Trinken einen klaren Kopf zu behalten. Doch auch das ist im strengen Wortsinn keine Tugend. Und obschon Schindlers Verdienste über jeden Zweifel bezeugt sind, erwarb er sie sich notgedrungen im Umgang mit einem korrupten und barbarischen Regime, das überall in Europa Lager errichtete, in denen es unmenschlich zuging, und das einen gleichsam unterirdischen, kaum je erwähnten Häftlingsstaat begründete. (…)

1 Ein eigenartiger Beginn für dieses Buch! Welche Darstellung Schindlers hättet ihr erwartet? Wie lernt ihr ihn **hier** kennen?

2 Entspricht diese Darstellung **eurem** Bild von Schindler? Nehmt eure Figurenkarten zur Hand und tauscht euch aus.

*Im Prolog werden dem Leser aber anhand von
Beispielen auch andere Seiten von Schindler nahegebracht,
z. B. in der folgenden Szene:*

Küchenszene (aus dem Prolog) (Seite 23–25)

Helena Hirsch (dass Göth sie Lena nannte, schrieb sie seiner Faulheit zu) erblickte einen der Gäste in ihrer Küche, als sie die Fleischabfälle für die Hunde des Kommandanten beiseite tat. Sie stotterte eine Meldung, weil sie nicht wusste, mit wem sie es zu tun hatte. Schindler beruhigte sie. „Das können Sie sich bei mir sparen, Fräulein Hirsch." Er kam um
5 den Tisch herum auf sie zu, und sie fürchtete sich. Göth schlug sie zwar, aber er belästigte sie niemals sexuell, schließlich war sie Jüdin. Andere Deutsche nahmen es in Rassenfragen allerdings nicht so genau wie Göth.

„Sie kennen mich nicht?", fragte Schindler, betroffen wie ein Fußballstar oder ein Virtuose, den es kränkt, dass jemand ihn nicht erkennt. „Mein Name ist Schindler."
10 Sie senkte den Kopf. „Selbstverständlich, Herr Direktor … ich habe von Ihnen gehört … Sie waren ja auch früher schon hier …"

Er legte den Arm um sie und spürte, wie sie sich verkrampfte, als er ihre Wange küsste. „Missverstehen Sie das nicht, es ist Mitgefühl …"

Sie konnte die Tränen nicht zurückhalten. Er küsste sie jetzt fest auf die Stirn, wie es
15 bei Begrüßungen und Abschieden unter Slawen üblich ist. „Diesen Kuss bringe ich Ihnen von dort …", er deutete mit der Hand in die Dunkelheit draußen, wo Menschen in Holzverschlägen übereinanderlagen, andere sich in den Wäldern versteckt hielten, Menschen, denen sie gelegentlich als Puffer diente, indem sie die Schläge von Hauptsturmführer Göth erduldete. Schindler ließ sie los und holte eine Tafel Schokolade aus der Tasche.
20 „Hier, nehmen Sie."

„Ich habe genug zu essen." Offenbar gebot ihr der Stolz, ihm zu sagen, dass sie nicht hungerte. Tatsächlich war Hunger ihre geringste Sorge. Sie wusste, dass sie lebend nicht aus diesem Haus kommen würde, aber nicht etwa, weil sie verhungern musste.

„Wenn Sie die nicht essen wollen, tauschen Sie was dagegen ein. Ich soll Sie von Itzhak
25 Stern grüßen."

Sie senkte den Kopf und weinte verhalten. „Er schlägt mich oft, wenn diese Frauen hier sind. Das erste Mal schlug er mich, weil ich seinen Hunden nicht die Knochen gegeben hatte. Dumm wie ich damals war, fragte ich, ‚Warum schlagen Sie mich?' Und er sagte, ‚Jetzt schlage ich dich, weil du fragst, warum ich dich schlage.' " Sie schüttelte über sich
30 selber den Kopf. Sie durfte nicht so viel reden, und einen Eindruck von den Misshandlungen, denen sie ausgesetzt war, konnte sie ohnehin nicht geben.

„Es geht Ihnen hier ziemlich übel", stellte Schindler fest.
„Ich habe mich damit abgefunden."
„So?"
35 „Eines Tages wird er mich erschießen."

Schindler schüttelte verneinend den Kopf, und sie empfand das bei diesem wohlgenährten, gut gekleideten Mann als eine Provokation. „Ich weiß, was ich weiß, Herr Direktor. Vor ein paar Tagen war ich mit Lisiek auf dem Balkon, Eis wegkratzen, und der Kommandant hat vor unsern Augen eine alte Frau erschossen, die gerade vorbeikam.
40 Einfach so, ohne jeden Grund. Je mehr ich hier sehe, desto klarer wird mir, es gibt keine Regeln, die einen schützen, wenn man sie befolgt …"

Schindler nahm ihre Hand. „Immer noch besser als Majdanek oder Auschwitz. Sie müssen nur gesund bleiben."

„Ich dachte, in seiner Küche würde mir das leichtfallen. Beneidet haben mich die anderen, als ich hierher durfte."

Schindler sprach nun ganz sachlich, so als teile er ihr eine mathematische Formel mit: „Er wird Sie nicht ermorden, Helena, weil er es viel zu sehr genießt, Sie um sich zu haben. Nicht mal den Judenstern brauchen Sie zu tragen. Keiner soll wissen, dass Sie Jüdin sind, so sehr liegt ihm daran, Sie zu behalten. Die Frau, die Sie erwähnten, hat er erschossen, weil sie ihm nichts bedeutete. Mit Ihnen ist es was anderes. Schön ist das nicht, Helena, aber so ist nun mal das Leben hier."

Leo John, der Schutzhaftlagerführer, hatte ihr bereits etwas ganz Ähnliches gesagt. „Er bringt dich nicht um, Lena, dazu hat er viel zu viel Spaß an dir." Aber Schindlers Worte beeindruckten sie mehr.

Schindler redete ihr gut zu. Er werde sie wiedersehen, sie hier herausholen. Hier heraus?, fragte sie. Aus der Villa. In seine Fabrik. Sie habe doch wohl von seiner Fabrik gehört?

„Ah ja." Sie klang wie ein Slumkind, das von der Riviera träumt. „Schindlers Emalia. Davon habe ich gehört."

„Bleiben Sie vor allem gesund", wiederholte er. Das schien ein Schlüsselwort, es ließ ahnen, dass er Kenntnis von den Absichten hochgestellter Personen hatte – Himmler, Frank.

„Ich will's versuchen."

Plötzlich wandte sie ihm den Rücken und zerrte den Geschirrschrank von der Wand, eine erstaunliche Kraftleistung, die Schindler verblüffte. Hinter einem losen Backstein holte sie einen Packen Banknoten hervor. Besatzungsgeld.

„Ich habe eine jüngere Schwester in der Lagerküche. Bitte kaufen Sie sie frei, falls sie je in die Waggons verladen wird."

„Ich kümmere mich darum", sagte Schindler leichthin und steckte das Geld achtlos ein. „Wie viel ist das?"

„Viertausend Zloty."

Bei ihm war es immer noch besser aufgehoben als in Göths Küche.

1 In welcher Situation begegnet Schindler Helena Hirsch?
Beschreibt Helenas Alltag und ihre seelische Verfassung.

2 Was erwartet Helena am Anfang des Gesprächs?
In welcher Weise verändert sich ihre Einstellung im Laufe des Gespräches?
Wie erklärt ihr euch das?

3 Tauscht eure Eindrücke von Schindler und Göth in dieser Szene aus.
– Welche Gemeinsamkeiten/Unterschiede erkennt ihr?
– Was beeindruckt euch besonders?

4 Fasst wesentliche Eigenschaften von Schindler und Göth zusammen. Überprüft, ob diese Eigenschaften bereits auf euren Figurenkarten verzeichnet sind.

5 Warum verweist Schindler ausdrücklich darauf, dass das Wichtigste Helenas Gesundheit sei?

Wesentliche Elemente eines Romans erfassen: Figurenkonstellation

Die Wirkung einer Figur analysieren

Einzug ins Getto und Arbeit in der DEF (Seite 81–84, Kap. 8)

(…) Als Stern und Ginter, ein Unternehmer und Beauftragter des Judenrates, Schindler und Madritsch baten, doch so viele Juden zu beschäftigen, als sie irgend unterbringen könnten, stimmten beide zu. Sinn der Sache war, dem Getto eine gewisse wirtschaftliche Dauerhaftigkeit zu verleihen; Stern und Ginter waren damals der Meinung, dass ein Jude, der für das arbeitskräftehungrige Reich von Nutzen war, dadurch vor Schlimmerem bewahrt bliebe.

Zwei Wochen lang schoben die Juden ihre Karren durch Kazimierz und über die Brücke nach Podgorze. Manchen gutbürgerlichen Familien wurde dabei von ihren polnischen Dienstboten geholfen. Am Boden der Karren, unter Matratzen und Haushaltsgerät, lagen der letzte Schmuck, die letzten Pelze. Entlang der Stradom- und der Starovislnastraße standen Polen, verhöhnten die Juden und bewarfen sie mit Dreck. „Die Juden ziehen ab! Die Juden ziehen ab! Auf Nimmerwiedersehen!" Die neuen Bürger des Gettos wurden jenseits der Brücke von einem hübsch verzierten weißen Tor begrüßt. Es war mit Schnitzwerk versehen und wies zwei breite Bögen auf, durch welche die Straßenbahnen von und nach Krakau fahren würden. An einer Seite stand ein Schilderhaus. Über den Bögen las man in hebräischen Zeichen die tröstliche Inschrift JUDENSTADT. Nach dem Fluss hin zog sich ein hoher Stacheldrahtzaun, und unbebautes Gelände war mit oben abgerundeten, etwa drei Meter hohen Zementplatten gesperrt. Sie wirkten wie Grabsteine für unbekannte Verstorbene.

Wer mit seinem Karren durch das Tor kam, wurde von Beauftragten des Wohnungsressorts des Judenrates empfangen. Größere Familien erhielten zwei Räume zugeteilt, mit Küchenbenutzung. Für alle, die sich in den guten zwanziger und dreißiger Jahren an komfortable Wohnungen gewöhnt hatten, war es schlimm, auf so engem Raum mit anderen, die unterschiedlichen religiösen Gebräuchen folgten, anders rochen, andere Gewohnheiten hatten, zusammenleben zu müssen. Mütter kreischten, Väter sogen an hohlen Zähnen, schüttelten den Kopf und bemerkten, alles könnte noch viel schlimmer sein. Am 20. März wurde die Übersiedlung für beendet erklärt. Wer sich jetzt noch außerhalb des Gettos aufhielt, war vogelfrei. Drinnen lebte man jedenfalls noch, und vorderhand in Frieden.

Die dreiundzwanzig Jahre alte Edith Liebgold bekam mit ihrer Mutter und ihrem Säugling ein Zimmer im Erdgeschoss zugeteilt. Seit achtzehn Monate zuvor Krakau besetzt worden war, hatte tiefste Verzweiflung ihren Mann befallen. Er gewöhnte sich an, gedankenverloren umherzuwandern; offenbar plante er, sich in den Wäldern ein sicheres Versteck zu suchen. Von einer solchen Wanderung kam er nicht mehr zurück. Die Witwe Liebgold konnte von ihrem Fenster hinter dem Stacheldrahtzaun die Weichsel sehen. Wollte sie andere Teile des Gettos aufsuchen, vor allem das Krankenhaus in der Wegierskastraße, musste sie Plac Zgody überqueren, den Friedensplatz, den einzigen Platz, den es im Getto gab. Am zweiten Tag ihres Aufenthaltes im Getto entging sie um Haaresbreite einem SS-Kommando, das Schneeschaufler für die Stadt rekrutierte. Es hieß, dass nicht alle, die auf diese Weise zur Arbeit geholt wurden, zurückkamen, aber Edith fürchtete mehr als dies, dass sie auf dem Weg etwa zur Apotheke aufgegriffen werden könnte, eine Viertelstunde bevor sie ihr Kind füttern wollte. Sie ging also mit einigen Freundinnen zum Arbeitsamt in der Hoffnung, Schichtarbeit zugeteilt zu bekommen; die Mutter mochte dann während ihrer Abwesenheit das Kind hüten. In den ersten Tagen herrschte auf dem Arbeitsamt starker Andrang. Der Judenrat hatte jetzt seine eigene Polizei, den Ordnungsdienst (OD), der innerhalb des Gettos für Sicherheit und Ordnung sorgen sollte. Ein junger Mann mit Mütze und Armbinde ließ die Arbeitsuchenden vor dem Arbeitsamt eine Schlange bilden. Edith Liebgold und ihre Bekannte waren gerade mit einem Schub anderer eingelassen worden und in lärmender Unterhaltung begriffen, als ein kleiner, älterer Mann im braunen Anzug auf sie zutrat, der es offenbar auf diese lebhafte Gruppe abgesehen hatte, wenngleich es anfangs so aussah, als wolle er sich nur an Edith heranmachen. „Sie brauchen hier nicht zu warten. Wenn Sie wollen, kann ich Ihnen Arbeit in einer Emailwarenfabrik in Zablocie verschaffen."

Er ließ dieses Angebot wirken. Zablocie lag außerhalb des Gettos, das hieß, man würde Gelegenheit zu Tauschgeschäften mit polnischen Arbeitern haben. Er suchte zehn gesunde Frauen für die Nachtschicht.

Die jungen Frauen schnitten Grimassen, sie taten, als wollten sie sich das überlegen. Als ob es da was zu überlegen gäbe! Die Arbeit sei nicht schwer, versicherte er, sie würden angelernt. Er sei Abraham Bankier und der Personalchef. Der Eigentümer sei selbstverständlich Deutscher. Was für eine Sorte Deutscher?, wollten sie wissen. Bankier lächelte breit, als wollte er ihnen die schönsten Hoffnungen machen. Kein übler Bursche, versicherte er.

Am Abend ging Edith Liebgold, geleitet von einem OD-Mann, mit ihren Gefährtinnen nach Zablocie. Unterwegs erfuhr sie, dass es in der Emailfabrik für die Arbeiter eine kräftige Suppe gebe. Geschlagen werde nicht, es sei dort ganz anders als in Beckmanns Rasierklingenfabrik. Ungefähr wie bei Madritsch. Madritsch sei in Ordnung, hieß es, und Schindler auch.

Die neue Nachtschicht wurde am Eingang von Bankier in Empfang genommen und nach oben vor das Direktionsbüro geführt. Eine tiefe, grollende Stimme forderte die Frauen auf, einzutreten. Der Direktor saß auf der Schreibtischkante und rauchte. Sein dunkelblondes Haar war ordentlich gebürstet, er trug einen Zweireiher und eine seidene Krawatte. Er sah aus wie jemand, der eine Verabredung zum Abendessen hat, aber vorher noch etwas Wichtiges erledigen will. Er war groß und kräftig und noch jung. Von dieser nordischen Erscheinung erwartete Edith einen Vortrag über die Bedeutung der Rüstungsindustrie und die Notwendigkeit, die Produktion zu erhöhen. Stattdessen sagte er auf Polnisch: „Ich möchte Sie hier gern selber begrüßen. Ich erweitere den Betrieb und brauche daher mehr Arbeitskräfte." Er blickte beiseite – das interessierte die Frauen vermutlich nicht. Und dann fuhr er unvermittelt fort, ohne sie durch eine Geste, einige Worte oder sonst wie auf das vorzubereiten, was er ihnen sagen wollte: „Wenn Sie hier arbeiten, wird Ihnen nichts geschehen. Wenn Sie hier arbeiten, werden Sie den Krieg überleben. Guten Abend." Und damit ging er hinaus. Bankier hielt die Frauen zurück, um ihm den Vortritt zu lassen. Der Herr Direktor ging die Treppe hinunter und setzte sich in sein Automobil.

Sein Versprechen hatte allen den Atem verschlagen. Er hatte gesprochen wie ein Gott. Konnte ein Sterblicher denn eine solche Zusage geben? Und doch stellte Edith Liebgold fest, dass sie ihm aufs Wort glaubte. Nicht so sehr, weil sie wünschte, er möge recht behalten, sondern weil sie ihm einfach glauben musste. Noch ganz benommen, ließen die Frauen der Nachtschicht sich in ihre Arbeit einführen. Sie fühlten sich, als hätte eine Zigeunerin ihnen geweissagt, dass sie demnächst einen Grafen heiraten würden. Schindlers Versprechen änderte Edith Liebgolds Perspektive durchschlagend. Sollte man sie jemals an die Wand stellen, um sie zu erschießen, würde sie vermutlich protestieren: „Aber der Herr Direktor hat gesagt, so etwas kann nicht passieren."

Die Arbeit war einfach und leicht. Edith trug die in Email getauchten Töpfe, die an Haken von einer Stange hingen, zu den Brenntöpfen. Und dabei dachte sie unentwegt an Schindlers Versprechen. Eigentlich konnte nur ein Verrückter so etwas sagen. Ohne eine Miene zu verziehen. Aber verrückt war er gewiss nicht. Er war Geschäftsmann. Auf dem Weg zum Abendessen. Also wusste er was. Aber wissen konnte er nur, wenn er das Zweite Gesicht hatte. Oder einen direkten Draht zu Gott oder dem Teufel. Danach sah er aber nicht aus, die Hand mit dem Siegelring war nicht die eines Sehers. Es war eine Hand, die nach dem Weinglas greift. Die zärtlich sein konnte. Also war er eben doch verrückt. Oder betrunken? Wie sonst war zu erklären, dass er sie mit seiner Gewissheit angesteckt hatte?

Auch in den folgenden Jahren stellten viele Menschen, denen Schindler solche verwirrenden Versprechungen machte, ähnliche Überlegungen an. Und manche meinten: Wenn dieser Mensch sich irrt, oder wenn er seine Versprechungen leichtfertig macht, dann gibt es keinen Gott, keine Menschlichkeit, kein Brot, keine Rettung. Dann bleibt alles Zufall, und unsere Aussichten sind schlecht.

1 Beschreibt, wie das Getto organisiert ist und nach welchen Regeln es funktioniert. Diskutiert, ob es dort ‚wirkliche' Sicherheit gibt. Bezieht Textstellen als Beleg mit ein.

2 Welche Möglichkeiten hätte der Film, das Getto darzustellen, die das Buch nicht hat?

3 Tragt Gründe zusammen, die **für** die Arbeit in der DEF (Deutsche Emailwarenfabrik) sprechen.

4 Setzt euch im Rahmen dieses Kapitels noch einmal intensiver mit Oskar Schindler auseinander.
– Welche Wirkung hat Schindler auf die neuen Arbeiterinnen? Woran liegt das?
– Wie beurteilt ihr sein Versprechen? Ist es leichtsinnig oder motivierend oder …?

Zentrale Inhalte erschließen: Figurenanalyse

Motive literarischer Figuren untersuchen

Die Vergabe der Blauscheine (Seite 106–110, Kap. 13)

Noch im Sommer 1942 klammerten sich die Gettobewohner an die Vorstellung, dass sie hier auf Dauer in Sicherheit wären. (…)

Wie jeder tüchtige Kantinenpächter schnappte Richard alle möglichen Informationen an der Theke auf. Am 1. Juni erschien er mit seiner Freundin, einer Volksdeutschen. Sie trug ein weites Regencape, was angesichts des Wetters weiter nicht auffiel. Richard kannte Wachtmeister Bosko und kam ohne Weiteres ins Getto, zu dem er eigentlich keinen Zutritt hatte. Er suchte sogleich Henry Rosner auf, der erstaunt war über diesen Besuch, denn er hatte Richard ja erst vor einigen Stunden in der Kantine gesehen. Noch dazu waren seine Besucher fein herausgeputzt. Rosner war unbehaglich zumute, denn seit zwei Tagen standen die Gettobewohner vor der ehemaligen polnischen Sparkasse in der Jozefinskastraße Schlange, um neue Kennkarten in Empfang zu nehmen, richtiger, in die alten gelben Kennkarten mit dem blauen J bekam, wer Glück hatte, einen blauen Schein geklebt, der offenbar so etwas wie eine weitere Existenzberechtigung dokumentierte, jedenfalls bekamen ihn anstandslos diejenigen, die in der Luftwaffenkantine, in der Wehrmachtsgarage, bei Madritsch, Schindler und in den Progress-Werken arbeiteten. Wem der Blauschein verweigert wurde, der ahnte, dass seines Bleibens im Getto nicht mehr lange sein würde.

Richard nun sagte zu Rosner, der kleine Olek solle mit ihnen kommen, in die Wohnung von Richards Freundin. Offenbar hatte er in der Kantine etwas munkeln hören. Henry wandte ein, der Kleine könne doch nicht einfach das Getto verlassen. Das sei bereits mit Bosko geregelt, erwiderte Richard.

Henry beriet sich mit seiner Frau Manci. Die Freundin von Richard versprach ihnen, für Olek zu sorgen. „Steht eine Aktion bevor?", fragte Henry.

Richard antwortete mit einer Gegenfrage: ob Henry seinen Blauschein habe? Selbstverständlich. Und Manci? Ebenfalls. „Aber Olek hat keinen", sagte Richard. Und so verließ denn im Nieselregen der gerade sechs Jahre alt gewordene Olek Rosner unter dem schützenden Regencape von Richards Freundin das Getto. Hätte man ihn entdeckt, wäre das Leben Richards und seiner Freundin wohl nichts mehr wert gewesen. Und auch Olek wäre nie wieder aufgetaucht. Rosners hofften inständig, die richtige Entscheidung getroffen zu haben.

(…)

Pfefferberg jedenfalls ging zur polnischen Sparkasse in der Erwartung, ohne Weiteres den Blauschein zu bekommen. Immerhin unterrichtete er Spiras Kinder, und das dürfte wohl als hinreichende Rechtfertigung angesehen werden. Auf seiner gelben Kennkarte war als sein Beruf Gymnasiallehrer eingetragen, und das wurde in einer vernünftigen, noch nicht total auf den Kopf gestellten Welt doch wohl als ehrenhafte Tätigkeit angesehen.

Man verweigerte ihm den Blauschein, und er überlegte, ob er sich um Beistand an Schindler oder an Herrn Szepessi wenden solle, den österreichischen Funktionär, der das deutsche Arbeitsamt leitete. Schindler lag ihm schon seit einem Jahr mit dem Wunsch in den Ohren, endlich als Arbeiter in die Emailwarenfabrik zu kommen. Aber Pfefferberg scheute davor zurück: Ein Achtstundentag würde ihn zu sehr bei seinen illegalen Geschäften behindern.

Als er aus der Sparkasse trat, geriet er in eine Kontrolle; deutsche und polnische Polizei und der jüdische Ordnungsdienst sortierten die Passanten nach Inhabern von Blauscheinen und solchen, die keine hatten. Letztere wurden auf der Straße zusammengetrieben, und es nützte Pfefferberg nichts, dass er mit zur Schau getragenem Selbstbewusstsein behauptete, nicht nur eine, sondern mehrere wichtige Tätigkeiten auszuüben. „Keine Widerrede, du stellst dich zu den anderen!" Pfefferberg blieb nichts übrig, als sich zu den Aussortierten zu stellen. Wenigstens besaß seine junge Frau Mila, die er achtzehn Monate früher geheiratet hatte, einen Blauschein, weil sie bei Madritsch arbeitete. Als mehr als hundert Personen ausgesondert waren, führte man sie in den Hof der alten Schokoladenfabrik *Optima*. Dort warteten bereits weitere Hunderte, viele Akademiker, Bankiers, Apotheker, Zahnärzte. Sie standen in Grüppchen beieinander und unterhielten sich gedämpft. Es waren viele alte Leute darunter, die von den Rationen lebten, die der Judenrat ihnen zuteilte. Der Judenrat, der Lebensmittel und Wohnraum verwaltete, war in diesem Sommer nicht mehr ohne Ansehen der Person vorgegangen wie bisher.

Krankenschwestern aus dem Gettokrankenhaus verteilten Wasser an die Wartenden, abgesehen von dem auf dem schwarzen Markt gekauften Zyankali so ungefähr das einzige Linderungsmittel, das sie zur Verfügung hatten. Die Alten und die Familien aus der Provinz nahmen das Wasser ängstlich und schweigend.

In den nächsten Stunden erschien immer wieder Polizei mit Listen. Kolonnen wurden formiert und unter SS-Bewachung zum Bahnhof Prokocim geführt. Manche Leute versuchten, sich in die Ecken des Platzes zu verdrücken, Pfefferberg hingegen drängte zum Ausgang in der Hoffnung, einen Funktionär zu finden, der ihm günstig gesonnen wäre, beispielsweise Spira. Stattdessen sah er am Schilderhaus einen bekümmert aussehenden Jüngling mit der OD-Mütze, der eine Liste in der Hand hielt. Den kannte er von seiner eigenen Zeit beim OD, und überdies hatte er dessen Schwester in Podgorze unterrichtet, als er noch Lehrer war. Der Junge erblickte ihn und murmelte: „Pan Pfefferberg, was machen Sie denn hier?"

„Blöderweise habe ich noch keinen Blauschein", antwortete Pfefferberg.

„Kommen Sie", sagte der Junge und ging mit ihm auf einen uniformierten Polizisten zu, den er grüßte. „Dies ist Herr Pfefferberg vom Judenrat, der Verwandte besucht hat", log er forsch drauflos. Der Polizist winkte ihn gelangweilt durch.

Pfefferberg dachte nicht weiter darüber nach, warum ein magerer Junge sich der Gefahr aussetzte und seinetwegen log – nur weil er dessen Schwester mal unterrichtet hatte? Stattdessen lief er zum Arbeitsamt und drängte sich bis zum Schalter vor, hinter dem zwei Sudetendeutsche saßen, Fräulein Skoda und Fräulein Knosalla. Von denen verlangte er jetzt mit all seiner Überredungskunst einen Blauschein. Fräulein Skoda nahm seine Kennkarte. „Da kann ich Ihnen nicht helfen, wenn Sie drüben keinen bekommen haben, darf ich Ihnen auch keinen ausstellen. Das kann höchstens Herr Szepessi machen, und der ist nicht zu sprechen." Pfefferberg gab nicht nach, und sie ließ ihn schließlich zu Szepessi vor. Sie galt als anständige Person, weil sie gelegentlich von der bürokratischen Routine abwich und in Einzelfällen Ausnahmen machte. Ein Greis mit Warzen im Gesicht dürfte bei ihr allerdings weniger gut gefahren sein als der ansehnliche Pfefferberg.

Herr Szepessi stand ebenfalls im Ruf, human zu sein, auch wenn er eine unmenschliche Maschinerie bediente. Er warf einen Blick auf Pfefferbergs Kennkarte und murmelte: „Lehrer können wir leider überhaupt nicht gebrauchen."

Pfefferberg hatte Schindlers Angebot stets zurückgewiesen, weil er sich als Individualist fühlte, als einsamer Wolf. Er wollte nicht gegen geringen Lohn in Zablocie eine langweilige Arbeit verrichten. Nun wurde ihm klar, dass das Zeitalter der Individualisten vorbei war. Man musste unbedingt eine Arbeit nachweisen, wenn man überleben wollte. Also sagte er: „Aber ich bin gelernter Schleifer!" Er hatte nämlich gelegentlich bei einem Onkel ausgeholfen, der eine kleine Metallbearbeitungswerkstatt in Rekawka betrieb. Herr Szepessi betrachtete ihn über den Rand seiner Brille. „Das ist schon eher was", sagte er, vernichtete mit einem Federstrich Pfefferbergs akademische Ausbildung, indem er ‚Gymnasiallehrer' löschte und stattdessen ‚Metallschleifer' darüberschrieb. Dann klebte er den Blauschein in die Kennkarte und stempelte ihn. „Jetzt sind Sie ein nützliches Mitglied der Gesellschaft", bemerkte er, als er Pfefferberg die Karte reichte.

Später in diesem Jahr wurde der bedauernswerte Szepessi seiner Gutmütigkeit wegen nach Auschwitz geschickt.

1 Schildert, wie sich die Menschen fühlen, denen der Blauschein verweigert wird. Welche Möglichkeiten bleiben ihnen offen?

2 Sucht heraus, vor welchen schwierigen Entscheidungen Gettobewohner mit Kindern zu dieser Zeit stehen. Bereitet anschließend in Partnerarbeit einen **Dialog** vor, in dem Henry und Manci darüber beraten, ob sie Olek zu Richards Freundin geben. Wägt die Sorgen und Ängste sowie die Träume und Hoffnungen der beiden gegeneinander ab.

3 In diesem Kapitel habt ihr mehrere Menschen kennen gelernt, die jüdischen Gettobewohnern geholfen haben.
– Welche Gründe mögen sie dafür gehabt haben?
– Ist es gerechtfertigt, diese Hilfe anzunehmen?
Versetzt euch dazu in die Lage der Bedrängten.

4 Auch in den Kapiteln 8, 12, 16 und 23 findet ihr Personen, die der jüdischen Bevölkerung helfen. Fasst diese Aktionen zusammen.

Handlungsmotive literarischer Figuren erschließen

Handlungsstränge eines Romans untersuchen

Im Kapitel 15 wird beschrieben, dass das Leben im Getto immer unerträglicher wird, die Menschen leben in Angst und haben Albträume, schlimme Gerüchte bewahrheiten sich, so auch die erste Räumung des Gettos. Schindler und Ingrid sind zu dieser Zeit gerade mit Pferden bei einem Ausritt.

Schindler und Ingrid beobachten eine Räumung des Gettos (Seite 115–121, Kap. 15)

(…) Sie näherten sich durch den Wald, galoppierten über Wiesen. Dann hatten sie plötzlich die Wegierskastraße im Blick, sahen Menschen sich beim Krankenhaus zusammendrängen und, näher, eine Abteilung SS mit
5 Hunden in Häuser eindringen, aus denen gleich darauf Menschen quollen, die trotz der Wärme Mäntel überzogen, offenbar in Erwartung einer längeren Abwesenheit. Schindler und Ingrid hielten im Schatten der Bäume und nahmen immer mehr Einzelheiten in sich auf:
10 OD-Männer mit Gummiknüppeln arbeiteten mit der SS zusammen. Es schien, als seien einige besonders eifrig, denn Schindler bemerkte, dass in kürzester Zeit allein drei alte Frauen von ihnen geschlagen wurden. Anfangs erregte das einen naiven Zorn in ihm. Die SS benutzte
15 Juden, um Juden zu verprügeln!

Nach einiger Zeit wurde ihm aber klar, dass einige OD-Männer mit diesen Schlägen die Opfer vor Schlimmerem bewahrten. Auch gab es eine neue Regel für den OD: Wer Hausbewohner ‚übersah', der ging selber samt
20 seinen Verwandten auf Transport.

Auf der Wegierskastraße bildeten sich zwei Menschenschlangen; die eine stand still, die andere schob sich, sobald sie eine bestimmte Länge erreicht hatte, vorwärts und außer Sicht um die Ecke der Jozefinskastraße.
25 Es war nicht schwer, die Bedeutung dieser Vorgänge zu erkennen; Schindler und Ingrid hatten von da oben einen guten Überblick und waren ja auch nicht so sehr weit entfernt.

Familien wurden aus den Häusern getrieben und den
30 beiden Reihen zugeteilt, ohne Rücksicht darauf, wer zusammengehörte. Heranwachsende Töchter mit den erforderlichen Papieren mussten sich in die haltende Schlange einreihen, während ihre Mütter der anderen zugeteilt wurden. Ein Arbeiter der Nachtschicht, noch
35 völlig verschlafen, fand sich auf dieser, seine Frau und die Kinder auf jener Seite. In der Straßenmitte stritt ein junger Arbeiter mit einem Mann vom OD. Offenbar wollte er zu seiner Frau und seinem Kind in der anderen Reihe, obwohl er einen Blauschein besaß, den er schwenkte.
40 Ein SS-Mann griff ein. Zwischen diesen trostlos wirkenden Gettomenschen nahm er sich in seiner gebügelten Uniform, gut genährt und rasiert, sehr exotisch aus, und von oben konnte man sogar den Ölfilm auf seiner Pistole glänzen sehen. Er versetzte dem Juden einen Schlag aufs
45 Ohr und brüllte ihn an. Schindler konnte nicht verstehen, was er da brüllte, aber er konnte es sich nach seinen eigenen Erfahrungen auf dem Bahnhof denken. Der Mann wurde in die Schlange zu seiner Frau und dem Kind gestoßen. Als er sich zu seiner Frau durchdrängte,
50 um sie zu umarmen, gelang es einer anderen Frau, ungesehen in eine Haustür zu schlüpfen. Schindler und Ingrid wechselten jetzt den Beobachtungsplatz, sie ritten auf einen Kreidefelsen, von dem aus man direkt auf die Krakusastraße hinunterblicken konnte. Hier ging es we-
55 niger tumultuös zu. Frauen und Kinder wurden hintereinander Richtung Piwnastraße geführt, ein Bewacher vorneweg, ein anderer hinterdrein. Es waren viel mehr Kinder, als die abgeführten Frauen haben konnten, und den Beschluss bildete eine kleine Gestalt ganz in Rot.
60 Ingrid behauptete, es müsse ein kleines Mädchen sein, Mädchen hätten eine Vorliebe für starke Farben, besonders für Rot.

Sie sahen, wie der Waffen-SS-Mann, der am Ende ging, hin und wieder diesen Winzling auf den rechten
65 Weg stupste, nicht etwa roh, sondern mehr wie ein älterer Bruder. Hätte er Befehl gehabt, etwaige Zuschauer davon zu überzeugen, dass hier alles auf humane Weise zuging, er hätte es nicht besser machen können. Die beiden Beobachter im Bednarskiegopark waren denn auch
70 von diesem Anblick gegen ihren Willen beeindruckt. Das war aber nur von kurzer Dauer, denn hinter diesen Frauen und Kindern erschienen nun SS-Leute mit Hunden und nahmen sich beide Straßenseiten vor.

Sie betraten ein Haus nach dem anderen; Gepäck-
75 stücke flogen aus den Fenstern, Frauen, Männer und Kinder, die auf dem Boden, in Kleiderschränken, in

Kommoden versteckt der ersten Welle entgangen waren, rannten kreischend vor Angst, von den Hunden gejagt, auf die Straße. Das alles ging so rasch, dass die beiden Zuschauer den Vorgängen nur mit Mühe folgen konnten. Wer aus den Häusern kam, wurde an Ort und Stelle erschossen, die eindringenden Geschosse schleuderten die Körper meterweit, Blut floss in der Gosse. Eine Mutter kauerte mit ihrem mageren, etwa zehn Jahre alten Sohn unter einem Fenstervorsprung. Schindler verspürte eine fast unerträgliche Angst um die beiden und konnte sich kaum auf seinem Pferd halten. Ingrid umklammerte krampfhaft die Zügel, er hörte, wie sie neben ihm ächzte. Und er sah wieder das kleine Mädchen in Rot, das noch nicht mit den anderen in die Jozefinskastraße eingebogen war. Dieses Kind also musste das alles mit ansehen. Warum dieser Umstand das Gemetzel auf der Straße für Schindler noch viel schlimmer machte, hätte er nicht sagen können, aber für ihn war es der schlüssige Beweis dafür, dass diese Menschen da vor nichts zurückschreckten. Unter den Augen der Kleinen, die stehen geblieben war und zuschaute, wurde erst die Frau erschossen, und als sie im Fall den wimmernden Jungen mit sich riss, trat ein anderer SS-Mann heran, setzte ihm den Stiefel zwischen die Schulterblätter und schoss ihm ins Genick. Das kleine Mädchen stand immer noch, ohne sich zu rühren, der Abstand zwischen ihr und den anderen Kindern war größer geworden, und wieder stupste der SS-Bewacher sie behutsam an, damit sie sich endlich in Bewegung setzte.

Schindler begriff nicht, warum er die Kleine nicht mit dem Kolben erschlug, denn nur wenige Meter entfernt in derselben Straße wusste man offenbar nichts von Barmherzigkeit.

Schindler glitt aus dem Sattel, hielt sich am nächsten Baum fest und kämpfte gegen Übelkeit. Diese Männer, die schließlich selber Mütter hatten, denen sie vermutlich Briefe schrieben (Was mochten sie wohl schreiben?), schämten sich offenbar ihrer Handlungsweise nicht, aber das war nicht das Schlimmste. Dass sie sich nicht schämten, ersah er daraus, dass der geduldige SS-Mann es nicht für nötig gehalten hatte, die Kleine in Rot daran zu hindern, alles mit anzusehen. Nein, das Schlimmste war, dass das Verhalten dieser Männer nur damit zu erklären war, dass sie ihre Mordtaten mit Zustimmung ihrer Vorgesetzten ausführten. Was Schindler da in der Krakusastraße gesehen hatte, war nicht etwa eine momentane Verirrung, es war eine unmissverständliche Demonstration der amtlichen Politik.

Darüber konnte man sich nicht mehr täuschen, es gab keine Möglichkeit mehr, sich hinter dem Geschwätz von deutscher Kultur zu verstecken, die Augen zu verschließen und dies alles nicht zur Kenntnis zu nehmen. Die SS da unten handelte auf Befehl ihrer Führung, andernfalls hätte man nicht ein Kind dabei zusehen lassen. Ihm wurde klar, dass es ihnen egal war, ob es Zeugen dieser Untaten gab, denn sie glaubten fest, dass auch keiner dieser Zeugen überleben würde.

An einer Ecke des Friedensplatzes stand die Apotheke von Tadeus Pankiewicz, eine altmodische Apotheke mit lateinischen Inschriften auf großen Amphoren, Hunderten Schubladen aus poliertem Holz, die ihren Inhalt vor den Augen der Bewohner von Podgorze verbargen. (…)

Schindler hatte den Friedensplatz von oben nicht einsehen können. Pankiewicz war ebenso wenig wie Schindler jemals zuvor Zeuge einer so leidenschaftslosen Grausamkeit gewesen, und ebenso wie Schindler war ihm fortgesetzt übel, in seinem Kopf summte es, als habe ihm jemand einen Schlag versetzt. Er wusste auch noch nicht, dass unter den Toten da auf dem Platz sein Freund Gebirtig lag, von dem das berühmte Lied *'Ss brent, Brider, 'ss brent!* stammte, und auch der sanftmütige Maler Neumann. Immer wieder kamen Ärzte aus dem Hospital und verlangten Verbandszeug für die Verwundeten, die sie auf den Straßen auflasen, auch Brechmittel, denn mindestens ein Dutzend Leute hatten Zyankali geschluckt.

Dr. Schindel, der im Gettokrankenhaus Ecke Wegierskastraße arbeitete, hörte von einer Frau, dass man die Kinder wegführe. Sie habe sie in der Krakusastraße gesehen, auch Genia. Schindel hatte Genia bei Nachbarn gelassen – solange ihre Eltern sich auf dem Lande verborgen hielten, war er für sie verantwortlich. Genia, die sehr selbstständig war, hatte heute früh einen Besuch in dem Haus gemacht, in dem sie jetzt bei ihrem Onkel wohnte. Dort war sie aufgegriffen worden, und dann hatte Schindler sie von der Anhöhe aus gesehen.

Dr. Schindel zog seinen Kittel aus und eilte auf den Platz, wo er Genia gleich sah; sie saß zwischen Wachmannschaften im Gras, augenscheinlich unbeteiligt. Das war, wie Dr. Schindel wusste, eine Pose, denn er stand des Nachts oft auf, um sie aus ihren Albträumen zu wecken.

Er bewegte sich am Rande des Platzes auf sie zu, und sie sah ihn. Er wünschte mit aller Kraft, sie möge ihn nicht anrufen, niemand auf ihn aufmerksam machen, denn das konnte für beide schlecht enden. Doch er hätte sich keine Sorgen zu machen brauchen: Sie sah gleich wieder weg, stumm und wie unbeteiligt. Es zerriss ihm fast das Herz: Schon mit drei Jahren wusste sie, dass es gefährlich war, einem Impuls nachzugeben, den Onkel anzurufen und sich von ihm trösten zu lassen. Sie wusste, dass es besser war, die SS nicht auf ihn aufmerksam zu machen.

Dr. Schindel überlegte, ob er den Oberscharführer ansprechen sollte, der an der Mauer stand, und was er ihm sagen wollte. Es war immer das Beste, sich in einem solchen Fall an den Ranghöchsten zu wenden und nicht zu bescheiden aufzutreten. Er schaute wieder zu Genia und sah, dass sie zwischen zwei Bewachern hindurch aus der Absperrung schlüpfte und sich sehr gemächlich entfernte. Die Langsamkeit ihrer Bewegungen prägte sich seinem Gedächtnis besonders ein, er sah dieses Bild später oft bei geschlossenen Augen: das kleine, rotgekleidete Mädchen zwischen den blinkenden schwarzen Stiefeln. Niemand achtete auf sie. Sie behielt ihren langsamen, wie abwesenden Gang bei bis zu Pankiewicz' Apotheke und verschwand dort um die Ecke. Dr. Schindel hätte am liebsten laut bravo gerufen; ihr Auftritt verdiente ein Publikum, das allerdings ihr Verderben bedeutet hätte.

Keinesfalls durfte er ihr sogleich folgen. Er vertraute darauf, dass der Instinkt, der sie bisher geleitet hatte, sie in ein sicheres Versteck führen würde, und kehrte ins Krankenhaus zurück.

Genia ging in das zur Krakusastraße gelegene Zimmer, das sie jetzt mit ihrem Onkel bewohnte. Die Straße lag verlassen; sollte sich noch jemand verborgen halten, wagte er sich noch nicht ins Freie. Sie versteckte sich unterm Bett. Dr. Schindel sah von der Straßenecke her, dass die SS eine letzte Durchsuchung vornahm. Man fand Genia aber nicht. Sie rührte sich auch nicht, als er später selbst ins Zimmer kam. Allerdings wusste er, wo er sie zu suchen hatte; er sah eine rote Stiefelspitze unter dem Bettüberwurf.

Schindler hatte derweil die Pferde zurückgebracht und nicht gesehen, wie das kleine Mädchen in Rot in das Haus zurückkehrte, von dem sie fortgeführt worden war. Er saß bereits in seinem Büro in der DEF, hatte sich eingeschlossen, war außerstande, jemandem zu sagen, was er mit angesehen hatte. Sehr viel später hat Schindler dann in einer so ernsten und nachdrücklichen Weise, wie man sie diesem Lebemann kaum zugetraut hätte, erklärt: „Seit damals musste jedem denkenden Menschen klar sein, was geschehen würde. Und ich nahm mir fest vor, das zu verhindern, soweit es in meiner Macht stand."

1 Sicherlich gehen euch nach dem Lesen viele Gedanken durch den Kopf.
– Was bewegt euch besonders?
– Welche geschilderten Vorfälle könnt ihr euch gut vorstellen? Woran liegt das?
– Wo spielt das Geschehen?

2 Was spielt sich eigentlich nacheinander ab, was parallel? Stelle mit einem Partner die Handlung in einer Übersicht dar.

3 Welche Ereignisse zwingen hier bestimmte Personen zum Handeln?
Welche neue Situation entsteht dadurch?

4 Setzt euch mit den Gefühlen bzw. Ängsten der einzelnen beteiligten Personen auseinander. Stellt sie in einem Cluster dar.

5 Beratet in Gruppenarbeit, wie ihr die Figurenkonstellation dieses Kapitels übersichtlich darstellen könnt. Arbeitet auch mit Symbolen und Zeichen. Präsentiert eure Ergebnisse anschaulich.

6 Mit welchen sprachlichen Mitteln stellt der Autor das Ergreifende dieser Szene dar? Zitiert entsprechende Textstellen.

Die „Gesundheitsaktion" (S. 216–220, Kap. 28)

(…) Im April kam ein Schreiben von Gerhard Maurer, der für die Zuteilung von Arbeitskräften durch die Konzentrationslager zuständig war. Maurer wollte wissen, wie viele Ungarn vorübergehend vom Lager Plaszow aufgenommen werden könnten. Die für die DAW (Deutsche Ausrüstungswerke, eine Krupptochter, die in Auschwitz Granatzünder fertigte) bestimmten ungarischen Juden, die erst nach der Besetzung Ungarns durch deutsche Truppen eingefangen worden waren, hatten nicht wie andere Juden unter jahrelangen Entbehrungen in deutschen Lagern zu leiden gehabt und waren deshalb in wesentlich besserem Gesundheitszustand, als Arbeitskräfte in Auschwitz deshalb hochwillkommen. Nur konnte man sie noch nicht unterbringen. Die Amtsgruppe D wäre daher dem Kommandanten von Plaszow sehr verbunden, falls er sie vorübergehend aufnehmen wolle.

Göth schrieb zurück, Plaszow sei voll belegt, innerhalb der Umzäunung sei kein Platz mehr, doch wolle er vorübergehend bis zu 10 000 Häftlinge aufnehmen, falls man ihm gestatte, a) unproduktive Elemente innerhalb des Lagers zu liquidieren und b) gleichzeitig die Doppelbelegung der Pritschen in den Baracken anzuordnen. Maurer erwiderte, wegen der im Sommer erhöhten Typhusgefahr könne die Doppelbelegung nicht erlaubt werden, überhaupt sähen die Richtlinien pro Häftling drei Kubikmeter Raum vor, doch mit Punkt a) in Göths Vorschlag sei er einverstanden. Die Amtsgruppe D werde Auschwitz-Birkenau anweisen, sich auf die Sonderbehandlung der in Plaszow ausgesuchten Häftlinge vorzubereiten. Auch werde der benötigte Transportraum auf der Ostbahn bereitgestellt. Göth musste folglich eine Selektion unter seinen Häftlingen vornehmen. Mit Einwilligung der Amtsgruppe D würde er an einem einzigen Tage so viele Menschen der Ermordung zuführen, wie Schindler unter Aufwendung all seiner Phantasie und unter Einsatz seines privaten Vermögens im Nebenlager Emalia beherbergte.

Die Selektion wurde als Gesundheitsaktion deklariert und begann am Morgen des 7. Mai, einem Sonntag. Der Appellplatz war mit Transparenten geschmückt, auf denen zu lesen stand: JEDEM HÄFTLING EIN ANGEMESSENER ARBEITSPLATZ, aus Lautsprechern erklangen muntere Weisen. An einem langen Tisch amtierte der SS-Arzt Blancke, unterstützt von Dr. Leon Gross und etlichen Lagerschreibern. Blancke hatte eine ganz eigene Auffassung von Gesundheit. Das Krankenrevier war von allen chronischen Fällen geräumt worden, indem man ihnen Benzol injizierte. Das war nicht etwa ein „Gnadentod", sondern die Opfer verfielen in Krämpfe und erstickten qualvoll nach etwa einer Viertelstunde. Marek Biberstein, ehedem Vorsitzender des Judenrates, zählte auch zu denen, die „abgespritzt" werden sollten, denn er hatte einen Herzanfall erlitten. Doch wurde ihm dieser qualvolle Tod durch Dr. Idek Schindel erspart, dem Onkel jenes Rotkäppchens, das Schindler zwei Jahre zuvor im Getto beobachtet hatte. Er vergiftete Biberstein rechtzeitig mit Zyankali.

Blancke nahm die Häftlinge barackenweise vor; neben ihm auf dem Tisch war die Lagerkartei aufgebaut. Die Gefangenen mussten sich auf dem Appellplatz völlig ausziehen und an dem Tisch mit den beiden Ärzten vorüberlaufen, die ihre körperliche Verfassung prüften und entsprechende Vermerke in die Karteikarten eintrugen. Es war eine sonderbare und entwürdigende Prozedur. Männer und Frauen gaben sich die größte Mühe, gesund zu wirken, sie liefen da um ihr Leben, und sie wussten es auch. Die junge Frau Kinstlinger, die bei der Olympiade in Berlin für Polen gestartet war, befand sich ebenfalls unter den weiblichen Häftlingen; aber hier ging es nicht mehr um Medaillen, sondern ums bloße Überleben, das war die wahre Prüfung.

Das Resultat der Inspektion erfuhren die Häftlinge erst am folgenden Sonntag, als die Belegschaft des Lagers erneut unter den Klängen von Lautsprechermusik auf dem Appellplatz versammelt wurde. Die Ausgesonderten wurden am östlichen Rand des Platzes aufgestellt, und es kam dabei zu Tumulten. Göth hatte schon so etwas erwartet und Wehrmachtverstärkung angefordert, falls die Häftlinge offen rebellieren sollten. Am vergangenen Sonntag waren mehr als 300 Kinder entdeckt worden, die nicht aktenkundig waren, und als man die nun ihren protestierenden Eltern wegnahm, entstand ein Tumult, dessen die Soldaten, verstärkt durch Sicherheitspolizei aus Krakau, nur mit Mühe Herr wurden. Es dauerte Stunden, bis man die beiden Gruppen voneinander getrennt hatte. Zwar war noch nicht bekanntgemacht worden, was mit den Ausgesonderten geschehen sollte, doch wussten alle, dass die Selektierten in den Tod gehen mussten. Zwischen den beiden Gruppen flogen immer wieder Zurufe hin und her. Henry Rosner, in Angst um seinen Sohn Olek, der im Lager versteckt war, hörte einen jungen SS-Mann mit Tränen in den Augen verfluchen, was hier geschah, und schwören, er wolle sich an die Front versetzen lassen. Schließlich wurde gedroht, wahllos in die Menge schießen zu lassen. Das wäre Göth womöglich ganz recht gewesen, hätte er auf diese Weise doch mehr Platz im Lager bekommen. Denn die Gesundheitsaktion hatte in seinen Augen ein mageres Ergebnis – 1 400 Erwachsene und 268 Kinder standen schließlich am östlichen Rand des Appellplatzes versammelt, fertig zum Transport nach Auschwitz. Pemper merkte sich die Zahl. Es waren längst nicht so viele, wie Göth gehofft hatte, doch konnte er nun einen Teil der Ungarn aufnehmen.

Die Kinder waren wie gesagt großenteils nicht registriert; viele waren schon am vergangenen Sonntag versteckt worden und blieben auch an diesem Tag in ihren Verstecken. Andernfalls wären sie unweigerlich der für Auschwitz bestimmten Gruppe zugeteilt worden. Olek Rosner verbarg sich im Dachgebälk einer Baracke zusammen mit zwei anderen Kindern. Sie verhielten sich dort mucksmäuschenstill. Hier verbargen die Barackenbewohner ihre kleinen Kostbarkeiten, denn da waren sie am sichersten; SS und Ukrainer krochen da oben nicht gern herum, sie fürchteten, sich mit Typhus zu infizieren, denn da lag zu viel Schmutz, es gab Ratten, und Läuse waren berüchtigte Typhusüberträger. Eine Typhusbaracke stand nahe dem Männerlager, und in der hausten schon seit Monaten einige Lagerkinder.

Die Gesundheitsaktion war allerdings für die Kinder wesentlich gefährlicher als die mögliche Ansteckung mit Typhus. Manche verkrochen sich unter den Baracken, manche in der Wäscherei, wieder andere in einem Schuppen hinter der Garage. Viele dieser Verstecke waren an einem der beiden Sonntage entdeckt worden. Wieder andere Kinder wurden von ihren Eltern mit auf den Appellplatz genommen in der Hoffnung, der eine oder andere ihnen wohlgesonnene Unterführer würde sie schützen. Zu Recht hatte Himmler sich darüber beklagt, dass auch die bewährtesten SS-Männer ihre Schützlinge unter den Kindern hatten, als ob der Appellplatz ein Schulhof wäre! Jedenfalls glaubten manche Eltern, für ihre Kinder nichts befürchten zu müssen.

Ein dreizehnjähriger elternloser Junge fühlte sich geschützt, weil er normalerweise beim Zählappell für einen Erwachsenen durchging; ohne Kleider allerdings erkannte man ihn als Kind, und er wurde der Kindergruppe zugewiesen. In der allgemeinen Aufregung gelang es ihm jedoch, sich wieder zwischen die Männer zu mischen, und nach einer Weile bat er den Aufseher, zur Latrine gehen zu dürfen.

Die Latrinen lagen jenseits des Männerlagers. Der Junge kletterte über den Balken, auf den man sich normalerweise setzte, und ließ sich in die Grube hinunter, ganz darauf bedacht, mit Zehen und Fingerspitzen Halt an der Grubenwand zu finden. Es stank grauenhaft, und Fliegen setzten sich ihm aufs Gesicht. Zu seiner maßlosen Verwunderung hörte er Stimmen aus der Grube: „Sind sie hinter dir her?" und „Vorsicht da, das ist *unser* Platz." Außer ihm hatten sich noch weitere zehn Kinder in der Latrine versteckt.

Der Bericht, den Göth abfasste, enthielt das Wort Sonderbehandlung, ein Terminus, der später berühmt werden sollte, den Pemper aber zum ersten Mal las. Dem flüchtigen Leser mochte es scheinen, als sei damit etwas Medizinisches gemeint, Pemper ließ sich aber nicht täuschen. Diese Medizin kannte er bereits zu gut.

Das Telegramm, das Göth nach Auschwitz schickte, ließ schon mehr ahnen. Göth teilte mit, um Fluchtgefahr zu verringern, lasse er die zur Sonderbehandlung vorgesehenen Gefangenen gänzlich mit Häftlingskleidung versehen, sie hätten alle noch in ihrem Besitz befindlichen zivilen Kleidungsstücke abzugeben. Mit Rücksicht auf den herrschenden Mangel an Häftlingskleidung bitte er aber darum, nach Vollzug der Sonderbehandlung diese Sachen umgehend von Auschwitz nach Plaszow zurückzusenden.

Die Kinder, die in Plaszow zurückblieben, wurden bei späteren Durchsuchungen allesamt gefunden und auf der Ostbahn 60 Kilometer weiter transportiert, nach Auschwitz. Die Viehwagen waren den ganzen Sommer über unterwegs, schafften Truppen und Nachschub an die Front bei Lemberg und beförderten auf dem Rückweg Häftlinge, die von Ärzten der SS auf den Rampen selektiert wurden.

1 Welches Thema wird hier aufgegriffen? Bezieht eure Ausarbeitungen aus dem Portfolio ein.

S. 87

2 Untersucht gemeinsam, was die Forderungen Göths in dem Brief an Maurer nun genau für die Insassen von Plaszow bedeuten.

3 Lest nach, welche Bedingungen diese Selektion „umrahmen". Achtet besonders auf die gewählten sprachlichen Mittel. Welche Stimmung wird dadurch erzeugt?

4 Stell dir vor, du wärst ein heimlicher Zeuge dieser „Gesundheitsaktion". Schreibe einen Tagebucheintrag zu deinen Beobachtungen. Du kannst dabei auf einzelne Figuren näher eingehen und dir bewusstmachen, warum gerade sie in deiner Erinnerung eine Rolle spielen.

Erstellen von Schindlers Liste (S. 245–249, Kap. 31)

(…)
Schindler hatte eine vorläufige Namensliste aufgestellt und sie der Lagerverwaltung übergeben. Es standen mehr als 1000 Namen auf dieser Liste, die seiner ehemaligen Emalia-Leute und noch neue dazu. Auch Helene Hirsch stand darauf, und Göth war nicht mehr da, um Einspruch zu erheben. Und die Liste würde noch erheblich mehr Namen aufweisen, falls nur Madritsch sich bereitfand, ebenfalls nach Mähren zu evakuieren. Also bearbeitete Schindler jenen Titsch, der bei Madritsch Gehör hatte. Diejenigen von Madritschs Juden, die die engsten Beziehungen zu Titsch hatten, wussten, dass es die Liste gab und auch die Möglichkeit, noch draufzukommen. Titsch drängte sie, sich darum zu bemühen. In Plaszow gab es haufenweise Listen für alle möglichen Zwecke, nur waren die wenigen Blätter, aus denen Schindlers Liste bestand, die einzigen, die so etwas wie einen Fahrschein in die Zukunft darstellten.

Madritsch konnte sich immer noch nicht entscheiden, ob er ein Bündnis mit Schindler schließen, ob er seine 3 000 Juden ebenfalls noch der Liste beifügen sollte.

Schindlers Liste ist, was die Chronologie betrifft, in der die Namen notiert wurden, in so etwas wie einen Schleier gehüllt, was der Legendenbildung nur förderlich ist. Nicht die Tatsache des Vorhandenseins dieser Liste als solcher – in den Archiven von Jad Wa-Schem kann eine Kopie jederzeit besichtigt werden. Auch herrschte keine Ungewissheit im Hinblick auf die Namen, die Titsch und Schindler im buchstäblich letzten Moment der Liste noch anfügten. Die Namen stehen fest, aber die Umstände, unter denen sie auf die Liste kamen, sind, wie gesagt, der Legendenbildung förderlich. Das Problem liegt darin, dass die Überlebenden sich mit einer Leidenschaft an diese Liste erinnern, die die Umrisse verschwinden lässt. Die Liste ist das verkörperte Gute. Die Liste ist das Leben. Jenseits ihrer zerknitterten Ränder liegt das Nichts.

Es heißt, in Göths Villa habe ein Treffen stattgefunden, bei dem die Herren von der SS und die Unternehmer die schönen Tage ihrer profitablen Zusammenarbeit feierten. Manche behaupten sogar, Göth sei selber dabeigewesen, doch das ist nicht möglich – die SS pflegte ihre Häftlinge nicht zu beurlauben. Andere wieder glauben, dieses Treffen habe in Schindlers Privatwohnung in der Emalia stattgefunden. Dort gab er in den vergangenen zwei Jahren gern besuchte Gesellschaften, und ein Überlebender erinnert sich daran, dass er bei einer solchen Gelegenheit Nachtschicht hatte und von Schindler zwei Kuchen, Hunderte von Zigaretten und eine Flasche Schnaps zugesteckt bekam.

Wo diese Gesellschaft nun auch stattgefunden haben mag, anwesend waren unter anderem der SS-Arzt Blancke, Franz Bosch und angeblich auch Oberführer Scherner, auf Urlaub von der Jagd auf Partisanen, Madritsch und Titsch. Titsch hat später gesagt, bei dieser Gelegenheit habe Madritsch zum ersten Mal Schindler definitiv wissen lassen, dass er nicht mitkommen wolle nach Mähren. „Ich habe für die Juden alles getan, was in meinen Kräften steht." Das ließ sich nicht bestreiten, und man konnte ihn nicht umstimmen, wie sehr Titsch es auch versuchte. Madritsch war ein rechtschaffener Mann, und dafür ist er geehrt worden. Er glaubte einfach nicht an die Lösung Mähren. Hätte er daran geglaubt, er wäre mitgegangen, darauf deutete alles hin.

Für einige der Eingeladenen war es ein Abend voller Spannung, denn die Liste musste endlich abgegeben werden. Darüber sind sich alle einig, und erfahren haben können die Überlebenden es einzig von Schindler selber, einem Mann mit ausgeprägtem Sinn fürs Anekdotische. Anfang der 60er-Jahre hat Titsch aber im Wesentlichen diese Version bestätigt. Mag sein, der neue Lagerkommandant Büscher hatte zu Schindler gesagt: „Schluss jetzt mit dem Herumgemache, Schindler, wir müssen den Papierkram endlich erledigen." Mag sein, der Termin wurde von der Ostbahn festgesetzt, nach deren Disposition über den vorhandenen Laderaum. Titsch jedenfalls tippte jetzt über den Unterschriften der KL-Verwaltung die Namen von Juden ein, die Madritsch gehörten, soweit er und Schindler sich an die korrekten polnischen Familiennamen erinnerten, und so viele, wie der freie Platz noch zuließ. Feigenbaums etwa samt ihrer an unheilbarem Knochenkrebs erkrankten halbwüchsigen Tochter und dem etwas älteren Lukas, der gelernt hatte, Nähmaschinen zu reparieren. Die verwandelten sich sämtlich in Experten der Granathülsenfertigung. Es ging laut zu im Raum, Zigarettenrauch hing in der Luft, es wurde gesungen, und in einer Ecke hockten Schindler und Titsch und rätselten über die richtige Schreibweise verzwickter polnischer Namen.

Schindler musste schließlich Einhalt gebieten. „Wir haben keinen Platz mehr auf dem Papier. Ein Wunder, wenn man uns alle diese Leute aushändigt." Titsch war erschöpft. Immer noch gingen ihm Namen durch den Kopf, aber dies war jetzt das Ende, es ging nicht weiter.

Dass man Menschen gleichsam neu erschuf, indem man ihre Namen aufs Papier setzte, mutete ihn wie Blasphemie an. Er scheute davor nicht zurück, es entsetzte ihn vielmehr, was dies über den Zustand der Welt besagte. Das machte ihm das Atmen schwer.

Noch aber war die Liste Eingriffen ausgesetzt, und zwar von Seiten des jüdischen Personalschreibers in der Lagerverwaltung, Marcel Goldberg. Büscher, der neue Kommandant, der ja nur noch den Auftrag hatte, das Lager aufzulösen, scherte sich nicht darum, wer auf die Liste kam, ihn interessierte nur die Zahl. Deshalb hatte Goldberg die Möglichkeit zu manipulieren. Die Häftlinge wussten, dass er bestechlich war. Juda Dresner wusste es, der Onkel von Rotkäppchen, dessen Frau der Nachbarin einst das Versteck verweigert hatte, Vater von Janek und der kleinen Danka. „Er hat Goldberg geschmiert", lautete die Antwort auf die Frage, wie sie es fertiggebracht haben, auf die Liste zu kommen. Und auf die gleiche Weise dürften Wulkan mit Frau und Sohn auf die Liste gekommen sein.

Poldek Pfefferberg erfuhr durch einen SS-Unterführer von der Liste. Hans Schreiber genoss einen so schlechten Ruf im Lager wie nur einer der anderen KL-Aufseher in Plaszow, doch Pfefferberg war sein Günstling geworden, wie das gelegentlich überall in den Lagern vorkam. Angefangen hatte alles beim Fensterputzen. Pfefferberg war in seiner Baracke dafür verantwortlich. Schreiber inspizierte und begann, Pfefferberg in genau jener Art zu beschimpfen, die häufig einer willkürlichen Exekution voranging. Pfefferberg verlor die Beherrschung und schnauzte zurück: Schreiber wisse genau, dass die Scheiben sauber seien, und falls er nach einem Vorwand suche, ihn zu erschießen, möge er sich die Mühe sparen. Dieser Ausbruch gefiel Schreiber, der sich bei Pfefferberg daraufhin gelegentlich nach seinem und seiner Frau Befinden erkundigte, ihm wohl auch für Mila einen Apfel zusteckte. Im Sommer 1944 hatte Pfefferberg ihn angefleht, Mila aus einem Transport in das übel beleumdete Konzentrationslager Stutthoff herauszuholen, als sie schon an der Rampe stand. Schreiber tat ihm den Gefallen. Eines Sonntags erschien er betrunken in Pfefferbergs Baracke und vergoss vor ihm und einigen anderen Gefangenen Tränen „wegen der grässlichen Dinge", die er in Plaszow begangen habe, und schwor, dafür an der Ostfront büßen zu wollen. Und das tat er am Ende auch.

Jetzt also vertraute er Pfefferberg an, es gebe eine Liste mit Namen der für Schindler bestimmten Leute, und er solle alles daransetzen, draufzukommen. Pfefferberg ging also in die Lagerverwaltung zu Goldberg und bat ihn darum, ihn und Mila auf die Liste zu setzen. Schindler hatte ihn ohnedies häufig in der Kfz-Werkstatt des Lagers besucht und ihm auch zugesagt, etwas für ihn zu tun, doch war Pfefferberg unterdessen ein so geschickter Schweißer geworden, dass man ihn nicht gehen lassen wollte, denn auch die Werkstattleiter waren um ihres eigenen Überlebens willen darauf angewiesen, erstklassige Arbeit vorzuweisen. Goldberg saß vor der Liste, verdeckte sie mit der Hand und fragte diesen alten Freund von Schindler, der häufig bei ihm in der Wohnung in der Straszewskiegostraße gewesen war: „Hast du Diamanten?"

„Du spinnst wohl?", fragte Pfefferberg zurück.

„Wer auf diese Liste will", erwiderte Goldberg, der so unvermutet zu Macht gekommen war und seinen eigenen Namen selbstverständlich schon auf die Liste gesetzt hatte, „der braucht Diamanten."

Weil Göth, dieser große Liebhaber der Wiener Walzer, im Gefängnis saß, hatten die Brüder Rosner, seine Hofmusiker, Gelegenheit, sich ebenfalls um einen Platz auf der Liste zu bemühen. Auch Dolek Horowitz, der zuvor schon Frau und Kinder ins Lager Emalia geschmuggelt hatte, überredete Goldberg, ihn auf die Liste zu setzen. Horowitz, der immer in der Materialzentrale des Lagers gearbeitet hatte, besaß einige Reichtümer. Die händigte er nun Goldberg aus.

Auch die Brüder Bejski, Uri und Moshe, standen auf der Liste, als technische Zeichner. Uri verstand was von Waffen, Moshe konnte Dokumente fälschen. Man weiß nicht genau, ob sie dieser Fertigkeiten wegen auf die Liste kamen oder aus anderen Gründen.

Auch der Maler Josef Bau kam drauf, ohne selber etwas davon zu ahnen. Goldberg hielt nach Möglichkeit alle im Dunkeln. Kennt man Baus Charakter, so darf man annehmen, dass er nicht für sich allein um die Aufnahme in die Liste gebeten haben würde; als es zu spät war, musste er entdecken, dass weder seine Mutter noch Rebecca für die Fahrt nach Brünnlitz vorgesehen waren.

Was Stern angeht, so hatte Schindler ihn von Anfang an notiert. Stern war der einzige Beichtvater, den Schindler jemals hatte und auf dessen Meinung er was gab. (...)

1 Stellt übersichtlich dar, welche Personen an der Erstellung der Liste beteiligt sind.
– Mit welchem Anteil erfolgt die Beteiligung?
– Auf welchem Wege?

2 Goldberg war **unvermutet** zu Macht gekommen!
Sprecht über sein Verhalten.

3 „Mindestens einer der ehemaligen Insassen des Nebenlagers Emalia, der von Goldberg aus der Liste entfernt wurde (...), hat dies später Schindler angelastet."
– Warum kontrollierte niemand diese Liste (z. B. Schindler)? Sprecht darüber.
– Lest auch noch einmal im Kapitel 32 nach. Welche Antwort findet ihr dort auf diese Frage?

4 Stellt Motive zusammen, die Schindler hat, um „seinen" Juden zu helfen.
Lest dazu auch noch einmal auf Seite 237 des Romans nach.

5 Nun bist du bestens mit dem Buch und mit seinen Figuren vertraut.
Schreibe zu Oskar Schindler, Amun Göth oder Itzhak Stern eine **Figurencharakteristik**.

Filme lesen: Schindlers Liste – der Film

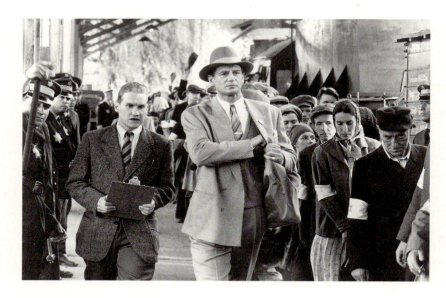

Filmische Gestaltungsmittel untersuchen

1 Seht euch zunächst den Film in voller Länge an.
   – Denkt daran, euch eine angenehme Rezeptionssituation zu schaffen.
     (Wenn ständig das Licht an-, die Tür aufgemacht oder gesprochen wird,
     ist das Filmerlebnis unterbrochen.)
   – Haltet beim ersten Sehen eure persönlichen Eindrücke schriftlich fest.
     (Was hat mir gefallen/nicht gefallen? Was ist besonders auffällig?
     Was hat mich erschüttert/berührt? Was hat der Film in mir ausgelöst? ...)

2 Sprecht über den Film. Tauscht euch aus über Szenen, die euch im Gedächtnis geblieben sind, über die Musik ...

3 Was fandet ihr an der Darstellung der Figur Oskar Schindler überzeugend?

4 Welche weiteren Figuren beeindrucken euch im Film besonders? Hättet ihr sie euch genauso vorgestellt?

5 Erinnert euch an die Romanauszüge, die ihr gelesen habt.
   – Wo weicht der Film besonders auffällig von der Vorlage ab?
   – Welche Gründe könnte das haben?

6 Mit Hilfe der Kamera kann das Medium „Film" spezifische Gestaltungsmittel zur Geltung bringen. Schaut euch dazu die beiden folgenden Übersichten an:

Bei der Kamera unterscheidet man zwischen **Einstellungsgrößen** und **Perspektiven**:

Einstellungsgrößen:

Weitaufnahme („extrem long shot"):
die Einstellung gibt einen großen Überblick, z. B.
über eine Landschaft; Einzelheiten werden kaum deutlich

Totale („long shot"):
gibt einen Überblick über einen Ort
oder zeigt eine Person ganz

Halbtotale („medium long shot"):
zeigt einen Ort oder eine Person noch ganz,
die Umgebung verschwindet jedoch

Halbnahaufnahme („full shot"):
zeigt Menschen vom Kopf bis zu den Füßen

Amerikanische Einstellung („medium shot"):
zeigt Menschen vom Kopf bis zu den Oberschenkeln

Nahaufnahme („close shot"):
zeigt Kopf und Oberkörper eines Menschen bis zur
Gürtellinie, man kann Gesichtszüge erkennen

Großaufnahme („close-up"):
zeigt das ganze Gesicht

Detailaufnahme („extreme close-up"):
zeigt einen bestimmten Teil sehr deutlich,
z. B. ein Auge im Gesicht

Filmische Gestaltungsmittel untersuchen

Perspektiven:

Perspektiven drücken häufig Veränderungen im Verhältnis von Figuren aus.
Sie können aber auch zur Charakterisierung von Figuren eingesetzt sein.

Perspektive	Erkennungsmerkmale	Wirkung auf den Zuschauer
Bauchsicht „low shot"	zeigt das Objekt aus leichter Untersicht	
Froschperspektive „extreme low camera"	Zuschauer blickt mit der Kamera von tief unten nach oben	Der Betrachter kommt sich klein und ohnmächtig vor.
Normalsicht „normal camera height"	zeigt das Objekt in Augenhöhe	
Point-of-view-shot	zeigt eine Szene aus dem Blickwinkel der handelnden Person(en)	Der Zuschauer wird aus der Sichtweise einer bestimmten Person in das Geschehen hineingezogen.
Aufsicht „high shot"	zeigt das Objekt leicht von oben	
Vogelperspektive „extreme high shot"	man sieht die Szene oder das Geschehen wie ein Vogel senkrecht von oben	

7 Besprecht gemeinsam die Wirkung der einzelnen Perspektiven.
Sucht für die rechte Spalte **„Wirkung auf den Zuschauer"** Beispiele
aus dem Film und sprecht über eure Beobachtungen.

8 Seht euch die Filmsequenz, in der **Schindler und Stern sich zum ersten Mal begegnen** (10.40), gemeinsam an und nehmt dabei die filmischen Gestaltungsmittel **Einstellungsgröße** und **Kameraperspektive** genauer unter die Lupe.

– Eure Beobachtungen haltet ihr dann in einem sogenannten „Sequenzplan" fest, wie ihr ihn auf Seite 110–111 als Muster vorfindet.
– Macht euch davon gegebenenfalls eine Kopie oder erstellt euch einen solchen Plan am Computer.

> Als **Sequenz** bezeichnet man in der Filmanalyse eine Reihe zusammengehörender Einstellungen; einen Sequenzwechsel erkennt man z. B. an einem Orts- oder Personenwechsel.
> Ein **Sequenzplan** enthält Angaben zum Inhalt (Handlung), zur Kameraführung, zum Ton oder zur Musik; eventuell verzeichnet er auch die Gespräche der Figuren oder die mögliche Wirkung auf den Zuschauer. Ein Sequenzplan kann als Grundlage für ein Drehbuch dienen.

9 Damit ihr eure Beobachtungen so genau wie möglich aufzeichnen und überprüfen könnt, solltet ihr bei der Analyse einzelner Ausschnitte den Film immer nach jeder Einstellung stoppen, eventuell zurückspulen, eure Notizen kontrollieren, korrigieren, protokollieren usw.

10 In euren Sequenzplan könnt ihr auch eine Spalte für **Kamerabewegungen** aufnehmen.

Kamerabewegungen:

Stand: Gilt als Nullstufe der Kamerabewegung, um einen Gegenstand aus ein und derselben Perspektive aufzunehmen.

Schwenk: Die Kamerabewegung erfolgt analog zur Kopfbewegung, sodass sich der Bildausschnitt ändert.

Fahrt: Die Kamera bewegt sich
– auf Gegenstände/Personen zu (Zufahrt oder Ranfahrt),
– von ihnen weg (Rückfahrt),
– in gleichem Abstand (Parallelfahrt, Verfolgungsfahrt),
– vertikal (Aufzugsfahrt).
– Ausnahme: **Zoom** (erzeugt die Illusion einer Bewegung durch ein Objektiv)

11 Seht euch nun zum Abschluss die Sequenz „**Erste Begegnung zwischen Schindler und Stern**" (10.40–13.39) noch einmal im Ganzen an.
– Sprecht über die Wirkung der filmischen Mittel, die diese Szene insgesamt prägen.
– Berücksichtigt bei eurer Einschätzung und Bewertung auch die **Übersichten** über **Einstellungsgrößen** (Seite 107) und **Perspektiven** (Seite 108).

Die Wirkung filmischer Gestaltungsmittel reflektieren

Erste Begegnung zwischen Schindler und Stern (10.40–13.39)

Zeit in Min	Handlung	Dialog / = Zeichen für längere Sprechpause	Geräusche / Musik	Einstellungsgröße *Kameraperspektive*
10.40	Übervoller Raum beim Judenrat. Alle Tische besetzt. Jüdische Bevölkerung beschwert sich über die Behandlung, die ihnen zuteil wird.	(…)	Stimmengewirr	Halbtotale *Normalsicht*
11.02	Schindler betritt diesen Raum.	OS: „Itzak Stern. / Ich suche Itzak Stern. / Sind Sie Itzak Stern oder nicht?" IS: „Ich bins." OS: „Wo können wir miteinander reden?"	plötzliche absolute Stille im Raum	Halbnah *Normalsicht*
11.18	Schindler und Stern gehen in einen Nachbarraum. Schindler gießt aus kleiner Flasche Schnaps in ein Glas und rückt einen Stuhl für Stern zurecht. Er selbst jedoch bleibt stehen.	OS: „Sie waren doch Buchhalter in der Fabrik in der Liepowastraße. Was haben die da hergestellt? Töpfe? Pfannen?" IS: „Laut Gesetz, mein Herr, muss ich darauf hinweisen, dass ich Jude bin." OS: „Tja. Und ich bin Deutscher. So viel dazu. / Eine solide Firma Ihrer Ansicht nach?" IS: „Relativ erfolgreich." OS: „Ich verstehe nichts von Emailwaren. Und Sie?" IS: „Ich war nur der Buchhalter."	Türklappen, Stimmengewirr aus übervollem Raum verschwindet, Schritte, Tür zu	???
11.47	Stern setzt sich auf Stuhl, den Schindler ihm während des Gespräches hingeschoben hat. Er lehnt dabei ein angebotenes Schnapsglas von Schindler ab. Schindler setzt sich auf den Tisch vor Stern, trinkt das Schnapsglas aus.	OS: „Obwohl die Technik ziemlich einfach ist, nicht? Kleine Änderungen an den Maschinen und man kann herstellen, was man will, nicht wahr? Die Ausstattung für Feldküchen, Wehrmachtsaufträge. Nach dem Kriegsende uninteressant, aber im Augenblick könnte man ein Vermögen damit verdienen." IS: „Ich glaube, im Augenblick gibt es für die meisten Leute Wichtigeres." OS: „Und was?" IS: „Sie werden bestimmt erfolgreich sein, sobald Sie erst die Aufträge haben. Je schlimmer die Lage wird, desto besser für Sie."		???

12.18	Schindler steht auf, geht zum Fenster, geht zurück zum Tisch. Stern nimmt seine Brille ab. Schindler setzt sich Stern gegenüber und legt die Füße auf den Tisch. Schindler steckt sich eine Zigarette an.	OS: „Die notwendigen Unterschriften bekomme ich ohne Weiteres, das ist noch das Einfachste, aber das Geld für den Firmenkauf zu beschaffen, das ist nicht leicht." IS: „Also Sie haben kein Geld?" OS: „Tja, nicht so viel Geld. Investoren. Sie haben doch sicher Kontakt zu jüdischen Geschäftskreisen." IS: „Geschäftskreise? Juden dürfen keine Geschäfte mehr besitzen. Deshalb steht ja dieses unter Zwangsverwaltung." OS: „Sie wären auch kein Eigentümer. Es würde mir gehören. Ich würde es mit Waren abzahlen. Töpfe und Pfannen." IS: „Mit Töpfen und Pfannen." OS: „Damit könnten Sie etwas anfangen. Das wäre etwas Handfestes. Sie könnten damit Schwarzhandel treiben oder was Sie wollen und alle Beteiligten wären zufrieden. / Wenn Sie wollen, können Sie als mein Geschäftsführer arbeiten."	???
13.0	Stern setzt seine Brille wieder auf, sieht Schindler an.	IS: „Damit ich Sie recht verstehe: Die Investoren werden das Geld bereitstellen. Ich werde die ganze Arbeit machen, und was bitte schön werden Sie tun?" OS: „Ich würde dafür sorgen, dass die Firma bekannt wird und dass das alles einen gewissen Stil hat. Da liegt meine Stärke, nicht in der Arbeit, nicht in der Arbeit. In der Präsentation."	???
13.22	Schindler und Stern blicken sich an.	kein Dialog	Schweigen ???
13.39		IS: „Ich bin sicher, dass von meinen Bekannten niemand daran Interesse hat." OS: „Das sollten sie aber, Itzak Stern. Sagen Sie das Ihren Bekannten."	???

Einen Sequenzplan als Mittel zur Filmanalyse erstellen und auswerten

Figurenanalyse

Folgendes Handwerkszeug braucht ihr, um Figuren in einem Film zu analysieren:

Der Film als audiovisuelles Medium stellt immer zuerst das Sichtbare, das Äußerliche, das Offensichtliche dar, weswegen es nicht leicht ist, dem Zuschauer auch das verborgene Innere einer Figur – also ihre Gedanken, ihre Gefühle, ihren mentalen Zustand – verständlich zu machen.

Man unterscheidet Haupt- und Nebenfiguren, wobei der **Protagonist** zentrale Wichtigkeit beansprucht. Er ist die **Schlüsselfigur**, die alles zusammenhält; dabei ist er nicht unbedingt zugleich auch ein Held.

Protagonisten erkennt man an
- der Dominanz im gesamten Film,
- der Häufigkeit des Auftretens,
- der Kontinuität der Präsenz.

Es kann in einem Film auch mehrere, möglicherweise sogar gleichrangige Protagonisten geben, die manchmal standardisierten Paarungen entsprechen (z. B. Gut und Böse, Liebhaber und Geliebte, Verbrecher und Detektiv usw.).

Man unterscheidet weiterhin **eindimensionale** und **mehrdimensionale** Figuren im Film. Eindimensionale Figuren sind meist die Nebenfiguren. Sie werden nicht von allen Seiten, sondern nur oberflächlich mit einigen wenigen Charakterzügen gezeigt.

Mehrdimensionale Figuren gibt es dagegen nur als Protagonisten. Sie können durch zwei Merkmale ausgezeichnet sein:
- eine gewisse Komplexität (d.h., die Liste ihrer Eigenschaften und Merkmale ist vergleichsweise lang, gekennzeichnet von großer Vielfalt, von Gegensätzen und Widersprüchen);
- eine persönlichkeitsmäßige Veränderung/ eine Entwicklung (d.h., die Figur ist am Ende des Films nicht mehr die, die sie am Anfang war).

Um eine Figur mit ihren möglicherweise facettenreichen und/oder widersprüchlichen Charakterzügen und Eigenarten im Film schlüssig darzustellen, bedarf es besonderer Methoden und Kunstgriffe. Grundsätzlich unterscheidet man hier drei Arten der Charakterisierung:
- die **Selbstcharakterisierung:**
  Jede Figur charakterisiert sich als die, die sie ist oder zu sein vorgibt, durch ihr Reden, ihr Handeln, ihre Mimik, Gestik, Stimme, Sprache, Kleidung usw.
- die **Fremdcharakterisierung:**
  Eine Figur wird durch eine andere Figur im Film vorgestellt und beurteilt.
- die **Erzählercharakterisierung:**
  Eine Figur kann durch Art und Form des filmischen Erzählens charakterisiert werden, etwa durch die Einstellungsgröße oder -perspektive, durch die Musik, durch die Beleuchtung und andere Stilmittel.

Mit Hilfe einer Figurenanalyse werden charakteristische Merkmale einer Figur – ob Nebenfigur oder Protagonist, ob ein- oder mehrdimensional – herausgearbeitet. Das beginnt bei Äußerlichkeiten wie Aussehen, Kleidung und Verhalten und endet bei charakterlichen und anderen Persönlichkeitsmerkmalen.

1 Welche Protagonisten gibt es im Film?
Sind sie mit den Hauptfiguren des Buches identisch?
Vergleicht.

2 Besonderes Interesse gilt häufig dem ersten Auftritt des Protagonisten
und der Art seiner Charakterisierung.
– Verfolgt die ersten Auftritte der Protagonisten des Films „Schindlers Liste".
  Tauscht eure Eindrücke aus.
– Entsprechen die Figuren euren Erwartungen/Vorstellungen,
  die ihr nach dem Lesen des Buches hattet?
– Welche Figur hättet ihr anders dargestellt?
  Wer überzeugt euch auf Anhieb?

S. 89

3 Wähle einen Protagonisten aus und suche Beispiele zu den
unterschiedlichen Arten der Charakterisierung
(vgl. die Übersicht auf der gegenüberliegenden Seite).
Welche Vorteile hat es, wenn eine Figur durch
verschiedene Arten charakterisiert wird?

4 Unterhaltet euch darüber, ob die Figuren Oskar Schindler, Amun Göth
und Itzak Stern eindimensional oder mehrdimensional dargestellt sind.
Führt entsprechende Beispiele an.

5 Im Portfolio habt ihr bereits eine Tabelle für den
Vergleich von Buch und Film vorbereitet (Seite 88).
Nehmt diese Tabelle zur Hand.
– Seht euch die entsprechende Szene im Film an
  (ab 42.05) und ergänzt die Tabelle.
  Wertet eure Ergebnisse aus.
– Warum weicht der Regisseur
  hier so stark von der
  Romanvorlage ab? Begründet.

6 Seht euch die Szene **„Schindler holt Stern
aus dem Zug"** nun noch einmal genauer
zur Analyse der Figuren an.
– Wer sind die Protagonisten – wer sind die
  Nebendarsteller?
– Beschreibt das Äußere der Figuren.
  Gibt es Auffälligkeiten?
– Wie sind die Protagonisten charakterisiert?
  Macht dies anhand der filmischen Mittel
  Einstellungsgrößen und **Perspektiven** fest.

Zentrale Formen der Filmanalyse beherrschen: Figurenanalyse

Schindler holt Stern aus dem Zug (42.05–45.20)

Zeit in Min	Handlung	Dialog / = Zeichen für längere Sprechpause	Geräusche/ Musik	Einstellungsgröße *Kameraperspektive*
42.05	Schindler liegt mit Klonowska im Bett. Poldek wartet vor der Tür, geht unruhig auf und ab, kann durch die Glasscheibe alles sehen.	kein Dialog	Schritte	Amerik. Einstellung *Normalsicht*
42.30	Poldek klopft an.	P: „Herr Direktor." OS: „Scheiße. Das ist ja nicht zu fassen. Stern? Sind Sie das?" P: „Nein, hier ist Poldek. Es geht um Stern."	Klopfen	Großaufnahme *Normalsicht*
42.42	Schindler ist auf dem Bahnhof. Juden beschriften dort ihr Gepäck. Die SS bewacht alles.	verschiedene Ansagen auf dem Bahnsteig	Durchsagen, Dampf der Züge	???
43.01	Schindler steht bei einem Mann, der eine Liste durchblättert. Schindler ruft Sterns Namen. Beide gehen den Bahnsteig entlang. Beide bleiben stehen. Schindler zückt sein Notizbuch. Ein SS-Mann kommt hinzu.	OS: „Stern?" M: „Er steht auf der Liste." OS: „Auf der Liste? Gehen wir ihn suchen!" M: „Sie dürfen ihn aber nicht mitnehmen, wenn er auf der Liste steht. Wenn er ein kriegswichtiger Arbeiter wäre, würde er nicht auf der Liste stehen." OS: „Ich streite mich nicht mit niederen Chargen. Ihr Name?" M: „Ich versichere Ihnen, die Liste ist korrekt." OS: „Ich habe Sie nicht nach der Liste gefragt, sondern nach Ihrem Namen." M: „Klaus Tauber." OS: „Tauber?" M: „Hauptscharführer? Dieser Herr hier glaubt, uns sei ein Fehler unterlaufen." OS: „Mein Werksleiter befindet sich irgendwo in diesem Zug. Wenn der mit ihm abfährt, steht meine Produktion still und das Rüstungsamt wird wissen wollen, weshalb." H: „Steht er auf der Liste?" M: „Jawoll. Itzak Stern."		??? ???

	Der Hauptscharführer wendet sich zum Gehen, wendet sich dann aber wieder Schindler zu.	H: „Eindeutig. Diese Liste ist sicher richtig. Ich kann nichts daran ändern." OS: ??? H: „Mein Name? Mein Name ist Kunder." OS: ??? H: „Hauptscharführer Kunder." OS: „K-U-N-D-E-R." H: „Und wie heißen Sie?" OS: ???	
	Schindler steckt sein Notizbuch ein. Schindler geht weg und lässt die beiden stehen.		???
44.18	Schindler geht am Zug entlang und ruft Sterns Namen. Die beiden laufen neben ihm her und rufen ebenfalls.	(Mehrfache Rufe nach Stern.)	???
44.23	Der Zug setzt sich in Bewegung.	kein Dialog	Lokpfeifen, Dampfgeräusche ???
44.30	Die drei laufen neben dem Zug her und rufen Sterns Namen in die Waggons.	(Mehrfache Rufe nach Stern.)	Zuggeräusche ???
44.36	Schindler ist am richtigen Waggon, läuft aber zunächst weiter.	OS: „Stern?" IS: „Herr Direktor." OS: „Stern?" IS: „Herr Direktor. Bitte verzeihen Sie." OS: „Halten Sie den Zug an!" IS: „Ich bitte um Verzeihung." OS: „Hier ist er! Sie müssen anhalten!"	Zuggeräusche ???
44.52	???	M: „Sofort anhalten!"	Zuggeräusche ???
44.55	Der Zug wird angehalten.	kein Dialog	Bremsenquietschen ???
45.03	Stern steigt aus dem Zug. Er geht neben Schindler den Bahnsteig entlang. Die SS kommt mit der Liste. Schindler geht immer stur geradeaus weiter.	M: „Unterschreiben Sie hier. Und da abzeichnen. Verstehen Sie, uns ist das im Grunde egal. Ob dieser oder jener. Aber dieser ganze Umstand mit der Liste, der ganze Papierkram." IS: „Irgendwie hab ich meine Arbeitskarte zu Hause vergessen. Ich wollte den SS-Männern erklären, dass es ein Versehen war. Es tut mir leid. Das war dumm von mir …" OS: ???	Schritte, Zuggeräusche ???

Einen Filmausschnitt mit der Romanvorlage vergleichen

1 Vergegenwärtigt euch noch einmal den Ablauf der **„Vergabe der Blauscheine"** (Seite 96/97 hier im Buch).
– Welche Orte spielen im Roman eine Rolle?
– Welche Figuren treten in Erscheinung? Welchen Anteil an der Handlung haben sie?

2 Seht euch nun den entsprechenden Filmausschnitt zur **„Vergabe der Blauscheine"** (23.27–27.38) an. Erarbeitet euch auch hierzu einen Sequenzplan.

3 Wertet eure Beobachtungen aus.
– Vergleicht Orte und Figuren im Buch mit Orten und Figuren im Film.
– Welche Variante spricht euch mehr an? Woran liegt das? Begründet.

4 Diskutiert mögliche Ursachen für die Veränderungen im Vergleich zur Romanvorlage.

> *Der Regisseur muss den Film so gestalten, dass möglichst viele Besucher die Kinos füllen und so das Geld für die Produktion wieder eingespielt wird.*

> *Die Filmvariante spricht das Gefühl der Zuschauer stärker an, weil mehr in den Vordergrund gerückt wird, dass Stern vielen Mitmenschen hilft. Man sieht diese Personen vor sich (was im Buch nicht möglich ist) und entwickelt Mitgefühl.*

> *Da Stern im Film ein Protagonist ist, muss er auch entsprechend oft im Vordergrund auftreten. Das wäre bei einer strikten Einhaltung der Romanvorlage nicht möglich gewesen.*

> *Stern soll als Sympathieträger dargestellt werden.*

Einen Sequenzplan erstellen

1 Erstelle nun mit einem Partner oder einer Gruppe selbstständig einen Sequenzplan, **wie Ingrid und Schindler die Räumung des Gettos beobachten**.
Da sich die Räumung des Gettos im Film über 13 Minuten erstreckt, vereinbart ihr am besten mit eurem Lehrer, bis zu welcher Zeit ihr das Protokoll erstellen und führen sollt.
– Legt euch zunächst eine Tabelle nach dem Muster von Seite 117 an.
– Teilt die einzelnen Beobachtungsschwerpunkte (Spalten) unter euch auf.
– Lasst zuerst die gesamte Szene auf euch wirken.
– Seht dann immer nur einen kurzen Ausschnitt, stoppt den Film, macht euch Notizen.
– Spult zurück, vergleicht bzw. ergänzt eure letzten Aufzeichnungen.
– Tragt am Ende eure Ergebnisse zusammen.
– Schaut euch die Szene dann noch einmal als Ganzes an.

2 Vergleicht eure Ergebnisse im Hinblick auf Vollständigkeit und Details mit anderen Gruppen.
– Was macht die Szene so eindrucksvoll?
– Wie tragen die einzelnen Elemente in ihrer Wirkung dazu bei?

3 Nehmt eure Aufzeichnungen von der Buchbesprechung (Seite 100) zur Hand. Vergleicht sie mit eurem Sequenzprotokoll.
– Wo gibt es zentrale Übereinstimmungen/Unterschiede?
– Sind die gleichen Orte gewählt?
– Welche Personen sind jeweils beteiligt?
– Wie sind die Gefühle der Beteiligten im Film dargestellt?

Schindler und Ingrid beobachten die Räumung des Gettos (54.03–1.07.20)

Zeit in Min	Handlung	Dialog / = Zeichen für längere Sprechpause	Geräusche/ Musik	Einstellungsgröße *Kameraperspektive*
54.03	Schindler und Ingrid reiten.	kein Dialog	Pferdegetrappel	Halbtotale *Bauchsicht*
54.10	SS-Autos fahren durchs Getto.	kein Dialog	Autogeräusche	Halbtotale *Normalsicht*
54.22	SS-Mann schreit.	„Absitzen! Und in Zweierreihen antreten! Kameraden!"	Autotür knallt zu, Laufschritte, Pfiffe, Schreie, Hundegebell	Nah *Normalsicht*
	Wagen halten. SS-Männer steigen aus, laufen zur Aufstellung. Göth gibt die Anweisungen.	G: „Ich glaub, wir fangen an mit Getto B." „Ist das klar?" M: „Fangen wir auf beiden Seiten an?" G: „Nein, nein, ich möchte, dass Sie dort anfangen. Ja, rechts. Und dann immer weiter."		Halbtotale
54.50	Schindler und seine Freundin halten auf einem Hügel, von dem aus sie das Getto sehen.	kein Dialog	Lautsprecherdurchsagen, Pferdewiehern	Halbtotale *Aufsicht*
55.10	Familie sitzt um einen Tisch, unterhalten sich auf Jüdisch, stehen auf.	(Gespräch der Familie)	Schreie, Pfiffe, Schritte	Halbtotale *Normalsicht*
55.22	Eine alte Frau geht auf der Straße, SS läuft an ihr vorbei.	kein Dialog	Schreie, Pfiffe, Schritte	Halbtotale *Normalsicht*
...	...	...	...	...

G = Göth   M = SS-Mann

Einen Sequenzplan als Mittel zur Filmanalyse erstellen und auswerten

Filmmusik untersuchen

Bei der Musik muss man grundsätzlich unterscheiden zwischen „Musik im Film" und „Filmmusik".

Bei der **Musik im Film** handelt es sich um Musik **im On**: d.h., man sieht die Musiker musizieren und die Sänger singen, die Musik ist also Teil der Handlung selbst.

Bei der **Filmmusik** dagegen handelt es sich um Musik **im Off**: Die Filmmusik ist ein dramaturgisches Element, eine Bauform des Erzählens. Filmmusik wird von außen eingespielt, wirkt meistens unterbewusst, ist damit aber umso wichtiger. Mit ihr sollen Gefühle stimuliert werden, man soll sich als Zuschauer mit den Helden identifizieren, sich in verschiedene Situationen einfühlen.

Bei der Analyse von Filmmusik kann man zwei Arten unterscheiden:

– **die Leitmotivtechnik**: „underscoring"; damit wird eine Figur oder ein Handlungsort spezifiziert und charakterisiert;
– **die Stimmungstechnik**: „mood technique"; sie illustriert eine Szene oder Handlungssituation.

1 Hört euch die Filmmusik von „Schindlers Liste" einmal mit geschlossenen Augen an.
Was empfindet ihr? Wie würdet ihr sie beschreiben?
Welche Bilder entstehen vor euren Augen?

2 Ein Musikstück durchzieht den gesamten Film – sicher habt ihr die Melodie sofort im Kopf.
– An welchen Stellen im Film erklingt diese Musik?
– Welche Rolle würdet ihr diesem musikalischen Thema zuordnen?

3 In der Szene der „Gesundheitsaktion" wird eine ganz bestimmte Musik eingesetzt. Schaut euch die Szene an. Beschreibt diese Musik genauer.
– Um welche Art von Filmmusik handelt es sich? Begründet.
– Welche Gefühle löst die Musik beim Zuschauer aus? Harmoniert die Musik mit dem Inhalt des Films? Steht sie im Kontrast zum Inhalt? Beachtet dazu auch, **wie** sie eingesetzt wird.
– Welche Funktion ordnet ihr der Musik zu?
– Welche äußeren Rahmenbedingungen umrahmen diese Selektion? Vergleiche deren Bedeutung mit der Rolle der Musik.

4 Lest noch einmal auf der Lehrbuchseite 101–102 die Gesundheitsaktion nach. Auf nur 20 Zeilen wird dieser Vorgang im Roman selbst geschildert.
– Welche Darstellung berührt euch mehr: die des Buches oder die des Films?
– Welche Ursachen sind dafür zu nennen?

5 Im Buch erfahren die Insassen erst eine Woche später „unter den Klängen von Lautsprechermusik" vom Ergebnis dieser Aktion.
– Wie ist diese erzählte Zeit im Film umgesetzt?
– Welche Rolle spielt die begleitende Musik dabei?

6 An welchen weiteren Stellen im Film beeindruckt dich die gewählte Musik? Warum ist das so?

Besonderheiten im Film „Schindlers Liste"

1 Was ist in der Zusammenschau für euch das Besondere an diesem Film? Was unterscheidet ihn von anderen Filmen? Berücksichtigt jetzt auch die Ergebnisse aus eurer Analyse der gestalterischen Mittel, die der Regisseur Steven Spielberg einsetzt.

2 Ein wichtiges Element in „Schindlers Liste" ist auch die Farbgebung. Spielberg unterscheidet hier zwischen der Vergangenheit (Schwarzweiß) und der Gegenwart (Farbe).
Überlegt, welche Argumente für diese Farbwahl sprechen.

3 Bei der Räumung des Gettos unterbricht Spielberg seine Farbwahl. Sucht nach möglichen Ursachen.

4 Bei der Buchbesprechung habt ihr euch bereits Gedanken gemacht, welche Möglichkeiten der Film hätte, das Getto darzustellen, die das Buch **nicht** hat.
– Seht euch diesen Ausschnitt nun an und notiert euch Besonderheiten.
– Wie ist die Darstellung des Gettos filmisch umgesetzt?

5 Ein weiteres wichtiges Element ist, dass der Film sich um einen hohen Wahrheitsgehalt bemüht. Woran wird das deutlich?

6 Nun hast du dem Film ausführlich „hinter die Kulissen geschaut". Schreibe abschließend unter besonderer Berücksichtigung der Darstellungsmittel eine Filmkritik zu **„Schindlers Liste"**.

Johann Wolfgang von Goethe: Faust

Auf den Lebensspuren von Johann Wolfgang von Goethe

Johann Wolfgang von Goethe: ein Porträt

Goethe wurde am 28. August 1749 in Frankfurt am Main geboren. Frankfurt war schon damals eine wichtige europäische Handels- und Messestadt, in der jährlich die Herbst- und Frühjahrs-
⁵ messe stattfand.

„… das Wogen und Treiben, das Abladen und Auspacken der Waren erregte von den ersten Momenten des Bewusstseins an eine unbezwingliche tätige Neugierde und ein unbe-
¹⁰ grenztes Verlangen nach kindischem Besitz … Zugleich aber bildete sich eine Vorstellung, was die Welt alles hervorbringt, was sie bedarf und was die Bewohner ihrer verschiedenen Teile gegeneinander auswechseln", schreibt Goethe
¹⁵ später in *Dichtung und Wahrheit*".

Seine Mutter war noch sehr jung bei seiner Geburt – erst 18 Jahre alt. Fröhlich und ausgelassen spielte sie mit Wolfgang und der zwei Jahre jüngeren Schwester Cornelia. Seinen Vater
²⁰ beschreibt Goethe später als liebevoll, aber oft als sehr pedantisch und streng. Der „Kaiserliche Rat" lebte von seinem Vermögen und nahm sich viel Zeit für seine Liebhabereien – Naturwissenschaften, Mineralien und Kupferstiche. Auch um
²⁵ die Erziehung seiner Kinder kümmerte sich der Vater höchstpersönlich. Für den Unterricht wurden Hauslehrer engagiert. Auf dem „Stundenplan" standen: Latein, Griechisch, Hebräisch, Englisch, Italienisch, Naturwissenschaften und
³⁰ etwas Mathematik sowie Zeichnen; aber auch Tanzen, Fechten und Reiten. Kinderbibliotheken gab es zu dieser Zeit noch nicht. So erzählten die Eltern ihren Kindern von wunderbaren Gestalten und Ereignissen der Vergangenheit.

³⁵ Das weckte natürlich die Fantasie der Geschwister. Sie spielten die Geschichten mit ihrem Puppentheater nach, das ihnen ihre Großmutter zu Weihnachten geschenkt hatte. Für die Puppen entwarfen sie die Garderobe, fertigten Dekora-
⁴⁰ tionen an und dachten sich neue Stücke aus.

Auf Wunsch des Vaters zog Goethe 1765 nach Leipzig zum Studium der Rechtswissenschaften. Erst sechzehnjährig, nahm er das Studium nicht sonderlich ernst, genoss lieber das Studenten-
⁴⁵ leben, besuchte das Theater, zeichnete und hatte erste Liebschaften.

Wegen einer Erkrankung der Lungen und Lymphdrüsen musste Goethe das Studium 1768 unterbrechen, kehrte nach Frankfurt zurück und
⁵⁰ kurierte sich zu Hause aus.

Doch sobald seine Gesundheit wiederhergestellt war, drängte ihn der ehrgeizige Vater, das Studium in Straßburg abzuschließen.

In Straßburg begegnete Goethe einer Persön-
⁵⁵ lichkeit, die sein gesamtes späteres Schaffen beeinflussen sollte – Johann Gottfried Herder.

„Und so hatte ich von Glück zu sagen, dass durch eine unerwartete Bekanntschaft alles, was in mir von Selbstgefälligkeit, Bespiegelungslust,
⁶⁰ Eitelkeit, Stolz und Hochmut ruhen oder wirken mochte, einer sehr harten Prüfung ausgesetzt ward …"

Mit dem um fünf Jahre älteren Herder entdeckte der junge Goethe eine neue Welt, eine
⁶⁵ Welt des Gefühls und der Leidenschaft, des Einklangs mit der Natur. Sie lauschten gemeinsam der Stimme des einfachen Volkes.

Erste Dichtungen, wie zum Beispiel „Das Heidenröslein", zeugen von diesem neuen Gefühl. Bei seinen Wanderungen in das fünf Meilen von Frankfurt entfernte Sesenheim verliebte sich Goethe in die Pfarrerstochter Friederike Brion. „Willkommen und Abschied" ist eines der Liebesgedichte, die das Ende dieser Beziehung beschreiben. Friederike starb 1813 unverheiratet und in ärmlichen Verhältnissen.

Als „Lizentiat der Rechte" beendete Goethe 1771 endlich sein Jurastudium und kehrte nach Frankfurt zurück. Doch hatte er wenig Freude an der trockenen Justiz, reiste lieber, schrieb an seinem Drama „Götz von Berlichingen" und überließ seinem Vater die Anwaltspraxis.

Um aus dem Sohn doch noch einen Juristen zu machen, schickte der Vater Goethe für fünf Monate zu einem Praktikum ans Reichskammergericht in Wetzlar. Doch auch hier verrichtete er nur lustlos seine Arbeit und vergnügte sich lieber mit jungen Leuten.

Bei einem Ball auf dem Lande verliebte er sich unsterblich in Charlotte Buff, die bereits verlobt war. Mit „geknicktem" Herzen verließ Goethe Wetzlar und verarbeitete seine Erfahrungen in dem Briefroman „Die Leiden des jungen Werthers" (1774).

Mit einem Schlag wurde er berühmt! Die Jugend fand sich in den Figuren seines Roman wieder. Bis in die Kleidung hinein identifizierten sich die jungen Männer mit der Figur des Werther. Es folgte aber auch die Zeit der sogenannten Werther-Selbstmorde. Wie Werther wollten einige junge Menschen die unerfüllte Liebe nicht ertragen.

Auf Einladung des Herzogs Karl August begab sich Goethe im November 1775 nach Weimar, der Hauptstadt des Landes Sachsen-Weimar-Eisenach. Herzogin Anna Amalia führte mit ihrem Sohn die Regierungsgeschäfte. Goethe sollte dem jungen Erbprinzen als Freund und Berater zur Seite stehen.

Zehn Jahre blieb Goethe am Weimarer Hof. Der von Anna Amalia gegründete „Musenhof"

ermöglichte dem Dichter Goethe die Begegnung mit vielen europäischen Persönlichkeiten und gab ihm Gelegenheit zu eigener schöpferischer Tätigkeit. So arbeitete er weiter am „Faustthema", schrieb „Iphigenie" und „Tasso" in Prosa und spielte selbst Theater.

Im Laufe der Zeit erhielt Goethe, der das volle Vertrauen der Herzogin genoss, hohe Ämter im kleinen Herzogtum. Er war unter anderem Finanzminister, Aufseher des Bauwesens, Verantwortlicher für Feuerschutz sowie Diplomat und Unterhändler bei Verhandlungen mit anderen sächsischen Fürsten. Das machte ihn zum Empfänger des zweithöchsten Gehalts im Lande – anfangs 1 200 Taler, später ab 1816 betrug sein Ministergehalt 3 100 Taler im Jahr.* Doch es blieb auch weiterhin Zeit für seine Interessen: Botanik, Anatomie, Malerei.

Auf Anraten des Prinzen Karl August wurde Johann Wolfgang von Goethe 1782 vom Kaiser geadelt.

Aber die Vielzahl der politischen Verpflichtungen hinderte ihn am Schreiben, und die pro-

---

* Handwerksmeister verdienten ca. 200 Taler jährlich. Schiller bekam als Geschichtsprofessor in Jena 200 Taler, als Hofrat in Weimar 500 Taler. Für einen Taler bekam man im 18. Jh. z. B. 6 kg Fleisch oder 12 kg Brot oder 1kg Tabak.

blematische Liebesbeziehung zu der verheirateten Hofdame Charlotte von Stein belastete ihn zunehmend. Ohne Vorankündigung floh Goethe 1786 aus der Enge der Kleinstadt Weimar nach Italien. Incognito – als „Jean Philippe Möller, Maler" – lebte er in einer Künstlerkolonie und studierte die antike Kunst, malte und vollendete seine Dramen *Iphigenie auf Tauris* und *Egmont*. In Italien gelang ihm der Durchbruch zu einer neuen Kunstauffassung, die man später „Klassik" nennt.

Nach seiner Rückkehr 1788 lernte Goethe Friedrich Schiller kennen, doch erst ab 1794 entwickelte sich eine intensive Freundschaft und Zusammenarbeit der beiden. Sie diskutierten über ihre Balladen und veröffentlichten bissige Zweizeiler über die aktuellen politischen Ereignisse.

Zur Französischen Revolution (1789/1799) verhielten sich Goethe und Schiller reserviert, zeigten aber auf andere Weise das Ringen um eine Welt in Freiheit.

Da Goethe nach seiner Italienreise nur noch für künstlerische und wissenschaftliche Einrichtungen des Herzogtums verantwortlich war, hatte er mehr Zeit für sein eigenes künstlerisches Schaffen.

Mit der 24-jährigen Christiane Vulpius, einer einfachen Arbeiterin in einer Hutmanufaktur, gründete er eine Familie. Die Weimarer Gesellschaft war entsetzt, nur von wenigen wurde Christiane als Goethes Partnerin akzeptiert. So zog sich Goethe mehr und mehr vom höfischen Leben zurück, kümmerte sich um Qualitätsverbesserung an der Universität Jena und leitete mit seiner Frau das Weimarer Hoftheater.

In seinen letzten Lebensjahren erlebte Goethe hohe gesellschaftliche Ehrungen, fortdauernden literarischen Ruhm und private Freuden durch die Heirat seines Sohnes und die Geburt der Enkel. Er verfasste seine Autobiografie *Dichtung und Wahrheit*, schrieb Briefe, Aufsätze; empfing Besuche von Freunden und Bekannten. Doch sein Hauptaugenmerk legte er auf die Vollendung seines Lebenswerkes – *„Faust, Der Tragödie zweiter Teil"*.

Am 6. Juni 1816 starb seine Frau Christiane. „Sie verschied gegen Mittag. Leere und Totenstille in und außer mir", schrieb Goethe in sein Tagebuch.

Nach dem Verlust seiner Frau machte ihm die Einsamkeit zunehmend zu schaffen. Er hielt sich wieder öfter in der Heimat auf, in der er seine Jugendzeit verbracht hatte. Er besuchte Freunde in Frankfurt und Wiesbaden. Die Sommer verbrachte er in Kurorten, denn auch seine Gesundheit war seit 1823 angeschlagen.

Nach dem plötzlichen Tod seines Sohnes August am 27. Oktober 1830 in Rom gab Goethe auch das Reisen auf. Er nahm die Arbeit am zweiten Teil des *„Faust"* wieder auf und vollendete sie wenige Wochen vor seinem Tode. Am 22. März 1832 starb Johann Wolfgang von Goethe im Alter von 83 Jahren an Herzversagen.

1 Welche Fähigkeiten und Leistungen Goethes haben euch besonders beeindruckt?

2 Ersten Ruhm als Schriftsteller erwarb sich Goethe mit „Die Leiden des jungen Werthers".
– Was löste dieser Roman bei den jungen Lesern aus?
– Wodurch lässt sich diese Wirkung begründen?

3 Welche Gedichte, Balladen, Theaterstücke von Goethe habt ihr selbst schon gelesen, gehört oder im Theater erleben können?

4 Beschreibt die Möglichkeiten, die sich dem jungen Rechtsgelehrten durch die Einladung des Herzogs Karl August nach Weimar eröffnet haben.

5 Bereite einen Kurzvortrag zu Stationen in Goethes Leben vor. Wähle aus folgenden Themen aus:
• **Goethes Italienreise und der Durchbruch zur Klassik**
• **Goethes Anteil an der Entwicklung des Weimarer Theaters**
• **Goethes Leistungen als Naturforscher**
Recherchiere im Internet oder in einer Bibliothek.

Das Faust-Thema im Wandel der Zeit

Mehr als sechzig Jahre seines Lebens hat sich Goethe mit der Figur des „Faust" beschäftigt. Was war das für eine Figur, die den Dichter über solch einen langen Zeitraum nicht losließ? Im folgenden Text erhaltet ihr einige Informationen zur Geschichte des Faust-Themas.

Die Faust-Figur in ihrer historischen Entwicklung verfolgen

Alles, was über den historischen *Georg Johann Faust* bekannt ist, liegt zwischen Aberglauben und Sage. Es gilt als sicher, dass von 1480 bis 1540 ein gewisser *Georg Zabel* gelebt hat, der sich erst später den Namen **Faustus** – der Glückhafte – zulegte. Spärliche Fakten deuten auf einen umherziehenden Wunderheiler, Astrologen und volksverbundenen Gelehrten. Aber auch von einem Magier, Scharlatan und Prahlhans ist die Rede. Auf jeden Fall muss er aufgrund seiner besonderen Fähigkeiten eine geheimnisvolle Person gewesen sein, die dem Volke imponierte.

Eine derartige Wirkung machte den herrschenden Ständen Angst, und so hielt man ihn für einen Oppositionellen – einen Aufwiegler und Ketzer.

Sein geheimnisvoller Tod, wahrscheinlich die Folge eines Experimentes mit chemischen Stoffen, führte zu heftigen Spekulationen. Kirchliche Kreise setzten alles daran, Faust als einen von Satan besessenen Zauberer und Schwarzkünstler darzustellen, dessen Seele in der Hölle schmoren muss.

Die studentische Jugend dichtete ihm allerlei Geschichten und Anekdoten an und machte ihn zu einem „Kämpfer" gegen die feudale Herrschaft, einen „Wahrheitssucher", den die Sehnsucht nach den Geheimnissen der Natur ins Verderben stürzte. Da war einer, der die Glaubenslehre anzweifelte und nach Gesetzen in Natur und Gesellschaft suchte.

Wer sich im Mittelalter nicht mit dem Glauben zufriedengab, sondern andere Möglichkeiten suchte, die Welt zu erklären, musste im Komplott mit höllischen Mächten sein. Die Kirche hatte ihr Weltbild festgeschrieben – die Ordnung auf der Welt, alle Regeln seien nach Gottes Plan unabänderlich vorgegeben. Seit es die Bibel gibt, sei es überflüssig, ja verwerflich, im „Buch der Natur" zu forschen.

Doch das Volk liebte seinen Doktor Faust wegen des Mutes, trotz aller Anfeindungen seinen eigenen Weg zu gehen.

Auf der Frankfurter Herbstmesse (1587) erregte ein Buch, dessen Verfasser geheim bleiben wollte, großes Aufsehen. Auf dem Deckblatt war zu lesen:

> „Historia von D. Johann Fausten/dem weitbeschreyten Zauberer vnd Schwartzkünstler/ wie er sich gegen den Teuffel auff eine benandte zeit verschrieben/Was er hierzwischen für seltzame Abentheuwer gesehen/selbst angerichtet vnd getrieben/biß er endtlich seinen wol verdienten Lohn empfangen."

Der Verleger Spieß, ein strenger Protestant, nutzte die Faust-Geschichte im Sinne der Kirche – als Abschreckung. Indem der gottlose Faust seinen „gerechten" Lohn für das Bündnis mit dem Teufel erhält, wird er den Christenmenschen als Warnung geschildert.

1589 wird das Faust-Thema auch von dem englischen Dramatiker Christopher Marlowe (1564–1593) aufgegriffen. In seinem Drama „*The Tragical History of the Life and Death of Doctor Faustus*" bringt er eine Figur auf die Bühne, die

die von der Glaubenslehre gesetzten Grenzen durchbrechen will, auch mit dem Risiko, zugrunde zu gehen und eine Beute des Teufels zu werden.

Marlowe weist nicht mehr mit dem „moralischen Zeigefinger" auf Faust, sondern er stellt einen selbstbewussten Wissenschaftler dar, der auf dem Weg zur Welterkenntnis an Grenzen stößt und eine Beute des Teufels wird.

Ab 1746 führen wandernde Komödianten in Hamburg den *„Faust"* als **Puppenspiel** auf. Die Spieltexte wurden von den Puppenspielerfamilien an die folgenden Generationen mündlich weitergegeben, sodass es sehr unterschiedliche Aufführungen gibt. Überlieferte Fassungen von Puppenspielen zeigen Faust mitunter als einen unbedeutenden, ausschweifenden Genussmenschen, der eher aus niederen Motiven handelt. Das Typische der Faustfigur – der verzweifelt nach Erkenntnissen Suchende – ist hier nicht zu finden.

Auch in der Sturm-und-Drang-Periode wurde das Faust-Thema immer wieder von verschiedenen Autoren bearbeitet. Zunehmend wird der eigentliche Gehalt des Faust-Themas erkannt.

Bei Friedrich Müller (1778) zum Beispiel geht der Faust als reuiger Sünder von der Bühne. Lessing war der Erste, der in seinem Faust-Fragment (1759) von der Tradition abwich, Faust zu verdammen. Fausts Rettung sollte die Auflösung seiner Geschichte sein. Goethe arbeitete – mit Unterbrechungen – mehr als sechs Jahrzehnte am Faust-Thema. Bereits in seiner Kindheit war er über das Puppenspiel mit dem Faust-Thema in Berührung gekommen.

Als Rechtsreferendar nimmt Goethe 1771/72 in Frankfurt am Kindsmordprozess gegen Margarethe Brandt teil. Aus den Prozessakten geht hervor: *Die 24-jährige Dienstmagd des Gasthauses „Zum Einhorn" wurde von einem durchreisenden holländischen Kaufmann verführt. Die Schwangerschaft verheimlichte sie aus Scham und Angst vor den Vorwürfen der Leute. Sie brachte ihr Kind heimlich zur Welt und tötete es. Auf der Flucht ergriffen, wurde sie in den Kerker geworfen und nach einem langen Prozess zum Tode verurteilt.*

Das geschieht am 14. Januar 1772 öffentlich unter „begeisterter" Teilnahme der Bevölkerung. Das Schicksal der Frau geht dem jungen Goethe sehr nahe und so kommt ihm die Idee, diese Tragödie literarisch zu verarbeiten. Bereits in den nächsten zwei Jahren schreibt Goethe erste Szenen zum Faust-Drama und 1775 beendet er die Arbeit am Urfaust: *„Faust und Gretchen"*.

Wegen längerer Krankheit und seiner Studien greift Goethe das Thema erst während seiner Italienreise 1786 wieder auf. Nach seiner Rückkehr 1788 drängt Schiller ihn ständig, am *„Faust"* weiterzuarbeiten. Im Jahre 1808 geht das Drama *„Faust – der Tragödie erster Teil"* in Druck. 1831, wenige Monate vor seinem Tod, vollendet Goethe den zweiten Teil.

1 Im Text wird die Entwicklung des Faust-Stoffes über mehrere Jahrhunderte verfolgt. Ihr könnt drei unterschiedliche Sichtweisen auf Faust erkennen. Belegt sie am Text und ordnet sie zeitlich ein.

2 Faust – eine Figur, die über mehr als drei Jahrhunderte „lebendig" bleibt!
– Welche Eigenschaften und Werte der Faust-Figur waren für das Volk über alle Zeiten hinweg wichtig?
– Welche Erklärungen habt **ihr** dafür?

3 Erarbeite dir eine Übersicht (Struktur) zum Thema **Die Entwicklung des Faust-Stoffes**. Gehe dabei chronologisch vor.

Die Entwicklung des Faust-Stoffes
Historische Figur Georg Zabel 1480–1540 *Faustus*
Das deutsche Volksbuch von Spieß 1587 *Faust, der …*
1589 …

Johann Wolfgang von Goethe: *Faust – Der Tragödie erster Teil*

Tipp: Besorgt euch ein Exemplar des Textes „*Faust – der Tragödie erster Teil*"
und lest die jeweils angegebenen Szenen vollständig.
(Textquelle: Hamburger Lesehefte, 29. Heft, o. J.)

1 Bereitet den Text mit einem Partner zum dialogischen Lesen vor.

Einblicke in Goethes Menschenbild gewinnen

Prolog im Himmel (V 243–353)
Der Vorhang geht auf.
Inmitten der himmlischen Heerscharen begegnen sich
der Herr (Gott) und Mephistopheles (der Teufel).

271 **MEPHISTOPHELES.** Da du, o Herr, dich einmal wieder nahst
      Und fragst, wie alles sich bei uns befinde,
      Und du mich sonst gewöhnlich gerne sahst,
      So siehst du mich auch unter dem Gesinde.
275 Verzeih, ich kann nicht hohe Worte machen,
      Und wenn mich auch der ganze Kreis verhöhnt;
      Mein Pathos* brächte dich gewiss zum Lachen,
      Hättst du dir nicht das Lachen abgewöhnt.
      Von Sonn' und Welten weiß ich nichts zu sagen,
280 Ich sehe nur, wie sich die Menschen plagen.
      Der kleine Gott der Welt bleibt stets von gleichem Schlag,
      Und ist so wunderlich als wie am ersten Tag.
      Ein wenig besser würd er leben,
      Hättst du ihm nicht den Schein des Himmelslichts gegeben;
285 Er nennt's Vernunft und braucht's allein,
      Nur tierischer als jedes Tier zu sein.
      Er scheint mir, mit Verlaub von Euer Gnaden,
      Wie eine der langbeinigen Zikaden,
      Die immer fliegt und fliegend springt
290 Und gleich im Gras ihr altes Liedchen singt;
      Und läg er nur noch immer in dem Grase!
      In jeden Quark begräbt er seine Nase.
      DER HERR. Hast du mir weiter nichts zu sagen?
      Kommst du nur immer anzuklagen?
295 Ist auf der Erde ewig dir nichts recht?
      MEPHISTOPHELES. Nein, Herr! ich find es dort, wie immer, herzlich schlecht.
      Die Menschen dauern mich in ihren Jammertagen,
      Ich mag sogar die armen selbst nicht plagen.

* Pathos: feierliche Ergriffenheit

Der Herr. Kennst du den Faust?
Mephistopheles. Den Doktor?
Der Herr. Meinen Knecht!
300 **Mephistopheles.** Fürwahr! er dient Euch auf besondre Weise.
Nicht irdisch ist des Toren Trank noch Speise.
Ihn treibt die Gärung in die Ferne,
Er ist sich seiner Tollheit halb bewusst;
Vom Himmel fordert er die schönsten Sterne.
305 Und von der Erde jede höchste Lust,
Und alle Näh und alle Ferne
Befriedigt nicht die tief bewegte Brust.
Der Herr. Wenn er mir jetzt auch nur verworren dient,
So werd ich ihn bald in die Klarheit führen.
310 Weiß doch der Gärtner, wenn das Bäumchen grünt,
Dass Blüt und Frucht die künft'gen Jahre zieren.
Mephistopheles. Was wettet Ihr? den sollt Ihr noch verlieren,
Wenn Ihr mir die Erlaubnis gebt,
Ihn meine Straße sacht zu führen!
315 **Der Herr.** Solang er auf der Erde lebt,
Solange sei dir's nicht verboten.
Es irrt der Mensch, solang er strebt.
Mephistopheles. Da dank ich Euch; denn mit den Toten
Hab ich mich niemals gern befangen.
320 Am meisten lieb ich mir die vollen, frischen Wangen.
Für einem Leichnam bin ich nicht zu Haus;
Mir geht es wie der Katze mit der Maus.
Der Herr. Nun gut, es sei dir überlassen!
Zieh diesen Geist von seinem Urquell ab,
325 Und führ ihn, kannst du ihn erfassen,
Auf deinem Wege mit herab,
Und steh beschämt, wenn du bekennen musst:
Ein guter Mensch in seinem dunklen Drange
Ist sich des rechten Weges wohl bewusst.
330 **Mephistopheles.** Schon gut! nur dauert es nicht lange.
Mir ist für meine Wette gar nicht bange.
Wenn ich zu meinem Zweck gelange,
Erlaubt Ihr mir Triumph aus voller Brust.
Staub soll er fressen, und mit Lust,
335 Wie meine Muhme*, die berühmte Schlange.
Der Herr. Du darfst auch da nur frei erscheinen;
Ich habe deinesgleichen nie gehasst.
Von allen Geistern, die verneinen,
Ist mir der Schalk am wenigsten zur Last.
340 Des Menschen Tätigkeit kann allzu leicht erschlaffen,

---

* Muhme: *alt für* Tante

Er liebt sich bald die unbedingte Ruh;
Drum geb ich gern ihm den Gesellen zu,
Der reizt und wirkt und muss als Teufel schaffen. –
Doch ihr, die echten Göttersöhne,
345 Erfreut euch der lebendig reichen Schöne!
Das Werdende, das ewig wirkt und lebt,
Umfass euch mit der Liebe holden Schranken,
Und was in schwankender Erscheinung schwebt,
Befestiget mit dauernden Gedanken!
(Der Himmel schließt, die Erzengel verteilen sich.)
350 **MEPHISTOPHELES** *(allein).* Von Zeit zu Zeit seh ich den Alten gern,
Und hüte mich, mit ihm zu brechen.
Es ist gar hübsch von einem großen Herrn,
So menschlich mit dem Teufel selbst zu sprechen.

2 In welcher Situation treffen Mephisto und der Herr aufeinander?
– Tragt zusammen: Ort, Zeit der Handlung, Figuren.
– Worüber sprechen die beiden?

3 Beschreibt das Verhältnis zwischen Mephisto und dem Herrn.
– Was halten sie voneinander?
– Welche Rolle weist der Herr Mephisto zu? **(V 317–319; 325–331; 338–345)**

4 Mephisto darf *nur frei erscheinen*. Wie ist das zu verstehen?
– Ist Mephisto überhaupt frei, etwas zu wollen, oder ist er ein Werkzeug des Herrn?
– Warum sollte sich ein allmächtiger Gott des Teufels bedienen, um Gutes zu tun?

5 Mephisto und der Herr haben unterschiedliche Einstellungen zum Leben der Menschen auf der Erde und im Besonderen zu Faust. Suche nach Unterschieden im Menschenbild* von Mephisto und dem Herrn:
– Beziehe die Verse **279–292; 310–319; 330–331; 342–345** in deine Betrachtungen ein.
– Stelle deine Ergebnisse in einer Tabelle gegenüber.

* Menschenbild: bestimmte Auffassung vom Wesen des Menschen und seiner Bestimmung; das Bild, das jemand vom Wesen, von den Eigenschaften des Menschen hat.

Gott Rollenbezeichnung lautet **DER HERR**	**Teufel** Rollenbezeichnung lautet **MEPHISTOPHELES**
Das Leben der Menschen auf Erden ist …	Das Leben der Menschen auf Erden ist …
Der Faust ist …	Der Faust ist …

Ergebnisse einer Textuntersuchung darstellen

6 Sieh dir die folgenden Verse noch einmal genauer an: Wie deutest du sie?
- Notiere die Zitate und schreibe die Deutungen auf.
- Besprich das mit einem Lernpartner.
- Tauscht dann eure Ergebnisse in der Klasse aus.

Verse:	Figur:	Deutung:
V 299	DER HERR. *Meinen Knecht!*	Der Herr ist überzeugt, dass Faust gottesfürchtig ist und ihm dient.
V 300–307	MEPHISTOPHELES.	…
V 323–329, V 330–335	…	…

7 Stelle deine Ergebnisse aus den Aufgaben 5 und 6 in einer kurzen Zusammenfassung dar. So könntest du beginnen:

Der Prolog im Himmel
Inmitten der himmlischen Heerscharen unterhalten sich der Herr und Mephistopheles über das Leben auf der Erde. Mephisto …

8 Die Kontroverse um Fausts Wesen und Werdegang führt zu einer Wette zwischen dem Herrn und Mephisto. Lest noch einmal die Verse **312–317**.
- Was genau ist Gegenstand der Wette?
- Wie mag die Wette wohl ausgehen?

9 Der Herr ist sich ziemlich sicher, dass er die Wette gewinnt. Belegt am Text, welche Eigenschaften, Tugenden, Verhaltensweisen der Herr in Faust sieht.

10 Was für ein Menschenbild wird hier von Goethe beschrieben?
- Stelle deine Ergebnisse in einer Mind-Map dar.
- Diskutiert einmal aus heutiger Sicht: Was würdet ihr bekräftigen, was eher nicht?

Goethes Menschenbild im „Faust"

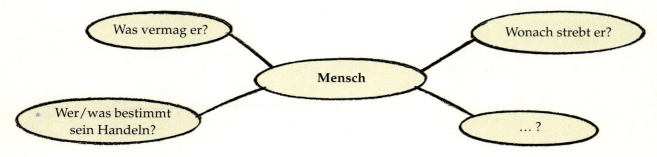

Ergebnisse einer Textuntersuchung darstellen

Sich zur Faustfigur positionieren

Nacht (V 354–807)

FAUST. Habe nun, ach! Philosophie,
355 Juristerei und Medizin,
Und leider auch Theologie
Durchaus studiert, mit heißem Bemühn.
Da steh ich nun, ich armer Tor,
Und bin so klug als wie zuvor!
360 Heiße Magister, heiße Doktor gar,
Und ziehe schon an die zehen Jahr'
Herauf, herab und quer und krumm
Meine Schüler an der Nase herum –
Und sehe, dass wir nichts wissen können!
365 Das will mir schier das Herz verbrennen.
Zwar bin ich gescheiter als alle die Laffen,
Doktoren, Magister, Schreiber und Pfaffen;
Mich plagen keine Skrupel noch Zweifel,
Fürchte mich weder vor Hölle noch Teufel –
370 Dafür ist mir auch alle Freud entrissen,
Bilde mir nicht ein, was Rechts zu wissen,
Bilde mir nicht ein, ich könnte was lehren,
Die Menschen zu bessern und zu bekehren.
Auch hab ich weder Gut noch Geld,
375 Noch Ehr und Herrlichkeit der Welt;
Es möchte kein Hund so länger leben!
Drum hab ich mich der Magie ergeben,
Ob mir durch Geistes Kraft und Mund
Nicht manch Geheimnis würde kund;
380 Dass ich nicht mehr mit sauerm Schweiß
Zu sagen brauche, was ich nicht weiß;
Dass ich erkenne, was die Welt
Im Innersten zusammenhält,
Schau alle Wirkenskraft und Samen
385 Und tu nicht mehr in Worten kramen.

1 Hier tritt Faust, ein angesehener Lehrer und Forscher, zum ersten Mal auf.
– Was erfahrt ihr von ihm?
– In welcher Situation befindet er sich? Lest Textstellen vor, die euren Eindruck belegen.

2 Faust denkt über sein bisheriges Leben nach.
Zu welchem Ergebnis kommt er?
Was genau will er?

3 *Dass ich erkenne, was die Welt
Im Innersten zusammenhält, ...*
Sammelt Fragen, die mit diesem fundamentalen Wunsch zusammenhängen könnten.

4 Du sollst Faust nun auf den wichtigsten Stationen seines Lebens begleiten.
Lege dir dafür ein DIN-A4-Blatt im Querformat an. Deine Aufzeichnungen
kannst du dann beim Fortgang der Handlung vervollständigen.

Szene/Vers Nr.	ausgewählte Textbeispiele	Deutung
Nacht Vers Nr. 358–359:	Da steh ich nun, ich armer Tor, Und bin so klug als wie zuvor!	*Alle seine Studien haben ihm bisher nichts genützt.*
Vor dem Tor Vers Nr.	…	…

Eigene Deutungen zu einer literarischen Figur entwickeln, belegen und sich mit anderen darüber verständigen

Faust ist auf der Suche nach einem anderen Weg, um seinem Anliegen näher zu kommen. Mit Zauberzeichen und Formeln fleht er die Geister um Hilfe an. Faust überschreitet dabei zum ersten Mal seine Grenzen. Durch die Beschwörung des Erdgeistes versucht er, die Natur mit Hilfe der Magie zur Preisgabe ihrer Geheimnisse zu zwingen.

> *Magie* war im Mittelalter Realität. Sie basierte auf der Lehre des Aristoteles und fungierte als Vorläufer der Wissenschaft. An der Universität zu Krakau wurde Zauberei als Wissenschaft gelehrt. Hauptbereiche der Magie waren: Astrologie und Wahrsagerei, Alchimie, Zauberei und Geisterbeschwörung sowie Heilkunde. Zur Alchimie gehörte vor allen Dingen die Suche nach der Quintessenz, auch als Stein der Weisen oder Fünftes Element bezeichnet. Das Fünfte Element sollte die Verbindung zu den vier Elementen Feuer, Wasser, Luft und Erde und somit des Rätsels Lösung sein.

Nacht (V 354–807)

GEIST. Wer ruft mir?
FAUST *(abgewendet)*. Schreckliches Gesicht!
GEIST. Du hast mich mächtig angezogen,
An meiner Sphäre lang gesogen,
485 Und nun –
FAUST. Weh! ich ertrag dich nicht!
GEIST. Du flehst eratmend, mich zu schauen,
Meine Stimme zu hören, mein Antlitz zu sehn;
Mich neigt dein mächtig Seelenflehn,
490 Da bin ich! – Welch erbärmlich Grauen
Fasst Übermenschen dich! Wo ist der Seele Ruf?
Wo ist die Brust, die eine Welt in sich erschuf
Und trug und hegte, die mit Freudebeben
Erschwoll, sich uns, den Geistern, gleich zu heben?
495 Wo bist du, Faust, des Stimme mir erklang,
Der sich an mich mit allen Kräften drang?
Bist du es, der, von meinem Hauch umwittert,
In allen Lebenstiefen zittert,
Ein furchtsam weggekrümmter Wurm?
500 FAUST. Soll ich dir, Flammenbildung, weichen?
Ich bin's, bin Faust, bin deinesgleichen!

GEIST. In Lebensfluten, im Tatensturm
Wall ich auf und ab,
Webe hin und her!
505 Geburt und Grab,
Ein ewiges Meer,
Ein wechselnd Weben,
Ein glühend Leben,
So schaff ich am sausenden Webstuhl der Zeit
510 Und wirke der Gottheit lebendiges Kleid.
FAUST. Der du die weite Welt umschweifst,
Geschäftiger Geist, wie nah fühl ich mich dir!
GEIST. Du gleichst dem Geist, den du begreifst,
Nicht mir! *(Verschwindet.)*
515 FAUST *(zusammenstürzend)*. Nicht dir?
Wem denn?
Ich Ebenbild der Gottheit!
Und nicht einmal dir! *(Es klopft.)*
O Tod! ich kenn's – das ist mein Famulus* –
520 Es wird mein schönstes Glück zunichte!
Dass diese Fülle der Gesichte
Der trockne Schleicher stören muss!

---
* Gehilfe, Student

5 Beurteile das Zusammentreffen von Faust und dem Erdgeist.
– Welches Bild hat Faust von sich selbst?
– Warum fühlt er sich dem Erdgeist so nahe?
– Wie sieht ihn der Erdgeist?
– Wie endet das Zusammentreffen?

Lesen im Originaltext – gesamte Szene „Nacht"

6 Lege eine **Figurenkarte** von Faust an. Notiere dir im Verlaufe des Erschließens der Faustfigur alles, was für eine spätere Personencharakteristik notwendig ist. Orientiere dich an den Kriterien im Kasten.

> **Figurencharakteristik**
> Aussehen, Verhalten, Eigenschaften, Typ, Glaube, Wünsche, Ziele, Sichtweisen

7 Auf der Suche nach dem geistigen Durchdringen der Welt geht Faust noch einen Schritt weiter.
– Lies noch einmal die Verse **652–807**.
– Beschreibe Fausts unterschiedliche Stimmungen.
– Wozu ist Faust letztendlich bereit? Was erhofft er sich vom Überschreiten einer zweiten Grenze?

Den Osterspaziergang interpretieren

Die Kirchenglocken, die zum Osterfeste rufen, halten ihn vorerst von seinem Vorhaben ab. Er begibt sich mit seinem Famulus Wagner hinaus in die freie Natur.

Vor dem Tor (V 808–1177)
Spaziergänger aller Art ziehen hinaus.

FAUST. Vom Eise befreit sind Strom und Bäche
Durch des Frühlings holden, belebenden Blick;
905 Im Tale grünet Hoffnungsglück;
Der alte Winter, in seiner Schwäche,
Zog sich in raue Berge zurück.
Von dorther sendet er, fliehend, nur
Ohnmächtige Schauer körnigen Eises
910 In Streifen über die grünende Flur;
Aber die Sonne duldet kein Weißes:
Überall regt sich Bildung und Streben,
Alles will sie mit Farben beleben;
Doch an Blumen fehlt's im Revier,
915 Sie nimmt geputzte Menschen dafür.
Kehre dich um, von diesen Höhen
Nach der Stadt zurückzusehen.
Aus dem hohlen finstern Tor
Dringt ein buntes Gewimmel hervor.
920 Jeder sonnt sich heute so gern.
Sie feiern die Auferstehung des Herrn,
Denn sie sind selber auferstanden,
Aus niedriger Häuser dumpfen Gemächern,
Aus Handwerks- und Gewerbesbanden,
925 Aus dem Druck von Giebeln und Dächern,
Aus der Straßen quetschender Enge,
Aus der Kirchen ehrwürdiger Nacht
Sind sie alle ans Licht gebracht.
Sieh nur, sieh! wie behänd sich die Menge
930 Durch die Gärten und Felder zerschlägt,
Wie der Fluss, in Breit und Länge,
So manchen lustigen Nachen* bewegt,
Und bis zum Sinken überladen
Entfernt sich dieser letzte Kahn.
935 Selbst von des Berges fernen Pfaden
Blinken uns farbige Kleider an.
Ich höre schon des Dorfs Getümmel,
Hier ist des Volkes wahrer Himmel,
Zufrieden jauchzet Groß und Klein;
940 Hier bin ich Mensch, hier darf ich's sein.

* kleines Boot

1 Wie wirkt die frühlingshafte Natur auf Faust?
– Belegt an geeigneten Textstellen, in welche Stimmung Faust gerät.
– Vergleicht Fausts Eindrücke mit euren, die ihr im Frühling empfindet.

Ergebnisse einer Textuntersuchung darstellen: eine Figurenkarte anlegen

2 Auf dem langen Spaziergang könnt ihr verschiedene Stationen erkennen.
Gliedert den Text entsprechend und gebt den Abschnitten passende Überschriften.

3 Die Gegenüberstellung von Winter und Frühling vermittelt ein genaues Bild dieses Ostermorgens.
– Sucht die beschreibenden Adjektive mit ihrem dazugehörigen Substantiv heraus.

Winter: der *alte* Winter … **Frühling:** die *grünende* Flur …

– Notiert euch Personifizierungen und Metaphern und klärt deren Wirkung auf den Leser.

Personifizierung:	**Metapher:**
Aber die Sonne duldet kein Weißes	*ein buntes Gewimmel*
Es entsteht der Eindruck, dass die Sonne, als Person, aktiv am Erwachen des Frühlings beteiligt ist.	Viele farbig gekleidete Menschen, die sich hinausbewegen; unsere Phantasie wird angeregt, wie das wohl aussehen mag?

4 In den Versen **923–927** findet ihr viele Aufzählungen.
Lest laut vor. Welche Wirkung haben die Aufzählungen auf euch?

5 Stellt die Naturbetrachtung der Beschreibung der mittelalterlichen Stadt gegenüber. Beziecht dabei den Symbolcharakter von Winter und Frühling sowie die Enge der Stadt und die Weite der Natur in eure Überlegungen ein.

Stadt: *Aus niedriger Häuser dumpfen Gemächern* **Natur:** *Im Tale grünet Hoffnungsglück*

6 Vergleicht nun Fausts Stimmung vor und nach dem Spaziergang.
– Welche Gründe seht ihr für die Veränderungen?
– Versucht eine Verallgemeinerung im Hinblick auf Mensch und Natur.

7 Schreibe eine Interpretation zu Fausts Monolog **Osterspaziergang**. Bette den Monolog in die Handlung der Szene **Nacht** ein. Erläutere dabei die sich wandelnde Grundstimmung und belege deine Aussagen mit Textstellen.

Interpretieren
Interpretieren bedeutet, einen Text zu erklären, zu deuten und auszulegen.
Der Text soll als eine Einheit von Inhalt und Form betrachtet werden.

Analyse des Inhalts:
- Gesamtaussage: Worum geht es?
- Was erfährt man über Ort und Zeit der Handlung?
- Welche Personen/Figuren handeln?
- Über welche Personen wird gesprochen?

Analyse der Form:
- Wer ist der Sprecher/Erzähler?
- Um welche Textsorte handelt es sich?
- Welche sprachlichen Besonderheiten fallen auf? Personifizierung, Metapher, bewusste Wiederholung, Vergleich, Sprichwörter, Wendungen, wörtliche Rede?
- Was dient der Veranschaulichung oder Verstärkung?

Fausts Konflikt erschließen

Studierzimmer (V 1178–1529)

In das Studierzimmer zurückgekehrt, befällt Faust erneut tiefe Unzufriedenheit. Das ist Mephistos Chance. Als Student verkleidet, erscheint er bei Faust.

1 Wie stellt sich Mephisto vor?

2 Mephisto spricht in Rätseln:
Ich bin „Ein Teil von jener Kraft,
Die stets das Böse will und stets das Gute schafft."
– Wie versteht ihr diese Worte?
– Sucht weitere rätselhafte Textstellen und deutet sie.

**Lesen im Originaltext
V 1322–1446**

* Weltbild – Bestimmte Vorstellung von der Welt: über ihre Entstehung, über Machtverhältnisse, Entwicklungsmöglichkeiten; Auffassungen vom Diesseits und Jenseits, usw.

3 Erläutere Mephistos Weltbild*. (V 1346–1378) Was führt er im Schilde? Ziehe weitere Textstellen dieser Szene für deine Begründung heran.

4 Lege eine Figurenkarte von Mephisto an, vervollständige deine Aufzeichnungen im Verlaufe der Handlung.

Studierzimmer (V 1530–2072)

Faust ist bereit, jede Hilfe anzunehmen – auch die des Teufels –, um seiner verzweifelten Situation zu entkommen. Zunächst entzieht sich Faust dem Teufel. Doch bei der zweiten Begegnung erwägt Faust ein Bündnis mit Mephisto.

1 Lest die Szene **Studierzimmer** und notiert Textstellen, die Fausts Sichtweisen zum „engen Erdenleben", zu Gott und zum Glauben belegen. Fündig werdet ihr vor allem in den Versen **1554–1606**. Vervollständigt dann auch eure Figurenkarten zu Faust und Mephisto.

2 In höchster Verzweiflung „schlägt" Faust wild um sich.
– Untersucht, was genau hinter seiner „Verfluchung" steckt. (V 1587–1606)
– Vergleicht diese Szene mit der Eingangsszene **Nacht**.

Mephisto nutzt Fausts depressive Stimmung und schlägt ihm ein „Geschäft" vor.

1635 **MEPHISTOPHELES.** (…) Hör auf, mit deinem Gram zu spielen,
Der, wie ein Geier, dir am Leben frisst;
Die schlechteste Gesellschaft lässt dich fühlen,
Dass du ein Mensch mit Menschen bist.
Doch so ist's nicht gemeint,

Den zentralen Konflikt einer literarischen Figur erschließen

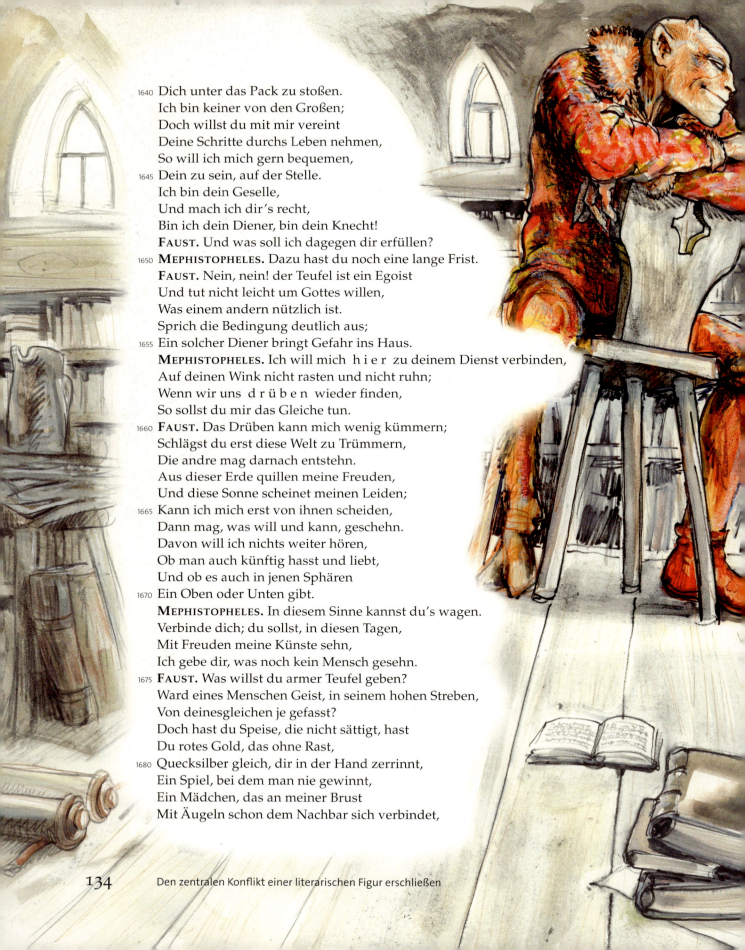

1640 Dich unter das Pack zu stoßen.
Ich bin keiner von den Großen;
Doch willst du mit mir vereint
Deine Schritte durchs Leben nehmen,
So will ich mich gern bequemen,
1645 Dein zu sein, auf der Stelle.
Ich bin dein Geselle,
Und mach ich dir's recht,
Bin ich dein Diener, bin dein Knecht!
Faust. Und was soll ich dagegen dir erfüllen?
1650 **Mephistopheles.** Dazu hast du noch eine lange Frist.
Faust. Nein, nein! der Teufel ist ein Egoist
Und tut nicht leicht um Gottes willen,
Was einem andern nützlich ist.
Sprich die Bedingung deutlich aus;
1655 Ein solcher Diener bringt Gefahr ins Haus.
Mephistopheles. Ich will mich h i e r zu deinem Dienst verbinden,
Auf deinen Wink nicht rasten und nicht ruhn;
Wenn wir uns d r ü b e n wieder finden,
So sollst du mir das Gleiche tun.
1660 **Faust.** Das Drüben kann mich wenig kümmern;
Schlägst du erst diese Welt zu Trümmern,
Die andre mag darnach entstehn.
Aus dieser Erde quillen meine Freuden,
Und diese Sonne scheinet meinen Leiden;
1665 Kann ich mich erst von ihnen scheiden,
Dann mag, was will und kann, geschehn.
Davon will ich nichts weiter hören,
Ob man auch künftig hasst und liebt,
Und ob es auch in jenen Sphären
1670 Ein Oben oder Unten gibt.
Mephistopheles. In diesem Sinne kannst du's wagen.
Verbinde dich; du sollst, in diesen Tagen,
Mit Freuden meine Künste sehn,
Ich gebe dir, was noch kein Mensch gesehn.
1675 **Faust.** Was willst du armer Teufel geben?
Ward eines Menschen Geist, in seinem hohen Streben,
Von deinesgleichen je gefasst?
Doch hast du Speise, die nicht sättigt, hast
Du rotes Gold, das ohne Rast,
1680 Quecksilber gleich, dir in der Hand zerrinnt,
Ein Spiel, bei dem man nie gewinnt,
Ein Mädchen, das an meiner Brust
Mit Äugeln schon dem Nachbar sich verbindet,

Den zentralen Konflikt einer literarischen Figur erschließen

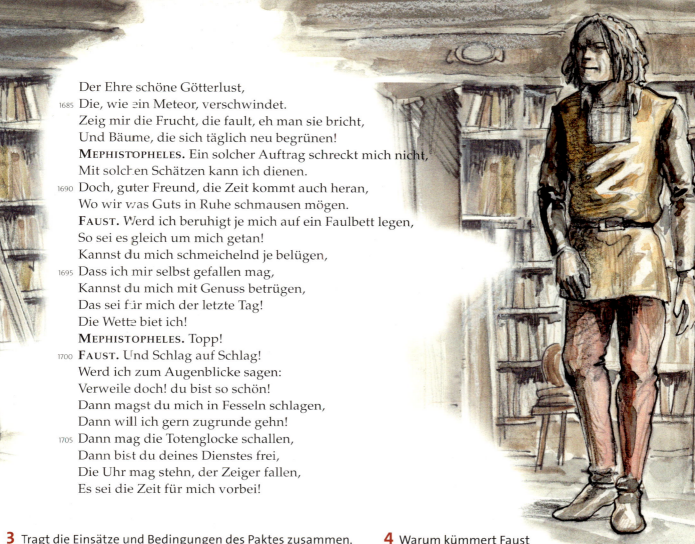

Der Ehre schöne Götterlust,
1685 Die, wie ein Meteor, verschwindet.
Zeig mir die Frucht, die fault, eh man sie bricht,
Und Bäume, die sich täglich neu begrünen!
MEPHISTOPHELES. Ein solcher Auftrag schreckt mich nicht,
Mit solchen Schätzen kann ich dienen.
1690 Doch, guter Freund, die Zeit kommt auch heran,
Wo wir was Guts in Ruhe schmausen mögen.
FAUST. Werd ich beruhigt je mich auf ein Faulbett legen,
So sei es gleich um mich getan!
Kannst du mich schmeichelnd je belügen,
1695 Dass ich mir selbst gefallen mag,
Kannst du mich mit Genuss betrügen,
Das sei für mich der letzte Tag!
Die Wette biet ich!
MEPHISTOPHELES. Topp!
1700 **FAUST.** Und Schlag auf Schlag!
Werd ich zum Augenblicke sagen:
Verweile doch! du bist so schön!
Dann magst du mich in Fesseln schlagen,
Dann will ich gern zugrunde gehn!
1705 Dann mag die Totenglocke schallen,
Dann bist du deines Dienstes frei,
Die Uhr mag stehn, der Zeiger fallen,
Es sei die Zeit für mich vorbei!

3 Tragt die Einsätze und Bedingungen des Paktes zusammen. Was bietet Mephisto an? Was will er dafür haben?

4 Warum kümmert Faust das „Drüben" nicht? **(V 1660–1670)**

Mephistos Einsätze	Mephistos Bedingungen
V 1644–1648 Er will sein Diener, sein Knecht sein.	V … „Drüben" – in der Hölle – soll Faust ihm dienen.
V …	V …

5 Faust begibt sich nicht so einfach in Mephistos Gewalt.
Ehe er Mephistos Bedingungen akzeptiert, fragt er ihn,
ob er ihm tatsächlich etwas zu bieten habe. **(V 1675–1687)**
– Merkwürdige Wünsche voller Widersprüche. Wie bewertet ihr sie?
– Untersucht, auf welchen Gebieten Faust Wissenszuwachs verlangt.

Den zentralen Konflikt einer literarischen Figur erschließen

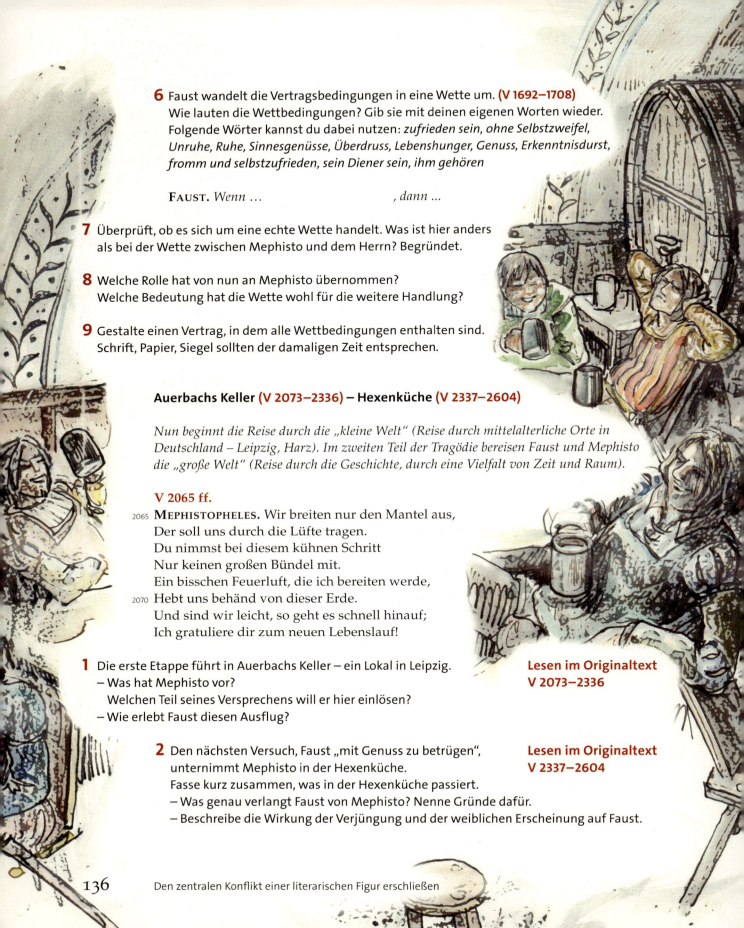

6 Faust wandelt die Vertragsbedingungen in eine Wette um. **(V 1692–1708)**
Wie lauten die Wettbedingungen? Gib sie mit deinen eigenen Worten wieder.
Folgende Wörter kannst du dabei nutzen: *zufrieden sein, ohne Selbstzweifel, Unruhe, Ruhe, Sinnesgenüsse, Überdruss, Lebenshunger, Genuss, Erkenntnisdurst, fromm und selbstzufrieden, sein Diener sein, ihm gehören*

FAUST. *Wenn …   , dann …*

7 Überprüft, ob es sich um eine echte Wette handelt. Was ist hier anders als bei der Wette zwischen Mephisto und dem Herrn? Begründet.

8 Welche Rolle hat von nun an Mephisto übernommen?
Welche Bedeutung hat die Wette wohl für die weitere Handlung?

9 Gestalte einen Vertrag, in dem alle Wettbedingungen enthalten sind. Schrift, Papier, Siegel sollten der damaligen Zeit entsprechen.

Auerbachs Keller (V 2073–2336) – Hexenküche (V 2337–2604)

Nun beginnt die Reise durch die „kleine Welt" (Reise durch mittelalterliche Orte in Deutschland – Leipzig, Harz). Im zweiten Teil der Tragödie bereisen Faust und Mephisto die „große Welt" (Reise durch die Geschichte, durch eine Vielfalt von Zeit und Raum).

V 2065 ff.

2065 MEPHISTOPHELES. Wir breiten nur den Mantel aus,
Der soll uns durch die Lüfte tragen.
Du nimmst bei diesem kühnen Schritt
Nur keinen großen Bündel mit.
Ein bisschen Feuerluft, die ich bereiten werde,
2070 Hebt uns behänd von dieser Erde.
Und sind wir leicht, so geht es schnell hinauf;
Ich gratuliere dir zum neuen Lebenslauf!

1 Die erste Etappe führt in Auerbachs Keller – ein Lokal in Leipzig.
– Was hat Mephisto vor?
  Welchen Teil seines Versprechens will er hier einlösen?
– Wie erlebt Faust diesen Ausflug?

**Lesen im Originaltext
V 2073–2336**

2 Den nächsten Versuch, Faust „mit Genuss zu betrügen", unternimmt Mephisto in der Hexenküche.
Fasse kurz zusammen, was in der Hexenküche passiert.
– Was genau verlangt Faust von Mephisto? Nenne Gründe dafür.
– Beschreibe die Wirkung der Verjüngung und der weiblichen Erscheinung auf Faust.

**Lesen im Originaltext
V 2337–2604**

Den zentralen Konflikt einer literarischen Figur erschließen

Untersuchendes Erschließen der Liebestragödie

Straße (V 2605–2677) – Abend (V 2678–2804) – Spaziergang (V 2805–2864) – Der Nachbarin Haus (V 2865–3024)

Margarete (Gretchen) kommt vom morgendlichen Kirchgang zurück und Faust spricht sie auf der Straße an. Doch sie erteilt ihm zunächst eine Abfuhr. „Feuer und Flamme" von Gretchens Erscheinung, verlangt Faust von Mephisto, ihm diese Frau vorzustellen.

1 Gretchen kommt in der Szene **Straße** kaum zu Wort. Trotzdem erfahrt ihr schon eine Menge über sie über ihr Äußeres, ihre Moral, über ihren Glauben, zu ihrem Verhalten. Tragt zusammen.
Legt anschließend auch für Gretchen eine Figurenkarte an.

2 Welche Veränderungen in Fausts Verhalten stellt ihr nach der Verjüngung fest? Lest Textstellen vor, die das belegen.

3 Was meint ihr, warum Mephisto über Gretchen keine Gewalt hat? **(V 2626; 2654 ff.)**

4 Das plötzliche Auftreten Fausts in Gretchens Stube (**Abend V 2678–2804**) ist der Beginn ihrer heimlichen Beziehung.
– Schreibe die Stationen der Annäherung von Faust an Gretchen auf.
– Welche Hilfen nimmt er von Mephisto in Anspruch?

5 Die *Ballade vom König in Thule* **(V 2759–2782)** wurde von Goethe in das Drama eingefügt. Es wird die Geschichte des sagenhaften Königs der Shetland-Inseln erzählt.
– Welche Vorstellung von Liebe und Treue kommt in dieser Ballade zum Ausdruck?
– Erklärt den Zusammenhang von Gretchens Treffen mit Faust und dem Inhalt der Ballade.

6 Welche Rolle spielt Frau Marthe beim Fortgang der Liebesbeziehung **(V 2865–3024)** zwischen Faust und Gretchen? Lege eine Figurenkarte für Frau Marthe an.

Straße II (V 3025–3072) – Garten (V 3073–3204) – Ein Gartenhäuschen (V 3205–3216)

*In der Szene **Garten** kommt es zu einem ersten längeren Gespräch zwischen Faust und Gretchen. Mephisto plaudert inzwischen mit Frau Marthe.*

1 Lest diese Szene mit verteilten Rollen vor.

2 Welches Bild hat Gretchen von sich selbst? Tauscht euch aus.
– Belegt eure Aussagen am Text.
– Was meint sie mit *Inkommodiert euch nicht!?*

Gretchens Selbstbild:
Gretchen hält sich für ungebildet.

Text:
*Ich weiß zu gut, dass solch erfahrnen Mann
Mein arm Gespräch nicht unterhalten kann.*

Zentrale Elemente eines Dramas erfassen: Figuren, Raum- und Zeitdarstellung, Konfliktverlauf

3 Wie sind die Gefühle Gretchens für Faust und umgekehrt?
– Sucht im Text nach den „Liebesgeständnissen" der beiden und notiert Versangaben.
– Lest die entsprechenden Verse anschließend vor!
– Welche Chance räumt Gretchen ihrer Liebe ein? Tauscht euch aus und begründet.

4 Ergänze Gretchens Figurenkarte. Denke an: Familienverhältnisse, Besitzverhältnisse, Charaktereigenschaften.

5 Vergleicht eure Ergebnisse. Welches Bild von Gretchen habt ihr bislang?

6 Faust spricht von *höchsten Gaben der liebevoll austeilenden Natur.* (V 3102–3105)
– Welche Gaben meint er?
– Steht das nicht im Widerspruch zu seinem eigenen Handeln? Setzt euch damit auseinander.

Wald und Höhle (V 3217–3373) – Gretchens Stube (V 3374–3413)

Im Zusammentreffen mit Gretchen erlebt Faust höchstes Liebesglück.
*Zum Nachdenken zieht er sich in **Wald und Höhle** zurück. War es das, was er wollte?*
Mephisto folgt ihm. Hat er schon gewonnen?

1 Lest die **Verse 3240–3370**.

2 Mit welchen Gedanken und Gefühlen quält sich Faust?
– In welcher Verfassung verlässt er den Ort seines Rückzugs?
– Gelingt es Mephisto diesmal, Fausts „Hunger" zu stillen?
– Auch hier könnt ihr die Figurencharakteristik ergänzen.

3 Faust entschließt sich, Gretchen wiederzusehen.
– Setzt euch mit seinen Motiven für diesen Entschluss auseinander.
– Was haltet **ihr** davon?

4 Gretchen vermisst Faust. Sie hat ihn lange Zeit nicht gesehen. Am Spinnrad beginnt sie zu singen.
– Lies im Text **V 3374–3413**. Beschreibe Gretchens Stimmung.
– Stelle ihre Gefühle ihren Ahnungen gegenüber.

Marthens Garten (V 3414–3543) – Am Brunnen (V 3544–3586) –
Zwinger (V 3587–3619) – Nacht (V 3620–3775) – Dom (V 3776–3834)

*In **Marthens Garten** begegnen sich die Liebenden wieder. Faust und Gretchen wünschen*
sich ein nächtliches Treffen. Gretchens Mutter würde das sicher verhindern.

1 Faust hat einen Plan. Beschreibt das Vorhaben und den Ausgang. **(V 3414–3543)**

2 Am Brunnen erfährt Gretchen Einzelheiten über das Schicksal **(V 3544–3586)** einer Freundin – Bärbelchen. Wie bewertet Lieschen die Liebe ohne Trauschein?

3 Gretchens Bruder Valentin hat von den Gerüchten über seine Schwester gehört. In der **Nacht (V 3722–3763)** begibt er sich zu seinem Elternhaus, um sich Klarheit zu verschaffen.
– Wie bewertet Valentin die Beziehung Faust – Gretchen?
– Was geschieht in dieser Nacht? Kann Valentin die Ehre seiner Schwester retten?

Nacht. Straße vor Gretchens Türe

VALENTIN. Ich sterbe! das ist bald gesagt
Und bälder noch getan.
Was steht ihr Weiber, heult und klagt?
3725 Kommt her und hört mich an! *(Alle treten um ihn.)*
Mein Gretchen, sieh! du bist noch jung,
Bist gar noch nicht gescheit genung,
Machst deine Sachen schlecht.
Ich sag dir's im Vertrauen nur:
3730 Du bist doch nun einmal eine Hur,
So sei's auch eben recht.
GRETCHEN. Mein Bruder! Gott! Was soll mir das?
VALENTIN. Lass unsern Herrgott aus dem Spaß.
Geschehn ist leider nun geschehn,
3735 Und wie es gehn kann, so wird's gehn.
Du fingst mit e i n e m heimlich an,
Bald kommen ihrer mehre dran,
Und wenn dich erst ein Dutzend hat,
So hat dich auch die ganze Stadt.
3740 Wenn erst die Schande wird geboren,
Wird sie heimlich zur Welt gebracht,
Und man zieht den Schleier der Nacht
Ihr über Kopf und Ohren;
Ja, man möchte sie gern ermorden.
3745 Wächst sie aber und macht sich groß,
Dann geht sie auch bei Tage bloß,
Und ist doch nicht schöner geworden.
Je hässlicher wird ihr Gesicht,
Je mehr sucht sie des Tages Licht.
3750 Ich seh wahrhaftig schon die Zeit,
Dass alle brave Bürgersleut,
Wie von einer angesteckten Leichen,
Von dir, du Metze!* seitab weichen.
Dir soll das Herz im Leib verzagen,
3755 Wenn sie dir in die Augen sehn!
Sollst keine goldne Kette mehr tragen!
In der Kirche nicht mehr am Altar stehn!
In einem schönen Spitzenkragen
Dich nicht beim Tanze wohlbehagen!
3760 In eine finstre Jammerecken
Unter Bettler und Krüppel dich verstecken
Und, wenn dir dann auch Gott verzeiht,
Auf Erden sein vermaledeit!

* *alt für* Prostituierte

4 Kurz vor seinem Tod äußert Valentin seine Ängste und Befürchtungen im Hinblick auf Gretchens Zukunft.
– Wie beschreibt er die Folgen von Gretchens Liebe zu Faust?
– Fasse zusammen, wie seine Moralvorstellungen im Einzelnen aussehen.

5 Mutter tot, Bruder ermordet, Faust geflohen! Gretchen sucht Zuflucht im **Dom (V 3776–3834)**.
– Welche Visionen erscheinen Gretchen, wenn sie an ihre Zukunft denkt?
– Welche Rolle spielt der *Böse Geist*?

6 Diskutiert über Gretchens Schuld am Tod ihrer Mutter und ihres Bruders. Belegt eure Standpunkte am Text.

7 Gretchen ist ungewollt schwanger. Während des Gottesdienstes im Dom wird ihr bewusst, dass sie für den Tod ihrer Mutter und ihres Bruders verantwortlich ist. Schreibe einen inneren Monolog aus der Sicht Gretchens.

8 Interpretiert die Übersetzung der lateinischen Chorverse. Stellt einen Zusammenhang her zu Gretchens Ohnmacht am Ende der Szene.

Der Chor singt den Hymnus:
Dies irae, dies illa / Solvet saeclum in favilla.

Das bedeutet: *Tag des Zorns/Gerichts, Tag, der die Welt in glühende Asche verwandelt. Wenn also der Richter sich niedergesetzt haben wird, wird das Verborgene offenkundig werden und nichts ungerächt bleiben.*

Zentrale Elemente eines Dramas erfassen: Figuren, Raum- und Zeitdarstellung, Konfliktverlauf

9 Verfolgt noch einmal die Stationen der Liebesbeziehung von Faust und Gretchen zurück. Wer ist in der Beziehung der Aktivere, wer der Passivere? Wer spricht zuerst von *Liebe*? Wer hat *Zweifel*, wer hat keine?

10 Gretchens Lieder vom *König in Thule* **(V 2759–2782)**, das *Spinnradlied* **(V 3374–3413)** und ihr *Gebet* im *Zwinger* **(V 3587–3619)** stellen ebenfalls Stationen der Liebesbeziehung dar. Vergleiche die Liedinhalte mit der Entwicklung Gretchens.

11 Verfasse eine schriftliche Interpretation zur Aufgabe 10. Wähle dir eine eigene Überschrift.

**Walpurgisnacht (V 3835–4222) –
Walpurgisnachtstraum (V 4223–4398) –
Trüber Tag. Feld (Z. 1–60)**

Die Mörder von Valentin werden gesucht. Faust und Mephisto müssen fliehen.
Um Faust abzulenken, zieht ihn Mephisto in das wilde Leben der Walpurgisnacht. Doch plötzlich hat Faust eine Vision: Gretchen – verlassen, gefesselt, mit durchschnittenem Hals. Ernüchtert beschuldigt Faust Mephisto, alles Unglück verursacht zu haben.

> **Walpurgisnacht:**
> Die Nacht vom 30. April zum 1. Mai – die Nacht, in der angeblich die Hexen insbesondere auf dem Blocksberg (dem Brocken im Harz) ein großes Fest abhalten. Sie warten auf den Besuch des „gehörnten Gottes" – des Teufels. In vielen Regionen wird dieser Brauch gepflegt. Man verkleidet sich und führt Hexentänze auf.

1 Lest die Szenen **Walpurgisnacht** und **Trüber Tag. Feld**.

> MEPHISTOPHELES. *Wer war's, der sie ins Verderben stürzte? Ich oder du?*
> *Drangen wir uns dir auf, oder du dich uns?*

2 Setzt euch mit der Schuldfrage argumentativ auseinander. Wodurch wird Faust an Gretchen schuldig? Zu welchen Erkenntnissen gelangt er?
• Tod der Mutter
• Tod des Bruders
• Schwangerschaft

3 Wie geht Mephisto mit Fausts Vorwürfen um? Wie erklärt er das Unglück? Zitiert entsprechende Textstellen.

4 Nimm jetzt selbst schriftlich Stellung dazu. Wie ist deine eigene Sichtweise auf die Schuldfrage? Beachte beim Argumentieren die mittelalterlichen Moralvorstellungen.

Nacht. Offen Feld (V 4399–4404) – Kerker (V 4405–4615)

Auf Zauberpferden reiten Faust und Mephisto am Hinrichtungshügel Rabenstein vorbei zum Kerker. Hier harrt Gretchen ihrer Todesstrafe. In den Wahnsinn getrieben, hatte sie ihr neugeborenes Kind ertränkt.

Kerker

FAUST *(mit einem Bund Schlüssel und einer Lampe, vor einem eisernen Türchen).*

4405 Mich fasst ein längst entwohnter Schauer,
Der Menschheit ganzer Jammer fasst mich an.
Hier wohnt sie, hinter dieser feuchten Mauer,
Und ihr Verbrechen war ein guter Wahn!
Du zauderst, zu ihr zu gehen!
4410 Du fürchtest, sie wiederzusehen!
Fort! Dein Zagen zögert den Tod heran.
(Er ergreift das Schloss. Es singt inwendig.)
MARGARETE. Meine Mutter, die Hur,
Die mich umgebracht hat!
4415 Mein Vater, der Schelm,
Der mich gessen hat!
Mein Schwesterlein klein
Hub auf die Bein,
An einem kühlen Ort;
4420 Da ward ich ein schönes Waldvögelein;
Fliege fort, fliege fort!
FAUST *(aufschließend).* Sie ahnet nicht, dass der Geliebte lauscht,
Die Ketten klirren hört, das Stroh, das rauscht.
4425 *(Er tritt ein.)*
MARGARETE *(sich auf dem Lager verbergend).*
Weh! Weh! Sie kommen. Bittrer Tod!
FAUST *(leise).* Still! Still! ich komme, dich zu befreien.
MARGARETE *(sich vor ihn hinwälzend).* Bist du ein
4430 Mensch, so fühle meine Not.
FAUST. Du wirst die Wächter aus dem Schlafe schreien!
(Er fasst die Ketten, sie aufzuschließen.)
MARGARETE *(auf den Knien).* Wer hat dir, Henker,
4435 diese Macht
Über mich gegeben!
Du holst mich schon um Mitternacht.
Erbarme dich und lass mich leben!
Ist's morgen früh nicht zeitig genung?
4440 *(Sie steht auf.)*
Bin ich doch noch so jung, so jung!
Und soll schon sterben!
Schön war ich auch, und das war mein Verderben.
Nah war der Freund, nun ist er weit;

4445 Zerrissen liegt der Kranz, die Blumen zerstreut.
Fasse mich nicht so gewaltsam an!
Schone mich! Was hab ich dir getan?
Lass mich nicht vergebens flehen,
Hab ich dich doch mein Tage nicht gesehen!
4450 FAUST. Werd ich den Jammer überstehen!
MARGARETE. Ich bin nun ganz in deiner Macht.
Lass mich nur erst das Kind noch tränken.
Ich herzt' es diese ganze Nacht;
Sie nahmen mir's, um mich zu kränken,
4455 Und sagen nun, ich hätt es umgebracht.
Und niemals werd ich wieder froh.
Sie singen Lieder auf mich! Es ist bös von den Leuten!
Ein altes Märchen endigt so,
4460 Wer heißt sie's deuten?
FAUST *(wirft sich nieder).*
Ein Liebender liegt dir zu Füßen,
Die Jammerknechtschaft aufzuschließen.
MARGARETE *(wirft sich zu ihm).*
4465 O lass uns knien, die Heil'gen anzurufen!
Sieh! unter diesen Stufen,
Unter der Schwelle
Siedet die Hölle!
Der Böse,
4470 Mit furchtbarem Grimme,
Macht ein Getöse!
FAUST *(laut).* Gretchen! Gretchen!
MARGARETE *(aufmerksam).*
Das war des Freundes Stimme!
4475 *(Sie springt auf. Die Ketten fallen ab.)*
Wo ist er? Ich hab ihn rufen hören.
Ich bin frei! Mir soll niemand wehren.
An seinen Hals will ich fliegen,
An seinem Busen liegen!
4480 Er rief: Gretchen! Er stand auf der Schwelle.
Mitten durchs Heulen und Klappen der Hölle,
Durch den grimmigen, teuflischen Hohn
Erkannt ich den süßen, den liebenden Ton.
FAUST. Ich bin's!
4485 MARGARETE. Du bist's! O sag es noch einmal!
(Ihn fassend.) Er ist's! Er ist's! Wohin ist alle Qual?
Wohin die Angst des Kerkers? der Ketten?
Du bist's! Kommst, mich zu retten!

Handlungen, Verhaltensweisen und Verhaltensmotive literarischer Figuren interpretieren

MARGARETE. Ich bin gerettet! –
Schon ist die Straße wieder da,
Auf der ich dich zum ersten Male sah.
Und der heitere Garten,
Wo ich und Marthe deiner warten.
FAUST *(fortstrebend).* Komm mit! Komm mit!
MARGARETE. O weile!
Weil ich doch so gern, wo du weilest.
(Liebkosend.)
FAUST. Eile!
Wenn du nicht eilest,
Werden wir's teuer büßen müssen.
MARGARETE. Wie? du kannst nicht mehr küssen?
Mein Freund, so kurz von mir entfernt,
Und hast's Küssen verlernt?
Warum wird mir an deinem Halse so bang?
Wenn sonst von deinen Worten, deinen Blicken
Ein ganzer Himmel mich überdrang,
Und du mich küsstest, als wolltest du mich
    ersticken.
Küsse mich!
Sonst küss ich dich! *(Sie umfasst ihn.)*
O weh! deine Lippen sind kalt,
Sind stumm.
Wo ist dein Lieben
Geblieben?
Wer brachte mich drum? *(Sie wendet sich von ihm.)*
FAUST. Komm! Folge mir! Liebchen, fasse Mut!
Ich herze dich mit tausendfacher Glut;
Nur folge mir! Ich bitte dich nur dies!
MARGARETE *(zu ihm gewendet).*
Und bist du's denn? Und bist du's auch gewiss?
FAUST. Ich bin's! Komm mit!
MARGARETE. Du machst die Fesseln los,
Nimmst wieder mich in deinen Schoß.
Wie kommt es, dass du dich vor mir nicht
    scheust? –
Und weißt du denn, mein Freund, wen du
    befreist?
FAUST. Komm! komm! schon weicht die tiefe
    Nacht.
MARGARETE. Meine Mutter hab ich umgebracht,
Mein Kind hab ich ertränkt.
War es nicht dir und mir geschenkt?
Dir auch. – Du bist's! ich glaub es kaum.
Gib deine Hand! Es ist kein Traum!
Deine liebe Hand! – Ach, aber sie ist feucht!
Wische sie ab! Wie mich deucht,
Ist Blut dran.
Ach Gott! was hast du getan!
Stecke den Degen ein,
Ich bitte dich drum!
FAUST. Lass das Vergangne vergangen sein,
Du bringst mich um.
MARGARETE. Nein, du musst übrig bleiben!
Ich will dir die Gräber beschreiben.
Für die musst du sorgen
Gleich morgen;
Der Mutter den besten Platz geben,
Meinen Bruder sogleich darneben,
Mich ein wenig beiseit,
Nur nicht gar zu weit!
Und das Kleine mir an die rechte Brust.
Niemand wird sonst bei mir liegen!
Mich an deine Seite zu schmiegen,
Das war ein süßes, ein holdes Glück!
Aber es will mir nicht mehr gelingen;
Mir ist's, als müsst ich mich zu dir zwingen,
Als stießest du mich von dir zurück;
Und doch bist du's und blickst so gut, so fromm.
FAUST. Fühlst du, dass ich es bin, so komm!
MARGARETE. Dahinaus?
FAUST. Ins Freie.
MARGARETE. Ist das Grab drauß,
Lauert der Tod, so komm!
Von hier ins ewige Ruhebett
Und weiter keinen Schritt –
Du gehst nun fort? O Heinrich, könnt ich mit!
FAUST. Du kannst! So wolle nur! Die Tür steht
    offen!
MARGARETE. Ich darf nicht fort; für mich ist nichts
    zu hoffen.
Was hilft es fliehn? Sie lauern doch mir auf.
Es ist so elend, betteln zu müssen,
Und noch dazu mit bösem Gewissen!
Es ist so elend, in der Fremde schweifen,
Und sie werden mich doch ergreifen!
(…)

4605 **MARGARETE.** Gericht Gottes! dir hab ich mich
   übergeben!
MEPHISTOPHELES *(zu Faust).*
Komm! komm! Ich lasse dich mit ihr im Stich.
MARGARETE. Dein bin ich, Vater! Rette mich!
4610 Ihr Engel! Ihr heiligen Scharen,
Lagert euch umher, mich zu bewahren!
Heinrich! Mir graut's vor dir.
MEPHISTOPHELES. Sie ist gerichtet!
STIMME *(von oben).* Ist gerettet!

1 Beschreibe den Zustand, in dem Faust Gretchen antrifft.

2 Warum will Gretchen nicht mit Faust fliehen? Was setzt sie Fausts Fluchtplänen entgegen?
– Zitiere Textstellen zu *Gretchens ungebrochener Liebe zu Faust* und zu *Gretchens Umgang mit ihrer Schuld*.
– Vervollständige die Figurenkarten zu Faust und Gretchen.

3 Lest noch einmal die letzten beiden Verse des ersten Teils der Tragödie **(V 4613–4614)**.
– Wie interpretiert ihr Goethes Sichtweise?
– Setzt euch mit der Schlussgestaltung auseinander.

4 Welche Bedeutung hat Fausts Liebe zu Gretchen für **seine** Persönlichkeitsentwicklung? Welche Erfahrungen konnte er machen?

5 Goethe nennt sein Drama eine *Tragödie*. Diskutiert Gründe dafür, dass diese Liebesbeziehung scheitern musste. Denkt dabei an gesellschaftliche, soziale und weltanschauliche Bedingungen.

6 Setzt euch in Kleingruppen zusammen und stellt eure Figurenkarten vor.
– Vergleicht eure Ergebnisse. Vielleicht könnt ihr noch einige Eintragungen ergänzen.
– Wähle dir dann eine Figur aus und fertige für sie eine Charakteristik an.

Figurencharakteristik

Eine Figurencharakteristik ist eine Deutung des Verhaltens einer literarischen Figur. Bei der Charakteristik einer literarischen Figur muss man sich auf die Textvorgaben beziehen (direkte und indirekte Aussagen). Urteile sollten immer begründet werden; dazu sind Zitate als Belege anzuführen.

- Informiere in der **Einleitung** über Autor, Buch/Stück und die Stellung der Figur im Handlungsgefüge.
- Beschreibe im **Hauptteil** die literarische Figur.
- Stelle die familiären, sozialen und geschichtlichen Lebensumstände dar, in der sie lebt.
- Erkläre ihre Probleme, Ziele, Motive und Ansichten, ihre Beziehungen zu anderen Figuren und ihre innere Entwicklung.
- Beurteile Stärken und Schwächen.
- **Schließe** die Figurencharakteristik mit einer persönlichen Stellungnahme.

Johann Wolfgang von Goethe: *Faust – Der Tragödie zweiter Teil*

Den Schlussmonolog interpretieren

Im ersten Teil der Tragödie ist Faust ununterbrochen auf der Suche nach Antworten auf all seine Fragen. Mit Hilfe Mephistos lernt er viele Seiten des Lebens außerhalb seines Studierzimmers kennen, er erlebt „das Glück und Weh der Erde". Er macht alle menschenmöglichen Erfahrungen und durchlebt die dazugehörenden Gefühle.

Fausts Weg ist seit dem Bund mit Mephisto ein passiver Weg; er verlangt und er empfängt.

Nach dem katastrophalen Ausgang seiner Liebe zu Gretchen will Faust einen Neubeginn.

Im zweiten Teil der Tragödie ist es nunmehr die Tat, der er sein weiteres Leben widmen will; sein Ziel ist, die Welt aktiv zu verändern. Er weiß nun, dass man Erkenntnisse nicht einfach empfangen kann. Er erprobt verschiedene Tätigkeiten und entspricht damit dem klassischen Ideal vom Menschen – einem Menschen, der bis an seine Grenzen geht, um seine Fähigkeiten zu entwickeln.

Mephisto muss erkennen, dass er Faust nicht mit sinnlichen Genüssen herabziehen kann. Und so versucht er es mit Macht und Ruhm.

Mit dem Eintritt in die „große Welt" durchreist Faust die Weite der Menschheitsgeschichte von den Anfängen bis zu seiner Vision über die kapitalistische Ordnung hinaus.

Faust verhilft dem Kaiser mit „Geisteskräften" zum Sieg, dafür erhält er Eigentum an Grund und Boden. So hat er die Möglichkeit, mit der schöpferischen Umgestaltung der Natur zu beginnen. Als großer Unternehmer muss er die rückständigen spätfeudalistischen Zustände rücksichtslos beseitigen; er muss „tausend Hände" unter seinen Willen zwingen.

So erfüllt er den wahren Sinn menschlichen Lebens, etwas Sinnvolles für die Gemeinschaft zu tun, dafür zu sorgen, dass das Leben auf der Erde besser wird – auch wenn er dabei erneut schuldig wird am Unglück und Tod vieler Menschen.

Am Ende seines Lebens, hundertjährig, erblindet, treibt Faust – nunmehr Deichbau-Ingenieur – sein Werk ungebrochen voran, dem Meer durch Deichbauten Land abzugewinnen.

5. Akt. Mitternacht

FAUST. Noch hab ich mich ins Freie nicht gekämpft.
Könnt ich Magie von meinem Pfad entfernen,
11405 Die Zaubersprüche ganz und gar verlernen;
Stünd ich, Natur! vor dir ein Mann allein,
Da wärs der Mühe wert ein Mensch zu sein!
(…)

1 Zu welcher Erkenntnis ist Faust nach all seinen Erfahrungen in der „großen Welt" gekommen?

5. Akt. Großer Vorhof des Palasts

FAUST. Aufseher!
11550 MEPHISTOPHELES. Hier!
FAUST. Wie es auch möglich sei,
Arbeiter schaffe Meng auf Menge,
Ermuntere durch Genuss und Strenge,
Bezahle, locke, presse bei!
11555 Mit jedem Tage will ich Nachricht haben
Wie sich verlängt der unternommene Graben.
MEPHISTOPHELES *(halblaut)*. Man spricht, wie man mir Nachricht gab,
Von keinem Graben, doch vom Grab.

FAUST. Ein Sumpf zieht am Gebirge hin,
Verpestet alles schon Errungene;
Den faulen Pfuhl auch abzuziehn,
Das Letzte wär das Höchsterrungene.
Eröffn' ich Räume vielen Millionen,
Nicht sicher zwar, doch tätig-frei zu wohnen.
Grün das Gefilde, fruchtbar; Mensch und Herde
Sogleich behaglich auf der neusten Erde,
Gleich angesiedelt an des Hügels Kraft,
Den aufgewälzt kühn-emsige Völkerschaft.
Im Innern hier ein paradiesisch Land,
Da rase draußen Flut bis auf zum Rand,
Und wie sie nascht gewaltsam einzuschießen,
Gemeindrang eilt, die Lücke zu verschließen.
Ja diesem Sinne bin ich ganz ergeben,
Das ist der Weisheit letzter Schluss:
Nur der verdient sich Freiheit wie das Leben,
Der täglich sie erobern muss.
Und so verbringt, umrungen von Gefahr,
Hier Kindheit, Mann und Greis sein tüchtig Jahr.
Solch ein Gewimmel möcht ich sehn,
Auf freiem Grund mit freiem Volke stehn.
Zum Augenblicke dürft ich sagen:
Verweile doch, du bist so schön!
Es kann die Spur von meinen Erdetagen
Nicht in Äonen[1] untergehn. –
Im Vorgefühl von solchem hohen Glück
Genieß ich jetzt den höchsten Augenblick.
Faust sinkt zurück, die Lemuren[2] fassen ihn auf und legen ihn auf den Boden.
MEPHISTOPHELES. Ihn sättigt keine Lust, ihm g'nügt kein Glück,
So buhlt er fort nach wechselnden Gestalten;
Den letzten, schlechten, leeren Augenblick
Der Arme wünscht ihn festzuhalten.
Der mir so kräftig widerstand,
Die Zeit wird Herr, der Greis hier liegt im Sand.
Die Uhr steht still –
CHOR. Steht still! Sie schweigt wie Mitternacht.
Der Zeiger fällt.
MEPHISTOPHELES. Er fällt, es ist vollbracht.
CHOR. Es ist vorbei.
MEPHISTOPHELES. Vorbei! ein dummes Wort.
Warum vorbei?
Vorbei und reines Nicht, vollkommnes Einerlei.
Was soll uns denn das ew'ge Schaffen,
Geschaffenes zu nichts hinwegzuraffen?
Da ist's vorbei! Was ist daran zu lesen?
Es ist so gut als wär es nicht gewesen,
Und treibt sich doch im Kreis als wenn es wäre.
Ich liebte mir dafür das Ewig-Leere.
(…)
Faust wird beigesetzt. Mephistopheles und die Engel buhlen um seine Seele.
Schließlich führen die Engel sie mit sich fort.
MEPHISTOPHELES *(sich umsehend).*
Doch wie? – wo sind sie hingezogen?
Unmündiges Volk, du hast mich überrascht,
Sind mit der Beute himmelwärts entflogen;
Drum haben sie an dieser Gruft genascht!
Mir ist ein großer, einziger Schatz entwendet,
Die hohe Seele, die sich mir verpfändet,
Die haben sie mir pfiffig weggepascht.
Bei wem soll ich mich nun beklagen?
Wer schafft mir mein erworbenes Recht?
Du bist getäuscht in deinen alten Tagen,
Du hast's verdient, es geht dir grimmig schlecht.
Ich habe schimpflich missgehandelt,
Ein großer Aufwand, schmählich! ist vertan;
Gemein Gelüst, absurde Liebschaft wandelt
Den ausgepichten Teufel an.
Und hat mit diesem kindisch-tollen Ding
Der Klugerfahrne sich beschäftigt,
So ist fürwahr die Torheit nicht gering,
Die seiner sich am Schluss bemächtigt.
(…)
ENGEL *(schwebend in der höhern Atmosphäre, Faustens Unsterbliches tragend).*
Gerettet ist das edle Glied
Der Geisterwelt vom Bösen,
„Wer immer strebend sich bemüht,
Den können wir erlösen."
Und hat an ihm die Liebe gar
Von oben teilgenommen,
Begegnet ihm die selige Schar
Mit herzlichem Willkommen.

---

[1] Ewigkeit
[2] Geister der Verstorbenen

2 Faust steht am Ende seines Lebens. Welchen Beweis wollte er unbedingt erbringen? **(V 1692–1698)** Wie sieht es nun damit aus?

3 Wie deutest du die Vision Fausts **(V 11560–11587)**? Was beschäftigt ihn in den letzten Augenblicken seines Lebens?
Zu welchen Erkenntnissen ist er gelangt?

4 *Zum Augenblicke dürft ich sagen:*
Verweile doch, du bist so schön!
Ist das der Satz, auf den Mephisto so lange gewartet hat?
– Analysiert die Textpassage genau **(V 11580–11587)**.
– Gibt es Anzeichen dafür, dass Faust sich von Mephisto befreit hat? Diskutiert.

5 Was meint ihr, ist Mephistos Spott berechtigt? **(V 11590–11597)** Begründet.

6 Zu welcher Erkenntnis muss Mephisto nun gelangen **(V 11825–11843)**? Schlagt vor, was er dem *Herrn* beim nächsten Treffen sagen könnte.

7 Wie lässt Goethe die Engel Fausts Erlösung begründen **(V 11934–11941)**? Diskutiert darüber, wie Goethe das Ende der Tragödie gestaltet.

8 Welche der Voraussagen des Herrn bezüglich Faust sind eingetroffen? **(Prolog im Himmel)**
– Leitet davon Goethes Sicht auf die Welt und den Sinn des menschlichen Lebens ab.
– Beziehst dabei auch die Schlussworte des zweiten Teils mit ein.

9 Lest noch einmal die Bedingungen der Wette zwischen Faust und Mephisto.
– Ist der Ausgang eindeutig? Diskutiert diese Fragestellung.
– Formuliert eine schriftliche Beweisführung.

So könntet ihr beginnen:
<u>Wette zwischen Faust und Mephisto</u>
Anlass der Wette zwischen Faust und Mephisto waren die Meinungsverschiedenheiten zwischen dem Herrn und Mephisto zum Wesen des Menschen und speziell zu Faust.
Mephisto: „Was wettet ihr? Den sollt ihr noch verlieren, wenn ihr mir die Erlaubnis gebt, ihn meine Straße sacht zu führen!" Der Herr geht nicht wirklich auf die Wette ein, aber selbstbewusst erwidert er: „Nun gut, es sei dir überlassen! Zieh diesen Geist von seinem Urquell ab, ... und steh beschämt, wenn du bekennen musst: Ein guter Mensch in seinem dunklen Drange ist sich des rechten Weges wohl bewusst."
Diese Herausforderung nimmt Mephisto an. Er bietet Faust seine Dienste an: „Verbinde dich; du sollst ... (V 1672 ff.)

10 Goethes Figur **Faust** wird oft als Verkörperung des „klassischen Menschenbildes" schlechthin bezeichnet.
– Informiert euch im Kasten auf Seite 147 oben, was die Literatur der deutschen Klassik kennzeichnet.
– Nehmt eure Mitschriften zum Drama und die Figurenkarten zur Hand. Sucht nach Leitbildern der Klassik in Goethes „Faust".
– Argumentiert und unterstützt eure Aussagen mit inhaltlichen Beispielen.

Literatur der deutschen Klassik (ca. 1785–1830)

Der Begriff „*Klassik*" bedeutet in diesem Zusammenhang einen kulturellen Höhepunkt. Dabei waren die Künstler bemüht, ein für alle Zeiten vorbildliches Kunstideal zu schaffen.

Das Gute, das Schöne, das Wahre werden zusammengefasst zum Begriff „reine Menschlichkeit". Die Klassiker orientierten sich an den Idealen der Französischen Revolution: **Freiheit, Gleichheit, Brüderlichkeit** und nahmen sich die griechische Kunst als Vorbild.

Dichter beschreiben tragische Schicksale von Menschen, die sich zwischen Gut und Böse entscheiden müssen. Sie vertreten den Standpunkt, reine Menschlichkeit könne sich nur entwickeln in einer Harmonie zwischen
- Verstand und Gefühl,
- Göttlichem und Menschlichem,
- Einzelnem und Gemeinschaft,
- Gesetzen und Freiheit.

Die „Helden" der klassischen Literatur sind Figuren, die nach Vollkommenheit streben und wahre Menschlichkeit verkörpern. Es sind Figuren, die ihre Freiheit verantwortlich leben.

11 Die Faust-Figur regt zum Nachdenken an.
Bildet euch ein Urteil zur Aktualität des Faust-Themas. Setzt euch dafür mit den folgenden Standpunkten auseinander.

a) Der Mensch ist von Natur aus gut; wenn er sich böse verhält, sind die Umstände schuld.
b) Ständiges Unzufriedensein mit den eigenen Leistungen ist die Garantie für die Weiterentwicklung der Gesellschaft.
c) Der Wissenschaftler darf nur an Gegenständen forschen, die dem Wohl der Menschen dienen.
d) Der Fortschritt erfordert Opfer an Menschen und Menschlichkeit.

Form und Sprache im Faust, Teil I, untersuchen

Goethes literarisches Schaffen, insbesondere die Arbeit am „Faust-Stoff", wurde von drei Kulturepochen beeinflusst: der Aufklärung (Vernunft), dem Sturm und Drang (Leidenschaft) und der Klassik (Humanitätsideal). So kann man sich vorstellen, dass die literarischen Figuren natürlich auch Charakterzüge aller Epochen in sich tragen. Goethe selbst nannte seinen Faust einmal etwas Unvergleichliches, was in kein Schema passe. Die folgenden Aufgaben helfen euch, den Besonderheiten des Aufbaus und der Sprache des Dramas auf die Spur zu kommen.

1 Informiert euch noch einmal über die Entwicklung des **Faust-Stoffes** (Seite 123 f.). Nehmt dann eure Personencharakteristik zu den Figuren des Faust I zur Hand und überprüft, welche Charaktereigenschaften oder Verhaltensweisen typisch für die jeweilige Epoche sein könnten. Tauscht eure Ansichten aus.

2 Vergleicht die unter a) bis c) angeführten Aufbauelemente mit eurem Textbuch. Belegt mit Textstellen die jeweils angegebene Funktion der Szenen a) und b).

AUFBAU

I. Zugang zum Drama: 3 Szenen

a) Zueignung   **b)** Vorspiel auf dem Theater   **c)** Prolog im Himmel

Zu a) In der Zueignung wirft Goethe einen Blick auf sein gesamtes Werk (Teil I und II). Die *schwankenden Gestalten* haben ihn stets zur Weiterarbeit gedrängt.

Zu b) Im Vorspiel sind ein Theaterdirektor, ein Dichter und ein Schauspieler im Gespräch. Es wird klargestellt, wie das Verhältnis von Dichtung und Wahrheit ist. Alles ist nur ausgedacht!

3 Notiere, welche Funktion der **Prolog im Himmel** für das gesamte Drama hat. (Engel, der Herr, Mephisto, die Ansichten, die Wette)

4 Alles beginnt in himmlischen Sphären und endet mit dem Urteil Gottes / der Engel. Faust wird von den Engeln „hinangezogen".
– Worin unterscheidet sich diese Schlussgestaltung in Goethes Drama von der seiner historischen Vorgänger? (vgl. dazu Seite 123 f.)
– Welche Rückschlüsse auf Goethes Menschenbild könnt ihr ziehen? Argumentiert.

II. Gelehrtentragödie: 6 Szenen

5 Nutze deine Aufzeichnungen zur Entwicklung Fausts im Verlaufe der Handlung.
– Notiere drei Stationen stichwortartig, welche den tragischen Verlauf kennzeichnen.
– Versuche, durch deine Wortwahl deutlich zu machen, wie die Spannung ansteigt.

III. Gretchentragödie: 18 Szenen

6 Mit dem Auftauchen Gretchens in Fausts Leben beginnt eine neue Handlungslinie.
– Notiere stichwortartig, wie sich durch die Entfaltung der Liebesbeziehung von Szene zu Szene eine aufsteigende Handlungslinie ergibt.
– Mache deutlich, wann und wodurch die Handlung umschlägt (*griech*. Peripetie), und dokumentiere die konsequent abfallende Handlungslinie bis zur Katastrophe.

7 Wenn man weiß, dass Gretchen und auch Faust gerettet werden, muss man sich schon fragen, warum Goethe sein Werk als Tragödie bezeichnet hat.
– Ruft euch noch einmal die Merkmale einer Tragödie in Erinnerung.
– Der gute Ausgang wird doch vom *Herrn* von Anfang an garantiert.
Was berechtigt dennoch zur Bezeichnung *Tragödie*? Tauscht euch darüber aus.

8 Das Prinzip des Gegensätzlichen (Polarität) – Spieler und Gegenspieler – durchzieht das gesamte Drama, z. B. **V 342**: HERR. *Drum geb ich gern ihm den Gesellen zu ...*
Goethe sagt in seiner Shakespearerede 1771, was er mit Polarität meint:
„Das, was wir bös nennen, ist nur die andere Seite vom Guten, die so notwendig zu seiner Existenz und in das Ganze gehört, ..."
Untersucht, inwiefern die folgenden Polaritäten *ein Ganzes* ergeben.

In Faust selbst: Faust/Mephisto; Gott/Teufel; Theoriewissen/Natur; Erdgeist/Faust.
In Mephisto selbst: Ich bin *Ein Teil von jener Kraft, Die stets das Böse will und stets das Gute schafft.* **(V 1336/1337)**

9 Auch in der sprachlichen Gestaltung spiegelt sich die offene Dramenform der Faust-Tragödie wider. Untersucht im Textbuch, welche unterschiedlichen metrischen Formen ihr ausmachen könnt. Prüft, welchen Bezug diese Formen zum Inhalt haben.

SPRACHE

S. 191

Madrigalvers: Verse mit freier, wechselnder Hebungszahl; z. B. **V 280–307**
Knittelvers: vierhebiger Vers im Paarreim; Hauptvers der Dichtung im 15./16. Jh.; z. B. **V 354–385**
Blankverse: fünfhebiger Jambus, ungereimt; z. B. **V 3217–3250**
Freie Rhythmen: metrisch ungebunden; reimlos; doch spürbar rhythmisch bewegte Verse; z. B. „Dom" außer Chorgesang, „Kerker"

10 In Goethes **Faust** könnt ihr auch eine Fülle von geflügelten Worten finden. Vielleicht habt ihr manche davon schon gehört, ohne zu wissen, dass sie aus dem „Faust" stammen. Erklärt, was darunter zu verstehen ist – auch unabhängig vom Faust-Text.

(V 1112) Zwei Seelen wohnen, ach! in meiner Brust!
(V 682) Was du ererbt von deinen Vätern hast, erwirb es, um es zu besitzen.
(V 317) Es irrt der Mensch, solang er strebt.
(V 214) Der Worte sind genug gewechselt, lasst mich auch endlich Taten sehn!
(V 765) Die Botschaft hör ich wohl, allein mir fehlt der Glaube.

11 Chöre und Lieder durchziehen das Drama. Welche sprachlichen Besonderheiten unterscheiden sie von den Dialogtexten?

12 Manche Szenen werden mit einer Beschreibung des Ortes/Raumes eröffnet, die charakteristisch, beinahe symbolhaft für die Handlung ist, z. B.:
Nacht
*In einem hochgewölbten, **engen** gotischen Zimmer.*
Faust fühlt sich tatsächlich **beengt**, eingezwängt in seiner inneren Dunkelheit.

Untersucht weitere Szenen nach ihren Ortsangaben und weist den symbolhaften Bezug zum Inhalt nach.

13 Das gesamte Drama ist von Bildsymbolen* durchzogen, wie z. B. *Licht, Dunkel, Wasser* oder *Natur*. Sucht selbst nach weiteren Beweisen für solche Bildsymbole, z. B. im „Osterspaziergang".

---
* Bildsymbol: Wenn konkrete Gegenstände für etwas Abstraktes genannt werden, heißt das Symbol. Etwas ist ein Symbol für etwas anderes – z. B. Bildsymbole wie *Herz* für Liebe oder *Fliegen* für Sehnsucht nach der Ferne.

Das Komische

Warum lachen wir? – Informationsentnahme aus einem Text

Lachen und Lachen ist zweierlei

Worüber wir lachen

Worüber lachen wir eigentlich? Und warum? Und bei welchen Gelegenheiten? Die Forschung über das Lachen gibt sehr unterschiedliche Antworten auf diese Fragen. Wir lachen über etwas Komisches wie einen Witz oder einen Clown. Wir lachen aus Freude, wenn wir in einer Gruppe fröhlich zusammen sind. Wir lachen, wenn uns jemand kitzelt. Wir können aber auch aus Schadenfreude lachen, wenn einer ausrutscht und hinfällt, – zumindest dann, wenn ihm dabei nichts Schlimmes passiert. Wir können herzlich und heiter lachen, leise und verschmitzt, laut und dröhnend. Unser Lachen kann durch Freude oder Spott motiviert sein oder durch Zuwendung oder Aggressivität.

Das „Lachen" der Schimpansen

Eines der wichtigsten Ergebnisse wissenschaftlicher Forschung ist, dass es zwei prinzipiell unterschiedliche Arten des Lachens gibt, die sich bereits bei Schimpansen zeigen: einerseits das *geschlossene Vollgrinsen*, das bei den Affen eine vorsichtige und defensive Zuwendung signalisiert, andererseits das *mundoffene Lachen*, das die Raufereien der Affen begleitet und eine gehörige Portion Aggressivität enthalten kann. Die Wurzeln des Lachens lassen sich also schon bei unseren nächsten Vorfahren feststellen.

Lachen und Lächeln

Bei uns Menschen ist der Ausdruck des Lachens allerdings wesentlich differenzierter, und es gibt vielfältige Übergänge vom Lächeln bis hin zum spöttischen Auslachen, vom Schmunzeln bis hin zum Lachen aus vollem Halse. Der Mimik-Experte Paul Ekman ist der Meinung, dass das Lächeln vermutlich ein Jahrmillionen altes Relikt der Evolution aus der Zeit unserer Vorfahren ist. Mit entwaffnender Freundlichkeit signalisierten schon die Menschenaffen, dass sie einem nichts Böses wollten, wenn sie lächelten. Das Lachen dagegen sei meistens eine befreite Reaktion auf eine Anspannung. Ähnlich deuten diesen Unterschied andere Wissenschaftler: Das Lächeln sei ein Ausdruck, der etwa bedeute: *Ich mag dich, ich stimme dir zu* – das Lachen dagegen ist ein Ausdruck, der auch bedeuten könne: *Ich zeige dir die Zähne, ich lache dich aus*. Das eine ist eher freundlich, das andere kann auch bissig sein. Lachen, so sagen Mediziner, kann heilen, kann Zusammenhang stiften; aber ein Sprichwort sagt auch: *Lachen kann töten*, indem es andere verletzt.

Lachen als Reaktion des Körpers

35 Warum lachen wir aber auf so verschiedene Weisen? Warum müssen wir einerseits lachen, wenn uns jemand kitzelt, und andererseits, wenn uns jemand einen guten Witz erzählt? Unser Lachen ist eine Körperreaktion mit doppeltem Sinn. Einerseits geben wir damit unserem Vergnügen Ausdruck, andererseits wehren wir uns gegen etwas Unangenehmes oder Überraschendes. Manchmal
40 überwiegt das eine, manchmal das andere. Doch immer scheint das Lachen ausgelöst zu werden durch etwas Überraschendes, das uns wohltut oder zumindest nicht allzu gefährlich ist. Über einen Witz, den wir uns selbst erzählen, können wir ebenso wenig lachen, wie wir uns selbst kitzeln können. Beidem fehlt das Moment der Überraschung.

Lachen – eine individuelle Reaktion

45 Entscheidend ist, dass es das einzelne Individuum ist, das mit Lachen reagiert – oder auch nicht. So kann sich der eine, insofern es überraschend für ihn ist, totlachen, der andere kann darüber nur den Kopf schütteln und der Dritte sich gehörig ärgern oder beinahe weinen, je nachdem, ob er den Anlass überhaupt als überraschend
50 empfindet oder ihm die Überraschung gefährlich oder ungefährlich erscheint. So hängt es von den Erfahrungen und Einstellungen des einzelnen Menschen oder einzelner Gruppen ab, ob über etwas gelacht werden kann – oder nicht. Kinder lachen über etwas anderes als Jugendliche; Menschen in Demokratien in der Regel über ande-
55 res als solche in Diktaturen; Männer meist über anderes als Frauen; Christen über anderes als Muslime.

Lachen – ein Akt der Befreiung

In der Theorie des Lachens wird immer wieder hervorgehoben, dass das Lachen ein Akt der Befreiung von einem Druck ist. So vertrat der Wiener Psychoanalytiker Sigmund Freud die Ansicht, dass Menschen beim Lachen lustvoll ihre Aggressionen abladen. Das erklärt, warum wir zum Beispiel lachen, wenn uns etwas Ungewohntes oder Unnormales entgegentritt, das uns vor den Kopf stößt. Wir sind irritiert, geraten unter Druck – und lösen diesen Druck, indem wir lachen. Die Fülle der Formen des Komischen (insbesondere Witze) sind geradezu darauf angelegt, dass in uns eine Erwartung oder ein Druck erzeugt wird, der am Ende auf unerwartete Weise gelöst wird; dass wir zunächst in die Irre geführt und dann erlöst werden. Und das löst Lachen in uns aus.

1 Der Titel dieses Artikels behauptet, dass *Lachen und Lachen zweierlei* sei. Welche Gegensätze drücken sich im Lachen aus?

2 Wie erklärt der Artikel, warum Menschen über Unterschiedliches lachen?

3 In dem Artikel werden an verschiedenen Stellen Dinge genannt, die uns zum Lachen bringen. Unter welchen Bedingungen lachen wir? Gib Textstellen dazu an.

4 Welche der Abbildungen illustrieren die verschiedenen Arten des Lachens? Führe Textstellen dazu auf.

5 Sammelt selbst weitere Illustrationen, die lachende Menschen darstellen. Ordnet sie nach den beiden grundsätzlich verschiedenen Arten: Lachen – Lächeln.

6 Fügt diesen Illustrationen Sätze oder Sprechblasen hinzu, aus denen hervorgeht, ob ihr Lachen eher durch Glück, freundliche Zuwendung und Jubel oder durch Überraschung, Abwehr und Spott motiviert ist.

7 Welche eigenen Erfahrungen hast du gemacht? Hast du schon einmal über etwas nicht lachen können, worüber andere lauthals gelacht haben? Oder umgekehrt: Musstest du schon einmal über etwas herzhaft lachen, worüber andere nicht lachen konnten? Schreibe ein Beispiel dazu auf. Und besprecht eure Beispiele.

8 Gebt Beispiele dafür an, bei welchen Gelegenheiten und worüber ihr in der Schule lacht.

9 Stellt gemeinsam eine Namenliste von Comedians, Kabarettisten und komischen Schauspielern zusammen, die ihr in Film und Fernsehen kennen gelernt habt. Welche gefallen euch besonders, welche nicht so sehr? Begründet.

Informationen zielgerichtet entnehmen, ordnen, vergleichen, prüfen und ergänzen

Wortfelder – Wörter unterscheiden, Begriffe definieren

Das verbale Wortfeld *lachen*

auslachen, belächeln, blödeln, erheitern, Faxen machen, herumalbern, feixen, flapsen, sich freuen, grinsen, jubeln, kichern, kreischen, sich kringeln, lächeln, losplatzen, prusten, sich schieflachen, schmunzeln, spotten, strahlen, vereiern

1 Das sind Wörter des Wortfelds *lachen* aus der Standard-, Umgangs- und Jugendsprache. Wahrscheinlich könnt ihr sie durch weitere aus eurem Dialekt oder der Jugendsprache ergänzen.

Manche dieser Verben des Wortfelds *lachen* bedeuten etwas Ähnliches, manche aber etwas sehr Verschiedenes. Man kann ein solches Wortfeld ordnen nach sogenannten *Bedeutungsmerkmalen*. Solche Bedeutungsmerkmale sind:

1a) eher leise
2a) eher nett und freundlich
3a) nur im Gesicht erkennbar
4a) ohne Worte
5a) das kann man allein
6a) Wort der Standard- oder Hochsprache

1b) eher laut
2b) eher spöttisch und aggressiv
3b) am ganzen Körper erkennbar
4b) mit Worten
5b) dazu braucht man andere
6b) Wort der Umgangs- oder Jugendsprache

2 Ordne die Wörter aus dem Wortfeld oben, indem du sie mit den entsprechenden Ziffern versiehst. Mit einer solchen Analyse kannst du die Bedeutungsunterschiede der einzelnen Wörter ermitteln.
– Das Wort *lachen* ist in seiner Bedeutung weit, da es beinahe alle Bedeutungsmerkmale umfasst.
  Es ist daher das *Archilexem* (der Oberbegriff) des Wortfeldes.
– Das Wort *lächeln* weist dagegen weniger gegensätzliche Bedeutungsmerkmale auf, es hat eine engere Bedeutung:

	1a	1b	2a	2b	3a	3b	4a	4b	5a	5b	6a	6b
lachen:	x	x	x	x	x	x	x	x	x	x	x	-
lächeln:	x	-	x	-	x	-	x	x	x	-	x	-
grinsen:	...											
...												

3 Stelle Begriffe gegenüber, die sich in ihrer Bedeutung ähnlich sind:
herumalbern – blödeln ...

Begriffsdefinition

> **lächeln:** eine der Ausdrucksformen des Lachens, die an Augenfalten und Lippenbewegungen erkennbar ist. Ein eher leiser Ausdruck, der ohne Worte geäußert wird. Das Lächeln ist zumeist ein Ausdruck der Freundlichkeit, kann aber manchmal auch einer des Spottes sein: *Sie sah freundlich lächelnd zu uns herüber. Um seine Mundwinkel spielte ein spöttisches Lächeln.*

4 Schreibe weitere Definitionen zu den Wörtern *grinsen* und *schmunzeln*. Grenze damit die beiden ähnlichen Begriffe voneinander ab.

5 Definiert andere Wörter des Wortfelds *lachen*.

6 Charakterisiert die Abbildungen auf den Seiten 150–153, indem ihr ihnen Wörter des Wortfelds *lachen* zuordnet.

7 Stellt ein Wortfeld der Adjektive zusammen, mit denen *Lachen* und *Lächeln* genauer bezeichnet werden. Ordnet sie danach, ob sie eher in Verbindung mit Lachen oder Lächeln verwendet werden.

Lachen: ausgelassen …
Lächeln: verschmitzt …

Nomen über das Komische

Albernheit, Cartoonist, Clown, Comedian, Comedy, Freude, Galgenhumor, Gelächter, Groteske, Heiterkeit, Hohn, Humor, Humorist, Ironie, Kabarett, Kabarettist, Karikatur, Komik, Komödie, Lächerlichkeit, Parodie, Parodist, Posse, Sarkasmus, Satire, Satiriker, Scherz, schwarzer Humor, Spaß, Spott, Streich, Ulk, Witz, Witzerzähler, Zynismus

8 In dieser Liste sind allerlei Nomen versammelt, die mit dem *Lachen* und dem *Komischen* zu tun haben. Sie lassen sich nach vier grundsätzlichen Begriffsmerkmalen ordnen. Manche dieser Wörter können zwei Gesichtspunkten zugeordnet werden. Vervollständige folgende Übersicht:

Wörter, die künstlerische Formen bezeichnen: Comedy …
Wörter, die menschliche Stimmungen und Haltungen bezeichnen: Humor …
Wörter, die zwischenmenschliche Ausdrucksweisen bezeichnen: Hohn …
Wörter, die Künstler bezeichnen: Cartoonist …

9 In den Listen *Das verbale Wortfeld lachen* und *Nomen über das Komische* sind Wörter enthalten, die das Gemeinte eher positiv bzw. eher negativ darstellen. Stellt gegenüber:
eher positiv: lachen, lustig, Spaß …
eher negativ: grinsen, höhnisch, Zynismus …

Das Komische – Informationsentnahme aus einem Text

Das Komische – eine vielfältige Kategorie

Das Komische – eine ästhetische Kategorie

In der Wissenschaft wird das Komische als eine „ästhetische Kategorie" bezeichnet, die eine Reihe von literarischen Spielformen ausgebildet hat wie Komödie, Parodie, Satire, Karikatur, Comic und
5 Witz. Es gibt Texte, die auf Komik angelegt sind wie beispielsweise Witze, doch ob sie zu ihrer komischen Wirkung gelangen und wir darüber lachen können, hängt davon ab, wie sie auf uns wirken. Schiller hat das Komische eine „Empfindungswei-
10 se" genannt, also etwas, das wir wahrnehmen und fühlen. Erst wenn wir etwas als komisch empfinden, können wir lachen oder lächeln.

Das Komische: ein Vergleich von Erscheinung und Norm

Eine solche komische Empfindung geht von einer *Erscheinung* aus, einem Bild wie diesem zum Beispiel. Dieses Bild vergleichen wir mit der Wirk-
15 lichkeit, die wir kennen. Sigmund Freud hat die Wirkung des Komischen als das „Ergebnis einer Vergleichung" bezeichnet. Da sitzen sich also in der Loriot-Szene *Herren im Bad* zwei ältere Herren gegenüber, Herr Müller-Lüdenscheid und Dr.
20 Klöbner. Die Typen haben Knollennasen, die wir mit richtigen Nasen vergleichen. Die beiden stehen nackt in einer viel zu kleinen Badewanne, in die diese Dickwänste niemals hineinpassen würden (wieder ein Vergleich). Der dritte Vergleich:
25 Das kindliche Quietscheentchen will nicht zu dem passen, was wir über die Badegewohnheiten eines älteren Herrn zu kennen glauben. Und schließlich (der vierte Vergleich) entspricht es ganz und gar nicht dem Badeverhalten älterer Herren, wie Kin-
30 der zu zweit in einer Wanne zu baden. Das alles wirkt komisch, weil die Erscheinung (das Bild) mit unserer Erfahrung der Wirklichkeit, mit der wir sie vergleichen, nicht zusammenpasst.

Der komische Konflikt

Wir vergleichen also die Erscheinung mit der Wirklichkeit oder mit *Normvorstellungen*, die zu unseren Erfahrungen gehören. Die Erscheinungen müssen bei allem Komischen anders sein, als wir sie kennen und erwarten. Nur Zeichen (Texte, Bilder), die sich in einem Widerspruch oder Gegensatz zu dem befinden, was wir kennen, erwarten und uns immer schon vorgestellt haben, können komisch auf uns wirken. Die Beziehung zwischen dem, was wir erwarten, und dem, was uns plötzlich gegenübertritt, wird gestört; wir werden vorübergehend irritiert. Friedrich Georg Jünger vertrat die Auffassung, dass alles Komische aus einem *Konflikt* hervorgehe. Und nur wenn uns ein solcher Konflikt oder zumindest ein Widerspruch bewusstwerde, seien wir fähig, das Komische wahrzunehmen. Man könnte sagen, dass das Bild Loriots in einem Widerspruch zur Wirklichkeit steht; es stürzt uns nicht gerade in einen Konflikt, aber es irritiert uns.

Ein Witz

„Wissen Sie", heißt es in einem Witz, „warum Napoleon immer eine rote Weste trug?" – „Nein." – „Nun, man sollte nicht sehen, dass Blut über seinen Körper läuft, wenn er in einer Schlacht verletzt werden sollte." Das ist der Anfang, der eine *Erwartung* aufbaut. Dass die rote Weste der Grund für das Geheimhalten einer Verletzung sein sollte, hätten wir zumindest nicht erwartet. Aber jetzt: „Dann können Sie sich wahrscheinlich auch vorstellen, warum Hitler …" Man fängt an, in dieselbe Richtung weiterzudenken. Was trug Hitler? Sicher keine rote Weste! Was also sollen wir uns *vorstellen*? Wir erwarten eine ähnliche *Erscheinung* oder Lösung. Aber es geht weiter: „Dann wissen Sie auch, warum Hitler immer braune Hosen trug." Weil, denken wir … – Ein Witz, der vielen besonders gefällt, weil man sich die Pointe auch noch selber ausdenken darf. Lachen können wir beim Lesen darüber wahrscheinlich nicht. Das tun wir meistens erst, wenn uns dieser Witz in einer fröhlichen Gesellschaft erzählt wird. Der Witz braucht die Gruppe!

Die „Harmlosigkeit" des Konflikts

Wann reagiert man mit Lachen oder Lächeln auf das, was Freud „komische Lust" genannt hat? Nicht jeder Widerspruch fordert ja zwischen Erwartung und Erscheinung zum Lachen heraus. Wenn einer in der Badewanne ausrutscht, können wir vielleicht noch lachen, weil uns die hochfahrenden Beine dabei komisch erscheinen; wenn er aber darin ertrinkt, finden wir es gar nicht mehr komisch. Der das Lachen auslösende Konflikt muss also, wie es Christian Janentzky, ein Philosoph, einmal ausgedrückt hat, „harmlos" und „unschädlich" sein.

Komische Empfindungen sind individuell

Wie der *Konflikt* zwischen *Norm* und *Erscheinung* dosiert sein muss, damit man ihn als komisch empfindet, das hängt von den einzelnen Menschen ab. Darüber wissen wir bisher nur wenig. Wir wissen nur, dass Menschen mehr oder weniger Konflikt ertragen und damit eine überraschende Konfliktlösung komisch finden können oder auch nicht. Und dass sie die unterschiedlichsten Erwartungen und Erfahrungen haben. So finden die einen manche Comedians zum Totlachen, andere finden sie einfach nur albern. Kinder empfinden eine verrückte Clownszene zum Kringeln, manche Erwachsenen aber nicht; dafür schütteln sie sich vor Lachen bei der Parodie eines politischen Parodisten im Kabarett, den ein Kind überhaupt nicht versteht. Immer gibt es Menschen, die das eine als komisch empfinden, das andere aber nicht.

1 In diesem Text werden vier Autoritäten zitiert, die Wichtiges über das Komische geschrieben haben. Sucht die Stellen heraus und notiert, mit welchen Begriffen sie das Komische umschreiben:

Friedrich Schiller: Das Komische ist …
Sigmund Freud: …
… …

2 Aus dem Text geht hervor, warum man das Ausrutschen auf einer Bananenschale als komisch empfinden kann, nicht aber, wenn sich einer dabei die Beine bricht. Welche Stelle gibt mit welchen Begriffen darüber Auskunft?

3 Am Beispiel des Cartoons auf Seite 156 wird gezeigt, dass das Komische aus dem Vergleich zwischen Norm und Erscheinung hervorgeht. Zeigt dies am Beispiel eines Parodisten auf, der einen Politiker parodiert.

Zirkusszene

Ein Clown im Zirkus. Inmitten der Manege eine Hürde mit Querlatte, nur einen Meter hoch. Davor ein Treppchen zum Abspringen. Ein leichtes Spiel, denkt das Publikum. 1. Versuch: Der Clown nimmt einen Riesenanlauf, rennt mit flatternden Hosen auf das Treppchen zu. Im letzten Augenblick springt
5 er aber nicht über die Hürde, sondern läuft rechts am Treppchen vorbei unter der Latte hindurch. 2. Anlauf: Der Clown nimmt einen noch größeren Anlauf. Wieder will er springen, doch diesmal läuft er unter der Hürde hindurch. Dabei fällt ihm aber die Latte herunter und schlägt ihm auf den Nacken. Der Clown liegt im Sägemehl, schüttelt sich und versucht es noch einmal. 3. Ver-
10 such: Der Anlauf ist jetzt noch größer. Die Latte liegt mit dem rechten Ende noch am Boden. Das Publikum weiß noch nicht, ob es der Clown diesmal schafft, darüberzuspringen, ahnt aber, dass es vielleicht doch wieder schiefgehen wird. Aber wie? Erwartung ist aufgebaut. Trommelwirbel! Der Clown rennt wie ein Verrückter auf das Treppchen zu …

4 Setzt diese Szene in Beziehung zu dem Text über das Komische. Wie hat der Clown seine Szene aufgebaut, um einen komischen Konflikt auszulösen? Wie nimmt er auf die „Empfindungen" und Erwartungen des Publikums Einfluss? Was hätte – und warum? – beim 2. Anlauf nicht passieren dürfen?

5 Schreibe auf, was sich der Clown einfallen lassen könnte, um sein Publikum ein drittes Mal mit einer unerwarteten Lösung zu überraschen.

6 Verfasse einen Lexikontext, in dem du den Begriff des Komischen definierst. Verwende dabei die wichtigsten Informationen aus dem Text von Seite 156–157. Die Definition soll bestehen aus:
– der Beschreibung des Zustandekommens von Komik,
– der Wirkung des Komischen beim Betrachter,
– Beispielen von künstlerischen Werken.

Das Komische: Im Gegensatz zum *Tragischen* eine ästhetische Kategorie, die Lachen auslösen möchte. Nach Schiller …

Komische Gedichte: Limericks – lesen und übersetzen

Von Gedichten erwarten wir, dass sie ernst gemeint sind, nicht wahr? Wenn eines von ihnen komisch oder unsinnig daherkommt, ist es als Gedicht nicht ganz ernst zu nehmen. Es sollte dann, bitte schön, wenigstens kunstvoll gemacht sein – mit Reimen und Rhythmus und so. Doch wenn es auch noch eine völlig blödsinnige Form hat, dann setzt es sich in den Gegensatz zur gesamten Gattung. Solche Gedichte sind Limericks, die aus Irland zu uns emigriert sind. Komische Einwanderer eben! Sie sind kurz und haben ein simples Reimschema (a, a, b, b, a) – noch dazu oftmals mit demselben Reimwort am Schluss. Und ihr Rhythmus ist auch nicht gerade vom Feinsten. Der Aufbau ist meistens so:

Da wird eine Person aus einer bestimmten Stadt vorgestellt, die etwas Merkwürdiges kann oder tut:

> **There was a young lady of Riga,**
> **Who rode with a smile on a tiger, …**

Nun gut, denkt man, mag sie reiten! Doch anmaßend ist das schon, dass sie dabei auch noch so hochmütig lächelt. Danach nehmen die Ereignisse ihren Lauf. Spannung wird erzeugt:

> **They returned from the ride**
> **With the lady inside …**

„Innen", denkt man? Nun, das ist zwar die deutlich untertriebene (also komische) Beschreibung dessen, dass die Dame vom Tiger gefressen wurde. Man hätte es sich fast denken können! Doch am Ende muss nun doch noch eine ironische Pointe kommen, darauf bestehen wir als Leser! Und da ist sie:

> **And the smile on the face of the tiger.**

Eine kleine perfide Geschichte über den Stolz einer Dame und den am Ende doch noch überlegeneren Stolz eines Tigers! So sind **Limericks**: aufs Kürzeste zusammengebastelte Bosheiten, Unsinnigkeiten, Spötteleien – wirksam durch ihre knappe Form.

Wolfgang Menzel

1 Das Übersetzen von Gedichten ist schwierig. Doch bei Limericks geht das manchmal deswegen ganz gut, weil man es hier nicht so genau nehmen muss und sich manche Unsinnigkeit erlauben kann. Doch eines würde sich ein Limerick niemals gefallen lassen: dass man sein Reimschema und seinen Rhythmus verändert! – Versucht einmal, diesen Limerick zu übersetzen:
Es ritt eine Lady aus Riga ….

2 Hier sind zwei weitere Limericks – von Schülern produziert:

> Es war mal ein Typ aus Hannover,
> Der saß ständig faul auf dem Sofa.
> **Seine Mutter empfahl:**
> **„Geh, beweg dich doch mal!"**
> Da schwang sich der Typ auf sein Mofa.

> Es war mal ein Mädel aus Meißen,
> Hat die „Fingerfert'ge" geheißen.
> **Konnt geschickt mit der Hand**
> **Bei dem Holzfabrikant**
> Feinst geschlissenes Schleißenscheit schleißen.

Schreibt selbst eigene Limericks. Man kann sie aus Witzen herstellen, aus Zungenbrechern oder aus unsinnigen Geschichten. Eine erste Hilfe dabei ist immer, dass man einen Ortsnamen findet, auf den sich möglichst mehrere Reime finden lassen *(Bremen, nehmen, Benehmen, Problemen, beschämen, kämen, zähmen …)*, damit man für die Pointe eine Auswahl hat. Dann wird fast von selbst eine Limerick-Geschichte daraus.

Satirische Mittel untersuchen

Abschlussparty mit „Joy and the Hammers"

Am vergangenen Samstag feierten die Schulabgänger der Burg-Schule ihr Abschlussfest, auf dem „Joy and the Hammers" auftraten. Elvira Mahnke und ihre vier Begleiter sind in dieser Schule groß geworden. Seit einem Jahr sind sie bei verschiedenen Events zu hören und haben
5 in und um Dortmund herum einen gewissen Ruhm erworben. Jupp am Keyboard, Ina am Saxophon, Torben am Bass und Tanja an den Drums begleiteten die junge Sängerin mit ihrem fetzigen Sound, wobei sie allerdings den Gesang Joys manchmal übertönten, sodass von ihrer Stimme wenig zu hören war. Doch es war ein Vergnügen, der Band zu-
10 zuhören, deren Repertoire vor allem aus Funk und Soul bestand. Dass die junge Sängerin manchmal in ihren Texten unsicher war, fiel ebenso wenig ins Gewicht wie die hin und wieder etwas holprigen Rhythmen der Drummerin und die nicht ganz sicheren Griffe des Keyboarders. Die Zuhörer quittierten zwar manchen Auftritt mit leisen Buhrufen,
15 doch insgesamt erhielt die junge Band ihren verdienten Applaus.

Ein echter Hammer!

Diese Abschlussfete wird allen Schülern des 10. Jahrgangs unvergesslich bleiben. Vor allem „Joy and the Hammers"! Die legten los, was die Boxen hergaben. Tanja an den Drums: grandios! Mal spielte sie schneller als die anderen, mal langsamer. Das will schon gekonnt sein! Echt
5 toll auch Jupp Moor am Keyboard. Wie man mit so breiten Hammerhänden (von ihm stammt wohl der Name „Hammer-Band") die Tasten manchmal wirklich an der richtigen Stelle treffen kann, das grenzt schon an Artistik. Herausragend aber Joy! Sie glänzte vor allem mit ihrem glänzenden Outfit. Ihr Stimmlein schimmerte auch ganz niedlich.
10 Was sie sang, war eine seltene Mischung aus Englisch und irgendeiner unbekannten Sprache, die keiner verstand. Aber superkreativ! Unverständlich, dass zum Schluss einige buhten! Ich kann nur sagen: Macht weiter so, Boys and Girls! Ihr fünf seid ein echter Hammer und erobert sicher einmal die Charts!

1 Mit welcher Absicht wurden diese beiden Artikel wohl geschrieben? Dafür gibt es Begriffe. Lest euch die Lexikonartikel durch.

Ironie: Verstellte Sprechweise, verdeckter Spott vor allem in satirischen Texten. Ironie macht in der Regel mit scheinbarem Lob, das das Gegenteil meint, den Ironisierten lächerlich. Oft bleibt sie vom Ironisierten unerkannt. Sie muss jedoch so formuliert sein, dass ein Leser oder Zuhörer sie versteht. Ironie ist ein Mittel satirischer Kritik. Man unterscheidet leichte und verletzende Ironie. Selbstironie: verstellte Sprechweise über sich selbst. Sarkasmus: böswillige Form der Ironie.

Kritik: sachliche Beurteilung, Würdigung, Entscheidung. Kritik bewertet einen Text oder eine Person positiv oder negativ. In Zeitungsartikeln (Theater-, Buchkritik usw.) ein Mittel des Aufmerksammachens, der Diskussion und Argumentation.

2 Weist an einzelnen Textstellen Mittel der Kritik und Ironie nach.

3 Formuliere eine sachlich-kritische und eine ironische Antwort auf Elviras Frage.

Nach der Party steht Elvira Mahnke mit einigen in der Runde. Sie fragt verschiedene Mädchen und Jungen, die dort waren: „Na, wie fandest du unsere Songs?"

Intentionen und Wirkungen eines Textes erkennen und reflektieren

Satiren untersuchen

Bundestagsrede
Loriot

Meine Damen und Herren, Politik bedeutet, und davon sollte man ausgehen, das ist doch – ohne darum herumzureden – in Anbetracht der Situation, in der wir uns befinden. Ich kann meinen
5 politischen Standpunkt in wenige Worte zusammenfassen: erstens das Selbstverständnis unter der Voraussetzung, zweitens, und das ist es, was wir unseren Wählern schuldig sind, drittens die konzentrierte *Be-inhaltung* als Kernstück eines zu-
10 kunftsweisenden Parteiprogramms.

Wer hat denn, und das muß vor diesem hohen Hause einmal unmißverständlich ausgesprochen werden. Die wirtschaftliche Entwicklung hat sich in keiner Weise … Das wird auch von meinen
15 Gegnern nicht bestritten, ohne zu verkennen, daß *in* Brüssel, *in* London die Ansicht herrscht, die Regierung der Bundesrepublik habe da – und, meine Damen und Herren … warum auch nicht? Aber *wo haben* wir denn letzten Endes, ohne die
20 Lage unnötig zuzuspitzen? *Da*, meine Damen und Herren, liegt doch das Hauptproblem.

Bitte denken Sie doch einmal an die *Alters*versorgung. *Wer war* es denn, der seit 15 Jahren, und wir wollen einmal davon absehen, daß niemand
25 behaupten kann, als hätte sich damals – so geht es doch nun wirklich nicht!

Wir haben immer wieder darauf hingewiesen, daß die Fragen des Umweltschutzes, und ich bleibe dabei, wo kämen wir sonst hin, wo bliebe un-
30 sere Glaubwürdigkeit? Eins steht doch fest und darüber gibt es keinen Zweifel. Wer das vergißt, hat den Auftrag des Wählers nicht verstanden. Die Lohn- und Preispolitik geht *von* der Voraussetzung aus, daß die mittelfristige Finanzplanung, und *im*
35 Bereich der Steuerreform ist das schon immer von ausschlaggebender Bedeutung gewesen …

Meine Damen und Herren, wir wollen nicht vergessen, draußen im Lande, und damit möchte ich schließen. Hier und heute stellen sich die Fragen,
40 und ich glaube, Sie stimmen mit mir überein, wenn ich sage … Letzten Endes, wer wollte das bestreiten! Ich danke Ihnen …

1 Wie muss dieser Text als Satire gesprochen werden? Hin und wieder gibt es durch *Kursivdruck* Hinweise auf die Art der Betonung.

2 Wen genau und was will Loriot mit dieser Rede kritisieren? Worüber ist dieser Text eine Satire?

3 Weist an einzelnen Textstellen die sprachlichen Mittel dieser Satire nach.

Satire: Kunstgattung in Literatur, Karikatur, Film. Indirekte, verdeckte Kritik zumeist an gesellschaftlichen Verhältnissen und menschlichen Schwächen mit den Mitteln von Witz, Ironie, Parodie, Übertreibung, Untertreibung, sprachlicher Umkehrung der Verhältnisse, Verabsolutierung von Eigenheiten von Politikern, Künstlern, Beamten usw. Ihr Ziel: durch Lachen Zustimmung der Zuschauer (Leser, Betrachter) zu gewinnen.

Der Mensch

Kurt Tucholsky (1931)

Der Mensch hat zwei Beine und zwei Überzeugungen: eine, wenns ihm gut geht, und eine, wenns ihm schlecht geht. [...]
Der Mensch wird auf natürlichem Wege hergestellt, doch empfindet er dies als unnatürlich und spricht nicht gern davon. Er wird gemacht, hingegen nicht gefragt, ob er auch gemacht werden wolle. [...]
Der Mensch hat neben dem Trieb der Fortpflanzung und dem, zu essen und zu trinken, zwei Leidenschaften: Krach zu machen und nicht zuzuhören. Man könnte den Menschen geradezu als ein Wesen definieren, das nie zuhört. Wenn er weise ist, tut er damit Recht: denn Gescheites bekommt er nur selten zu hören. Sehr gern hören Menschen: Versprechungen, Schmeicheleien, Anerkennungen und Komplimente. Bei Schmeicheleien empfiehlt es sich, immer drei Nummern gröber zu verfahren, als man es gerade noch für möglich hält.
Der Mensch gönnt seiner Gattung nichts, daher hat er die Gesetze erfunden. Er darf nicht, also sollen die anderen auch nicht. Um sich auf einen Menschen zu verlassen, tut man gut, sich auf ihn zu setzen; man ist dann wenigstens für eine Zeit sicher, daß er nicht davonläuft. Manche verlassen sich auch auf den Charakter.
Der Mensch zerfällt in zwei Teile: In einen, der nicht denken will, und in einen weiblichen, der nicht denken kann. Beide haben sogenannte Gefühle: Man ruft diese am besten dadurch hervor, dass man gewisse Nervenpunkte des Organismus in Funktion setzt. In diesen Fällen sondern manche Menschen Lyrik ab.
Der Mensch ist ein pflanzen- und fleischfressendes Wesen; auf Nordpolfahrten frißt er hier und da auch Exemplare seiner eigenen Gattung [...]
Der Mensch ist ein politisches Geschöpf, das am liebsten zu Klumpen geballt sein Leben verbringt. Jeder Klumpen haßt die anderen Klumpen, weil sie die anderen sind, und haßt die eigenen, weil sie die eigenen sind. Den letzteren Haß nennt man Patriotismus. [...]
Menschen miteinander gibt es nicht. Es gibt nur Menschen, die herrschen, und solche, die beherrscht werden. Doch hat noch niemand sich selber beherrscht. [...] Jeder Mensch ist sich selbst unterlegen.
Wenn der Mensch fühlt, daß er nicht mehr hinten hoch kann, wird er fromm und weise; er verzichtet dann auf die sauern Trauben der Welt. Dies nennt man innere Einkehr. Die verschiedenen Altersstufen des Menschen halten einander für verschiedene Rassen: Alte haben gewöhnlich vergessen, daß sie jung gewesen sind, oder sie vergessen, daß sie alt sind, und Junge begreifen nie, daß sie alt werden können.
Der Mensch möchte nicht gern sterben, weil er nicht weiß, was dann kommt. Bildet er sich ein, es zu wissen, dann möchte er auch nicht gern, weil er das Alte noch ein wenig mitmachen will. Ein wenig heißt hier: ewig.
Im Übrigen ist der Mensch ein Lebewesen, das klopft, schlechte Musik macht und seinen Hund bellen läßt. Manchmal gibt er auch Ruhe, aber dann ist er tot.
Neben den Menschen gibt es noch Sachsen und Amerikaner, aber die haben wir noch nicht gehabt und bekommen Zoologie erst in der nächsten Klasse.

4 Tucholsky als Schriftsteller schrieb diese Satire im Jahr 1931. Doch wer ist der fiktive Schreiber?

5 Gegen wen richtet sich die Satire?
Weist an Textstellen geschichtliche Bezüge nach.

6 Welche sprachlichen Mittel verwendet die Satire?
- Wortkombinationen, die Unvereinbares vereinigen
- Übertreibungen, Untertreibungen, Umkehrung der Verhältnisse
- Falsche Metaphern, komische Definitionen
- ...

Begründet mit Hilfe von Beispielen aus dem Text.

Der Satiriker und die Satire – Aufgaben und Grenzen diskutieren

Was darf die Satire?

Satiren stoßen immer wieder an die Grenzen von Gesetzen. Fast jeder deutsche Satiriker ist schon einmal vor Gericht gezogen worden, weil sich eine Person von ihm diffamiert fühlte oder weil ihm vorgeworfen wurde, die Grenzen von Religiosität oder gutem Geschmack nicht beachtet zu haben. Hin und wieder werden Ausgaben von Satirezeitschriften verboten oder Kabarettsendungen in bestimmten Ländern nicht gesendet. Dagegen können sich Satiriker wehren mit dem Argument der Meinungsfreiheit und der Freiheit des künstlerischen Ausdrucks. In demokratischen Ländern haben daher nur wenige Satiriker einmal einen Satire-Prozess verloren.

Das ist in Diktaturen natürlich anders. Besonders zur Zeit des Nationalsozialismus konnte es geradezu lebensgefährlich sein, mit einer Satire das herrschende System zu verspotten. Kurt Tucholsky hat die Grenzen des damals Erlaubten immer wieder überschritten. In seiner berühmten Glosse *Was darf die Satire?* hat er dazu einmal mutig Stellung bezogen. Er schrieb:

„Die Satire beißt, lacht, pfeift und trommelt … gegen alles, was stockt und träge ist. Der Satiriker ist ein gekränkter Idealist: Er will die Welt gut haben, sie ist schlecht, und nun rennt er gegen das Schlechte an. Die Satire eines charaktervollen Künstlers, der um des Guten willen kämpft, verdient nicht diese bürgerliche Nichtachtung und das empörte Fauchen, mit dem hierzulande diese Kunst abgetan wird … Wenn ich die Folgen der Trunksucht aufzeigen will, also dieses Laster bekämpfe, so kann ich das nicht mit frommen Bibelsprüchen, sondern ich werde es am wirksamsten durch die packende Darstellung eines Mannes tun, der hoffnungslos betrunken ist. Ich hebe den Vorhang auf, der schonend über die Fäulnis gebreitet war, und sage: Seht! … Übertreibt die Satire? Die Satire muß übertreiben … Sie bläst die Wahrheit auf, damit sie deutlicher wird … Das ist kein rechter Mann und kein rechter Stand, der nicht einen ordentlichen Puff vertragen kann. Er mag sich mit denselben Mitteln dagegen wehren, er mag wiederschlagen – aber er wende nicht verletzt, empört, gekränkt das Haupt. Es wehte bei uns im öffentlichen Leben ein reinerer Wind, wenn nicht alle übelnähmen."

Kurt Tucholsky

Tucholsky stellt am Ende noch einmal die Frage: „Was darf die Satire?" Und er beantwortet sie pointiert mit: „Alles." Das war damals noch in der Hoffnung gesagt, dass die Nationalsozialisten vielleicht doch nicht die Herrschaft übernehmen würden. Kurze Zeit danach musste Tucholsky emigrieren. Im Dritten Reich durfte die Satire durchaus nicht mehr „alles", ja, sie durfte fast gar nichts mehr!

1 Lest nach, wie auf Seite 162 die Satire definiert ist, und setzt einzelne Textaussagen in Beziehung zu dieser Definition.

2 Welche Aufgaben hat eurer Meinung nach ein Satiriker? Und worin seht ihr selbst die Grenzen der Satire: Darf sie wirklich „alles"? Was darf sie nicht?

Satiren schreiben

Wie schreibt man eine Satire?

Ihr habt einige Satiren gelesen und gelernt, was eine Satire ausmacht. Schreibe nun selbst eine Satire. Sicher hast du dich schon einmal über das ungemütliche Fahren in einem Schulbus geärgert: Was hat dich dabei genervt? Der Ärger ist immer ein guter Motor dafür, eine Satire zu schreiben! Und die soll witzig sein, sodass die Leser darüber lachen können. Wie aber stellt man das an? Das Entscheidende ist, dass man sich dabei der **Ironie** bedient. Man sagt nicht *direkt*, was einem nicht gefällt, sondern sagt es *indirekt*. Der Satireschreiber müsste also das, was ihm am Fahren im Schulbus nicht gefällt, sozusagen „verstecken" und so darstellen, als sei dieser Transport ein reines Vergnügen. Die Aufgabe des Satirikers heißt: Übertreibe und verkehre ins Gegenteil! Lobe, was du schrecklich findest! Wenn du meinst, etwas sei richtig, dann sage, dass es falsch ist. Wenn du meinst, etwas sei falsch, dann betone, dass es gerade richtig so ist. Aber immer mit einem Augenzwinkern! Doch wie zwinkert man mit den Augen in einem geschriebenen Text? Nun, das ist eben die Kunst der Satire. Und wenn ein Leser das Satirische nicht bemerkt, dann ist die Satire entweder missglückt – oder der Leser ist verbohrt.

Jeden Morgen freue ich mich darauf, mit einem der komfortablen Transportmittel, die man Schulbus nennt, stressfrei in die Schule transportiert zu werden. Das fängt schon an der Bushaltestelle an …

1 Schreibe den Anfang dieser Satire zu Ende. Gib deiner Satire eine Überschrift, aus der hervorgeht, dass alles, was du geschrieben hast, scheinbar ernst gemeint ist.

2 Die folgenden Vorschläge wollen euch dazu anregen, weitere Satiren zu schreiben. Eine gute Voraussetzung dafür ist ein Thema, das euch besonders ärgerlich erscheint – und über das sich auch andere ärgern. Denn so bekommt ihr als Satireschreiber die Lacher am ehesten auf eure Seite. Und das ist für jede Satire wichtig!

- Wie man ein interessantes Referat hält
- Wie man ein richtiges Bewerbungsgespräch führt
- Der Vorteil von Handys bei Klassenarbeiten
- Warum es so schrecklich ist, wenn eine Unterrichtsstunde ausfällt
- Wie sich der Deutsche im Ausland verhalten sollte

3 Möglich ist aber auch, die Satire Loriots neu zu schreiben. Das Thema sollte dabei aber **nicht** eine *Bundestagsrede* sein, sondern eine andere Rede oder ein Interview etwa mit einem Star in einer Talkshow.

Zentrale Schreibformen beherrschen: eine Satire schreiben

Eine Betrachtung (Essay) untersuchen und schreiben

Betrachtungen zum Thema „Ironie" – ein Essay

Zur Ironie gehören, denke ich, zumeist drei: einer, der eine Ironie ausspricht, einer, über den etwas Ironisches gesagt wird, und ein Dritter, zum Beispiel ein Freund, der dabei zuhört und die Ironie versteht. Ich sage zum Beispiel über einen anderen: „Du hast gestern Abend wirklich toll auf der Gitarre gespielt!", – ich meine aber, dass ich das Spiel ziemlich schrecklich fand. Das muss der Angeredete nicht unbedingt verstehen, mein Freund aber, der zuhört, muss wissen, wie ich es gemeint habe, sonst macht die Ironie keinen Sinn. Wer etwas Ironisches sagt, möchte, dass es ein anderer versteht.

Woran merkt mein Freund aber die Ironie? Vielleicht an meinem Augenzwinkern, das nur er sieht, oder an einer bestimmten Art meiner Betonung. Jedenfalls möchte ich, wenn ich etwas Ironisches sage, dass es verstanden wird. Wenn auch der Ironisierte, also der Gitarrist, danach merkt, dass das Gemeinte das Gegenteil von dem war, was ich gesagt habe, so ist er vielleicht beleidigt. Er fühlt sich reingelegt: von mir, dem Ironiker, der es gesagt hat, und von meinem Freund, dem Zuhörer, der es gleich verstanden hat.

Die ironische Sprechweise ist eine Art Versteckspiel. Hinter einem Lob ist z. B. ein Tadel versteckt, hinter einer Zustimmung eine Ablehnung und hinter dem scheinbaren Ernst ein heimliches Lachen. Deswegen vertragen Schüler schlecht die Ironie des Lehrers, Kinder oft nicht die der Eltern, ein jeder Mensch schon gar nicht die seines Freundes.

Die Ironie literarischer Texte hat das gleiche Schema. Es wird etwas anderes oder sogar das Gegenteil von dem gesagt, was gemeint ist. Doch hier sind es die Leser, die die Ironie erkennen sollen, und die Ironie muss so deutlich sein, *dass* sie erkannt werden kann. Deswegen müssen die Übertreibungen und die Verdrehungen im Text deutlich werden. Der Leser muss erkennen, was sich hinter einer Aussage versteckt. Manchmal kann man das daran erkennen, dass etwas in Anführungszeichen steht; manchmal ist die Ironie so dick aufgetragen, dass jeder weiß: Das ist anders gemeint, als es da steht. Meistens aber muss der Leser sehr genau hinschauen, ob etwas ernst oder ironisch gemeint ist. Und das ist ja auch der Sinn der Ironie: dass man sie als etwas ernst Gemeintes verstehen kann.

Wer oder was wird zum Beispiel in einer Satire ironisiert? Meistens sind es Menschen (etwa Politiker), über deren Ironisierung sich die Leser freuen. Weil Politiker zu den Mächtigen gehören und weil man sich den Mächtigen mit Ironie überlegen fühlt, macht hier die Ironie besonderen Spaß. Sollte aber ein Mächtiger, der ironisiert worden ist, sich über das Gesagte beschweren, so kann man immer sagen: „Ich habe doch gesagt, dass Ihre Rede vor der Schülerschaft uns allen grandiose Erkenntnisse vermittelt hat. Woher wollen Sie denn wissen, ob ich das anders gemeint habe?" Ob Ironie auch ein Selbstschutz sein kann?

Wolfgang Menzel

1 Untersucht diesen Essay im Hinblick auf die Merkmale, die in der Definition auf Seite 167 genannt sind.

2 Vergleicht den Essay mit der Definition der Ironie auf Seite 161.

Essay: ein Text (Abhandlung), in dem über ein Thema, über das man sich schon recht gut auskennt, aus persönlicher Sicht und eigener Erfahrung nachgedacht wird. Deswegen enthält der Essay auch Passagen in der Ich-Form. Der Essay besitzt keine feste Form, sondern ist eher assoziativ geschrieben und arbeitet mit Beispielen. Die Gedanken in einem Essay entwickeln sich während des Schreibens. Der Essay ist gekennzeichnet durch unkonventionelle Betrachtungsweise und Offenheit der Fragen. Meist ist er unabgeschlossen und überlässt das Fazit dem Leser.

Witz: die kürzeste Form epischen Erzählens, Spielform des Komischen. Elemente: oftmals ein knapper Dialog zwischen zwei Figuren, kurze (zum Teil umgangssprachliche oder fachsprachliche) Sätze. Zu Beginn eines Witzes wird durch eine irreführende Frage oder Aussage Erwartung (Spannung) erzeugt, deren Lösung sich der Leser/Hörer selbst vorstellen muss. Am Ende steht die überraschende Lösung (Pointe), die der Leser/Hörer nicht erwartet hat. Die Reaktion: Lachen. Arten von Witzen: Kinder-, Ärzte-, Schotten-, Blondinen-, Ostfriesen-, Sprach-, Jägerwitze, erotische, mundartliche Witze usw.

3 Schreibe einen Essay über deine Erfahrungen mit Witzen, z. B.: wie dein Vater oder ein Lehrer Witze erzählt. In diesem Essay müsste stehen, was du über Witze weißt, wie du Witze findest, welche Witze dir Vergnügen bereiten, welche dich nerven.
Auch was du über das Komische und das Lachen gelesen hast, sollte darin verarbeitet werden. Vielleicht auch, in welchen Situationen du gern über Witze lachst und in welchen nicht.
Und sicher wirst du auch zur Frage kommen, ob Witze nicht manchmal gefährlich sind und Vorurteile verbreiten und warum manche Witze nur hinter vorgehaltener Hand erzählt werden.

Zentrale Schreibformen beherrschen: ein Essay schreiben

Einen Roman erschließen – Bernhard Schlink: Der Vorleser

Erste Annäherung an den Roman

Im folgenden Kapitel lernt ihr, wie man sich einen Roman erschließen kann. Gleichzeitig könnt ihr euch durch die Auseinandersetzung mit diesem Roman auf eure Abschlussprüfung vorbereiten.

1 Verschafft euch einen ersten Eindruck, indem ihr das Cover betrachtet und die Pressestimmen zum Roman lest. Formuliert dann eure ersten Gedanken und Fragen zum Inhalt des Buches und tauscht sie aus.

2 Was verraten diese Pressestimmen über die beiden Hauptfiguren und die Handlung? Welche Stellungnahme weckt am stärksten eure Neugier? Begründet.

Eine Vorstellung von dem Verhältnis der beiden Hauptfiguren zueinander vermittelt euch auch schon der folgende Auszug:

Seite 67 f. Wir haben unser Ritual des Vorlesens, Duschens, Liebens und Beieinanderliegens beibehalten. Ich habe „Krieg und Frieden" vorgelesen, mit allen Darlegungen Tolstois über Geschichte, große Männer, Russland, Liebe und Ehe, es müssen vierzig bis fünfzig Stunden gewesen sein. Wieder ist Hanna dem Fortgang des Buchs gespannt gefolgt. Aber es war anders als bisher; sie hielt sich mit ihren Urteilen zurück, machte Natascha, Andrej und Pierre nicht zum Teil ihrer Welt, wie sie das mit Luise und Emilia getan hatte, sondern betrat ihre Welt, wie man staunend eine ferne Reise tut oder ein Schloss betritt, in das man eingelassen ist, in dem man verweilen darf, mit dem man vertraut wird, ohne doch die Scheu je völlig zu verlieren. Was ich ihr bisher vorgelesen hatte, hatte ich davor schon gekannt. „Krieg und Frieden" war auch für mich neu. Wir taten die ferne Reise gemeinsam.

Wir haben Kosenamen füreinander erdacht. Sie begann, mich nicht mehr nur Jungchen zu nennen …

Sie ist reizbar, rätselhaft und viel älter als er … und sie wird seine erste Leidenschaft. Sie hütet verzweifelt ein Geheimnis. Eines Tages ist sie spurlos verschwunden. Erst Jahre später sieht er sie wieder. Die fast kriminalistische Erforschung einer sonderbaren Liebe und bedrängenden Vergangenheit.

„Dieses Buch sollte man sich nicht entgehen lassen, weil es in der deutschen Literatur unserer Tage hohen Seltenheitswert besitzt."
Tilman Krause / Der Tagesspiegel, Berlin

„Einfühlsame Sprache von erstaunlicher Präzision. Ein genuiner Schriftsteller, der hier ans Licht kommt. Diese ‚traurige Geschichte' ist Schlinks persönlichstes Buch."
Michael Stolleis / Frankfurter Allgemeine Zeitung

„Der beklemmende Roman einer grausamen Liebe. Ein Roman von solcher Sogkraft, dass man ihn, einmal begonnen, nicht aus der Hand legen wird."
Hannes Hintermeier / Abendzeitung, München

3 Beschreibt die Art der Beziehung zwischen Hanna und Michael. Welchen ersten Eindruck habt ihr dabei von Hanna?

4 Eine Voraussetzung für die Bearbeitung aller Aufgaben in den folgenden Kapiteln ist, dass ihr vorher das gesamte Buch gelesen habt. Fertigt euch begleitend zum Lesen des Buches einen **Konspekt** an. Der Konspekt ist eine Inhaltsübersicht über das Gelesene. Er fasst wesentliche Informationen in einer Übersicht zusammen. Anhand dieser Notizen könnt ihr euch bei der weiteren Auseinandersetzung mit dem Roman jederzeit schnell orientieren. So könntet ihr beginnen:

Konspekt zum Roman „Der Vorleser" von Bernhard Schlink

Teil I	Kapitelüberschrift	Handlung	Handlungszeit, Handlungsräume/-orte und Figuren
Kap. 1, S. 5–7	Erste Begegnung	Michael ist an Gelbsucht erkrankt und übergibt sich auf der Bahnhofstraße. Eine fremde Frau hilft ihm.	Oktober 1958, Heidelberg, Michael, eine fremde Frau
Kap. 2, S. 8–11	Der Traum	Rückblickend beschreibt Michael das Haus in der Bahnhofstraße und seine damit verbundenen Träume.	1994, Heidelberg, Michael
Kap. 3, S. 12–14	Erster Besuch in der Bahnhofstraße	Michael bringt Frau Schmitz pflichtgemäß Blumen und bedankt sich. Er beschreibt detailliert die Wohnung und ihre Bewohnerin.	Februar 1959, Heidelberg, Wohnung in der Bahnhofstraße, Michael und Frau Schmitz
Kap. 4, S. 15–18	Michael beobachtet Hanna	Der junge Michael (15) sieht Hanna („Über dreißig?") zufällig beim Umziehen zu, rennt weg und kann sie nicht vergessen.	wie oben
Kap. 5, S. 19–22	Eine Entscheidung reift heran	Michael beschreibt, wie er die sieben Tage bis zu seinem nächsten Besuch bei Fr. Schmitz verbracht hat und wie der Entschluss dazu in ihm gereift ist.	eine Woche später, Michael

5 Macht euch an dieser Stelle einmal klar, über welchen Zeitraum sich die erzählte Zeit erstreckt. In welchem Verhältnis steht die Erzählzeit zur erzählten Zeit?

> Die **Erzählzeit** ist die Zeit, die benötigt wird, um eine Geschichte zu lesen, zu hören oder zu erzählen. Die **erzählte Zeit** umfasst den Zeitraum, über den sich eine Erzählung erstreckt. Die Erzählzeit kann kleiner als die erzählte Zeit sein (= Zeitraffung), gleich sein (= Zeitdeckung) oder größer (= Zeitdehnung).

Die zentralen Themen des Romans in Zeit und Raum erfassen

Nachdem ihr den gesamten Roman gelesen und konspektiert habt, schaut ihr euch zuerst die im Mittelpunkt stehenden Themen genauer an.

1 Die folgenden Gegenstände spielen in verschiedenen Situationen für Hanna und Michael eine wichtige Rolle. Welche Assoziationen verbindet ihr beim Lesen damit?

Uniform, Wassereimer, zu großer Anzug, Kohlenschütte, Schwamm, Brille, Kassettenrekorder, Peitsche, Gürtel, Buch

2 Das sind die drei großen Themenstränge des Romans:

Beziehung zwischen Hanna und Michael

NS-Verbrechen   Analphabetismus

Sucht mit Hilfe eures Konspekts Ereignisse und Handlungen heraus, die ihr mit diesen Themenbereichen verbindet. Notiert die Ereignisse und Handlungen nach der zeitlichen Abfolge. Bearbeitet die Themenstränge in drei Gruppen.

3 Erläutert, welches dieser drei Themen die lineare Erzählung im Roman durchbricht.

4 Informiert euch im Merkkasten, welche Rolle **Räume** in Erzähltexten spielen können.
– Tragt dann zusammen, in welchen Handlungsräumen Ereignisse spielen, die euch besonders beeindruckt haben. Schaut dazu auch noch einmal in euren Konspekt.
– Nennt nun auch Beispiele für andere Handlungsräume im Roman.

Handlungsraum
Der Raum ist Bedingung / Voraussetzung, Rahmen und Orientierung für die handelnden Figuren. Er kann sein:

Stimmungsraum:
Der Naturraum bestimmt die Erlebnisse der Figuren (Gemütszustände werden durch Natur ausgedrückt, z. B. *Unwetter* für Konfliktzuspitzung).

Lebensraum:
Das Zuhause der Personen, das Milieu bestimmt die Figuren in ihrem Handeln und charakterisiert sie indirekt.

Kontrastraum:
Die Ereignisse und der Raum stehen im Kontrast zur Figur und betonen Widersprüche und Konflikte.

Raumsymbol:
Der Raum oder die Gegenstände stehen symbolisch für die Entwicklung des Geschehens (Wiedererkennungszeichen).

---

5 Orientiert euch im Stadtplan von Heidelberg und verortet Michaels vertrauten Weg: Bahnhofstraße, Häusserstraße, Blumenstraße.

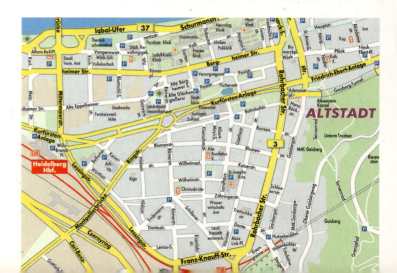

Die Figuren- und Konfliktanlage untersuchen

Wie im wirklichen Leben stehen auch die Romanfiguren in vielfältigen Beziehungen zueinander. Dieses Beziehungsgefüge unterliegt meist Veränderungen und kann Aufschluss über Entwicklungen geben. Für das weitere Erschließen des Romans spielt die **Figuren- und Konfliktanlage** deshalb eine zentrale Rolle.

1 Erarbeitet euch selbst eine Figurenkonstellation. Nutzt dazu folgende Übersicht. Klärt anschließend unter Zuhilfenahme eures Konspekts, wer mit wem im Roman in welcher Beziehung steht. Verbindet diese Figuren mit Pfeilen. Verwendet für gemeinsame Beziehungen gemeinsame Farben.

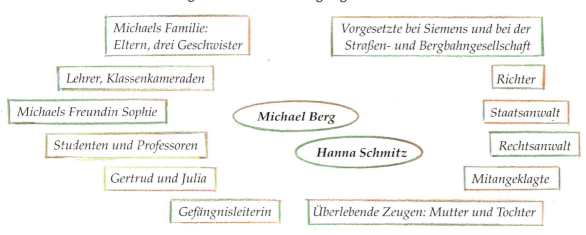

2 Im Roman sind viele Figurenkonflikte angelegt.
– Erklärt mit eigenen Worten, was ein **Konflikt** ist.
– Nennt die Unterschiede zwischen einem inneren und einem äußeren Konflikt.

> Ein **Konflikt** ist ein Kampf von Gegensätzen, die in einer Person/Figur oder zwischen zwei oder mehreren Personen/Figuren existieren. Gegensätzliche Kräfte und Willensrichtungen, Ideen, Vorstellungen und Erwartungen treffen aufeinander, spitzen sich zu und verlangen nach einer Lösung.

3 Lest die folgenden Auszüge auf Seite 172/173.
– Wo findet ihr die beiden rechts aufgeführten Konflikte wieder? Belegt am Text.
– Welche weiteren inneren und äußeren Konflikte könnt ihr erkennen? Achtet bei eurer Suche auf Äußerungen und Verhaltensweisen der Figuren.
– Schreibt eure Ergebnisse übersichtlich auf.
– Ergänzt weitere Beispiele aus dem Roman.

Innerer Konflikt
Michael begehrt die fremde ältere Frau, weiß aber nicht, wie er sich verhalten soll.

Äußerer Konflikt
Michael schwänzt die Schule. Hanna aber verlangt, dass er die Schule sehr ernst nehmen soll.

Wesentliche Elemente eines Romans erfassen: Figuren, Raum- und Zeitdarstellung, Konfliktverlauf

Seite 15–17 „Wart noch", sagte sie, als ich aufstand und gehen wollte, „ich muss auch los und komm ein Stück mit."

Ich wartete im Flur. Sie zog sich in der Küche um. Die Tür stand einen Spalt auf. Sie zog die Kittelschürze aus und stand in hellgrünem Unterkleid. Über der Lehne des Stuhls hingen zwei Strümpfe. Sie nahm einen und raffte ihn mit wechselnd greifenden Händen zu einer Rolle. Sie balancierte auf einem Bein, stützte auf dessen Knie die Ferse des anderen Beins, beugte sich vor, führte den gerollten Strumpf über die Fußspitze, setzte die Fußspitze auf den Stuhl, streifte den Strumpf über Wade, Knie und Schenkel, neigte sich zur Seite und befestigte den Strumpf an den Strumpfbändern. Sie richtete sich auf, nahm den Fuß vom Stuhl und griff nach dem anderen Strumpf.

Ich konnte die Augen nicht von ihr lassen. Von ihrem Nacken und von ihren Schultern, von ihren Brüsten, die das Unterkleid mehr umhüllte als verbarg, von ihrem Po, an dem das Unterkleid spannte, als sie den Fuß auf das Knie stützte und auf den Stuhl setzte, von ihrem Bein, zuerst nackt und blass und dann im Strumpf seidig schimmernd.

Sie spürte meinen Blick. Sie hielt im Griff nach dem anderen Strumpf inne, wandte sich zur Tür und sah mir in die Augen. Ich weiß nicht, wie sie schaute – verwundert, fragend, wissend, tadelnd. Ich wurde rot. Einen kurzen Augenblick stand ich mit brennendem Gesicht. Dann hielt ich es nicht mehr aus, stürzte aus der Wohnung, rannte die Treppe hinunter und aus dem Haus.

Ich ging langsam. Bahnhofstraße, Häusserstraße, Blumenstraße – seit Jahren war es mein Schulweg. Ich kannte jedes Haus, jeden Garten und jeden Zaun, den, der jedes Jahr frisch gestrichen wurde, den, dessen Holz so grau und morsch geworden war, dass ich es mit der Hand zerdrücken konnte, die eisernen Zäune, an deren Stäben ich als Kind mit dem Stock klingend entlanggerannt bin, und die hohe Backsteinmauer, hinter der ich Wunderbares und Schreckliches phantasiert hatte, bis ich hochklettern konnte und die langweiligen Reihen verwahrloster Blumen-, Beeren- und Gemüsebeete sah. Ich kannte das Kopfsteinpflaster und den Teerbelag auf der Straße und die Wechsel zwischen Platten, wellenförmig gepflasterten Basaltklötzchen, Teer und Schotter auf dem Gehweg.

Alles war mir vertraut. Als mein Herz nicht mehr schneller klopfte und mein Gesicht nicht mehr brannte, war die Begegnung zwischen Küche und Flur weit weg. Ich ärgerte mich. Ich war wie ein Kind weggelaufen, statt so souverän zu reagieren, wie ich es von mir erwartete. Ich war nicht mehr neun, ich war fünfzehn. Allerdings blieb mir ein Rätsel, was die souveräne Reaktion hätte sein sollen.

Das andere Rätsel war die Begegnung zwischen Küche und Flur selbst. Warum hatte ich die Augen nicht von ihr lassen können? Sie hatte einen sehr kräftigen und sehr weiblichen Körper, üppiger als die Mädchen, die mir gefielen und denen ich nachschaute. Ich war sicher, dass sie mir nicht aufgefallen wäre, wenn ich sie im Schwimmbad gesehen hätte. Sie hatte sich auch nicht nackter gezeigt, als ich Mädchen und Frauen im Schwimmbad schon gesehen hatte. Überdies war sie viel älter als die Mädchen, von denen ich träumte. Über dreißig? Man schätzt das Alter schwer, das man noch nicht hinter sich hat oder auf sich zukommen sieht.

Jahre später kam ich drauf, dass ich nicht einfach um ihrer Gestalt, sondern um ihrer Haltungen und Bewegungen willen die Augen nicht von ihr hatte lassen können.

Seite 35 f. „Michael, Michael, Michael." Sie probierte den Namen aus. „Mein Jungchen heißt Michael, ist ein Student …"

„Schüler."

„… ist ein Schüler, ist, was, siebzehn?"

Ich war stolz auf die zwei Jahre mehr, die sie mir gab, und nickte.

„… ist siebzehn und will, wenn er groß ist, ein berühmter …" Sie zögerte.

„Ich weiß nicht, was ich werden will."

„Aber du lernst fleißig."

„Na ja." Ich sagte ihr, dass sie mir wichtiger sei als Lernen und Schule. Dass ich auch gerne öfter bei ihr wäre. „Ich bleibe sowieso sitzen."

„Wo bleibst du sitzen?" Sie richtete sich auf. Es war das erste richtige Gespräch, das wir miteinander hatten.

„In der Untersekunda. Ich hab zu viel versäumt in den letzten Monaten, als ich krank war. Wenn ich die Klasse noch schaffen wollte, müsste ich wie blöd arbeiten. Ich müsste auch jetzt in der Schule sein." Ich erzählte ihr von meinem Schwänzen.

„Raus." Sie schlug das Deckbett zurück. „Raus aus meinem Bett. Und komm nicht wieder, wenn du nicht deine Arbeit machst. Blöd ist deine Arbeit? Blöd? Was meinst du, was Fahrscheine verkaufen und lochen ist."

Seite 54 f. Den einzigen Streit hatten wir in Amorbach. Ich war früh aufgewacht, hatte mich leise angezogen und aus dem Zimmer gestohlen. Ich wollte das Frühstück hochbringen und wollte auch schauen, ob ich schon ein offenes Blumengeschäft finde und eine Rose für Hanna kriege. Ich hatte ihr einen Zettel auf den Nachttisch gelegt. „Guten Morgen! Hole Frühstück, bin gleich wieder zurück" – oder so ähnlich. Als ich wiederkam, stand sie im Zimmer, halb angezogen, zitternd vor Wut, weiß im Gesicht.

„Wie kannst du einfach so gehen!"

Ich setzte das Tablett mit Frühstück und Rose ab und wollte sie in die Arme nehmen. „Hanna …"

„Fass mich nicht an." Sie hatte den schmalen ledernen Gürtel in der Hand, den sie um ihr Kleid tat, machte einen Schritt zurück und zog ihn mir durchs Gesicht. Meine Lippe platzte, und ich schmeckte Blut. Es tat nicht weh. Ich war furchtbar erschrocken. Sie holte noch mal aus.

Aber sie schlug nicht noch mal. Sie ließ den Arm sinken und den Gürtel fallen und weinte. Ich hatte sie noch nie weinen sehen. Ihr Gesicht verlor alle Form. Aufgerissene Augen, aufgerissener Mund, die Lider nach den ersten Tränen verquollen, rote Flecken auf Wange und Hals. Aus ihrem Mund kamen krächzende, kehlige Laute, ähnlich dem tonlosen Schrei, wenn wir uns liebten. Sie stand da und sah mich durch ihre Tränen an. (…)

Sie machte zwei Schritte zu mir, warf sich an meine Brust, schlug mit den Fäusten auf mich ein, klammerte sich an mich. Jetzt konnte ich sie halten. Ihre Schultern zuckten, sie schlug mit der Stirn an meine Brust. Dann seufzte sie tief und kuschelte sich in meine Arme.

Seite 96 Während der wochenlangen Gerichtsverhandlung fühlte ich nichts, war mein Gefühl wie betäubt. Ich provozierte es gelegentlich, stellte mir Hanna bei dem, was ihr vorgeworfen wurde, so deutlich vor, wie ich nur konnte, und auch bei dem, was mir das Haar auf ihrem Nacken und das Muttermal auf ihrer Schulter in Erinnerung riefen. Es war, wie wenn die Hand den Arm kneift, der von der Spritze taub ist. Der Arm weiß nicht, dass er von der Hand gekniffen wird, die Hand weiß, dass sie den Arm kneift, und das Gehirn hält beides im ersten Moment nicht auseinander. Aber im zweiten unterscheidet es wieder genau. Vielleicht hat die Hand so fest gekniffen, dass diese Stelle eine Weile lang blass ist. Dann kehrt das Blut zurück, und die Stelle kriegt wieder Farbe. Aber das Gefühl kehrt darum noch nicht zurück. Wer hatte mir die Spritze gegeben? Ich mir selbst, weil ich es ohne Betäubung nicht ausgehalten hätte?

Seite 161 f. Was immer es mit Kollektivschuld moralisch und juristisch auf sich haben oder nicht auf sich haben mag – für meine Studentengeneration war sie eine erlebte Realität. Sie galt nicht nur dem, was im Dritten Reich geschehen war. Dass jüdische Grabsteine mit Hakenkreuzen beschmiert wurden, dass so viele alte Nazis bei den Gerichten, in der Verwaltung und an den Universitäten Karriere gemacht hatten, dass die Bundesrepublik den Staat Israel nicht anerkannte, dass Emigration und Widerstand weniger überliefert wurden als das Leben in der Anpassung – das alles erfüllte uns mit Scham, selbst wenn wir mit dem Finger auf die Schuldigen zeigen konnten. Der Fingerzeig auf die Schuldigen befreite nicht von Scham. Aber er überwand das Leiden an ihr.

4 Prüft die Textauszüge daraufhin, wie es dem Erzähler gelingt, bei der Darstellung der Konflikte auch die Eigenschaften der Figuren zu zeigen.

Die Anmerkungen im Kasten rechts bieten euch dazu Hilfestellungen.

S. 176

Charakterisierung der Figuren
- direkt: durch Äußerungen der Figur selbst oder durch andere
- indirekt: durch den Erzähler: durch …
  - die Beschreibung des Verhaltens (Gewohnheiten, Verhaltensmuster, Sprechweise)
  - die Beschreibung des Handelns (Aktion und Reaktion)
  - die Beschreibung des Äußeren (Alter, Aussehen, Kleidung …)
  - die Angabe von sozialen Merkmalen (Beruf, Bildung, gesellschaftliche Stellung)
  - die Darstellung der Beziehungen
  - die Schilderung des Denkens und Fühlens (Einstellungen, Interessen, Denkweisen, Wünsche, Ängste …)

5 Legt zu Michael und Hanna je eine Figurenkarte an:
Name, Alter, Adresse, Herkunft, Beziehung zur Familie, Tätigkeit, Aussehen, charakteristische Eigenschaften, Lebensmotto, besondere Stärken, Schwächen ...
Auf diese Notizen könnt ihr später bei der Interpretation zurückgreifen.
Notiert euch jeweils die Seitenzahl für die Angabe im Text. So könnt ihr beim Austausch eurer Ergebnisse auftretende Abweichungen zügig klären.
Ergänzt die Karten nach und nach.

6 Weitere Hinweise zu den Figuren erhält der Leser auch anhand der sprachlichen Mittel, die der Autor verwendet. Informiert euch im Kasten, welche das z. B. sein können.

S. 272

Sprachliches Mittel	Beispiel	Deutung
Antithese/Kontrast	... stürzte aus der Wohnung, rannte die Treppe hinunter und aus dem Haus. Ich ging langsam. (Seite 16)	Michael reagiert sehr emotional in Hannas Wohnung. Erst auf der Straße – in vertrauter Umgebung – beruhigt er sich.
Vergleich	... sondern (sie) betrat ihre Welt, wie man staunend eine ferne Reise tut oder ein Schloss betritt, in das man eingelassen ist ... (Seite 68)	Hanna hört Michael beim Vorlesen eines Buches fasziniert und ehrfürchtig zu. Es ist für sie ein großes Erlebnis, das sie als Analphabetin nur durch Michaels Hilfe genießen kann. Er öffnet ihr die Tür zur Welt der Bücher.
rhetorische Frage	Warum hatte ich die Augen nicht von ihr lassen können? (Seite 17)	Er grübelt lange darüber nach. (Auch der Leser sucht intuitiv nach einer Antwort.)
Wiederholungen	„Raus." Sie schlug das Deckbett zurück. „Raus aus meinem Bett." (Seite 36)	Hanna verleiht ihrer Forderung Nachdruck. Sie duldet es nicht, dass er faul ist. Hier wirkt sie erzieherisch auf Michael ein.
Personifikation	Der Fingerzeig auf die Schuldigen befreite nicht von Scham. (Seite 161–162)	Michael (und seine Generation) schämt sich für die Verbrechen im Nationalsozialismus und die Fehler in der Zeit danach, obwohl er den Schuldigen gegenüberstehen und auf sie zeigen kann. Die Geste entlastet ihn nicht.

7 Findet in den Auszügen auf Seite 172 und 173 hier im Sprachbuch weitere Beispiele für besondere sprachliche Mittel. Benennt und deutet sie.

Erzählperspektiven und Erzählweisen erkennen

Die Art des Erzählens spielt für das Verständnis eines epischen Textes und die Aussageabsicht des Autors eine beachtliche Rolle. Außerdem kann der Autor über verschiedene Erzähltechniken auch Spannung erzeugen.

1 Welche der folgenden **Erzählperspektiven** findet ihr im Roman wieder?

Der Erzähler eines Textes ist ein anderer als der Autor. Der Autor schreibt zwar die Geschichte, aber er schlüpft dabei in bestimmte Erzähler-Rollen hinein und erzählt aus unterschiedlichen Perspektiven.

personaler Erzähler:	**Ich-Erzähler:**	**auktorialer Erzähler:** *(allwissender)*
Er steht scheinbar mitten im Geschehen und erzählt dem Leser aus der Sicht einer oder mehrerer Figuren. Dadurch erlebt der Leser das Geschehen unmittelbar mit. Es gibt keine offizielle Erzählperson mehr.	Er ist gleichzeitig Erzähler und an der Handlung teilnehmende Figur. Er erzählt aus der Perspektive einer Figur und kann die Gedanken anderer Figuren nur erahnen. Der Leser rätselt mit der Figur mit.	Er ist als allwissender Erzähler vom Geschehen unabhängig und weiß im Voraus, was passiert. Er greift kommentierend in die Handlung ein. Oft spricht er dabei den Leser direkt an und fordert sein Nachdenken heraus.

---

2 Welche der folgenden **Erzählweisen** könnt ihr ausfindig machen? Bei den **Erzählweisen** unterscheidet man:

Rede des Erzählers/der Erzählerin:
Der Erzähler/die Erzählerin beschreibt vor allem, was geschieht.

Formen:
- raffende Berichte
- szenische Darstellungen
- Kommentare
- Beschreibungen

Rede der Figuren:
Der Erzähler/die Erzählerin lässt die Figuren selbst zu Wort kommen oder gibt wieder, was im Kopf der Figuren vorgeht (Gedankenrede) und wie sie sich fühlen.

Formen:

äußere Rede
- **wörtliche Rede:**
  Sie sagte: „Was wollt ihr denn bei mir?"
  Die wörtliche Rede steht in der Regel in Anführungszeichen.
- **indirekte Rede:**
  Die Frau fragte, was sie denn bei ihr wollen.

innere Rede/Gedankenrede
- **innerer Monolog:**
  Was wollen die denn bei mir?
  (Ich-Form und Präsens)
- **erlebte Rede:**
  Was wollten die denn bei ihr?
  (3. Person und Präteritum)
  Man erkennt Gedankenreden oft an Frage- oder Ausrufezeichen am Schluss.

Sprachliche Gestaltungsmittel von Erzählperspektiven und Erzählweisen reflektieren

Handlungsmotive literarischer Figuren nachvollziehen

Zwischen Michael und Hanna entwickelt sich eine intensive, lebenslange Beziehung mit vielen Höhen und Tiefen. Welche Facetten hat diese Liebesbeziehung? Für die Beantwortung dieser Frage müsst ihr euer Augenmerk auf beide Figuren richten.

1 Recherchiert, wie alles angefangen hat und aus welchen Motiven die jeweilige Figur die Beziehung eingeht. Schreibt die Motive für Hanna und Michael getrennt voneinander heraus. Arbeitet in Gruppen. Lest dazu die angegebenen Textstellen im Buch nach.

2 Vergleicht die Motive der beiden: Welche Gemeinsamkeiten erkennt ihr? Welche Motive sind figurenspezifisch?

Michael
Kap. 3, S. 14 (Schönheit)
Kap. 4, S. 17–18 (Erotik)
Kap. 5, S. 20–21 (Langeweile, Einsamkeit, beginnende Sexualität)
Kap. 7, S. 28–29, 32 (Verliebtsein, neues Körper- und Selbstbewusstsein, Abnabelung vom Elternhaus)
Kap. 8, S. 33 (Faszination für Hannas Körper)
Kap. 9, S. 41, 44 (körperliche und seelische Geborgenheit, Sicherheit)

Hanna
Kap. 4, S. 15 f. (Überlegenheit, fühlt sich begehrt)
Kap. 6, S. 25–27 (körperliche Befriedigung)
Kap. 8, S. 33 f. (Überlegenheit, Dominanz)
Kap. 8, S. 35 (relative Anonymität)
Kap. 8, S. 36–37 (Macht, Erziehung)
Kap. 9, S. 40 (Einsamkeit)

3 Verfolgt die Entwicklung der Beziehung zwischen den beiden.
– Stellt nach dem Lesen der Textauszüge gegenüber: Michaels Absichten – Reaktionen von Hanna
– Wie erklärt ihr euch Hannas Verhalten, Gesten, Antworten …?
– Welche charakteristischen Eigenschaften werden deutlich?
– Was erfahrt ihr durch Michaels erlebte Rede/inneren Monolog?

Seite 45 Am ersten Tag der Osterferien stand ich um vier auf. Hanna hatte Frühschicht. Sie fuhr um Viertel nach vier mit dem Fahrrad zum Straßenbahndepot und um halb fünf mit der Bahn nach Schwetzingen. Auf der Hinfahrt sei, so hatte sie mir gesagt, die Bahn oft leer. Erst auf der Rückfahrt werde sie voll.

Ich stieg bei der zweiten Haltestelle zu. Der zweite Wagen war leer, im ersten stand Hanna beim Fahrer. Ich zögerte, ob ich mich in den vorderen oder den hinteren Wagen setzen sollte, und entschied mich für den hinteren. Er versprach Privatheit, eine Umarmung, einen Kuss. Aber Hanna kam nicht.

Handlungsmotive literarischer Figuren vergleichen und analysieren

Seite 47–50 Ich erwartete sie um zwölf auf dem Treppenabsatz vor ihrer Wohnung, traurig, ängstlich und wütend.

„Schwänzt du wieder Schule?"

„Ich habe Ferien. Was war heute morgen los?" Sie schloss auf, und ich folgte ihr in die Wohnung und in die Küche.

„Was soll heute morgen los gewesen sein?"

„Warum hast du getan, als kennst du mich nicht? Ich wollte …"

„Ich habe getan, als kenne ich dich nicht?" Sie drehte sich um und sah mir kalt ins Gesicht. „Du hast mich nicht kennen wollen. Steigst in den zweiten Wagen, wo du doch siehst, dass ich im ersten bin."

„Warum fahre ich am ersten Tag meiner Ferien um halb fünf nach Schwetzingen? Doch nur, weil ich dich überraschen wollte, weil ich dachte, du freust dich. In den zweiten Wagen bin ich …"

„Du armes Kind. Warst schon um halb fünf auf, und das auch noch in deinen Ferien." Ich hatte sie noch nie ironisch erlebt. Sie schüttelte den Kopf. „Was weiß ich, warum du nach Schwetzingen fährst. Was weiß ich, warum du mich nicht kennen willst. Ist deine Sache, nicht meine. Würdest du jetzt gehen?"

Ich kann nicht beschreiben, wie empört ich war. „Das ist nicht fair, Hanna. Du hast gewusst, du musstest wissen, dass ich nur für dich mitgefahren bin. Wie kannst du dann glauben, ich hätte dich nicht kennen wollen? Wenn ich dich nicht hätte kennen wollen, wäre ich gar nicht mitgefahren."

„Ach, lass mich. Ich habe dir schon gesagt, was du machst, ist deine Sache, nicht meine." Sie hatte sich so gestellt, dass der Küchentisch zwischen uns war, ihr Blick, ihre Stimme und ihre Gesten behandelten mich als Eindringling und forderten mich auf zu gehen.

Ich setzte mich aufs Sofa. Sie hatte mich schlecht behandelt, und ich hatte sie zur Rede stellen wollen. Aber ich war gar nicht an sie herangekommen. Stattdessen hatte sie mich angegriffen. Und ich begann, unsicher zu werden. Hatte sie vielleicht recht, nicht objektiv, aber subjektiv? Konnte, musste sie mich falsch verstehen? Hatte ich sie verletzt, ohne meine Absicht, gegen meine Absicht, aber eben doch verletzt?

„Es tut mir leid, Hanna. Alles ist schiefgelaufen. Ich habe dich nicht kränken wollen, aber es scheint …"

„Es scheint? Du meinst, es scheint, du hast mich gekränkt? Du kannst mich nicht kränken, du nicht. Und gehst du jetzt endlich? Ich habe gearbeitet, ich will baden, ich will meine Ruhe haben." Sie sah mich auffordernd an. Als ich nicht aufstand, zuckte sie mit den Schultern, drehte sich um, ließ Wasser in die Wanne und zog sich aus.

Jetzt stand ich auf und ging. Ich dachte, ich gehe für immer. Aber nach einer halben Stunde stand ich wieder vor der Wohnung. Sie ließ mich herein, ==und ich nahm alles auf mich. Ich hatte gedankenlos, rücksichtslos, lieblos gehandelt. Ich verstand, dass sie gekränkt war. Ich verstand, dass sie nicht gekränkt war, weil ich sie nicht kränken konnte. Ich verstand, dass ich sie nicht kränken konnte, dass sie sich mein Verhalten aber einfach nicht bieten lassen== durfte. Am Ende war ich glücklich, als sie zugab, dass ich sie verletzt hatte. Also war sie doch nicht so unberührt und unbeteiligt, wie sie getan hatte.

„Verzeihst du mir?"

Sie nickte.

„Liebst du mich?"

Sie nickte wieder. „Die Wanne ist noch voll. Komm, ich bade dich."

Später habe ich mich gefragt, ob sie das Wasser in der Wanne gelassen hatte, weil sie wusste, dass ich wiederkommen würde. Ob sie sich ausgezogen hatte, weil sie wusste, dass mir das nicht aus dem Sinn gehen und dass es mich zurückbringen würde. Ob sie nur ein Machtspiel hatte gewinnen wollen. Als wir uns geliebt hatten und beieinanderlagen und ich ihr erzählte, warum ich in den zweiten statt den ersten Wagen gestiegen war, neckte sie mich. „Sogar in der Straßenbahn willst du's mit mir machen? Jungchen, Jungchen!" Es war, als sei der Anlass unseres Streits eigentlich ohne Bedeutung.

Aber sein Ergebnis hatte Bedeutung. Ich hatte nicht nur diesen Streit verloren. Ich hatte nach kurzem Kampf kapituliert, als sie drohte, mich zurückzuweisen, sich mir zu entziehen. In den kommenden Wochen habe ich nicht einmal mehr kurz gekämpft. Wenn sie drohte, habe ich sofort bedingungslos kapituliert. Ich habe alles auf mich genommen. Ich habe Fehler zugegeben, die ich nicht begangen hatte, Absichten eingestanden, die ich nie gehegt hatte. Wenn sie kalt und hart wurde, bettelte ich darum, dass sie mir wieder gut ist, mir verzeiht, mich liebt. Manchmal empfand ich, als leide sie selbst unter ihrem Erkalten und Erstarren. Als sehne sie sich nach der Wärme meiner Entschuldigungen, Beteuerungen und Beschwörungen. Manchmal dachte ich, sie triumphiert einfach über mich. Aber so oder so hatte ich keine Wahl.

4 Lest den Auszug auf Seite 177 hier im Sprachbuch mit verteilten Rollen ausdrucksstark vor.
– Wie lässt der Autor Hanna und Michael miteinander reden?
– Wie gehen sie miteinander um?
– Wie redet Hanna Michael einerseits an – wie behandelt sie ihn andererseits?
Diskutiert miteinander und nehmt wertend Stellung.

5 Deutet die gelb markierte Textstelle im Auszug auf Seite 177.
– Was sagt Michael hier – was meint er? Begründet euren Standpunkt.
– Mit welchen Problemen kämpfen Michael und Hanna?
– Inwiefern ist dieser Konfliktverlauf bedeutsam?

6 Welche sprachlichen Besonderheiten unterstützen das anschauliche Erzählen?
– Lest einige Beispiele wirkungsvoll vor.
– Was fällt euch bei der markierten Textstelle auf?

7 Lest noch einmal die Kapitel 13 bis 16 im Roman selbst.
Beschreibt, wie sich die Beziehung zwischen Hanna und Michael verändert.
Zeigt auf, woran das deutlich wird.

8 *„Ich weiß, das Verleugnen ist eine unscheinbare Variante des Verrats."*
Wie deutet ihr diesen Satz?

9 Stellt zusammen: Welche Gründe führen dazu, dass die Beziehung in die Brüche geht? Bezieht dazu auch die Seiten 63–78 des Romans mit ein.

10 Bearbeitet folgende Aufgaben in Gruppen. Nehmt auch euren Konspekt zu Hilfe.
– Was bedeutet diese Liebe für die jeweilige Figur?
– Auf welche Art und Weise erfahren wir davon?
– Wo taucht das Thema Liebe in Teil II und III des Romans erneut auf?

S. 169

11 Führt euch die Entwicklung der Beziehung zwischen Hanna und Michael noch einmal zusammenfassend vor Augen.
– Was für eine Beziehung haben Hanna und Michael?
  Was verbindet – was trennt sie?
– Wie verändert sich das im Laufe der Zeit?
– Ist es eine symmetrische Beziehung? Welche Gründe sprechen dafür –
  welche dagegen? Wie wirkt das auf euch?
– Wie verändert sich das Verhältnis zwischen beiden während und
  nach dem Prozess?
– Wie bewertet ihr diese Beziehung abschließend?
  Welche Fragen bleiben für euch als Leser offen?
– Wie unterstützen die erzählerischen Gestaltungsmittel
  den Inhalt und die Wirkung auf den Leser?

Den Konfliktverlauf zwischen literarischen Figuren untersuchen und bewerten

Analphabetismus als Handlungsmotiv bewerten

Hanna gibt relativ wenig über sich selbst preis. Dennoch erfahren wir durch ihre Einstellungen und Handlungen und durch andere Figuren viel über sie. Hannas Analphabetismus und der unbedingte Wille, ihn zu verheimlichen, werden für ihr Leben schicksalhaft und zu einem starken Handlungsmotiv. Um im Alltag zurechtzukommen, sucht sie ständig nach neuen Lösungen und gerät in immer größere Verstrickungen.

> **Das Motiv**
> (*lat.* Beweggrund, Antrieb) ist die Ursache, durch die die Handlung ausgelöst wird. Der Text wird für den Leser über das Erkennen des Motivs in seiner tieferen Bedeutung verständlich.

1 Stellt Hannas Vertuschungsstrategien während ihrer Beziehung zu Michael in einem Exzerpt zusammen.
Lest dazu die Seiten 43, 50, 52–53, 54–56, 60, 70, 76 und 80 im Roman. Legt euch am besten eine Tabelle an.

> In einem **Exzerpt** wählt man bewusst Informationen eines Textes unter einer bestimmten Fragestellung aus und stellt sie stichwortartig und übersichtlich zusammen. Es enthält außerdem kurze Hinweise auf wichtige Textstellen mit Angabe der Seiten- und Zeilenzahl.

gefundene Angaben	Anmerkungen
– Hannas Begründung zum Vorlesen: „Du hast so eine schöne Stimme, Jungchen, ich mag dir lieber zuhören als selbst lesen."	Seite 43
– ...	

2 Warum verhält Hanna sich so?
Warum spricht sie nicht mit ihm darüber?
Wirkt sich das auf ihre Beziehung aus?
Diskutiert darüber und begründet.

3 Wie interpretiert Michael Hannas Verhalten auf Seite 54 f.?
– Teilt ihr seine Ansicht?
– Betrachtet diese Szene anschließend noch einmal unter dem Blickwinkel des Analphabetismus. Was verändert sich in eurer Bewertung?

4 Lest noch einmal die Seiten 91–93 im Roman. Verteidiger und Staatsanwalt stehen den gleichen Sachverhalten aus Hannas Lebensweg gegenüber: Hannas Wechsel von Siemens zur SS und ihr häufiger Wohnortwechsel nach Kriegsende.
– Wie bewerten sie ein und dieselben Tatsachen? Warum wohl?
– Wie kommt das sprachlich zum Ausdruck?

Handlungsmotive literarischer Figuren erkennen und bewerten

5 Durch welche Verhaltensweisen trägt Hanna selbst dazu bei, dass sich ihre Situation vor Gericht weiter verschlechtert?
– Lest folgende Seiten im Roman: Seite 92, 104, 105, 124, 130, 131.
– Schreibt eure Ergebnisse auf und zitiert einige aussagekräftige Textstellen. Informiert euch vorher noch einmal über die Regeln des Zitierens.
– Welche sprachlichen Auffälligkeiten könnt ihr feststellen?

S. 45

Ein **Zitat** ist eine wörtlich angeführte, buchstabengetreue Wiedergabe von Textstellen aus einem Originaltext. Zitate werden durch Anführungszeichen markiert.
Sie dienen als Beleg und zur Unterstützung von Behauptungen und Meinungen in Interpretationen, Erörterungen, Facharbeiten …
Am Ende des Zitates wird die Herkunft in Klammern (S. für Seite, V. für Vers) angegeben.
Am Schluss einer Niederschrift wird die verwendete Quelle ausführlich genannt:

Buchquelle: Name, Vorname: Titel. Verlag, Erscheinungsort und -jahr
Schlink, Bernhard: Der Vorleser. Diogenes Verlag, Zürich 1995
Zitat ganzer Sätze: Hanna beantwortet vor Gericht die Fragen zu ihrem beruflichen Werdegang. *„Aber es blieb der Eindruck, dass sie es mit Bedacht und ohne Not getan hatte."* (S. 92)
Zitat von Teilsätzen: Nach Hannas Befragung zu ihrem beruflichen Werdegang *„… blieb der Eindruck, dass sie es mit Bedacht und ohne Not getan hatte."* (S. 92)
Zitat von Wortgruppen: Die meisten Anwesenden sind nach der Befragung der Meinung, dass Hanna ihre Entscheidung *„mit Bedacht und ohne Not"* (S. 92) getroffen hat.
Zitat wörtlicher Reden: Hannas Anwalt versucht einen weiteren Vorwurf zu entkräften: *„Meine Mandantin hat sich bei jedem Wohnortwechsel polizeilich ab- und angemeldet."* (S. 93)

6 Diskutiert: Wäre der Analphabetismus in euren Augen im Nachhinein ein entlastendes Argument gewesen?

7 Hanna merkt auch, dass sich ihre Situation durch das Verschweigen ihres Defizits verschärft.
– Diskutiert ihr Motiv dafür, sich trotzdem nicht zu ihrem Analphabetismus zu bekennen. Lest dazu noch einmal auf den Seiten 127 und 132 f. im Roman.
– Bewertet ihr Verhalten.

Bewerten
– einen Standpunkt finden
– mit eigenen Wertmaßstäben messen
– ein Werturteil auf der Basis von gesetzlichen Regeln und Normen fällen

8 Fasst schriftlich zusammen, welche zentralen Auswirkungen der Analphabetismus für Hannas Leben privat und beruflich hat.

9 Recherchiert über Analphabetismus im gegenwärtigen Deutschland. Stellt heraus, welche Lösungsstrategien für diese Problematik angeboten werden.

Zitate in eigene Texte integrieren

Sich mit dem Thema *Schuld* auseinandersetzen

Michael studiert Rechtswissenschaften und verfolgt zusammen mit anderen Studenten den Verlauf eines KZ-Prozesses. Völlig unerwartet sieht er sieben Jahre nach ihrem plötzlichen Verschwinden Hanna als Angeklagte wieder und erfährt von ihrer Vergangenheit: Hanna hat bis Herbst 1943 bei Siemens in Berlin gearbeitet. Danach war sie KZ-Aufseherin, bis zum Frühjahr 1944 im KZ Auschwitz und bis zum Winter 1944/45 in einem kleinen Lager bei Krakau. Anschließend war sie am Gefangenentransport der Frauen in den Westen beteiligt. Bei Kriegsende hielt sie sich in Kassel auf. (Teil 2, Kap. 3)

1 Im Roman geht es in allen drei zentralen Themen auch um **Schuld**. Klärt die Bedeutung des Begriffes. Berücksichtigt auch folgende Kurzdefinitionen.

---

juristisch: ein Gesetz brechen
Subjektive Beziehung des Täters zu seiner Tat (vorsätzlich, fahrlässig), aus der ihm ein persönlicher Vorwurf gemacht werden kann. Voraussetzung ist die Schuldfähigkeit, also das Unrecht einer Tat einzusehen und nach dieser Einsicht zu handeln.

(nach Harenberg, Kompaktlexikon, Harenberg Lexikonverlag. Verlags- u. Mediengesellschaft mbH& Co. KG, Dortmund 1994, Band 5, S. 2708 f.)

ethisch-moralisch: Werte und Normen verletzen
Der Begriff ‚Schuld' wird in der Ethik in unterschiedlichen Zusammenhängen verwendet: Schuld für die Verletzung wohlverstandener Interessen anderer, bei jemand anderem aus Dankbarkeit oder wegen eines Versprechens „in der Schuld stehen" und Schuld/Unschuld als moralische Bewertungskategorie.

http://de.wikipedia.org/wiki/Schuld 31.10.2007

Schuld bezeichnet die Nichteinhaltung eines sittlichen Gebots, (…). Der Begriff bezieht sich auf das Verhältnis der Menschen untereinander, beschreibt also einen sozialen Sachverhalt; demgegenüber kommt der der Theologie näherstehende Begriff der Sünde im Verhältnis von Mensch zu Gott zum Tragen.

Microsoft ® Encarta ® 2007 © 1993–2006 Microsoft Corporation. Alle Rechte vorbehalten.

---

2 Hanna steht im Frühjahr 1966 mit vier weiteren ehemaligen Aufseherinnen vor Gericht. Es geht darum, wer wie viel Schuld am Tod der Häftlinge trägt. Informiert euch darüber, an welcher Stelle im Gefüge eines Konzentrationslagers Hanna als Aufseherin stand. Nennt auch ihre Aufgaben.

3 Wie erledigt Hanna ihre Arbeit als Aufseherin?
— Sucht dazu beweiskräftige Textstellen auf den Seiten 106–107, 111–112 und 121–123 im Roman.
— Beschreibt, worin Hannas Verbrechen und ihre Schuld bestehen.
— Und wie sieht Hanna das selbst?

4 Was wird Hanna und den anderen Frauen in den Hauptanklagepunkten vorgeworfen? Lest auf den Seiten 102 und 103 im Roman nach.

5 Hanna erhält von allen Angeklagten die höchste Strafe: lebenslänglich.
— Erläutert, inwiefern sie dazu beigetragen hat.
— Wie deutet ihr Hannas Auftreten zur Urteilsverkündung? Lest Kap. 17, Seite 156–157.

6 Kommt nun selbst zu einer Wertung, inwieweit man bei Hanna von Schuld sprechen muss.

Die Entwicklung literarischer Figuren erfassen

Die folgenden Textauszüge streifen Michaels Entwicklung während des Gerichtsprozesses vom Frühjahr bis zum Sommer 1966.

1 Wie fühlt sich Michael im Verlauf des Prozesses?
– Notiere, welche Zustände er nach und nach durchlebt.
– Beschreibe Michaels innere Zerrissenheit – das Wechselspiel von Gefühl und Verstand.
Zitiert dazu passende Textstellen und tauscht euch aus.

Seite 87 Aufarbeitung! Aufarbeitung der Vergangenheit! Wir Studenten des Seminars sahen uns als Avantgarde der Aufarbeitung. Wir rissen die Fenster auf, ließen die Luft herein, den Wind, der endlich den Staub aufwirbelte, den die Gesellschaft über die Furchtbarkeiten der Vergangenheit hatte sinken lassen. Wir sorgten dafür, dass man atmen und sehen konnte. Auch wir setzten nicht auf juristische Gelehrsamkeit. Dass verurteilt werden müsse, stand für uns fest. Ebenso fest stand für uns, dass es nur vordergründig um die Verurteilung dieses oder jenes KZ-Wächters und -Schergen ging. Die Generation, die sich der Wächter und Schergen bedient oder sie nicht gehindert oder sie nicht wenigstens ausgestoßen hatte, als sie sie nach 1945 hätte ausstoßen können, stand vor Gericht, und wir verurteilten sie in einem Verfahren der Aufarbeitung und Aufklärung zu Scham.

Seite 88 Wir Studenten des Seminars entwickelten eine starke Gruppenidentität. Wir vom KZ-Seminar – zunächst nannten die anderen Studenten es so und bald auch wir selbst. Was wir machten, interessierte die anderen nicht; es befremdete viele, stieß manche geradezu ab. Ich denke jetzt, dass der Eifer, mit dem wir Furchtbarkeiten zur Kenntnis nahmen und anderen zur Kenntnis bringen wollten, tatsächlich abstoßend war. Je furchtbarer die Ereignisse waren, über die wir lasen und hörten, desto gewisser wurden wir unseres aufklärerischen und anklägerischen Auftrags. Auch wenn die Ereignisse uns den Atem stocken ließen – wir hielten sie triumphierend hoch. Seht her!

Seite 91 Ich erkannte sie erst, als sie aufgerufen wurde, aufstand und nach vorne trat. Natürlich erkannte ich sofort den Namen: Hanna Schmitz. Dann erkannte ich auch die Gestalt, den Kopf fremd mit zum Knoten geschlungenen Haaren, den Nacken, den breiten Rücken und die kräftigen Arme. Sie hielt sich gerade. Sie stand fest auf beiden Beinen. Sie ließ ihre Arme locker hängen. Sie trug ein graues Kleid mit kurzen Ärmeln. Ich erkannte sie, aber ich fühlte nichts. Ich fühlte nichts.

Seite 93 Ich erschrak. Ich merkte, dass ich Hannas Haft als natürlich und richtig empfunden hatte. Nicht wegen der Anklage, der Schwere des Vorwurfs und der Stärke des Verdachts, wovon ich noch gar nichts Genaues wusste, sondern weil sie in der Zelle raus aus meiner Welt, raus aus meinem Leben war. Ich wollte sie weit weg von mir haben, so unerreichbar, dass sie die bloße Erinnerung bleiben konnte, die sie in den vergangenen Jahren für mich geworden und gewesen war. Wenn der Anwalt Erfolg hätte, würde ich gewärtigen müssen, ihr zu begegnen, und ich würde mir klar werden müssen, wie ich ihr begegnen wollte und sollte.

Seite 96 Sie saß wie gefroren. So sitzen musste weh tun. Manchmal stahlen sich Haarsträhnen aus dem straffen Knoten, kräuselten sich, hingen auf den Nacken herab und strichen im Luftzug über ihn hin. Manchmal trug Hanna ein Kleid, dessen Ausschnitt weit genug war, um das Muttermal an der linken oberen Schulter zu zeigen. Dann erinnerte ich mich, wie ich die Haare von diesem Nacken gepustet und wie ich dieses Muttermal und diesen Nacken geküsst hatte. Aber das Erinnern war ein Registrieren. Ich fühlte nichts.

Während der wochenlangen Gerichtsverhandlung fühlte ich nichts, war mein Gefühl wie betäubt.

Seite 98 Alle Literatur der Überlebenden berichtet von dieser Betäubung, unter der die Funktionen des Lebens reduziert, das Verhalten teilnahms- und rücksichtslos und Vergasung und Verbrennung alltäglich wurden.

Seite 112–113 Der Vorsitzende Richter wollte von dem Anwalt, der Hanna befragt hatte, wissen, ob er noch Fragen an die Angeklagte habe. Er wollte es von Hannas Anwalt wissen. Frag sie, dachte ich. Frag sie, ob sie die schwachen und zarten Mädchen gewählt hat, weil sie die Arbeit auf dem Bau ohnehin nicht verkrafteten, weil sie ohnehin mit dem nächsten Transport nach Auschwitz kamen und weil sie ihnen den letzten Monat erträglich machen wollte. Sag's, Hanna. Sag, dass du ihnen den letzten Monat erträglich machen wolltest. Dass das der Grund war, die Zarten und Schwachen zu wählen. Dass es keinen anderen Grund gab, keinen geben konnte.

Seite 131 Für mich ging die Verhandlung nicht zu Ende, sondern begann. Ich war Zuschauer gewesen und plötzlich Teilnehmer geworden, Mitspieler und Mitentscheider.

Seite 132 Ich konnte zum Vorsitzenden Richter gehen und ihm sagen, dass Hanna Analphabetin war. Dass sie nicht die Hauptakteurin und -schuldige war, zu der die anderen sie machten.

Seite 132 f. Ja, sie kämpfte darum, war aber nicht willens, für den Erfolg den Preis ihrer Bloßstellung als Analphabetin zu zahlen. Sie würde auch nicht wollen, dass ich ihre Selbstdarstellung für ein paar Gefängnisjahre verkaufen würde. Sie konnte solchen Handel selbst machen, sie machte ihn nicht, also wollte sie ihn nicht. Ihr war ihre Selbstdarstellung die Gefängnisjahre wert.

Aber war sie's wirklich wert? Was hatte sie von dieser verlogenen Selbstdarstellung, die sie fesselte, lähmte, nicht sich entfalten ließ? Mit der Energie, mit der sie ihre Lebenslüge aufrechterhielt, hätte sie längst lesen und schreiben lernen können.

(...) Es geht nicht darum, ob man sich schämen sollte, Linkshänder oder schwul zu sein – stell dir einfach vor, dass der Angeklagte sich schämt.

Seite 151 Ich wollte Hannas Verbrechen zugleich verstehen und verurteilen. Aber es war dafür zu furchtbar.

Seite 152 Ich bin damit nicht fertig geworden.

Seite 153 f. Ich bin dann doch noch zum Vorsitzenden Richter gegangen. Zu Hanna zu gehen schaffte ich nicht. Aber nichts zu tun hielt ich auch nicht aus.

Warum ich nicht schaffte, mit Hanna zu reden? Sie hatte mich verlassen, hatte mich getäuscht, war nicht die gewesen, die ich in ihr gesehen oder auch in sie hineinphantasiert hatte. Und wer war ich für sie gewesen? Der kleine Vorleser, den sie benutzt, der kleine Beischläfer, mit dem sie ihren Spaß gehabt hatte? Hätte sie mich auch ins Gas geschickt, wenn sie mich nicht hätte verlassen können, aber loswerden wollen?

Warum ich nicht aushielt, nichts zu tun? Ich sagte mir, ich müsse ein Fehlurteil verhindern. Ich müsse dafür sorgen, dass Gerechtigkeit geschieht, ungeachtet Hannas Lebenslüge, Gerechtigkeit sozusagen für und gegen Hanna. (...)

Er plauderte drauflos und fragte mich nach diesem und jenem. Was unsere Seminargruppe über das Verfahren denke, was unser Professor mit den Protokollen vorhabe (...).

Seite 155 Ich spürte, wie sich die Betäubung, unter der ich den Entsetzlichkeiten der Verhandlung gefolgt war, auf die Gefühle und Gedanken der letzten Wochen legte. Dass ich darüber froh gewesen wäre, wäre viel zu viel gesagt. Aber ich empfand, dass es richtig war. Dass es mir ermöglichte, in meinen Alltag zurückzukehren und in ihm weiterzuleben.

2 Michael ist jeden Tag beim Prozess dabei und nimmt an Hannas Schicksal teil. Viele Gedanken schwirren ihm dabei durch den Kopf, aber er ist „... damit nicht fertig geworden." (S. 152)
Um die Situation zu verarbeiten, spricht er seine Gedanken für Hanna auf eine Kassette, schickt sie jedoch nicht ab. Schreibe den Text auf, den er für Hanna sprechen würde.

3 Lest folgenden Textauszug. Setzt euch mit den zentralen Fragen von Michael auseinander.

Seite 99 f. Zugleich frage ich mich und habe mich schon damals zu fragen begonnen: Was sollte und soll meine Generation der Nachlebenden eigentlich mit den Informationen über die Furchtbarkeiten der Vernichtung der Juden anfangen? Wir sollen nicht meinen, begreifen zu können, was unbegreiflich ist, dürfen nicht vergleichen, was unvergleichlich ist, dürfen nicht nachfragen, weil der Nachfragende die Furchtbarkeiten, auch wenn er sie nicht in Frage stellt, doch zum Gegenstand der Kommunikation macht und nicht als etwas nimmt, vor dem er nur in Entsetzen, Scham und Schuld verstummen kann. Sollen wir nun in Entsetzen, Scham und Schuld verstummen? Zu welchem Ende? Nicht dass sich der Aufarbeitungs- und Aufklärungseifer, mit dem ich am Seminar teilgenommen hatte, in der Verhandlung einfach verloren hätte. Aber dass einige wenige verurteilt und bestraft und dass wir, die nachfolgende Generation, in Entsetzen, Scham und Schuld verstummen würden – das sollte es sein?

Die Konstellation der Hauptfiguren visualisieren

Michaels Lebenslauf ist auf unweigerliche Art und Weise mit Hanna und ihrer Geschichte verbunden. Eigentlich hasst er die Menschen, die sich in der Nazizeit schuldig gemacht haben, aber er muss feststellen, dass er einen solchen Menschen geliebt hat.

S. 171

1 Welches Leben führt Michael nach dem Prozess? Erarbeitet am Text, in welche Konflikte Michael gerät. Lest dazu die Kapitel 1 bis 5 im dritten Teil des Romans.

2 Belegt am Text, wie Michael seine Konflikte zu bewältigen versucht.

3 Und wie lebt Hanna mit dem Urteil?
– Lest dazu vom dritten Teil des Romans die Kapitel 5 und 6, vom Kapitel 7 die Seiten 181–182, Kapitel 8 bis Seite 187 sowie vom Kapitel 10 die Seiten 193–197 bis zum Ende des ersten Absatzes.
– Notiert, was über ihr Leben in 18 Jahren Haft berichtet wird.

4 Komplettiert auf der Grundlage eurer Notizen diese verzahnten Lebensläufe.

Michael		Hanna
– setzt sein Studium fort	Sommer 1966	– tritt ihre Haftstrafe an
– lernt Gertrud kennen – beginnt sein Referendariat (S. 160)	1967	– akzeptiert bereitwillig die Gefängnisordnung (S. 196) – bleibt kontaktarm – hat anfangs Autorität bei Mitgefangenen (S. 196)
– erlebt die Studentenbewegung – setzt sich erneut mit den nationalsozialistischen Verbrechen auseinander *„Aber der Fingerzeig auf Hanna wies auf mich zurück. Ich hatte sie geliebt. Ich hatte sie nicht nur geliebt, ich hatte sie gewählt." (S. 162)*	1968	
– Heirat mit Gertrud, Geburt von Tochter Julia *„Ich habe nie aufhören können, das Zusammensein mit Gertrud mit dem Zusammensein mit Hanna zu vergleichen …" (S. 164)*	1969	

5 Findet auch für Hanna entsprechende Textbelege, die die andauernde Beziehung zu Michael verdeutlichen. Lest euch dann die ausgewählten Zitate von Hanna und die von Michael aus der Übersicht im Wechsel betont vor.

Die Figurenkonstellation eines Romans visualisieren

6 Löst folgende Aufgaben in Partnerarbeit:
- Fertigt je ein Bild von Hannas Küche und eines von Hannas Gefängniszelle nach den Vorgaben des Autors an. Lest dazu die Seiten 13–14 und 193 f. im Roman sehr genau.
- Legt dann die fertigen Bilder nebeneinander und vergleicht. Welche Entwicklung Hannas wird deutlich? Woran wird das klar?

7 Hanna lässt Michael wenige Stunden vor ihrer Entlassung bei ihrem letzten gemeinsamen Telefonat in dem Glauben, dass für sie am nächsten Morgen ein neuer Lebensabschnitt beginnt. Dann tut sie etwas ganz anderes. Äußert eure Gedanken dazu.

8 Könnt ihr euch denken, warum Bernhard Schlink Hanna keinen Abschiedsbrief schreiben lässt? Begründet.

9 Das Coverbild zeigt einen Ausschnitt des expressionistischen Bildes von Ernst Ludwig Kirchner, „Nollendorfplatz" (1912). Überlegt, welche Gründe es dafür gegeben haben könnte, gerade dieses Bild für das Titelblatt des Romans auszuwählen.

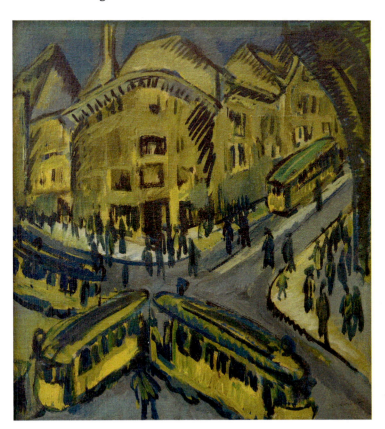

Die Figurenkonstellation eines Romans visualisieren

Die Interpretation eines Romans vorbereiten und schreiben

1 Setzt euch nun einmal interpretierend mit Bernhard Schlinks Roman „Der Vorleser" auseinander.

Belegt eure Ausführungen auch mit Zitaten. Bezieht auch eure Figurenkarten/Charakteristiken von Hanna und Michael mit ein (siehe Seite 176).

Bei der Interpretation eines Textes oder eines Romans solltet ihr folgende Aspekte berücksichtigen:

Elemente einer Interpretation

Autor und Art des Textes:
Wer ist der Verfasser? Aus welcher Zeit stammt der Text? Was für eine Art von Text ist es: Gedicht, Ballade, Fabel, Kurzgeschichte, Erzählung, Roman …?

Inhalt:
– Geschehen und Handlung:
  Was spielt sich im Text ab?
  Welche Konflikte gibt es? …
– Handlungsorte:
  Wo spielt der Text? Was haben die Orte mit der Handlung zu tun?
– Figuren:
  Wie werden die Figuren dargestellt/charakterisiert?
  Wie sprechen die Figuren?
  In welchen Beziehungen stehen sie zueinander?

Form und Aufbau:
– Wie ist der Text aufgebaut und gegliedert?
– Welche Spannungselemente kommen im Text vor?
– Gibt es eine Pointe, ein überraschendes Ende?
– Bleibt am Ende etwas offen?

Erzählperspektive:
Aus welcher Perspektive wird erzählt?

Sprachliche Besonderheiten:
– Wörtliche Reden: Gibt es Dialoge?
  Wie sprechen die Figuren miteinander?
– Gedankenreden: innere Monologe oder erlebte Reden, in denen die Figuren ihre Gefühle ausdrücken.
– Wortwahl, Satzbau: Umgangssprache, kurze oder lange Sätze, komplizierter Satzbau, bildliche Sprache, Metaphern …
– Wiederholungen: wiederholte Ausdrücke, „Leitmotive", die symbolischen Charakter haben …

Eigene Deutung:
– Wie wirkt der Text auf mich?
– Wie verstehe ich bestimmte Textstellen?
– Was gibt mir Rätsel auf?
– Welche Beziehung hat der Text zu meiner eigenen Situation?
– Was halte ich für das Wichtigste des Textes?
– Unter Umständen auch: Was habe ich an dem Text auszusetzen?
– Welche Fragen bleiben für mich am Ende offen?

> Ein **Roman** ist ein im Vergleich zur Kurzgeschichte und Novelle umfangreicherer Prosatext. In ihm werden umfassende Zusammenhänge aus dem Leben einer Person, einer Gruppe oder Epoche dargestellt.
>
> Die Einteilung der Formen nach
> – Inhalt (Gesellschafts-, Kriminal-, Abenteuer- oder historischem Roman usw.),
> – Eigenart der Aussage (satirisch, humoristisch, realistisch) und
> – Erzählperspektive
>   unterliegt Veränderungen.
>   Im Laufe der Literaturgeschichte diente der Roman neben der Unterhaltung auch immer mehr der Bildung und Erziehung.
>   Heute gibt es viele Autoren, die in ihren Werken lediglich die Vielschichtigkeit unserer Gesellschaft darstellen.

2 Legt euch zuerst zu den einzelnen Punkten eine Stoffsammlung an. Formuliert dann euren Entwurf. So könntet ihr beginnen:

1995 erschien in Deutschland der Roman „Der Vorleser" von Bernhard Schlink. Der Autor erzählt in seinem Buch von der Beziehung zwischen dem jungen Michael Berg und der rund 20 Jahre älteren Analphabetin Hanna Schmitz. Gleichzeitig handelt der Roman im zweiten und dritten Teil von der Auseinandersetzung mit den Verbrechen im Nationalsozialismus und vom Umgang mit den Tätern.
Die Handlung des Buches ist deutlich auf die Beziehung zwischen den beiden Hauptfiguren Michael Berg und Hanna Schmitz zugeschnitten. Ihre Charaktere und Haltungen zueinander sind dabei oft widersprüchlich und unentschieden. Michael ...

Eine Buchrezension verfassen

Bernhard Schlinks Roman wurde bereits in 37 Sprachen übersetzt und mittlerweile schon über 500 000 Mal verkauft. Unzählige Leser haben ihre Meinung dazu auch schriftlich verfasst, z. B. als Rezension. Diese Buchkritiken erscheinen z. B. in Zeitungen, Zeitschriften und im Internet und beeinflussen die Leseentscheidung anderer.

1 Recherchiert im Internet und sucht Beispiele für Rezensionen zum Roman „Der Vorleser" von Bernhard Schlink heraus.
Fasst nach dem Lesen zusammen, welche Grundeinstellung gegenüber dem Roman vorherrschend ist.

Ergebnisse einer Textuntersuchung darstellen

VON GREGOR SCHLOSSER
Außergewöhnliches Buch

Bernhard Schlink,
»Der Vorleser«, Roman
Zürich: Diogenes 1998

Bernhard Schlink hat mit seinem Roman »Der Vorleser« unter Beweis gestellt, dass er zu den großartigen Erzählern unter den deutschsprachigen Autoren zählt.

Dieses Buch, das mittlerweile zum internationalen Bestseller avanciert ist und gerade den US-Markt erobert hat, gehört für mich zu den bedeutendsten literarischen Auseinandersetzungen mit dem Dritten Reich.

Dabei erzählt Schlink »nur« eine deutsche Geschichte, eine Liebesgeschichte, die im Nachkriegsdeutschland beginnt und ihr eigentliches Ende erst Jahrzehnte später findet.

Ein Junge, fünfzehn Jahre alt, verliebt sich in eine ältere Frau, verlebt einige Wochen des Glücks mit ihr, bevor sie ohne Ankündigung spurlos verschwindet. Jahre später begegnet diese Frau dem jungen Mann, der jetzt angehender Jurist ist, auf der Anklagebank eines KZ-Prozesses wieder.

Zu diesem Zeitpunkt hat das Buch den Leser bereits an sich gefesselt. Gefangen von der Intensität der Sprache und der Tragik der Geschehnisse, sieht sich der Leser unfähig, das Buch aus der Hand zu legen. Wenn sich später die Frage stellt, ob es zu einem Wiedersehen der beiden Protagonisten kommt, wird die Spannung so unerträglich, berührt die Geschichte den Leser so stark, dass er für einen Moment das Buch zuklappen muss, um zu Luft zu kommen. Sonst würde er vielleicht ersticken an den Tränen, die er beim Lesen weint, manchmal vor Glück, meistens aber vor Traurigkeit.

Bernhard Schlink hat mit dem »Vorleser« ein außergewöhnliches Buch geschaffen. Es stellt eine Form der Auseinandersetzung mit der deutschen Vergangenheit dar, die den extremen Standpunkten von Walser[1] und Bubis[2] vorzuziehen ist. Schlink erhebt nicht den Zeigefinger, er mahnt nicht, aber er verschweigt oder beschönigt auch nichts. Er erzählt die Geschichte mit all der Grausamkeit und Menschenverachtung, die sie beinhaltet. Er erzählt aber auch von der Menschlichkeit der Täter. So durchbricht er den dogmatischen Standpunkt, die Täter von damals, ihre Handlungen seien nicht nachvollziehbar, und macht diese so für den Leser fassbar.

Ein Buch, das man gelesen haben sollte.

Copyright © 1998–2002 by wortlaut.de, Göttingen © 1999 by Gregor Schlosser, Berlin

---

2 Mit welchen Aussagen aus dieser Rezension würdet ihr **nicht** übereinstimmen?
Was würdet ihr sprachlich anders formulieren? Begründet.

[1] Martin Johannes Walser (*1927) ist ein deutscher Schriftsteller.
[2] Ignatz Bubis (1927–1999) war ein deutscher Kaufmann, Politiker (FDP) und von 1992–1999 Vorsitzender des Zentralrates der Juden in Deutschland

Eine Rezension
– gibt die Meinung des Kritikers wieder
– ist zwar subjektiv, stützt sich aber auf fundierte Sachkenntnisse
– informiert über den Inhalt, nimmt ihn aber nicht vorweg
– setzt sich mit den Grundthemen auseinander
– beurteilt die Qualität des Werkes
– vergleicht mit anderen Werken, nennt Besonderheiten
– beleuchtet die Einstellung des Autors
– stellt dar, wie er schreibt
– hilft dem Leser, sich eine Meinung zum Werk zu bilden

3 Hier findet ihr eine Übersicht über mögliche Angaben, die eine Rezension enthalten kann. Überprüft, welche dieser Elemente in der Rezension von Gregor Schlosser enthalten sind.

4 Verfasst nun abschließend eure eigene Rezension.
Stellt eure Ergebnisse in einer Lesekonferenz vor.

Biografische Bezüge zum Romangeschehen entdecken

1 Ein Jurist schreibt Bücher!
– Welche Art von Büchern verfasst er?
– Welche davon würden euch interessieren? Warum?

Bernhard Schlink

… wird 1944 in Bielefeld als Sohn des Professors Edmund Schlink geboren. 1945 zieht die Familie nach Heidelberg um, wo Bernhard Schlink mit seinen drei Geschwistern aufwächst. Er besucht das Gymnasium und beginnt nach dem Abitur 1963 ein Jurastudium in Heidelberg und Berlin. 1971 wird sein Sohn geboren.

Für die wissenschaftliche Arbeit zum Thema „Abwägung im Verfassungsrecht" erlangt Bernhard Schlink 1975 den Doktortitel. Sechs Jahre später erhält er die Lehrberechtigung für Hochschulen und Universitäten (Habilitation) mit seiner Arbeit „Die Amtshilfe. Ein Beitrag zu einer Lehre der Gewaltenteilung in der Verwaltung".

Von 1982–91 arbeitet Bernhard Schlink als Professor an der Universität in Bonn, danach in Frankfurt a. Main (1991–92) und seitdem als Professor für öffentliches Recht und Rechtsphilosophie an der Berliner Humboldt-Universität. 1993 reist Schlink zu einer Gastprofessur an der Yeshiva-Universität nach New York. 1987 tritt er außerdem das Amt eines Verfassungsrichters in NRW an, das er bis heute bekleidet.

Sein erstes, gemeinsam mit Bodo Pieroth verfasstes Lehrbuch „Staatsrecht II. Grundrechte" erscheint 1984. Nur drei Jahre später veröffentlicht er seinen ersten Kriminalroman „Selbs Justiz", den er gemeinsam mit seinem Jurakollegen Walter Popp verfasst hat. Der Film zum Buch erscheint 1991 unter dem Titel „Der Tod kam als Freund" unter der Regie von Nico Hofmann.

1988 erscheint Schlinks preisgekrönter Kriminalroman „Die gordische Schleife"(1990 Glauser-Preis = Autorenpreis deutschsprachiger Kriminalliteratur).

Dem folgt fünf Jahre später der ebenfalls mit dem Deutschen Krimi-Preis ausgezeichnete Roman „Selbs Betrug". Neben dem Thema des Terrorismus in Deutschland (Herbst 1977) greift der Autor erneut die Konfrontation des Privatdetektivs Selb mit seiner nationalsozialistischen Vergangenheit auf. 2001 setzt Schlink die Reihe mit seinem Privatdetektiv Selb fort. Dieses Mal lässt er ihn unter dem Titel „Selbs Mord" in der Finanzwelt recherchieren.

Besonders erfolgreich zeigt sich Schlinks Roman „Der Vorleser" (1995). Dieses in 37 Sprachen übersetzte Buch wird international überwiegend positiv aufgenommen und erhält mehrere Preise. „Der Vorleser" erreichte erstmals als deutsches Buch Platz eins der New York Times-Bestsellerliste. Große Beachtung finden aber auch Schlinks 2000 erschienene „Liebesfluchten. Geschichten".

2 Findet Bezüge zwischen Bernhard Schlinks Leben und der Handlung in seinem Roman „Der Vorleser".

3 Legt anhand der ausführlichen Biografie des Autors einen tabellarischen Lebenslauf an.

Elemente der Lyrik

Lyrik oder Prosa?

Vorbeigeflogen!

Auf der Treppe
seh ich ihn stehen
strahlend vor Glück.
Ich hebe die Hand und
⁵ winke ihm zu.
Lächeln fliegt rüber,
er winkt mir zurück.
Mir!
Flügel ausbreitend, so
¹⁰ kommt er geflogen.
Mir wird ganz warm!
An mir vorbei aber
fliegt er und
fliegt einer
¹⁵ – anderen
in den Arm.

Barbara Rhenius

Die andere

Es war wie immer. Jedenfalls schien es zunächst so. Als Mary aus dem Schulbus ausgestiegen war, sah sie Niklas schon auf der Eingangstreppe zur Schule stehen. Er sah wieder ⁵ toll aus und strahlte vor Glück. Sie winkte ihm zu, und er winkte zurück. Er lachte. Als Mary mit den anderen auf den Hof zuging, kam ihr Niklas entgegengeflogen. Wie ein Adler, dachte sie. Sie breitete die Arme aus, um ihn aufzu- ¹⁰ fangen. Doch er rannte an ihr vorbei. Er sah sie nicht einmal, denn seine Augen waren auf ein anderes Objekt seiner Begierde gerichtet. Als Mary sich verdattert umdrehte, da sah sie es: Er flog einer anderen in die Arme, einem Mäd- ¹⁵ chen, das hinter ihr hergegangen sein musste. Es dauerte einige Zeit, bis sie die Arme wieder sinken ließ.

1 Ein solcher Irrtum kann einem schon einmal passieren. Traurig ist es trotzdem, jedenfalls für die Betroffene. Spielt die Situation in einem kleinen szenischen Spiel nach.

2 Worin bestehen eigentlich die wichtigsten Unterschiede zwischen einem Gedicht und einer Geschichte? Denkt an die äußere Form, die Zeitformen, die Perspektive, an Vers und Reim. Schaut euch die beiden Texte genau an und sprecht darüber.

3 Aus welcher der Erzählperspektiven, die ihr auf Seite 175 erarbeitet habt, ist diese Geschichte geschrieben? Begründe das mit Stellen im Text.

4 Als Mädchen könntest du einmal versuchen, diese Geschichte aus der Ich-Perspektive des Mädchens zu erzählen, das hinter Mary stand. Dann fliegt der Typ dir selbst in die Arme!

5 Als Junge könntest du sie auch aus der Perspektive von Niklas erzählen. Dann musst du irgendwie erklären, ob Niklas Mary tatsächlich nicht gesehen hat oder ob er nur so getan hat.

Das auffälligste Merkmal von Lyrik – im Gegensatz zu Prosa – ist die **äußere Form**. Die Zeilen sind in **Versen** voneinander abgesetzt. Ein Vers ist eine **Sinneinheit**, nach der man in der Regel eine kleine Sprechpause macht.

6 Lest euch dieses Gedicht so vor, dass man hört, wo das Ende eines Verses ist. Beachtet dabei die kleinen Unterbrechungen nach dem *und*. Sprecht vor allem so, dass man Glück und Enttäuschung deutlich heraushören kann.

Ein weiteres Merkmal eines Gedichtes ist seine **„verdichtete"** Form. Was gesagt wird, ist auf engsten Raum begrenzt. Kein überflüssiges Wort! Manchmal sind die Sätze stark **verkürzt** auf einzelne Wörter. Manchmal fehlen sogar die Verben.

7 Vergleiche das Gedicht mit dem Prosatext unter dem Gesichtspunkt der Länge und Ausführlichkeit. Was fehlt im Gedicht alles? Was ist in der Geschichte hinzugefügt?

Wichtige Elemente der Lyrik sind **Klang**, **Rhythmus** und **Bilder**. Die Klänge können aus **Reimen**, **Stabreimen** (das sind gleiche Klänge am Wortanfang), aus wiederholten Vokalen und Konsonanten innerhalb der Wörter und sogar aus **Wortwiederholungen** bestehen.

Die Sprache ist **rhythmischer** als in der Prosa, da die betonten und unbetonten Silben gleichmäßig verteilt sind (man nennt eine solche Verteilung **Metrum**). Ein Gedicht lebt von seinen **Bildern**, **Vergleichen** oder **Metaphern**. Manche Gedichte werden durch sie geradezu rätselhaft.

8 Geh in dem Gedicht auf Spurensuche nach den Elementen des Klanges, die im Kasten genannt sind. Manche wirst du leicht finden. Manche sind schwerer zu entdecken.

9 Das Gedicht ist nicht nach einem bestimmten Metrum gestaltet. Doch auch hier entdeckst du, wenn du dir einzelne Verse vorsprichst, eine gewisse rhythmische Gleichmäßigkeit. Welche könnte es sein? An vielen Versanfängen wird eines dieser Metren deutlich:

Jambus: ta-dám, ta-dám, ta-dám …
Trochäus: dám-ta, dám-ta, dám-ta …
Daktylus: dám-ta-ta, dám-ta-ta, dám-ta-ta …
Anapäst: ta-ta-dám, ta-ta-dám, ta-ta-dám …

10 Auch Bildhaftes und Metaphorisches hat in dem Gedicht eine Gestalt gefunden. Suche Ausdrücke heraus, die nicht nur sachlich gemeint sind.

Sprachliche Gestaltungsmittel von Lyrik und Prosa untersuchen und vergleichen

Aus Prosa Lyrik gestalten

Gestern

Jestern kam eena klingeln von Tür zu Tür. Hat nuscht jesagt. Kein Ton. Hat so schräg sein Kopf jehalten, war still. Hat nuscht jesagt, als wenn der von jestern war und nur mal rinnkieken wollte, wies sich so lebt.

Günter Bruno Fuchs

1 Dieser Text steht in Berliner Mundart. *Nuscht* heißt darin zum Beispiel *nichts*. Lest euch den Text gegenseitig vor, so gut ihr es könnt.

2 Erläutert die Situation, in der das Geschehen spielt. Sprecht auch darüber, was das für *eena* gewesen sein könnte, der da an die Tür kam, und warum der *nuscht jesagt* haben mag.

3 Ein Gedicht ist das aber noch nicht! Es wird erst eines daraus, wenn man es in Verse und Strophen gestaltet. Schreibe es einmal, ohne sonst etwas zu verändern, so auf, dass es wie ein Gedicht aussieht. Überlege dir, wie viele Wörter du jeweils in einen Vers schreiben möchtest und ob das Gedicht sogar mehrere Strophen haben soll oder nur eine einzige.

4 Vergleicht eure Ergebnisse miteinander. Lest sie dabei so vor, dass alle an einer kleinen Pause hören, wo bei euch jeweils die Versenden sind, und durch eine etwas größere, wo eine Strophe zu Ende ist.

5 Vergleicht eure Gedichte dann auch mit dem Originalgedicht von Günter Bruno Fuchs auf der gegenüberliegenden Seite.

6 Wird aber aus einem Text schon dadurch ein Gedicht, dass man die Zeilen nur irgendwie als Verse schreibt? Natürlich nicht! –
Erzähle das, was hier geschieht, in einer kleinen Kurzgeschichte. Die müsstest du natürlich etwas ausgestalten:
– Wie sah der Typ aus, der an der Tür klingelte?
– Was hat der Ich-Erzähler wohl gedacht?
Dabei erfährst du sicher, worin sich ein Gedicht dann doch von einer Geschichte unterscheidet, auch wenn sie noch so kurz ist.
Gestern klingelte einer bei mir an der Tür.
Ich ging hin und öffnete. Da sah ich ...

> In einem Gedicht ist nicht alles zu Ende gesagt. Es enthält Stellen, in denen etwas ausgespart oder nur angedeutet wird, in denen etwas **ungesagt** bleibt. Solche Stellen werden **„Leerstellen"** genannt. Diese Leerstellen füllt jeder, der ein Gedicht liest, mit eigenen Gedanken, Vorstellungen und mit seiner Fantasie auf. Deswegen versteht auch jeder Leser ein Gedicht zumindest **etwas anders**.

7 Was habt ihr eurer Geschichte alles hinzugefügt? Beschreibt das einmal.

Sprachen in der Sprache kennen und unterscheiden

Gestern

Jestern
kam eena klingeln
von Tür zu
Tür. Hat nuscht
jesagt. Kein

Ton. Hat so schräg
sein Kopf
jehalten, war
still. Hat nuscht
jesagt,

als wenn der
von jestern
war
und nur mal rinnkieken wollte,
wies sich so lebt.

Günter Bruno Fuchs

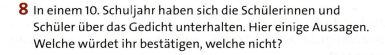

8 In einem 10. Schuljahr haben sich die Schülerinnen und Schüler über das Gedicht unterhalten. Hier einige Aussagen. Welche würdet ihr bestätigen, welche nicht?

a) Das ganze Gedicht ist so in Versen geschrieben, dass man richtig merkt, wie verlegen der Mann an der Tür war. Vielleicht hat er geschwankt. So hört sich das an.

b) Nein, der hat sich erschrocken, als der Besitzer die Tür aufmachte.

c) Der Mann hat vielleicht nichts gesagt, weil er kein Deutsch konnte.

d) Das ist bestimmt ein Gedicht über einen Penner, der an die Haustür kommt und bettelt.

e) Vielleicht ist das ein Kranker. Manche alte Menschen sind ja so durcheinander, dass sie nicht sagen können, was sie wollen.

f) Wenn da steht, dass er sehen wollte, *wies sich so lebt*, dann heißt das doch: Der weiß gar nicht mehr, wie das Leben so ist. Er wollte mal kucken, wie das Leben in einer richtigen Wohnung aussieht.

g) Ich finde das Gedicht nicht gut. Es ist so alltäglich. Gedichte müssen schön sein.

h) Mich macht das Gedicht richtig traurig. Das können Gedichte doch auch!

i) Ich finde nicht gut, dass der, der das Gedicht erzählt, selbst gar nichts zu dem Mann gesagt hat. Der muss ziemlich unfreundlich sein!

j) Ich glaube, wir sollten darüber nachdenken, wie gut wir es haben und wie schlecht es anderen geht. Das lese ich heraus.

9 Schreibe nun deine Meinung zu diesem Gedicht auf. Stellt euch eure Ergebnisse anschließend vor.

Das lyrische Ich

1 Zwei Gedichte, in denen ein Ich über einen Baum spricht. Schildert, in welchen Situationen sich die lyrischen Sprecher jeweils befinden: Wo stehen sie? Aus welcher Perspektive sehen sie die Bäume? Was empfinden sie?

2 In beiden Gedichten wird eine Veränderung in der Natur geschildert, die sich auf das lyrische Ich auswirkt. Wie ist eigentlich die Wirkung, die dabei von den beiden Bäumen ausgeht?

Blau und Grün

Schau ich aus dem Fenster raus
füllt mich Lust
fühl ich Freud
4 Seh den blauen Taunuskamm
schön wie eine Brust.

Schau ich aus dem Fenster raus
fühl ich Freud
8 spür ich Furcht
Seh ich den Kastanienbaum
Nimmt mir noch das Blau.

Schau ich aus dem Fenster raus
12 spür ich Furcht
krieg ich Angst
Sehe ich den Riesenkran
Schneidet durch den Kamm.

16 Schau ich aus dem Fenster raus
krieg ich Angst
packt mich Wut
Seh ich wie das Eckhaus wächst
20 hässlich wie ein Kropf.

Schau ich aus dem Fenster raus
packt mich Wut
fühl ich Trost
24 Seh zwar keinen Taunus mehr
Doch seh noch den Baum.

Robert Gernhardt

Leere Stelle

Ein Baum ist gestürzt,
den ich gut kannte.
Letzten Winter
4 lebten noch viele Vögel in ihm.

Jetzt liegt er,
zerschmettert,
und wird fürs Feuer,
8 in Stücke gesägt.

Niemand hat ihn gemalt.
Wir wissen
schon nicht mehr genau,
12 wie er aussah.

Diese klare Sicht
dort, wo er stand –
ich seh, wie man sieht,
16 wovon nichts mehr zu sehen ist.

Karl Alfred Wolken

Viele Gedichte stehen in der **Ich-Form**. Das **lyrische Ich** ist jedoch nicht mit dem Autor gleichzusetzen. Der Autor kann zwar etwas Ähnliches erlebt haben wie das Ich des Gedichtes; dieses Ich kann aber auch eine ganz andere Figur sein, die mit dem Autor wenig zu tun hat. Immer befindet sich das lyrische Ich in einer **bestimmten Situation** und beschreibt oder erlebt etwas aus seiner **Perspektive**.

Eine Gedichtinterpretation untersuchen und schreiben

Leere Stelle – Eine Interpretation

Bei dem Inhalt des Gedichtes von Karl Alfred Wolken handelt es sich um ein Alltagsereignis. Das lyrische Ich sieht vom Fenster aus einen Baum, der wahrscheinlich von einem Frühlingssturm „zerschmettert" worden ist und jetzt „in Stücke gesägt" wird. Im „letzten Winter" stand er noch dort und beherbergte „viele Vögel". Das Ich sieht nur noch die „leere Stelle", an der der Baum einmal stand. Es bedauert, dass niemand den Baum gemalt hat, sodass man schon „nicht mehr genau weiß, wie er aussah". Am Ende scheint so etwas wie Freude aufzukommen über die „klare Sicht"; denn der Baum scheint wohl dem, der da aus dem Fenster schaut, die Aussicht versperrt zu haben. Doch ich spüre auch so etwas wie Trauer darüber, was der Gedichterzähler sagt, denn vielleicht hat er den Baum ja gern gehabt. Aber was bedeuten die beiden merkwürdigen Schlussverse? Da sieht jemand etwas, wie man hier im Gedicht lesen kann („wie man sieht"), „wovon nichts mehr zu sehen ist". Aber was will das Ich damit andeuten? Vielleicht das: Wenn man ein Gedicht über eine Stelle schreibt, an der früher einmal ein Baum stand, kann man sich den Baum noch einmal vorstellen. Die „leere Stelle" wird sozusagen durch ein kleines Gedicht wieder ausgefüllt. Ein Gedicht kann also eine Erinnerung wachrufen. Das finde ich schön. – Das Gedicht besteht nur aus vier kurzen Strophen mit je vier kurzen Versen. Die Verse reimen sich nicht. Einen durchgehenden Rhythmus kann ich auch nicht erkennen. Die Sätze scheinen einfach nur so hingesagt zu sein. Ein kleines Alltagsgedicht über ein Bild.

1 Schau dir diese Interpretation genau an. Suche die Stellen heraus, in denen
– etwas aus dem Gedicht **zitiert** wird,
– der **Inhalt** wiedergegeben wird,
– etwas über das **lyrische Ich** gesagt wird,
– die **Gefühle** des Lesers ausgedrückt werden,
– etwas über die **Form** des Gedichtes gesagt wird,
– **Fragen** an Gedichtstellen gestellt werden,
– eine persönliche **Bewertung** abgegeben wird.

2 Schreibe eine Kurzinterpretation über das Gedicht *Blau und Grün* von Robert Gernhardt. Dabei solltest du beachten, was du in der Interpretation über das Gedicht von Karl Alfred Wolken herausgefunden hast. Die folgenden Elemente einer Interpretation sollten bei dir vorkommen:

- Situation, aus der das lyrische Ich das Ganze betrachtet
- Reihenfolge der einzelnen Bilder und der inhaltlichen Stationen des Gedichtes
- Zitate aus dem Gedicht
- Empfindungen des lyrischen Ichs
- eigene Empfindungen beim Lesen
- Fragen an einzelne Stellen des Gedichtes
- Strophen- und Versaufbau, Reime, Rhythmus
- Wiederholungen bestimmter Wörter und Sätze
- persönliche Bewertung

S. 186

Ein Gedicht interpretieren

Epochen der Lyrik

Barock (1600–1770)

Die Zeit des Barock (*portugiesisch* Barocco = schiefrunde Perle; im übertragenen Sinne etwas Unangemessenes, Schwülstiges, Exzentrisches) ist von enormen Gegensätzen geprägt: Auf der einen Seite vereint der fürstliche Absolutismus Macht, Repräsentationsstreben, ein prunkvolles Hofleben und eine herrliche Baukunst, auf der anderen Seite fordern zahlreiche Kriege (vor allem der Dreißigjährige Krieg) viele Opfer und schüren Ratlosigkeit, Pessimismus und Weltangst. Diese Gegensätze greift auch die Literatur des Barock auf und widmet sich Themen wie Leben und Tod, Diesseits und Jenseits, Spiel und Ernst, Lebensgier und Weltabgewandtheit, Vergänglichkeit und himmlische Seligkeit.

Zur Pflege der deutschen Sprache gründen sich ab dem 17. Jahrhundert sogenannte Sprachgesellschaften, die den Verzicht auf Fremdwörter, mundartliche Wendungen und grobe Ausdrücke verlangen. Eines der wichtigsten Werke des Barock ist das „Buch von der deutschen Poeterey" (1624) von Martin Opitz, ein Regelwerk für Sprach- und Redeformen, das ebenfalls fordert, das Niveau der deutschen Dichtung anzuheben. Unter diesen Einflüssen orientiert sich die Literatur des Barock stark an der Sprache des Hofes, die uns heute teilweise übertrieben oder schwülstig erscheint.

Höfisch-historische Romane, Schelmenromane und Trauerspiele sind im Barock beliebt, besonders aber die Lyrik blüht zu dieser Zeit auf. Liebes- und Trinklieder, Schäfer- und Hochzeitsgedichte werden in Gesellschaften gern vorgetragen. Weiterhin weitverbreitet ist das Sonett, das strengen formalen Regeln unterliegt.

Weimarer Klassik (1788–1805/30)

Mit dem Begriff Weimarer Klassik wird eine Richtung der deutschen Literatur und Geistesgeschichte bezeichnet, die sich am Weimarer Hof in den 90er-Jahren des 18. Jahrhunderts herausbildete und die besonders von Goethe und Schiller geprägt wurde. Diese Literaturrichtung war von den Leitideen der Harmonie und Humanität geprägt: Menschlichkeit, Toleranz, Reinheit, Vollendung, Übereinstimmung von Mensch und Natur, von Individuum und Gesellschaft standen im Mittelpunkt. Das ideale Menschenbild war das einer harmonisch ausgebildeten Persönlichkeit. Die Vertreter der Klassik sahen dabei ihre Vorbilder in der antiken Kunst und Kultur der Griechen und Römer. Beliebte Formen in der Lyrik waren die Ballade, das Sonett, die Hymne (feierlicher Lob- und Preisgesang, meistens freie Rhythmen) und die Ode (feierliches Gedicht/Lied, geprägt von Erhabenheit und Würde; reimlos, festgelegte Strophenform).

Schiller schrieb in dieser Zeit vorwiegend Gedankenlyrik (Lyrik, in der weltanschauliche und philosophische Themen gestaltet werden, im Unterschied zur Erlebnisdichtung), aber auch viele Balladen (u. a. das „Lied von der Glocke", 1799) und die Geschichtsdramen „Wallenstein" (1800), „Maria Stuart" (1801), „Die Jungfrau von Orleans" (1801) und „Wilhelm Tell" (1804). Bekannte Werke von Goethe der Weimarer Klassik sind ebenfalls diverse Balladen, außerdem „Iphigenie" (1787), „Wilhelm Meisters Lehrjahre" (1795/96) und „Faust. Der Tragödie erster Teil" (1806). Ein weiterer bedeutender Vertreter der Klassik war Johann Friedrich Herder (1744–1803).

Romantik (1790–1830)

Die Romantik ist eine kulturrevolutionäre Bewegung in Europa, die parallel zur Klassik verläuft. Aus Enttäuschung darüber, dass die großen Ideale der Französischen Revolution – Freiheit, Gleichheit, Brüderlichkeit – nicht erfüllt wurden, wenden sich die Vertreter der Romantik von der Welt und der Gegenwart ab und richten ihr Interesse auf Vergangenes und Irrationales. Bisher eher

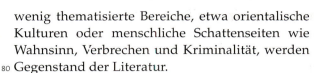

wenig thematisierte Bereiche, etwa orientalische Kulturen oder menschliche Schattenseiten wie Wahnsinn, Verbrechen und Kriminalität, werden Gegenstand der Literatur.

Zugleich finden die romantischen Dichter zurück zu einfachen Formen der Volkspoesie (Lieder, Märchen), entwickeln die Gattung des Romans und der Novelle entscheidend weiter und wählen auch weniger gebräuchliche literarische Ausdrucksformen wie das Essay, das Fragment oder den Aphorismus. In der Lyrik, zu deren herausragenden Vertretern Eichendorff und Novalis zählen, rücken Fernweh und Sehnsucht in den Mittelpunkt. In der Natur, die als Spiegel der Seele empfunden wird, werden die Befindlichkeiten des Menschen zum Ausdruck gebracht.

Weitere wichtige Vertreter der romantischen Literatur sind Clemens Brentano und Achim von Arnim („Des Knaben Wunderhorn", 1805–1808), Ludwig Tieck („Der blonde Eckbert", 1797), die Brüder Grimm und E.T.A. Hoffmann („Die Elixiere des Teufels", 1815/16).

Gegenwart (1945–heute)

Die deutschsprachige Lyrik seit 1945 ist durch vielfältige Formen, Motive und Themen charakterisiert. Nach Ende des Zweiten Weltkrieges herrschte die sogenannte Trümmerliteratur mit Themen der unmittelbaren Nachkriegszeit vor.

Nicht nur das Leben, der Alltag und Wiederaufbau mussten völlig neu gestaltet werden, auch die Dichtkunst und die Sprache. Wolfgang Borchert, Hans Bender, Theo Pirker, Stephan Hermlin und andere griffen in Gedichten die Probleme der Kriegsheimkehrer, Kriegshandlungen, Schuldfragen und den Nachkriegsalltag der Deutschen auf.

Mit der Gründung zweier deutscher Staaten entwickelte sich eine Literatur der BRD und eine Literatur der DDR. Zahlreiche politisch engagierte Schriftsteller, die während des Krieges im Exil gelebt hatten oder im Widerstand waren, ließen sich in der DDR nieder (Stephan Hermlin, Bertolt Brecht, Johannes R. Becher).

In den 50er-Jahren fand die Forderung nach einer radikalen Veränderung der Sprache ihren Höhepunkt mit den Vertretern der experimentellen Lyrik, zu der auch die **konkrete Poesie** zählt. Hier wurde mit dem konkreten Material der Sprache, also mit Wörtern, Silben und Buchstaben – losgelöst von Satzzusammenhängen –, eine Aussage gestaltet.

Mitte der 60er-Jahre und in den 70ern entwickelte sich die sogenannte Alltagslyrik, die Gedichte hervorbrachte wie „Der Wirsing und der Blumenkohl" (Günter Herburger, 1966) oder „In den Autos" (Wolf Wondratschek, 1976). Andere Dichter nutzten Montagetechnik und schufen Montagelyrik, etwa Marie Luise Kaschnitz („Reklame").

1 Welche Epoche sagt euch nach dem ersten Lesen besonders zu? Begründet.

2 In diesem Text sind folgende literarische Epochen nicht erwähnt:
Aufklärung (ca. 1720–1790), Sturm und Drang (ca. 1770–1785), Realismus (ca. 1850–1890), Vormärz (ca. 1815–1850), Naturalismus (ca. 1880–1900), Expressionismus (ca. 1900–1925).
– Setzt euch in Arbeitsgruppen mit je einer Epoche ausführlicher auseinander.
– Sammelt weitere Informationen über Hintergründe, literarische Merkmale und Dichter eurer ausgewählten Epoche aus Bibliotheken und dem Internet.
– Wählt auch ein Gedicht aus, das ihr in eure Ausarbeitungen einbezieht.
– Überlegt, wie ihr eure Ergebnisse übersichtlich und wirkungsvoll präsentieren könnt.

Ein Sonett des Barock analysieren

Andreas Gryphius wird 1616 in Glogau (Schlesien) geboren. Er verliert seine Eltern früh; seine Jugend ist vom Dreißigjährigen Krieg geprägt. Schon 1637, gegen Ende seiner Schullaufbahn, erscheinen seine ersten Gedichte, die Lissaer Sonette. Diese greifen bereits das Thema auf, das kennzeichnend für Gryphius' gesamtes Werk werden soll: die Vergänglichkeit und Nichtigkeit alles Irdischen.

Bis 1644 studiert Gryphius in Leiden Staatslehre und moderne Naturwissenschaften, hält sich anschließend zwei Jahre lang in Frankreich und Italien auf und kehrt 1647 schließlich zurück nach Schlesien. 1649 heiratet er Rosina Deutschländer, 1650 tritt er das Amt eines Syndicus in Glogau an. Während dieser gesamten Zeit wächst sein dichterisches Werk stetig: 1639 erscheinen Sonn- und Feiertagssonette; spätere Sonette sind Eindrücken seiner Reisen gewidmet. Neben Sonetten schreibt Gryphius außerdem zahlreiche Trauerspiele, in denen Märtyrer im Mittelpunkt stehen, z. B. „Catharina von Georgien" (1657).

1664 stirbt Andreas Gryphius in seiner Heimatstadt.

Es ist alles eitel (1643)

* Knochen

Du siehst, wohin du siehst, nur Eitelkeit auf Erden.
Was dieser heute baut, reißt jener morgen ein;
Wo itzund Städte stehn, wird eine Wiesen sein,
Auf der ein Schäferskind wird spielen mit den Herden.

Was itzund prächtig blüht, soll bald zutreten werden.
Was itzt so pocht und trotzt, ist morgen Asch und Bein*;
Nichts ist, das ewig sei, kein Erz, kein Marmorstein.
Itzt lacht das Glück uns an, bald donnern die Beschwerden.

Der hohen Taten Ruhm muss wie ein Traum vergehn.
Soll denn das Spiel der Zeit, der leichte Mensch, bestehn?
Ach, was ist alles dies, was wir vor köstlich achten,

Als schlechte Nichtigkeit, als Schatten, Staub und Wind,
Als eine Wiesenblum, die man nicht wiederfind't!
Noch will, was ewig ist, kein einig Mensch betrachten.

Andreas Gryphius

Sprachliche und formale Gestaltungsmittel eines Sonetts analysieren

1 Was habt ihr nach dem ersten Lesen verstanden? Tauscht eure Gedanken aus.

2 Vielleicht kommen euch folgende Wörter fremd vor? **itzund zutreten itzt einig**
Versucht, ihre Bedeutungen zu ermitteln.

3 Seht euch Vers zwei einmal genauer an und schaut im Text
auf Seite 196 nach, was für den Barock typisch war.
– Was soll hier zum Ausdruck gebracht werden?
– Sucht weitere Textbeispiele für diese Besonderheit der Barockdichtung.

4 Erschließt euch nun selbstständig den Inhalt der ersten Strophe.

5 Seht euch nun in der dritten Strophe Vers neun genauer an.
– Was kommt mit diesem Vergleich zum Ausdruck?
– In der dritten Strophe wird eine Frage gestellt. An wen eigentlich?
  Wie würdet ihr diese Frage beantworten?

6 Der letzte Vers gibt euch vielleicht Rätsel auf.
Versuche, mit deinen Worten die Gedanken des Dichters wiederzugeben.

7 Das Wort *eitel* durchzieht viele Gedichte von Andreas Gryphius.
In der Zeit des Barock bedeutete dieser Begriff etwas anderes als heute,
nämlich: *vergeblich, unnütz, falsch, nichtig.*
– Deutet unter diesem Aspekt das Gedicht.
– Und wie verstehen wir das Wort *eitel* heute?
  Beschreibt auch aktuelle Beispiele.

8 Untersuche mit einem Partner die äußere Form des Gedichtes.
– Haltet eure Ergebnisse übersichtlich fest. Denkt an: Strophen, Verse, Reime.
– Vergleicht dann eure Ergebnisse mit den Merkmalen im folgenden Kasten.

> Das **Sonett** ist ursprünglich eine italienische Gedichtform, die in fast allen europäischen Literaturen zu finden ist. Die Grundform besteht aus 14 Versen, die sich zu zwei Vierzeilern (Quartette) und zwei Dreizeilern (Terzette) gruppieren.
> Quartette und Terzette sind in sich durchgereimt; wichtigste Reimschemata sind abab abab und abba abba in den Quartetten, cdc dcd und cde cde in den Terzetten. Es gibt aber auch zahlreiche andere Varianten. Der äußeren Form des Sonetts entsprechen der syntaktische Bau und die innere Struktur: Die Quartette stellen in These und Antithese die Themen des Gedichts auf; die Terzette führen diese Themen an Beispielen weiter und bringen die Gegensätze abschließend zusammen.

Sprachliche und formale Gestaltungsmittel eines Sonetts analysieren

Sprachliche Bilder in einem romantischen Gedicht entschlüsseln

Joseph von Eichendorff wird 1788 auf Schloss Lubowitz bei Ratibor (Oberschlesien) geboren. Er wächst geborgen und sorgenfrei auf, das fromme, katholische Elternhaus erzieht ihn zu einem unerschütterlichen christlichen Glauben. Er studiert Rechtswissenschaften in Wien und schließt mit Auszeichnung ab, bevor er 1813–15 an den Befreiungskriegen gegen Napoleon teilnimmt. Anschließend geht er in den Verwaltungsdienst; 1931 wird er Regierungsrat im Berliner Kulturministerium.

Schon zu Lebzeiten ist Joseph von Eichendorff ein geschätzter Literat, der mit bedeutenden Schriftstellern verkehrt. Seine Lyrik steht mit den vierzeiligen Strophen, dem Kreuzreim, der schlichten Sprache und deren Bildhaftigkeit dem Volkslied nahe. Neben vielen romantischen Gedichten schreibt Eichendorff auch Prosadichtungen, vor allem Novellen, z. B. „Aus dem Leben eines Taugenichts" (1826).
Joseph von Eichendorff stirbt 1857 in Neiße.

Mondnacht

Es war, als hätt' der Himmel
Die Erde still geküsst,
Dass sie im Blüten-Schimmer
Von ihm nun träumen müsst'.

Die Luft ging durch die Felder,
Die Ähren wogten sacht,
Es rauschten leis die Wälder,
So sternklar war die Nacht.

Und meine Seele spannte
Weit ihre Flügel aus,
Flog durch die stillen Lande,
Als flöge sie nach Haus.

Joseph von Eichendorff

1 Das Gedicht arbeitet mit **Personifikationen**. Welche Wirkung wird damit erzielt?

2 Wo befindet sich das lyrische Ich? Von wo aus betrachtet es die Szenerie? Begründet.

3 Welche Merkmale der Romantik findet ihr in diesem Gedicht wieder?

S. 196

4 Schreibe auf, wie du die dritte Strophe verstehst.

Eine Ballade betont vortragen

Der Knabe im Moor (1842)

O schaurig ist's übers Moor zu gehn,
wenn es wimmelt vom Heiderauche,
Sich wie Phantome die Dünste drehn
Und die Ranke häkelt am Strauche,
Unter jedem Tritte ein Quellchen springt,
Wenn aus der Spalte es zischt und singt! –
O schaurig ist's übers Moor zu gehn,
Wenn das Röhricht[1] knistert im Hauche!

Fest hält die Fibel das zitternde Kind
Und rennt als ob man es jage;
Hohl über die Fläche sauset der Wind –
Was raschelt drüben am Hage[2]?
Das ist der gespenstige Gräberknecht,
Der dem Meister die besten Torfe[3] verzecht;
Hu, hu, es bricht wie ein irres Rind!
Hinducket das Knäblein zage.

Vom Ufer starret Gestumpf hervor,
Unheimlich nicket die Föhre[4],
Der Knabe rennt, gespannt das Ohr,
Durch Riesenhalme wie Speere;
Und wie es rieselt und knittert darin!
Das ist die unselige Spinnerin,
Das ist die gebannte Spinnlenor',
Die den Haspel[5] dreht im Geröhre!

Voran, voran, nur immer im Lauf,
Voran, als woll' es ihn holen;
Vor seinem Fuße brodelt es auf,
Es pfeift ihm unter den Sohlen
Wie eine gespenstige Melodei;
Das ist der Geigemann ungetreu,
Das ist der diebische Fiedler Knauf,
Der den Hochzeitheller[6] gestohlen!

Da birst das Moor, ein Seufzer geht
Hervor aus der klaffenden Höhle;
Weh, weh, da ruft die verdammte Margret:
„Ho, ho, meine arme Seele!"
Der Knabe springt wie ein wundes Reh,
Wär' nicht Schutzengel in seiner Näh',
Seine bleichenden Knöchelchen fände spät
Ein Gräber im Moorgeschwele.

Da mählich gründet der Boden sich,
Und drüben, neben der Weide,
Die Lampe flimmert so heimatlich,
Der Knabe steht an der Scheide.
Tief atmet er auf, zum Moor zurück
Noch immer wirft er den scheuen Blick:
Ja im Geröhre war's fürchterlich,
O schaurig war's in der Heide!

Annette von Droste-Hülshoff

---
[1] Pflanzenname für Süßgräser, z. B. Schilf
[2] Waldstück
[3] Vorstufe von Braunkohle
[4] Nadelholz
[5] Teil vom Spinnrad
[6] Geldgeschenk zur Hochzeit

1 Verschafft euch einen Überblick, wo das Geschehen spielt, welche Figuren auftreten und was ihnen passiert. Belegt dies mit entsprechenden Textstellen.

Die Spannungselemente einer Ballade untersuchen

2 Über die sprachliche Gestaltung erschließt sich auch der Inhalt näher:
Suche dazu aus jeder Strophe die Gestalten und die Wörter, die die unheimliche Begegnung beschreiben.

> Die **Ballade** ist ein Genre der Lyrik, in dem lyrische, epische und dramatische Elemente vereint sind. Balladen sind Gedichte mit spannendem, geheimnisvollem, oftmals auch gruseligem Inhalt. Manchmal leiten sie ihre Handlung von einem geschichtlichen Ereignis ab.

3 Stelle den Spannungsaufbau dieser Ballade in einem Stufenmodell übersichtlich dar.
– Ordne den Stufen die einzelnen Stationen/Begegnungen zu.
– Schreibe unter die Stufen, wie sich die Körperhaltung bzw. Fortbewegung des Knaben verändert.
– Baue auch die **Spannungsauflösung** in deine Übersicht ein.

4 Bereite einen Lesevortrag vor. Kopiere dir dazu den Text.
– Setze Betonungszeichen sowie Zeichen für Pausen.
– Beachte auch den erarbeiteten Spannungsaufbau aus Aufgabe 3. Welche Art des Lesens passt zu welcher Körperhaltung bzw. Fortbewegung des Jungen?

> **Annette von Droste-Hülshoff** (1797–1848) entstammt einem westfälischen streng katholischen und konservativen Adelsgeschlecht und hat einen großen Teil ihres Lebens auf dem väterlichen Gut in der Nähe von Münster zugebracht, wo es etliche Weiden, Hügel und Moore gab.
> Das hochbegabte Mädchen erhielt eine exzellente Ausbildung und sammelte schon 1813 westfälische Märchen für Wilhelm Grimm. Da sie bereits seit ihrer Kindheit sehr kränklich war, an Erstickungs- und Fieberanfällen litt, reiste sie ab 1825 mehrmals zur Erholung an den Rhein.
> Auf ihren Spaziergängen in der Heimat sammelte sie auffällige Steine und seltsame Pflanzen, bestimmte und katalogisierte sie. Dieses Fachwissen wird auch in ihrer Dichtung deutlich, indem sie sich um genaue Bezeichnungen von Naturerscheinungen bemüht.
> 1838 erscheint der erste Gedichtband der Droste, auf Drängen der Familie jedoch anonym. 1842 erscheint der Roman „Die Judenbuche" und 1844 ein weiterer Gedichtband, der (anders als der erste) zu einem großen Erfolg wird.

Experimentelle Lyrik untersuchen

die zeit vergeht (1964)

lustig
luslustigtig
luslusluslustigtigtig
lusluslusluslustigtigtigtig
luslusluslusluslustigtigtigtigtig
lusluslusluslusluslustigtigtigtigtigtig
luslusluslusluslusluslustigtigtigtigtigtigtig
lusluslusluslusluslusluslustigtigtigtigtigtigtigtig

Ernst Jandl

1 Setzt die rechte Gedichthälfte mit der Überschrift in Verbindung. Was stellt ihr fest? Versucht nun, auch für die linke Hälfte eine Deutung zu finden.

2 Welchen Zusammenhang gibt es eurer Meinung nach zwischen der Überschrift und dem Begriff *lustig*? Welche Assoziationen verbindet **ihr** mit dem Wort *lustig*?

3 Lest das Gedicht laut. Welche Erfahrung macht ihr?

4 Wähle eine der beiden folgenden Aufgaben:
– Überlege, welches Wort du zum Thema „die zeit vergeht" in den Mittelpunkt stellen würdest. Experimentiere.
– Entwirf und gestalte ein Beispiel für konkrete Poesie. Um weitere Anregungen zu sammeln, recherchiere in der Bibliothek oder im Internet.

S. 197

Experimentelle Lyrik

Nach dem Zweiten Weltkrieg machte sich unter Dichtern eine tiefe Sprachskepsis bemerkbar. Die Sprache, die die Nationalsozialisten für ihre Propaganda benutzt hatten, die „Sprache der Mörder", hatte ihre Unschuld verloren. Viele Künstler suchten in ihrer Erschütterung nach neuen Wegen, mit Sprache umzugehen und sich auszudrücken. Es entstanden Lyrikformen, die unter dem Begriff „experimentelle Lyrik" zusammengefasst werden.

Die Formen der experimentellen Lyrik sind vielfältig. Gemeinsam ist ihnen, dass sie durch den Bruch mit syntaktischen Regeln oder gewöhnlichen Wortbildungsmustern provozieren wollen. Wortbedeutungen werden durch neue Kombinationen in Frage gestellt, traditionelle Gedichtformen durchbrochen oder die Sprache in ihre Einzelbestandteile aufgelöst.

Die **konkrete Poesie** als Form der experimentellen Lyrik nutzt visuelle, phonetische und akustische Wirkungen und Möglichkeiten der Sprache. Wörter, Buchstaben oder Satzzeichen werden aus dem Zusammenhang herausgelöst und treten dem Betrachter „konkret" gegenüber; sie stehen für sich selbst. „Gedichte über" gibt es nicht mehr.

Biografische Bezüge in Gedichten erkennen

Rose Ausländer wird am 11. Mai 1901 in Czernowitz/Bukowina geboren. Ihre Familie gehört zur Minderheit des deutschsprachigen jüdischen Beamtentums. Nach dem Anschluss der Bukowina an Rumänien verarmt die Familie. Als dann noch der Vater stirbt, muss Rose Ausländer ihr Philosophiestudium abbrechen und emigriert 1921 nach New York. 1923 heiratet sie dort ihren Studienfreund Ignaz Ausländer. Die Ehe hält aber nur drei Jahre. Rose Ausländer arbeitet als Bankangestellte und schreibt in ihrer Freizeit.

1931 kehrt sie nach Czernowitz zurück, um ihre kranke Mutter zu pflegen. Von 1941 bis 1944 lebt sie im Getto, das letzte Jahr in einem Kellerversteck. „Wir zum Tode verurteilten Juden waren unsagbar trostbedürftig. ... Schreiben war Leben. Überleben." In dieser Zeit entsteht ihr Gedichtzyklus „Gettomotive".

1946 kehrt Rose Ausländer in die USA zurück, wo sie längere Zeit nur in englischer Sprache schreibt. Erst 1956 dichtet sie wieder in Deutsch. Seit 1961 widmet sich die Dichterin nur noch dem Schreiben. 1964 zieht sie nach Wien, ein Jahr später nach Düsseldorf. Zwischen 1974 und 1987 veröffentlicht sie fast jährlich einen Gedichtband, u.a. „Im Atemhaus wohnen" (1980), Mein Atem heißt jetzt" (1981), „Mein Venedig versinkt nicht" (1982).

Die Dichterin stirbt am 3. Januar 1988 in Düsseldorf.

1 Lest zunächst das Gedicht und bearbeitet anschließend folgende Aufgaben.

2 Hinter wenigen Zeilen versteckt sich hier die Geschichte einer langen Flucht. Erzählt diese Geschichte mit euren Worten.

3 Ihr könnt diese Geschichte einer Flucht noch intensiver entschlüsseln, wenn ihr die einzelnen Verse Schritt für Schritt untersucht.
Sprecht darüber, was diese Verse aussagen könnten, z. B.:
übernachten im Sternenlager → ...

4 Das Erschütternde dieser Flucht ist hier in besonderer Weise abzulesen an der Wahl der Sprache, am Aufbau der Strophen, an der Kürze der Zeilen sowie an der Intensität der Bilder, die vor unserem inneren Auge beim Lesen entstehen.
– Untersuche mit einem Partner jeden dieser Aspekte.
– Sammelt Textbeispiele und haltet eure Überlegungen schriftlich fest.
– Tauscht eure Ergebnisse untereinander aus.

Auf der Flucht (1986)

Auf der Flucht
übernachten
im Sternenlager

Kein Heim
keine Tonne

Am Kai
stehen Schiffe

Länder in der
Tasche
Kupferfliegen*
auf der Haut

Das Gold
begraben im Berg

Wir haben
Steppen und Ozeane
Wellen und Hagel
kein Heim
keine Tonne

Rose Ausländer

* die mit der Kupfernadel am linken Vorderarm tätowierten Ziffern, womit Häftlinge in Konzentrationslagern markiert wurden

5 Setze dich mit den biografischen Angaben zu Rose Ausländer auf der gegenüberliegenden Seite auseinander.
– Nutze selbstständig auch weitere Möglichkeiten zur Recherche.
– Welche Zusammenhänge zwischen ihrem Leben und diesem Gedicht kannst du herstellen?

Zusammenhänge zwischen Text, Entstehungszeit und Leben der Autorin herstellen

Liebe, Träume, Leben

Sich mit einem Jugendbuchauszug auseinandersetzen

Die Katze

Kat hockte sich <u>im Schneidersitz</u> vor der Waschmaschine auf den kühlen Fliesenboden. Ihre Augen brannten. Scheiße! Es war einfach ein Albtraum, die Tochter des Schuldirektors zu sein, laufend von
5 allen beobachtet zu werden, von ihrem Vater und ihrer Mutter allen voran, ständig Vorbild sein zu müssen, eine fabelhafte Schülerin, wenn möglich Klassenbeste, die Intelligenz dazu hast du, Katja, so etwas ist <u>ein Gottesgeschenk</u>, damit geht man
10 nicht leichtfertig um. Noch mal Scheiße! Sie wischte sich über die Augen. Das Brennen war unerträglich geworden. Was wusste ihr Vater schon davon, was es hieß, sich so allein zu fühlen? Er hatte seine Frau. Er hatte seine verdammten Buchenholz-Kol-
15 legen.

Sie starrte in die langsam rotierende Trommel der Waschmaschine, studierte ihr Spiegelbild in der Tür. Blonde, kurze Haare. Blaue Augen. Hübscher Mund, eigentlich! Dazu die in Ägypten er-
20 worbene Bräune: alles in allem nicht unattraktiv. Sie beugte sich ein wenig vor und fletschte die Zähne zu einem übertriebenen Grinsen. Die etwas zu großzügig ausgefallene Lücke zwischen den beiden Schneidezähnen war ein Problem, aber
25 nicht zu ändern. Früher hatte sie eine Zahnspange getragen, das nervige <u>Folterinstrument</u> aber, nachdem sein Einsatz über längere Zeit ohne nennenswerte Resultate geblieben war, feierlich im Fluss versenkt. Eigentlich, beschloss Kat mit einem letz-
30 ten Blick in die Trommel, sah sie gut aus. Eigentlich gab es keinen Grund, warum nicht irgendein Typ auf sie abfahren sollte. Es war allerhöchste Zeit, die Dinge zu ändern. (…)

Als sie auf Thomas zuging, um ihn anzuspre-
35 chen, spürte sie schon im Vorfeld ihre gereizte Abwehrbereitschaft. Sie war auf alles gefasst, vor allem darauf, dass er ihr ausweichen und gleichzeitig versuchen würde, sich über sie lustig zu machen. Zu ihrem Erstaunen musste sie jedoch
40 feststellen, dass nichts dergleichen geschah. Thomas war ein wenig irritiert, möglicherweise auch peinlich berührt, weil einer der Jungen, mit denen er sich soeben unterhalten hatte, ein vielsagendes Grinsen und, sich unbeobachtet fühlend, eine noch
45 vielsagendere Handbewegung machte. Es war genau das <u>Ventil</u>, das sie brauchte.

Kat wandte sich dem Jungen zu, sagte ihm, wohin er seine Hand stecken könne, und erntete dafür von Thomas ein anerkennendes Lachen.

50 Später konnte sie sich nicht erinnern, was sie an diesem Tag auf dem Schulhof zu ihm gesagt oder was er darauf erwidert hatte. (…)

Zu Beginn machte er es ihr nicht leicht. Als der Herbst kam und sie nachrechnete, auf wie viel Stu-
55 fen, inklusive aller diplomatischen und taktischen Verzweigungen, ihr Plan inzwischen aufbaute, kamen ihr langsam Zweifel, ob ihr Vorhaben überhaupt je in die Tat umzusetzen war. Gut, sie hatte Thomas angesprochen. Aber hatte sie allen Ernstes
60 erwartet, er würde sofort vor ihr in die Knie gehen und ihr ewige Liebe schwören? Sie hatte mit ihm kokettiert, sie hatte ihn angelacht, hatte ihn bewundert, ihm Fragen gestellt, Interesse an seiner Meinung <u>über Gott und die Welt</u> bekundet; sie
65 hatte, kurz gesagt, nie zuvor in ihrem Leben so viel geheuchelt. Und dennoch waren Wochen vergangen, bis er endlich nachgegeben und einem Treffen <u>unter vier Augen</u> zugestimmt hatte.

Wie sie überrascht feststellte, war es gerade sei-
70 ne offensive Unzugänglichkeit, die ihr Interesse

* Phil – Kats bester Kumpel

an ihm wachhielt und den Wunsch, ihm näherzukommen, weiter anfeuerte. Seine zögerlichen Reaktionen auf ihre Annäherungsversuche machten ihn plötzlich attraktiver, als sie ihm zugestehen wollte, und weckten in ihr etwas, das sie selbst als sportlichen Ehrgeiz bezeichnete, von dem jedoch Phil* behauptete, es sei nicht mehr als ein niedriger, im Grunde verabscheuungswürdiger Jagdinstinkt. Aus Angst vor weiterer Kritik und erfüllt von der vagen Furcht, er könne <u>ihr einen Spiegel vorhalten</u>, in den sie um nichts auf der Welt hineinblicken wollte, schränkte sie daraufhin den Kontakt zu Phil ein. Sie bat ihn um Verständnis und versprach Besserung, sobald sie sich im Klaren darüber war, was sie eigentlich wollte. Phil schluckte, beklagte sich aber nicht. Ihr schlechtes Gewissen wog schwer, trotzdem war sie froh, sich nun unbeeinflusst ganz dem Vorhaben widmen zu können, das sie inzwischen fast mit Besessenheit erfüllte: Thomas zu erobern.

Ende Oktober, kurz nach den einwöchigen Herbstferien, <u>drehte sie den Spieß um</u>, hielt sich probehalber für drei Tage völlig von ihm fern und bedachte ihn mit Nichtachtung. Bisher hatten sie sich in den Pausen wenigstens zugelächelt, hin und wieder auch ein paar Worte miteinander gewechselt. Jetzt ignorierte sie seine Blicke. Am vierten Tag kam er bereits zwischen der ersten und zweiten Stunde quer über den Schulhof auf sie zu und fragte, ob etwas vorgefallen sei, irgendetwas, das sie gegen ihn einnahm, wofür er sich, falls dies der Fall sein sollte, bei ihr entschuldigen wolle. Seine Augen leuchteten, seine Ohren waren rot angelaufen. <u>Sie hatte ihn an der Angel</u>. Es war das erste Mal, dass sie die angeblich alte, von Phils Mutter vertretene Theorie bestätigt fand, nach der man sich nur durch radikalen Entzug interessant machte. Das Konzept gefiel ihr nicht, obwohl sie davon profitierte. Sie betrachtete es als eine tiefe Beleidigung menschlicher Intelligenz.

Etwa um dieselbe Zeit ertappte sie sich auch zum ersten Mal bei einem Zwiegespräch mit der Katze. Zu Hause, auf dem Sofa sitzend, ein Kissen auf dem Schoß, sah sie die auf der Kommode thronende ägyptische Statuette an, forschte in den rätselhaften Augen, fragte: Wer bist du?

Die Katze starrte blicklos zurück und gab keine Antwort.

Im November gab Thomas endlich nach. Da sie ihn nie danach fragte, erfuhr sie auch nie, was ihn letztlich dazu bewogen hatte, doch noch auf ihre Avancen einzugehen. Vielleicht war es derselbe beinahe übermächtige, bis dahin nie verspürte Wunsch, den auch sie hatte: nicht allein dem beginnenden Winter die Stirn bieten zu müssen; sich an jemanden anschmiegen zu können, während draußen der Frost das Land zum Erstarren brachte; sich warm und geborgen zu fühlen und nicht daran denken zu müssen, wie sehr frisch gefallener Schnee manchmal einem Leichentuch glich; sich beschützt zu wissen an den Tagen, die plötzlich um so Vieles kürzer gerieten als die Nächte.

Sie schrieb es ihrer intensiven Vorarbeit zu, als dann schnell Bewegung in die Sache kam. Thomas begleitete sie auf dem Heimweg von der Schule, sie gingen am Fluss entlang, über den feine Nebelschleier krochen. Er blieb stehen, nahm ihre Hand, zog sie an sich, küsste sie. Er küsste sie so lange, bis sie in Atemnot geriet. Sie beschwerte sich nicht. Stattdessen erwiderte sie seinen Kuss mit einer Heftigkeit, die sie sich nie zugetraut hätte und die ihr ein Flimmern vor die geschlossenen Augen trieb. Lieber wollte sie ersticken, als auch nur den leisesten Verdacht aufkommen zu lassen, diesen Moment nicht ebenfalls herbeigesehnt und sich nicht innerlich darauf vorbereitet zu haben.

Zentrale Inhalte eines Jugendbuchauszuges erschließen

1 Hat sich Kat nun doch verliebt? Darüber lässt sich diskutieren!

2 Welche Motive hat Kat, Thomas „anzubaggern"?
Welchen Plan verfolgt sie? Lest noch einmal den ersten Abschnitt.
Nennt Textstellen, die für eure Vermutungen sprechen.

3 Was tut Kat alles, um die Aufmerksamkeit von Thomas
nachhaltig zu erringen? Zitiert entsprechende Textstellen.

4 Kat geht alles ein bisschen zu langsam.
Sie hält sich drei Tage völlig fern von Thomas.
– Was ist wohl Ziel dieser Aktion?
– Kat selbst betrachtet diese Taktik als
„tiefe Beleidigung menschlicher Intelligenz".
Wie versteht ihr das? Tauscht eure Gedanken
zu einer solchen Vorgehensweise aus.

5 Werft nun einen Blick auf Thomas.
Wie entwickelt er sich im Verlauf der
Geschichte? Gibt es Anzeichen dafür,
dass Thomas sich allmählich in Kat verliebt?
Geht auf Spurensuche.

6 Die Sprache des Autors ermöglicht es dem Leser, sich bestimmte
Situationen bildhaft vorzustellen. Lest noch einmal die folgenden Zeilen und
benennt die sprachlichen Mittel: Zeilen 1; 9; 26; 46; 64; 68; 80–81; 92; 104.

Zeile	Textstelle	sprachliches Mittel
104	*Sie hatte ihn an der Angel.*	Metapher

7 Lest noch einmal Kats Gespräch
mit der Katze (Zeilen 111–118).
Versucht, diese Textstelle zu deuten.

8 Der Winter steht vor der Tür und Kat
reflektiert das letzte halbe Jahr. Schreibe
einen inneren Monolog aus Sicht von Kat.

sportlicher Ehrgeiz

verabscheuungswürdiger Jagdinstinkt

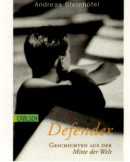

9 Könnt ihr Kats Verhalten gegenüber Thomas nachvollziehen
oder sogar gutheißen? Möchtet ihr selbst so behandelt werden?
Diskutiert.

10 Über welchen Zeitraum erstreckt sich die
erzählte Handlung? Versucht, die Symbolik der
Jahreszeiten mit den Gefühlen der Figuren in
Zusammenhang zu bringen. Welche Einsichten
und Erkenntnisse gewinnt ihr?

11 Wie wird es weitergehen?
Wenn ihr das wissen wollt – hier der Buchtipp!
Die Erzählung „Die Katze" und noch weitere
Geschichten über *Liebe, Träume, Leben* findet ihr
in: **Defender**. Carlsen Verlag, 2004.

Ein Gedicht lesen und interpretieren

Beziehungsweise

Ist es denn nicht möglich,
sich täglich nahe zu sein,
ohne alltäglich zu werden –
voneinander entfernt zu sein,
5 ohne sich zu verlieren …?

Beziehungsweise
sich maßlos zu lieben,
ohne sich lieblos zu maßregeln –
einander gewähren zu lassen,
10 ohne die Gewähr zu verlieren …?

Beziehungsweise
einander sicher zu sein,
ohne sich abhängig zu machen –
einander Freiheit zu gewähren,
15 ohne sich unsicher zu werden …?

Beziehungsweise …

Jochen Mariss

1 Viele Fragen und keine Antworten.
Tragt eure Assoziationen zusammen.

2 Was wünscht sich das lyrische Ich von der Liebe und was will es vermeiden?
– Was genau bedeutet z. B. *ohne sich lieblos zu maßregeln*?
– Notiert Beispiele dafür, was mit den *ohne*-Sätzen gemeint sein könnte.

3 Das Gedicht hat eine regelmäßige Struktur und einige sprachliche Besonderheiten.
– Von welchen Gegensätzen lebt es?
– Welchen Zusammenhang zwischen Inhalt und Form stellt ihr fest?

4 Die Überschrift ist sicher nicht zufällig gewählt. Man kann sie zweifach verstehen.

5 Welche weiteren Wünsche für eine harmonische Beziehung fallen euch noch ein?
Gestaltet sie nach dem gleichen Prinzip wie im Gedicht. Tragt eure Ergebnisse vor.

6 Schreibe ein Parallelgedicht.
Orientiere dich an der Struktur der Strophen im Gedicht von Jochen Mariss.

Ist es denn nicht möglich,
sich täglich zu umarmen,
ohne …

Analytische und produktive Methoden anwenden

Gedichte selbstständig erschließen

1 Suche dir nun eines der folgenden Gedichte aus und erschließe es selbstständig. Du kannst auch zwei Gedichte miteinander vergleichen. Gehe dabei auf folgende Aspekte ein:

das lyrische Ich:
  Wer spricht zu wem?
die wichtigste Aussage:
  Welcher Standpunkt zur Liebe wird deutlich?
der Aufbau/die Struktur:
  Strophen, Verse, Reimform
die sprachlichen Mittel:
  Metapher, rhetorische Frage, Steigerung, Vergleich, Personifizierung, Wiederholung des Satzanfangs, Wortspiel

Nur ein Gefühl

Ich lebe, liebe und fühle,
durch und durch lebe ich,
bis in jede Faser meines Körpers
4 spüre ich dieses Leben.
Laufen möchte ich
bis zum Hinfallen,
lachen und springen.
8 Ich könnte platzen vor Glück.

Gundula Menking

Sommerabend

Es wird Abend. Wir nehmen den Kahn.
Die Ruder spritzen uns nass.
Wir legen an einer Insel an
4 und sitzen zusammen im Gras.

Weit spannt sich der Himmel über das Land.
Die Nacht fällt heute aus.
Rücke noch näher und gib mir die Hand.
8 Wir rudern noch nicht nach Haus.

Roter Sonnenball. Zärtlicher Wind.
Ich lege den Arm um dich.
Wenn wir ganz eng beieinander sind,
12 flüsterst du: „Liebst du mich?"

Rolf Krenzer

Sommerlied

Durch deine Haare seh ich Himmel scheinen.
Auf deiner Haut liegt Sonne, und der See
hat zwischen deinen braunen Armen Wellen,
4 und rings um deinen nackten Fuß ist Klee.

Dort, wo du hinschaust, geht ein Wind vorüber,
die Bäume über dir sind von ihm voll.
In deinen Händen riecht die Luft nach Ernte,
8 als ob die Zeit der Reife kommen soll.

Ich seh dich an und seh durch dich den Sommer.
Ich bin der Gast in dieser Sommerruh.
Ich möchte so noch gerne etwas bleiben.
12 Der Sommer meint es gut mit mir. Wie du.

Heinz Kahlau

Trauminsel

Sich sehen
    Mut
        geklappt!

Zusammen was unternehmen
    Probleme austauschen

Wellen rauschen
    Herzklopfen
        Sprachstörungen
Hände suchen sich
    Blicke tauchen ineinander
        Zärtlichkeit
            Küsse

Romantische Abende
    Hummelflug im Bauch
        Gefühle probieren

Wiebke Dobslaw

Verdrehter Kopf

Das muss ich erst hinterfragen,
sagt der Kopf
Ich glaube, sagt die Liebe

4 Das kann ich nicht so stehen lassen,
sagt der Kopf
Ich vertraue, sagt die Liebe

Das wird mich Kopf und Kragen kosten,
8 sagt der Kopf
Ich liebe, sagt die Liebe

Und wenn alle so dächten wie du?,
fragt der Kopf
12 Komm, sagt die Liebe

Ich weiß gar nicht mehr, wo mir der Kopf steht,
klagt der Kopf
Am Arsch, sagt die Liebe.

Robert Gernhardt

Dass du mich liebst …

Dass du mich liebst, das wusst ich,
Ich hatt' es längst entdeckt;
Doch als du mir's gestanden,
4 Hat es mich tief erschreckt.

Ich stieg wohl auf die Berge
Und jubelte und sang;
Ich ging ans Meer und weinte
8 Beim Sonnenuntergang.

Mein Herz ist wie die Sonne
So flammend anzusehn,
Und in ein Meer von Liebe
12 Versinkt es groß und schön.

Heinrich Heine

So oder so

Schön
Geduldig
Miteinander
4 Langsam alt
Und verrückt werden
Andererseits
Allein
8 Geht es natürlich viel schneller.

Karin Kiwus

2 Trage ein Gedicht deiner Wahl gestaltend vor.

3 Sucht nach weiteren Liebesgedichten und stellt sie zu einem Gedichtband zusammen. Die Gedichte könnt ihr zu einem besonderen Anlass – z. B. auf einem Schulfest – vortragen. Denkt auch über szenische Formen der Präsentation nach.

Auf der Suche nach dem ICH

Wie bin ich?

Wenn ein Mensch im antiken Griechenland vor einer wichtigen Lebensentscheidung stand – sei es als Feldherr oder Politiker, sei es als Privatmensch, der heiraten oder ein Geschäft gründen wollte –, dann suchte er das Orakel von Delphi* auf. Der Rat, den er dort erhielt, war
5 meist nicht sehr klar: Manchmal wurden Fragen mit Gegenfragen beantwortet, oder das Orakel sprach in seltsamen Bildern und Rätseln. So wollte König Krösus wissen, wie riskant es für ihn sei, die benachbarten Perser mit Krieg zu überziehen. Das Orakel sagte ihm: „Du wirst ein großes Reich zerstören!" Erfreut zog er in die Schlacht
10 – das Reich, das er zerstörte, war sein eigenes.

Der wichtigste Rat, den man von Delphi mitnehmen konnte, wurde jedoch nicht von einer Priesterstimme geflüstert, sondern stand in Stein gehauen über der Tür zum Orakelgebäude: *Gnothi seauton!* (Erkenne dich selbst!) Das sollte heißen: *Schau vor deinen Unterneh-*
15 *mungen in dich selbst hinein, prüfe dich – dann brauchst du kein teures Orakel.*

Aber das ist vergleichsweise leicht in den Stein gemeißelt und nur schwer zu befolgen. (...) Im Laufe unseres Lebens müssen wir Tausende von Entscheidungen treffen, die unser Glück, unsere Zukunft,
20 unsere Karriere beeinflussen: Welche Schulfächer, welche Sportart, welche Freunde und welchen Lebenspartner suche ich mir aus? Welchen Verein, welche Partei, welches Hobby, welchen Ferienort wähle ich? Was traue ich mir zu – und was besser nicht? In was investiere ich Zeit, Geld, Energie – und warum glaube ich, dass dies sinnvoll
25 und lohnend ist? (...)

---

* Das Orakel von Delphi war eine berühmte griechische Pilger- und Weissagungsstätte des antiken Griechenlands und befand sich am Hang des Parnass bei der Stadt Delphi in der Landschaft Phokis.

1 Welchen grundsätzlichen Rat gibt der Verfasser für eine erfolgreiche Lebensbewältigung? Zitiert aus dem Text.

2 Im letzten Textabschnitt werden Fragen gestellt, die nach Meinung des Verfassers jeder im Leben beantworten muss. Welche Entscheidungen habt ihr selbst schon getroffen?
– Berichtet davon und begründet eure Entscheidung.
– Wovon hängt es ab, **wie** ihr euch entscheidet? Tauscht Erfahrungen aus.

3 Diskutiert darüber, wie es kommt, dass man mitunter falsche Entscheidungen trifft.

4 Psychologen haben festgestellt, dass die Fähigkeit der Menschen zur Selbsterkenntnis gering ausgeprägt ist. Was hindert uns wohl daran, unser Verhalten im Alltag realistisch einzuschätzen?

5 Was kann man tun, um die Selbsteinschätzung zu verbessern?
– Erarbeitet in Kleingruppen Möglichkeiten zur Verbesserung der Selbsteinschätzung.
– Ergänzt dabei die folgenden Aspekte a) bis d) durch Beispiele. Ihr könnt auch weitere Ideen hinzufügen.

Beispiele

a) eigene Erfahrung nutzbar machen — *realistischer Blick auf ähnliche Situationen*
b) Fremdeinschätzung einholen — ...
c) sich an den Besten messen/vergleichen — ...
d) sich Zeit nehmen, eigenes Handeln zu reflektieren — ...

S. 29/30

6 Sucht euch zu zweit Situationen oder Verhaltensbereiche aus, für die eine **gegenseitige Einschätzung** sinnvoll sein könnte, z.B.: *im Hinblick auf den Umgang mit Niederlagen, das Verhalten bei Kritik, die Disziplin im Unterricht, Toleranz, Teamfähigkeit, Zuverlässigkeit, Hilfsbereitschaft, Gesprächsbereitschaft, Stärken, Talente ...*
– Du schreibst eine Selbsteinschätzung zu den gewählten Bereichen.
– Dein Lernpartner schreibt eine Fremdeinschätzung, d.h., er schreibt auf, wie du dich nach seinen Erfahrungen in den genannten Situationen verhältst.
– Anschließend tauscht ihr eure Erfahrungen aus.

Arbeitsprozesse selbstständig organisieren – Ergebnisse präsentieren

Texte verstehen – Sachtext/Diagramm

15. Shell Jugendstudie:
Jugend 2006 – Eine pragmatische Generation unter Druck

Im Auftrag der *Deutschen Shell* befragten Experten Anfang des Jahres 2006 mehr als 2 500 Jugendliche im Alter von 12 bis 25 Jahren zu ihrer Lebenssituation, ihren Glaubens- und Wertvorstellungen und ihrer Einstellung zur Politik.
Seit 53 Jahren schon beauftragt *Shell* unabhängige Forscherteams, um Jugendstudien herauszugeben, die jeweils eine aktuelle Sicht auf die Jugendgeneration und ihre Zukunftsaussichten ermöglichen.
Einige ausgewählte Ergebnisse könnt ihr den Auszügen der Presseinformation entnehmen. Den vollständigen Wortlaut findet ihr unter www.shell.com im Internet.

Presseinformation (Auszüge)

Jugendliche heute haben ein hohes Maß an Bewusstsein für die großen Themen der Gesellschaft. Vom Altern der Gesellschaft über Probleme am Arbeitsmarkt bis hin zu ihren eigenen Zukunftsperspektiven: Jugendliche stellen sich den Herausforderungen. Was auch auf sie zukommt – sie suchen eine Lösung; sie lassen sich dabei nicht entmutigen.

Bildung entscheidet über Zukunft

Der Schulabschluss bleibt der Schlüssel zum Erfolg: Jugendliche aus sozial bessergestellten Elternhäusern besuchen aussichtsreichere Schulformen als Jugendliche aus sozial schwierigeren Verhältnissen. Diese finden sich häufig an Hauptschulen und Sonderschulen und erzielen auch in der anschließenden Ausbildung nicht die Resultate, die ihrem Potenzial entsprechen.
Jugendliche an Hauptschulen blicken dabei nicht ganz so optimistisch in die Zukunft wie ihre Altersgenossen an Gymnasien. Auch in puncto Arbeitsplatz zeigt die Shell Jugendstudie 2006, dass Jugendliche deutlich stärker besorgt sind, ihren Arbeitsplatz zu verlieren bzw. keine adäquate Beschäftigung finden zu können, als noch vor vier Jahren. Dennoch – die Suche nach individuellen Lösungsansätzen überwiegt.

Mädchen auf der Überholspur

Bemerkenswert ist in diesem Zusammenhang der geschlechtsspezifische Trend. Junge Frauen haben im Bereich der Schulbildung die jungen Männer überholt und streben auch zukünftig häufiger höherwertige Bildungsabschlüsse an – ein Trend, der sich bereits in der Shell Jugendstudie 2002 angedeutet hatte. 2006 streben 55 Prozent der befragten Mädchen das Abitur an, hingegen nur 47 Prozent der Jungen.
Was die Planung einer eigenen Familie anbetrifft, zeigt sich auch hier der pragmatische Ansatz der jungen Generation. Die Zahl junger Erwachsener, die zunächst auf eigene Kinder und Familie verzichten, wächst. Dabei ist es nicht so, dass junge Frauen keine eigenen Kinder wollen. Sie sehen sich jedoch bei der Familiengründung mit vielfältigen Schwierigkeiten konfrontiert, weil Ausbildung, berufliche Integration und Partnerschaft mit Familiengründung in einem sehr kurzen Zeitfenster kompri-

miert sind – in der sogenannten Rushhour des Lebens. Die jungen Frauen nehmen äußerst sensibel wahr, welche Probleme mit Nachwuchs und dem Vorankommen im Berufsleben verbunden sind.

Familie gewinnt an Bedeutung

Der Rückhalt im privat-familiären Bereich entschärft Spannungen. In Zeiten wirtschaftlicher Unsicherheit bietet die Familie Sicherheit, sozialen Rückhalt und emotionale Unterstützung. Fast drei Viertel der Jugendlichen (73 Prozent) von 18 bis 21 Jahren leben noch bei ihren Eltern. Harmonie in den eigenen vier Wänden ist angesagt: 90 Prozent der Jugendlichen bekunden, gut mit ihren Eltern auszukommen, und 71 Prozent würden auch ihre eigenen Kinder genauso oder so ähnlich erziehen wollen.

Großer Respekt vor der älteren Generation

Die befragten Jugendlichen nehmen die ältere Generation in ihrer charakteristischen Unterschiedlichkeit wahr. Zum einen gibt es die Hochbetagten. Diese Generation genießt das Image der „Aufbaugeneration" – ihre Leistung bringt ihnen die Achtung der Jugendlichen ein. Auf der anderen Seite stehen die „Jungen Alten" – fit, aktiv und offen für Neues. Das nehmen die Jugendlichen grundsätzlich positiv auf. Es wird erst dann problematisch, wenn die Senioren sich zu sehr einmischen oder zur Konkurrenz werden – wie zum Beispiel bezüglich Seminarplätzen an der Universität.

Die wachsende Zahl alter Menschen zu versorgen und zu integrieren, sehen die befragten Jugendlichen als primäres Problem einer alternden Gesellschaft. Der vorherrschende Eindruck aus den Interviews: Die Alten, die die Bundesrepublik zu dem gemacht haben, was sie nun ist, sollen gut versorgt werden. 43 Prozent der befragten Jugendlichen sind der Meinung, dass der Wohlstand zwischen den Generationen gerecht verteilt ist. 34 Prozent fordern, dass die Älteren zurückstecken sollten, während 12 Prozent angeben, dass die Jüngeren ihre Ansprüche reduzieren sollten. Junge Leute heute vertreten den Wunsch nach Fairness und Gerechtigkeit zwischen den Generationen.

Weiter Aufwind für Fleiß und Ehrgeiz

Das Wertesystem der Jugendlichen weist eine positive und stabile Ausrichtung auf. Familie, Freundschaft, Partnerschaft sowie Eigenverantwortung sind weiter „in", begleitet von einem erhöhten Streben nach persönlicher Unabhängigkeit. Kreativität, aber auch Sicherheit und Ordnung werden als wichtig eingestuft. Die Tugenden Fleiß und Ehrgeiz befinden sich weiter im Aufwind. Damit vermischen sich in den Lebensorientierungen junger Menschen weiterhin moderne und traditionelle Werte.

Mädchen und junge Frauen sind auch 2006 wie bereits 2002 das wertebewusstere Geschlecht. Orientierungen wie Umwelt- und Gesundheitsbewusstsein sowie soziales Engagement sind für sie wichtiger als für Jungen und junge Männer. Das betrifft auch die Bewertung von Beziehungen in Familie und Partnerschaft, das Achten auf die eigenen Gefühle sowie die Bewertung von Sekundärtugenden wie Ordnung und Sicherheit. Mädchen und junge Frauen sind dennoch ebenso ehrgeizig wie Jungen und junge Männer, die sich allerdings konkurrenzorientierter geben.

Interesse an Politik und Parteien steigt leicht an

Das Interesse an Politik ist weiterhin niedrig. Trotz eines leichten Anstiegs im Vergleich zur Shell Jugendstudie 2002 wäre es noch verfrüht, von einer Trendwende zu sprechen. Lag der Prozentsatz der politisch Interessierten 2002 bei 34 Prozent, so hat er sich nun auf 39 Prozent erhöht. Auch hier macht sich das unterschiedliche Bildungsniveau bemerkbar: Mehr als zwei Drittel der Oberstufenschüler und der Studierenden stufen sich als politikinteressiert ein.

Auch das Vertrauen der Heranwachsenden in die politischen Parteien und in die Bundesregierung ist weiterhin gering. Politik stellt für die Mehrheit der Jugendlichen keine Größe mehr dar, an der sie sich orientieren können. Was jedoch nicht bedeutet, dass Jugendliche keine eigenen Interessen hätten, für deren Verwirklichung sie sich auch einsetzen.

Engagement für andere weiterhin auf hohem Niveau

Trotz des geringen politischen Interesses sind viele Jugendliche in ihrem Lebensumfeld gesellschaftlich aktiv. Einsatz für die Gesellschaft und für andere Menschen gehört ganz selbstverständlich zum persönlichen Lebensstil dazu. 33 Prozent der Jugendlichen geben an, „oft", und weitere 42 Prozent, „gelegentlich" für soziale oder gesellschaftliche Zwecke in ihrer Freizeit aktiv zu sein. Das Niveau ist vergleichbar hoch wie im Jahr 2002.

Im Vordergrund steht der Einsatz für die Interessen von Jugendlichen, etwa im Rahmen einer sinnvollen Freizeitgestaltung. Hinzu kommt Engagement für sozial schwache oder benachteiligte Menschen, für ein besseres Zusammenleben oder auch Sicherheit und Ordnung im Wohngebiet oder sonstige konkrete Fragen. Bürgerinitiativen, Parteien und Verbände oder auch Hilfsorganisationen spielen dabei allerdings eine untergeordnete Rolle. Auch hier gilt: Je höher das Bildungsniveau und die soziale Schicht, desto intensiver das gesellschaftliche Engagement der Jugendlichen. Die Haltung der Jugendlichen zu gesellschaftlichen Aktivitäten entspricht ihrem pragmatischen Ansatz. Es sind nicht ideologische Konzepte oder gesellschaftliche Utopien, die sie verfolgen. Weitaus wichtiger ist die persönliche Befriedigung – jenseits großer Entwürfe oder einer neuen Bewegung.

http://www.shell.com/home/Framework?siteId=de-de&FC2=/de-de/html/iwgen/about_shell/Jugendstudie/2006/zzz_lhn html&FC3=/de-de/html/iwgen/about_shell/Jugendstudie/2006/jugendstudie2006_presseinformation.html am 30.04.07

1 Lest Textpassagen vor, die euren eigenen Erfahrungen entsprechen. Welche Ergebnisse möchtet ihr in der Klasse zur Diskussion stellen?

2 Notiere drei Aspekte, warum die Familie von den Jugendlichen als sehr wichtig betrachtet wird.

3 Überprüfe, ob die folgenden Aussagen im Text so geäußert werden oder nicht.

a) Jugendliche an Gymnasien blicken weniger optimistisch in die Zukunft, weil die Studienplätze fehlen.
b) 73 % der Jugendlichen geben an, mit den Eltern gut auszukommen.
c) Frauen streben höhere Bildungsabschlüsse an als Männer.
d) 34 % der Jugendlichen sind der Meinung, dass der Wohlstand zwischen den Generationen gerecht verteilt ist.
e) Soziales Engagement, Umweltprobleme sowie Ordnung und Sicherheit stehen bei den jungen Frauen höher im Kurs als bei jungen Männern.
f) Bei der Familiengründung sehen sich die jungen Frauen mit vielen Problemen konfrontiert.
g) Mehr als die Hälfte der Jugendlichen beider Geschlechter gibt an, sich sozial zu engagieren.
h) Das Interesse der Jugendlichen am politischen Leben ist im Vergleich zu 2002 um 20 % gestiegen.
i) Das Vertrauen in die politischen Parteien ist nach wie vor sehr gering.
j) Beim sozialen Engagement der Jugendlichen spielen Bürgerinitiativen, Verbände und Hilfsorganisationen eine große Rolle.

4 Inwiefern kann man schlussfolgern, dass Jugendliche heute nach der Devise *Aufstieg statt Ausstieg* leben? Notiere jeweils drei Angaben aus dem Text und aus einem Diagramm.

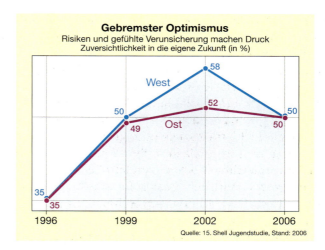

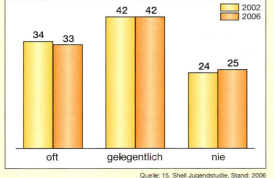

5 Welche Grafik macht Angaben zur individuellen Lebensgestaltung?
a) In welchem Bereich kannst du seit 1987 den höchsten Zuwachs feststellen?
b) In welchen Bereichen liegen die Werte unter 50 %?

6 Werte das Diagramm aus, das Angaben zur Zuversicht in die eigene Zukunft macht.
a) Beschreibe die Entwicklung seit 1996.
b) Vergleiche die Angaben der Jugendlichen in Ost und West.

7 Die Bereitschaft, sich für andere Menschen einzusetzen, ist seit 2002
a) stark angestiegen.
b) relativ gleich geblieben.
c) stark gesunken.
Entscheide.

8 Setze dich mit den Ergebnissen des Diagramms links unten auseinander. Schreibe einen kurzen Artikel. Lass dabei auch deine eigene Sichtweise deutlich werden.

9 Die Ergebnisse der Shell-Jugendstudie interessieren insbesondere Politiker, Eltern, Lehrer, Jugendliche, Vereine ... Leite für eine dieser Gruppen aus deren Sicht drei Schlussfolgerungen ab.
– Was sollte in der Zukunft weiter ausgebaut werden?
– Was muss stärker in den Mittelpunkt rücken?
– Welche konkreten Aufgaben ergeben sich für uns?

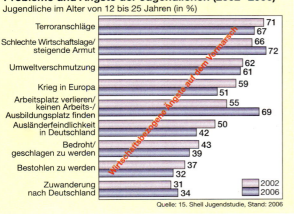

Informationen aus nicht linearen Texten zielgerichtet entnehmen, vergleichen und auswerten

Sich zu Lebensweisheiten positionieren

Jeder kann wütend werden, das ist einfach.
Aber wütend auf den Richtigen zu sein, im richtigen Maß,
zur richtigen Zeit, zum richtigen Zweck und auf die richtige Art,
das ist schwer.
Aristoteles

Wer wagt, selbst zu denken, der wird auch selbst handeln.
Bettina von Arnim

Toleranz sollte eigentlich nur eine vorübergehende Gesinnung sein:
Sie muss zur Anerkennung führen. Dulden heißt beleidigen.
Goethe

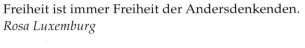

Freiheit ist immer Freiheit der Andersdenkenden.
Rosa Luxemburg

Warum die Alten es mit der Jugend oft schwer haben?
Die Jugend will alles auf einmal:
Geführt werden, verführt werden und führen.
Wolfgang J. Reus

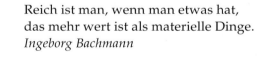

Reich ist man, wenn man etwas hat,
das mehr wert ist als materielle Dinge.
Ingeborg Bachmann

Ein Urteil lässt sich widerlegen, aber niemals ein Vorurteil.
Marie von Ebner-Eschenbach

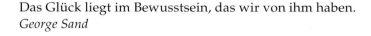

Bloßes Ignorieren ist noch keine Toleranz.
Theodor Fontane

Das Glück liegt im Bewusstsein, das wir von ihm haben.
George Sand

> Wer nicht kann, was er will, muss das wollen, was er kann.
> Denn das zu wollen, was er nicht kann, wäre töricht.
> *Leonardo da Vinci*

Unser Leben ist, wie das Ganze, in dem wir enthalten sind,
auf eine unbegreifliche Weise aus Freiheit und Notwendigkeit
zusammengesetzt.
Goethe

> Man muss vor nichts im Leben Angst haben,
> wenn man seine Angst versteht.
> *Marie Curie*

1 Tauscht euch über die Inhalte der Zitate aus. Welche verschiedenen Themen könnt ihr entdecken?

2 Vergleicht die Zitate mit euren eigenen Erfahrungen und Positionen. Beschreibt dabei Situationen, in denen einzelne Aussagen zutreffen könnten.

3 Welchem Zitat würdet ihr die folgende Stellungnahme am ehesten zuordnen?

Ich finde, wenn man etwas wirklich will, dann schafft man es auch. Würde ich immer nur tun, was ich schon lange kann, käme ich ja nie voran. Es ist durchaus nicht töricht, etwas zu wollen, was man noch nicht kann. Ich wollte zum Beispiel unbedingt Snowboard fahren. Also habe ich in den Ferien in einer Bäckerei gejobbt, um mir das nötige Geld für den Kurs zu verdienen. Nach einer Woche bretterte ich stolz einfache Hänge hinunter und heute bin ich ein perfekter Snowboarder. Also! Natürlich muss das, was man will, auch im Bereich des Möglichen liegen. Wenn ich jetzt sagen würde, ich will Popstar werden, und meine Stimme ist eher mittelmäßig, dann ist das wohl „töricht". Aber ein guter Autoschlosser könnte schon aus mir werden.

Fabian, Kl. 10

4 Wie sieht es in der heutigen Zeit mit der Gültigkeit dieser „Lebensweisheiten" aus? Wähle ein Zitat aus und schreibe dazu eine eigene Stellungnahme.
– Was ist für dich überholt, was aktuell? Warum?
– Mit welchen Beispielen kannst du deinen Standpunkt belegen?

5 Gestalte nun ein **Selbstporträt**, in das du deine Erfahrungen und Erkenntnisse aus der Arbeit mit den Materialien dieses Kapitels einfließen lassen kannst, z. B.: Eigenschaften, Fähigkeiten, Interessen, Stärken, Schwächen, Erwartungen, Ideale, Zukunftspläne, Erfahrungen aus Selbst- und Fremdeinschätzung …

Eine Stellungnahme schreiben – Ein Selbstporträt gestalten

Im Überblick:
wichtige Regeln der Schreibung von Wörtern

**1. Schreibung von Wörtern
mit dem Umlaut *ä* und dem Zwielaut *äu***
1.1 Kommt in einer Wortfamilie ein Wort mit
a oder **au** vor, dann schreibt man den Umlaut
von abgeleiteten Wortformen als **ä** oder **äu**:
*lang – länger, die Wahl – wählen,
der Bauer – bäuerlich, das Haus – die Häuser.*
1.2 Lassen sich Wörter **nicht** auf ein Wort mit
a oder **äu** zurückführen, dann schreibt man
sie mit **e** oder **eu**:
die Wende, die Sendung, die Keule, heulen.

**2. Schreibung von Adjektiven
mit *-lich* und *-ig***
Man kann beim Sprechen kaum einen
Unterschied zwischen den beiden Suffixen
hören. Um sie richtig zu schreiben, **verlängert**
man die Wörter, denn dann ist der Unterschied zu hören:
*ehrlich – ehrliche, wirklich – wirkliches,
lustig – lustige, witzig – witzige.*

**3. Schreibung von abgeleiteten
und zusammengesetzten Wörtern**
Man hört beim Sprechen nur einen Laut,
wenn ein Präfix bzw. Wortstamm mit
demselben Konsonanten endet, mit dem
der folgende Wortstamm beginnt. Beim
Schreiben allerdings darf **kein** Buchstabe
ausgelassen werden:
*abblocken, annageln, verraten, enttäuschen,
das Fahrrad, der Weggang, der Abbruch.*

**4. Schreibung von Wörtern
mit den Auslauten *b, d, g***
Zweisilbige Wörter, die mit **b, d, g** geschrieben
werden, schreibt man in den dazugehörigen
einsilbigen Wortformen ebenfalls mit **b, d, g**
– auch, wenn man dort ein [p], [t], [k] hört:
loben – lobt, Winde – Wind, wiegen – wog.

**5. Schreibung von Wörtern
mit den Wortbausteinen *end-* und *ent-***
5.1 Wörter mit dem Wortstamm **end-** haben
immer etwas mit *Ende* zu tun. Die Betonung
liegt in diesen Wörtern immer **auf** dem **end-**:
der Endlauf, endlich, die Endung.
5.2 Wörter mit dem Präfix **ent-** haben immer
etwas mit *weg, fort, hinaus* zu tun. Die Betonung
liegt in diesen Wörtern immer auf der Silbe
nach dem Präfix **ent-**:
entlassen, entgleist, die Entführung.

**6. Schreibung von Wörtern
mit Doppelkonsonanten**
6.1 Wenn in zweisilbigen Wörtern die erste Silbe
mit einem einzelnen Konsonanten abschließt und
die zweite Silbe mit **demselben** Konsonanten
beginnt, muss dieser Konsonant beim Schreiben
verdoppelt werden: *hof-fen, knal-len, schwim-men,
son-nen, bren-nen, kip-pen, sper-ren, wis-sen, wet-ten*
(selten bei bb, dd, gg: *bib-bern, pad-deln, die Eg-ge*).
6.2 Die Doppelkonsonantenschreibung bleibt
auch in allen anderen Wortformen **erhalten:**
*er hofft, es knallt, ihr schwimmt, du sonnst dich,
es brennt, er kippt, sie wird gesperrt.*
6.3 Wenn in einer Wortform ein **langer** Vokal
vorkommt, dann darf nach diesem langen Vokal
nur **ein** Konsonant geschrieben werden:
*kommen – er kam, fallen – er fiel, treffen – er traf,
wissen – er weiß.*

7. Schreibung von Wörtern mit *z* oder *tz*
7.1 Nach einem **Konsonanten** schreibt man immer nur **z**:
die Kerze, tanzen, wälzen.
7.2 Nach einem **langen Vokal**, zu denen auch die Diphthonge (Zwielaute) **ei, au, eu** gehören, schreibt man immer nur **z**:
die Kapuze, der Kauz, beizen.
7.3 Nach einem **kurzen Vokal** schreibt man **tz**:
putzen, setzen, der Platz.

8. Schreibung von Wörtern mit *k* oder *ck*
8.1 Nach einem Konsonanten schreibt man nur **k**:
die Markierung, der Anker, ulkig.
8.2 Nach einem langen Vokal, zu denen auch die Diphthonge (Zwielaute) **ei, au, eu** gehören, schreibt man immer nur **k**:
pauken, die Musik, die Luke.
8.3 Nach einem kurzen Vokal schreibt man **ck**:
wecken, fleckig, die Macke.

9. Schreibung von Wörtern mit *ß*
9.1 Wenn in zweisilbigen Wörtern die erste Silbe **lang** ist und die zweite Silbe mit einem **stimmlosen** s-Laut beginnt, schreibt man **ß**:
beißen, die Muße, draußen.
9.2 In manchen Formen dieser Wörter ist die erste Silbe **kurz**, dann schreibt man **ss**:
beißen – er hat gebissen, genießen – sie genoss es.

10. Schreibung von Wörtern mit *s*
10.1 Wenn ein stimmhafter **s**-Laut am Anfang einer Silbe steht, schreibt man **s**:
lesen, rasen, kreisen, der Felsen, die Amsel, die Mensa.
10.2 In allen Wortformen dieser Wörter bleibt das **s** erhalten:
sie liest, er rast, es kreist.
10.3 Steht ein **s**-Laut am Ende eines einsilbigen Wortes, schreibt man **s**. Er wird nämlich stimmhaft, wenn man das Wort verlängert:
die Gans – die Gänse, das Moos – moosig, Gras – Gräser.
10.4 Das in Wörtern unbetonte Suffix **-nis** schreibt man immer mit einem **s**, obwohl die Wörter im Plural mit **ss** geschrieben werden:
das Zeugnis – die Zeugnisse, das Geheimnis – die Geheimnisse.

11. Schreibung von Wörtern mit *h* und ohne *h*
11.1 Wenn in zweisilbigen Wörtern die erste Silbe mit einem Vokal endet und die zweite Silbe mit einem Vokal beginnt, dann wird beim Schreiben zwischen beide Vokale das **silbentrennende h** eingefügt:
wiehern, früher, nahe.
11.2 Bei der Schreibung von **verkürzten** Wortformen bleibt das **silbentrennende h** erhalten:
früher – früh, nahe – ganz nah, Kühe – Kuh.
11.3 In Wörtern wird nach einem langen Vokal oft ein **Dehnungs-h** geschrieben, aber nur dann, wenn die Buchstaben **l, m, n, r** folgen:
die Zahl, der Lehm, die Bohne, bohren.
11.4 In Wörtern wird nach einem langen Vokal **kein Dehnungs-h** geschrieben, wenn vor dem Langvokal Buchstaben oder Buchstabenfolgen stehen wie **t, p, gr, kr, qu, sch, sp** – selbst dann, wenn die Buchstaben **l, m, n, r** folgen: *der Ton, planen, der Gram, kraulen, die Qual, der Schal, sparen.*

1 Entscheide, wie die folgenden Wörter geschrieben werden.
Nimm den *Überblick: wichtige Regeln der Schreibung von Wörtern* zu Hilfe
und schreibe hinter jedes Beispiel die entsprechende Regelziffer auf.

den Verke_r regeln
die Wan_zeitung anfertigen
vor Anstrengung k_chen
er schna_t nach Luft
mit zweierlei Ma_ messen
zum Ar_t gehen
die Matra_e reinigen
vor K_lte zittern
großen Klamau_ machen
alle waren en_äuscht

das Auto stellte sich que_r
die Menge grö_lt
er sto_te das Auto
er la_ uns den Artikel über Zittau vor
sie lie_ in dieser Sache nicht nach
du m_ckerst auch über alles
der erste Zorn ist ve_aucht
er wei_t uns den Weg
einen langen Hal_ machen
der Gra_l des Königs

2 Sieh dir noch einmal die Regeln 11.1 bis 11.4 auf Seite 221 an.
– Schreibe aus der Wörtersammlung die Wörter heraus,
die ein silbentrennendes h enthalten, und füge als Beweis
eine Langform des Wortes an.
– Warum werden acht Wörter nicht mit Dehnungs-h geschrieben,
obwohl nach dem Vokal die Buchstaben *l, m, n, r* folgen?
Gib für jedes Wort eine Erklärung für die Schreibung.

*beinah, Gefahr, schwül, wohnen,
blüht, Krone, stehlen, droht, Träne,
zieht, zählen, nehmen, quälen,
belohnen, mehr, Schule, ohne, Ohr,
sieht, schon, froh, wohl, Krümel,
geschieht, zehn, Schuh, Spur*

3 Im folgenden Text befinden sich 31 Fehler.
– Suche die Fehlerwörter und schreibe sie richtig auf.
– Schreibe jeweils die entsprechende Regelziffer für die richtige Schreibung dahinter.

Redewendungen – und was dahintersteckt

Wenn jemand etwas auf die lange Bank schieben will, dann möchte er eine Endscheidung hinauschieben oder eine Sache verzögern. Woher kommt eigentlig diese Redewändung? Nach Einführung des römischen Rechts in Deutschland wurden auch schriftliche Akten vor Gericht eingefürt, zu deren Aufbewahrung nicht Schrenke, sondern lange, bankähnliche Truen dienten. Was dort hinkahm, bliep meißtens sehr lange liegen – zur Entäuschung der Kleger. Erst wenn die Akte entlich auf den Tisch eines Richters kam, wurde sie bearbeitet.

Wenn sich mehrere um des Kaisers Bart streiten, dann get es wirklig um eine Bagatele. Früer meinte man damit Gelerte. Sie wurden mit diesem Spruch verspotet, weil sie sich nicht einich werden konnten, ob bestimte deutsche Kaiser einen Bart getragen haben oder nicht. Historisch gesehen ging es gar nicht um die Bärte von Kaisern, sondern um einen Ziegenbart! In Schwaben sagt man noch häute dafür Geisbart oder Geißenbart. Im Gesprochenen wurde das Wort endstellt zu Kaiserbart. Die Äusserung geht auf den römischen Dichter Horaz zurück. Der hatte sich nämlich über die unötige Frage, ob man Ziegenhaare wie beim Schahf auch als Wole bezeichnen darf, lustich gemacht.

Rechtschreibung

Ein Test: Schreibung von Wörtern

Nimm dir ein Blatt, auf das du die Aufgabenziffern und die geforderten Lösungsziffern, -buchstaben bzw. Lösungswörter des Tests aufschreibst.

1 Welche Aussage trifft **nicht** zu?
*Petzen schreibt man mit **tz**, Brezel mit **z**, weil*
a) nach einem e-Laut immer **z** geschrieben wird,
b) nach einem langen Vokal **z** geschrieben wird,
c) nach einem kurzen Vokal **tz** geschrieben wird.
(1 Punkt)

2 Namen haben ihre eigene Schreibung. Schreibe die Namen auf, die nach heutiger Regelung anders geschrieben werden müssten.
a) *Nußbaum*   b) *Kreuzberg*
c) *Bautzen*   d) *Wiecke*
(3 Punkte)

3 Welche Aussagen treffen zu? *Gähnen schreibt man mit **h**, Gämse aber ohne **h**, weil*
a) ein **h** nur nach einem langen Vokal geschrieben werden kann,
b) vor **m** nie ein **h** geschrieben wird,
c) ein **h** nie nach einem kurzen Vokal geschrieben wird.
(2 Punkte)

4 Wie schreibt man die folgenden Wörter: mit **h** oder ohne **h**? *hö_ren, ungefä_r, nä_mlich, der Schwa_n, allmä_lich, quä_len, mo_geln, die Trä_ne*
(8 Punkte)

5 Welche Aussagen treffen **nicht** zu? *Dröhnen schreibt man mit **h**, grölen aber ohne **h**, weil*
a) *dröhnen* einen langen Vokal hat, *grölen* aber einen kurzen Vokal,
b) es nach einem Wortanfang mit **gr-** nie ein Dehnungs-**h** gibt,
c) nach einem langen **ö**-Laut die Schreibung freigestellt ist.
(2 Punkte)

6 Schreibe den Text, in dem einige Wörter falsch geschrieben sind, **richtig** auf.
(14 Punkte)

Ich weiss gar nicht, was mit mir los ist. Gestern muste ich meinen Aufsatz abgeben, und ich war feßt davon überzeugt, das ich ihn in meine Tasche gesteckt hatte. Ich konnte es nicht fassen: Nach hektischem, aber ergebnisslosem Suchen stand ich wie ein begoßener Pudel da. „Weist du nicht, wo du ihn gelasen hast, oder hasst du ihn vielleicht gar nicht geschrieben?", fragte obendrein noch Frau Schmitz, meine Klassenlehrerin. Ich stotterte etwass, in dem „vielleicht doch vergesen, nach Hause gehen, holen" vorkam. Ich bekam tatsächlich die Erlaubniß, rannte nach Hause – und fand ihn auf meinem Schreibtisch. Kaum war ich zurück, hies es: „Benny, ließ doch deinen Text mal vor."

7 Schreibe die ersten vier Fehlerwörter noch einmal richtig auf und füge die Erklärung für die richtige Schreibung hinter jedem Wort an.
(4 Punkte)

8 Welche Aussagen treffen zu? *Kommen* schreibt man mit zwei **m**, *kam* aber mit einem **m**, weil
a) das **o** in *kommen* ein langer Vokal, das **a** in *kam* ein kurzer Vokal ist,
b) das Wort *kam* nur aus einer Silbe besteht und weil es in einsilbigen Wörtern keine Verdopplung von Konsonanten gibt,
c) in *kommen* die erste Silbe kurz ist und mit demselben Konsonanten endet, mit dem die zweite Silbe beginnt,
d) in *kam* der Vokal lang ist und weil es nach einem langen Vokal keine Verdopplung von Konsonanten gibt.
(2 Punkte)

Groß- und Kleinschreibung

Partizipien werden zu Substantiven (Nomen)

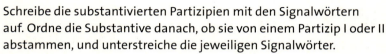

Das Partizip I *(wartend, schreibend)* und das Partizip II *(gewartet, geschrieben)* werden von Verben *(warten, schreiben)* abgeleitet. Beide Verbformen können **substantiviert** werden. Sie müssen dann auch **großgeschrieben** werden: *der Wartende, das Geschriebene.*

Signale für die **Großschreibung** substantivierter Wörter: *Artikel, Pronomen, Präposition, Adjektiv, Attribut*

1 Schreibe die substantivierten Partizipien mit den Signalwörtern auf. Ordne die Substantive danach, ob sie von einem Partizip I oder II abstammen, und unterstreiche die jeweiligen Signalwörter.

a) Nach der Lautsprecherdurchsage meldete sich der Gesuchte am Informationsschalter.
b) An der Auskunft erhielten die ausländischen Reisenden die notwendigen Informationen.
c) Auf dem Fest wurde der für sein Lebenswerk Geehrte mit viel Beifall gefeiert.
d) Von den Flüchtenden fehlte zunächst jede Spur.
e) Alles Gesagte tat ihm schon Sekunden später wieder leid.
f) Erst kurz vor dem Start wurde den Wartenden, die nach Toronto fliegen wollten, die Abflugzeit mitgeteilt.

2 Manche Partizipien II werden ohne das Präfix *ge-* gebildet: *vertrauen – vertraut – der Vertraute, zerfließen – zerfloss – das Zerflossene*
Suche in den folgenden Sätzen diese Partizipien, die zu Substantiven geworden sind, und schreibe sie auf.

a) Selbst für die Trainierten war die Klettertour mit großen Anstrengungen verbunden.
b) Während des Marathonlaufes wurden die völlig Erschöpften sofort ärztlich betreut.
c) Die Versandfirma brauchte sehr lange, bis das Bestellte endlich geliefert wurde.
d) Nach den angekündigten Lohnkürzungen entlud sich der Zorn der Betroffenen in einem Streik.
e) Am Schluss des Liebesfilms weinte der von seiner Freundin Verlassene bitterlich.
f) Wir sollten endlich das Vergangene vergessen und uns wieder vertragen.

3 In den folgenden Sätzen musst du dich entscheiden, ob du das Partizip I oder das Partizip II verwendest.
a) Im Urlaub trafen sich die Verliebten jeden Nachmittag am Strand.

a) sich im Urlaub jeden Nachmittag am Strand treffen — *verlieben*
b) in der Halle gespannt auf die Anzeigetafel gucken — *warten*
c) während der Ausstellung tolle Anregungen für die eigene Arbeit erhalten — *interessieren*
d) den Siegern zum Gewinn der Meisterschaft gratulieren — *besiegen*
e) von der Herstellerfirma wegen des Schadens angeschrieben werden — *betreffen*
f) viele Schiffe zu Hilfe eilen — *ertrinken*
g) erst nach Tagen von der Suchmannschaft wohlbehalten gefunden werden — *vermissen*
h) am Urlaubsende die Zimmer des Hotels bis 11:00 Uhr verlassen müssen — *reisen*
i) durch eine Radiodurchsage erfahren, dass die Verwandtschaft dringend um einen Rückruf bittet — *suchen*
j) von den Rettungsschwimmern vor der starken Strömung gewarnt werden — *baden*
k) jede Verwicklung in die Straftat abstreiten — *verdächtigen*

> Substantivierte Partizipien nehmen häufig Bezug auf die Aussage des vorausgegangenen Satzes. Auf diese Weise können sie Sätze wirkungsvoll miteinander verknüpfen.
>
> *Peter schläft nach den gestrigen Anstrengungen noch tief und fest. Wir wollen **den Schlafenden** nicht wecken.*
>
> *Die Einwohner konnten aus dem Hochwassergebiet gerettet werden.* ***Alle Geretteten*** *sind wohlauf.*

4 Schreibe die folgenden Sätze auf und füge an den Stellen mit einem Sternchen passende substantivierte Partizipien ein. Dazu kannst du die angebotenen Verben nutzen, aber auch eigene Beispiele einsetzen.

**hungern
beschuldigen
leiden
sitzen
betrügen
stehen
überleben
schädigen
anklagen
verletzen
liegen**

a) Wie durch ein Wunder kam bei dem Flugzeugabsturz keiner der Passagiere zu Tode. Rettungsmannschaften transportierten die * ins Krankenhaus.
b) Im Linienbus sind alle Plätze besetzt. Einer älteren Frau fällt es sehr schwer zu stehen. Aber nicht einer der * bietet ihr seinen Platz an.
c) Bei der Urteilsverkündung macht die Richterin dem 19-Jährigen Vorhaltungen. Bei den Worten der Richterin zeigt der * jedoch keinerlei Reue.
d) Durch sein sicheres Auftreten war es dem Trickbetrüger gelungen, vielen Menschen hohe Geldsummen abzuschwatzen. Weil sich die * schämten, wandten sie sich nicht an die Polizei.
e) Beim Sprung ins Schwimmbecken verletzte sich Tom. Der Bademeister verband dem * den aufgeschürften Oberschenkel.

Besondere Fälle der Groß- und Kleinschreibung

Partizip, Adjektiv oder Substantiv (Nomen)?

Bei den folgenden Beispielen müsst ihr besonders auf die Groß- oder Kleinschreibung achten.

 An dem Tisch sitzen zwei Mädchen mit unterschiedlichen Haarfarben, ein blondes und ein rothaariges. **Das blonde** kann wunderbar lachen.

 An dem Tisch sitzen zwei Mädchen mit unterschiedlichen Haarfarben, ein blondes und ein rothaariges. **Die Blonde** kann wunderbar lachen.

1 Beide Male steht vor BLONDE ein Artikel und es folgt auch kein Substantiv. Trotzdem wird das Wort bei (A) klein-, bei (B) großgeschrieben. Versucht, die unterschiedliche Schreibung zu erklären. Wodurch unterscheiden sich die beiden Beispiele?

2 Groß oder klein? Entscheide dich für die richtige Schreibung. Überprüfe dabei, ob sich die in Großbuchstaben geschriebenen Wörter auf ein vorher vorkommendes Substantiv beziehen.

a) Das Spiel entschied sich in der letzten Minute. Mit hängenden Köpfen verließen die GESCHLAGENEN das Spielfeld.
b) Beide Mannschaften rannten vom Platz. Die SIEGREICHE feierte mit den Fans, die GESCHLAGENE eilte in die Kabine.
c) Zwei Flugzeuge sollten dieselbe Landebahn benutzen. Das LANDENDE bekam den Vortritt vor dem STARTENDEN.
d) Elisabeth hatte einen erfolgreichen Einkaufsbummel hinter sich. Stolz führte sie ihrer Freundin das soeben ERWORBENE vor.
e) Gestern habe ich mir im Kaufhaus zwei Hosen gekauft. Besonders gut gefällt mir die GESTREIFTE.
f) Robert liest in seiner Freizeit gern Krimis. Zu seinem Geburtstag habe ich ihm einen besonders SPANNENDEN geschenkt.
g) Manche Szenen im Film waren reichlich brutal, sodass viele Zuschauer noch nach dem Filmbesuch über das GESEHENE schockiert waren.
h) Vor dem Haus sonnten sich zwei Katzen, eine SCHWARZE und eine GETIGERTE. Auf der Mauer über ihnen lag noch eine GRAUE.

> Partizipien und Adjektive werden **kleingeschrieben**, wenn sie sich auf ein **vorher vorkommendes Substantiv** beziehen. Dieser Bezug kann mit Hilfe einer **Ergänzungsprobe** ermittelt werden:
>
> *Auf dem Tisch stehen ein eckiges und ein rundes Glas. Das eckige [Glas] ist schmutzig.*

Groß oder klein: Sprachbezeichnungen

Moritz ist ganz schön international. In der Schule lernt er Englisch (*was?*). In seinem Wahlpflichtfach zeigt er in Französisch (*worin/in was?*) gute Leistungen. Mit seiner Freundin geht er sehr gern chinesisch (*wie?*) essen. Überhaupt liebt er Chinesisch (*was?*), seitdem er in den Ferien in China gewesen ist. Gestern saßen im Restaurant zwei Touristen, die sprachen Spanisch (*was?*)/spanisch (*wie?*).

Bezeichnungen für Sprachen werden nach *Artikeln*, *Pronomen* und *Präpositionen* **großgeschrieben**.
Artikel: *Das Chinesisch klingt für mich ganz fremd.*
Pronomen: *Dein Chinesisch ist schon sehr gut.*
Präposition: *Er kann sich schon in Chinesisch unterhalten.*

Gebraucht man die Bezeichnungen für Sprachen ohne solche Signalwörter, dann hilft die **Frageprobe:**
– Kann man sie mit *was* erfragen, schreibt man sie **groß**:
  Er findet Chinesisch (was?) besonders interessant.
– Kann man die Sprachbezeichnung mit *wie* erfragen, schreibt man sie **klein**:
  Wir gehen gern chinesisch (wie?) essen.
– Kann man mit *was* **und** mit *wie* fragen, hat man die freie Wahl, sie **groß-** oder **kleinzuschreiben:**
  Sie sprachen Chinesisch (was?) / chinesisch (wie?).

1 Welche Hinweise erhältst du aus diesem Text darüber,
– wie die Bezeichnungen von Sprachen geschrieben werden,
– wann sie groß- bzw. kleingeschrieben werden?

2 Entscheide dich bei den folgenden Sätzen für die richtige Schreibung. Übertrage die Sätze in dein Heft. In manchen Sätzen sind zwei Lösungen möglich.

a) Wer heute als Kind in die Schule kommt, lernt schon in der Grundschule ENGLISCH.
b) Viele lernen dann später noch eine zweite Fremdsprache in der Schule, z. B. FRANZÖSISCH.
c) Diese beiden Sprachen werden auch in Kanada gesprochen, denn KANADISCH spricht niemand.
d) Jägern sagt man übrigens manchmal nach, dass sie Jägerlatein beherrschen, obwohl sie gar nicht LATEINISCH sprechen, vor allem nicht JÄGERLATEINISCH.
e) Wenn sich Computer-Freaks in Deutschland über ihr Hobby unterhalten, dann klingt das für Laien wie FACHCHINESISCH, obwohl es wirklich gar nichts mit CHINESISCH zu tun hat, denn CHINESISCH können in Deutschland nur wenige Menschen sprechen.
f) An der Tankstelle habe ich zwei Frauen getroffen, die haben sich in NIEDERLÄNDISCH unterhalten.
g) Ich konnte sogar etwas verstehen, weil ich auch ein wenig PLATTDEUTSCH kann.
h) In Deutschland gibt es übrigens noch Sprachen, die nur von Minderheiten gesprochen werden. Eine davon ist in Norddeutschland das SATERFRIESISCH. Zum Glück können auch junge Menschen diese Sprache noch in der Schule lernen und SATERFRIESISCH sprechen.

Groß oder klein: Farbbezeichnungen

Die Schreibung von Farbbezeichnungen könnt ihr euch mit Hilfe der folgenden Regeln einprägen:

> Farbbezeichnungen können als Substantive verwendet werden. Dann werden sie natürlich **großgeschrieben**. **Signalwörter** wie **Artikel, Pronomen, Adjektive** weisen häufig auf die Substantivierung der Farbbezeichnungen hin.
>
> **Artikel:** *Das Blau des Himmels wird von dunklen Wolken verdeckt.*
>
> **Pronomen/Adjektiv:** *Viele Mädchen haben auffallende Haarfarben, doch ihr grelles Rot fällt besonders auf.*
>
> **Präposition:** *Das Signal springt auf Rot.*
>
> Außerdem hilft auch hier die **Frageprobe**.
>
> Ist die Frage **was**? möglich, schreibt man **groß**: *Die Ampel zeigt Grün (was?).*
>
> Ist die Frage **wie**? möglich, schreibt man **klein**: *Ihre Augen sind blau (wie?).*

1 Welche Farbbezeichnungen werden großgeschrieben? Schreibt die Beispielsätze richtig auf und unterstreicht die vorhandenen Signalwörter.

a) Als wir in unsere Wohnung gezogen sind, waren alle Zimmer in grau/Grau gehalten.
b) Ich habe dann mein Reich gelb/Gelb angemalt, das finde ich freundlicher.
c) Manche meiner Klassenkameraden stehen bei ihrer Kleidung auf schwarz/Schwarz.
d) Ich mag mehr rot/Rot oder pink/Pink.
e) Meine Mannschaft plant im Sommer für alle Spielerinnen eine Fahrt ins blaue/Blaue.
f) Typische Sicherheitsfarben sind die Farben rot/Rot und gelb/Gelb.
g) Der Anzug des Bräutigams war schwarz/Schwarz.
h) Seine Braut feierte die Hochzeit ganz in weiß/Weiß.
i) Zur Tarnung erscheinen Laubfrösche auf Blättern leuchtend grün/Grün.
j) Auf einem Stamm aber ändern sie ihre Farbe in ein braun/Braun.
k) Marktforscher haben herausgefunden, dass die blauen/Blauen und schwarzen/Schwarzen Autos bei den Käufern sehr begehrt sind.
l) Sind die Autos allerdings weiß/Weiß, sind sie ohne eine tolle Zusatzausstattung richtige Ladenhüter.
m) Ab und zu konnte man aus dem grau/Grau des Himmels auch ein paar Sonnenstrahlen hervorblinzeln sehen.
n) Schon kleine Kinder lernen, dass man bei rot/Rot keine Straße überquert.
o) Leider verhalten sich manche Erwachsene nicht gerade beispielhaft, denn sie tun so, als wenn für sie die Ampel immer grün/Grün sei.
p) Wenn schwarz/Schwarz mit weiß/Weiß gemischt wird, entsteht grau/Grau.

Groß oder klein: Zahlangaben

In diesem Jahr hatten sich beim Sportfest der Schule mehr Mädchen als sonst für den 800-Meter-Lauf gemeldet. Insgesamt zwölf gingen an den Start. Deshalb mussten zwei Läufe durchgeführt werden. Über die Verteilung der Startbahnen entschied das Los. Wer also eine Fünf gezogen hatte, startete auf der fünften Bahn. Im ersten von den zwei Läufen liefen die sechs Läuferinnen, die schon gute Zeiten über diese Strecke erreicht hatten. Dabei lieferten sich die ersten drei ein tolles Rennen. Sie hatten sich früh von den anderen abgesetzt und kämpften verbissen um den Sieg. Als Erste zog Monika Ihle den Spurt an und gewann den Lauf mit hauchdünnem Vorsprung. Die beiden anderen wurden gemeinsam Zweite, weil sie gleichzeitig über die Ziellinie kamen. Danach fielen sich die beiden erschöpft in die Arme und freuten sich über ihren zweiten Platz. Sie hoffen nun, dass sie in Leichtathletik eine Eins oder eine Zwei bekommen.

1 In diesem Text werden viele Zahlangaben verwendet. Schreibe alle Wortverbindungen auf, die Zahlen enthalten. Fertige dir dazu eine Tabelle an.

kleingeschrieben	großgeschrieben
insgesamt zwölf	eine Fünf
...	...

2 Schaut euch die Beispiele für die Groß- bzw. Kleinschreibung von Zahlangaben noch einmal genau an. Versucht nun, die folgenden fünf Regeln zu vervollständigen, indem ihr *groß* bzw. *klein* ergänzt.

a) Grundzahlen unter einer Million schreibt man in der Regel ... ? ...
b) Werden Grundzahlen als Ziffern z. B. für Zensuren, Straßenbahn- und Busverbindungen oder Würfelergebnisse gebraucht, schreibt man sie ... ? ...
c) Das Wort *beide* schreibt man immer ... ? ...
d) Werden Ordnungszahlen als Adjektiv vor einem Substantiv gebraucht, schreibt man sie ... ? ...
e) Wenn nach Ordnungszahlen kein Substantiv folgt, schreibt man sie ... ? ...

3 Vergleicht eure Ergänzungen miteinander.

4 Schreibe die folgenden Sätze ab. Entscheide dabei, wie die Zahlangaben geschrieben werden müssen. Gib in Klammern den Buchstaben der entsprechenden Regel an.

1) Beim Betreten der Disko erhielt jeder 3. einen Gutschein.
2) Aus ihrer Clique war niemand älter als 17.
3) In der letzten Arbeit gab es in der Klasse keine 4 und keine 5.
4) Gleich beim 1. Mal würfelte sie eine 6.
5) Im Schreibwettbewerb belegte sie den 4. Platz. Als 4. erhielt sie einen CD-Player.
6) Die *beiden/Beiden* fanden, dass sie für ihr Referat eine 2 verdient hatten.
7) Wenn 2 sich streiten, freut sich der 3.
8) Die Letzten sind erst nach 12 gegangen.

Zusammenfassung: Signale der Großschreibung

Signale	A: Substantiv (Nomen)	B: substantivierte Verben
1) **Artikel:** *der, die, das, ein, eine*	der Freund, eine Freude, dem Bild, das Auto, einem Kind	das Laufen, des Schreibens, ein Schreien
2) **Pronomen:** *mein, diese, sein, kein*	meine Freunde, dieses Vergnügen, sein Problem, kein Verlust	ihr Kommen, dieses Singen, kein Durchkommen
3) **Präpositionen mit verstecktem Artikel** *am (an dem), beim, im, zum, zur, ins, ans, durchs*	am Ende, zum Flughafen, beim Supermarkt, im Zoo, ins Kino, zur Schule, ans Fenster	beim Überlegen, vom Reden, ins Schwärmen, zum Schreiben, am Lachen
4) **Adjektive mit Flexionsendung**	große Panik, lautes Geschrei	lautes Lachen, vorsichtiges Bewegen
5) **unbestimmte Mengenwörter** *wenig, viel, nichts, alles, etwas*	wenig Geld, viel Kummer, manches Mal	alles Meckern, manches Klagen
6) **Suffixe:** *-heit, -keit, -nis, -ung, -schaft, -er, -tum, -ling*		Verdeutlichung, Zeugnis, Mahnung, Sender
7) **Endungen von Fremdwörtern** *-ion, -ar, -ur, -tät, -us*	Funktion, Kommentar, Korrektur, Identität	
8) **kein Signal**	(eine Menge) Holz, Fleisch, Milch, Staub	

Motorbootrennen

Am **Wochenende** war ich zum ersten **Mal** bei einem Motorbootrennen. Das war wohl mit das **Interessanteste**, was ich bisher erlebt habe. Da donnerten Tragflächenboote mit einer unglaublich hohen Geschwindigkeit übers **Wasser**. Das **Besondere** daran war,
5 dass sich die Boote weit aus dem Wasser hoben und lediglich mit den Tragflächen das Wasser berührten. Das **Dröhnen** der Motoren vermischte sich mit dem begeisterten **Rufen** der Zuschauer. Bei jeder **Berührung** der Tragflächen mit dem Wasser gab es lautstarken Applaus. An der Strecke roch es nach den Hochleistungstreibstof-
10 fen, mit denen die Spezialmotoren betrieben werden. Zum letzten **Lauf** traten die schnellsten Tragflächenboote an. Die silbergrauen, roten und schwarzen Wasserfahrzeuge jagten auf dem fünf **Kilometer** langen Kurs entlang und schenkten sich nichts. Der umjubelte **Sieger** erreichte mit seinem **Boot** eine Spitzengeschwin-

C: substantivierte Partizipien	D: substantivierte Adjektive	E: andere substantivierte Wörter
dem Folgenden, der Geschiedene, der Angeklagte	*der Kleine, die Neue, dem Schönen*	*das Für und Wider*
kein Liebender, mein Geschriebenes	*unser Neuer, mein Kleiner, kein Grün, dieses Blau*	*dieses Hin und Her*
beim Folgenden, zum Helfenden, im Geschriebenen, beim Gesprochenen	*vom Kleinen, zum Schönen, im Allgemeinen, im Großen und Ganzen*	*vom Ich zum Wir*
	helles Rot, dunkles Blau	*ständiges Wenn und Aber*
alles Geschriebene, viel Erzähltes	*alles Schöne, wenig Erfreuliches* (als Substantiv immer mit der Endung -e, -es) *Wahrheit, Feigling, Kühler, Eitelkeit, Reichtum, Fälschung*	
		Pro und Contra einer Diskussion

digkeit von fast 300 km/h. Das **Faszinierende** an diesem Sport ist für mich das Zusammenspiel von Mut, fahrerischem **Können** und ausgefeilter Technik. Nach diesem Wochenende habe ich mich ein wenig mehr mit dem Motorbootsport beschäftigt. Beim **Lesen** von einigen **Artikeln** ist mir aufgefallen, dass es noch andere Rennarten gibt, als ich sie selbst erlebt habe. Neben den **Rundstreckenrennen** gibt es auch Langstreckenrennen. Die bekanntesten sind die auf den Bahamas sowie vor New Jersey und Long Beach. Übrigens beträgt der Geschwindigkeitsweltrekord auf dem Wasser 514,38 km/h. Überrascht war ich auch davon, dass es den Motorbootsport seit **Ende** des 19. Jahrhunderts gibt, 1888 fand nämlich das allererste **Rennen** in England statt. Allerdings gibt es in diesem Sport auch weniger **Erfreuliches** zu berichten. Die Zahl tödlicher Unfälle ist relativ hoch.

1 Begründe mit Hilfe der Übersicht, warum die markierten Beispiele großgeschrieben werden müssen. Beachte, dass Mehrfachnennungen möglich sind.

am Wochenende: A 3
zum ersten Mal: A ?

Ein Test: Groß- und Kleinschreibung von Wörtern

1 Mit den folgenden Aufgaben kannst du jetzt dein Wissen überprüfen. Schreibe deine Lösungen auf ein Blatt Papier. Lies dir zuerst den Text durch.

Ein überraschendes Wiedersehen

Anna hat sich frisch verliebt. Ihr Freund hatte sich über Wochen mit immer wieder neuen 1) AUSREDEN vor einem Treffen gedrückt. Leider hatten sie sich über ihre Probleme nicht richtig 2) AUSSPRECHEN können. Ihr 3) NEUER heißt Tim und ist da
5 ganz anders. Nachdem die 4) VERLASSENE nach der Trennung ganz schön geknickt war, ist sie jetzt wieder richtig glücklich.

Heute gehen die 5) ZWEI zum ersten Mal richtig aus. Anna hat sich ein 6) ITALIENISCHES Restaurant ausgesucht, denn sie isst für ihr Leben gern 7) ITALIENISCH. Der Kellner führt die beiden frisch
10 8) VERLIEBTEN zu einem Tisch am Fenster und reicht ihnen die Speisekarte. Zwar spricht keiner der 9) BEIDEN 10) ITALIENISCH, doch das ist kein Problem. Anna weiß zum Glück genau, welche Gerichte sich hinter den klangvollen Bezeichnungen verbergen.

Sie sind nicht die 11) EINZIGEN im Raum. Plötzlich erstarrt
15 das Mädchen. Tatsächlich, am anderen Ende des Lokals sitzt ihr 12) VERFLOSSENER mit einem blonden Mädchen. Die 13) BLONDE ist ganz in 14) SCHWARZ gekleidet. Die Situation ist schon komisch. Während Anna mit ihrem 15) NEUEN Freund am Fenster sitzt, hat ihr 16) ALTER den Trennungsgrund offensichtlich
20 auch zum 17) ESSEN beim Italiener eingeladen. Nach einer ersten Schrecksekunde reagiert Anna ganz abgeklärt und nickt den beiden 18) TURTELNDEN, die sie ebenfalls entdeckt haben, einen Gruß zu. Auf alle Fälle lässt sie sich durch dieses überraschende 19) ZUSAMMENTREFFEN weder ihren Appetit noch die Bezie-
25 hung zu ihrem 20) NEUEN Freund verderben. Immerhin weiß sie jetzt, warum ihr 21) VERFLOSSENER bei seinen 22) ABSAGEN immer das 23) BLAUE vom Himmel gelogen hat. Seltsam ist nur, dass die 24) NEUE 25) SCHWARZES trägt, während sich Anna früher nie 26) SCHWARZ kleiden sollte. Angeblich hat sie
30 27) SCHWARZ so blass gemacht.

2 Welche markierten Wörter müssen großgeschrieben werden, weil sie Substantive sind?
Schreibe die Ziffern dieser Wörter auf. (17 Punkte)

3 Nur in einem der folgenden Sätze muss das markierte Wort großgeschrieben werden.

a) Jeden Tag treffen sich die BEIDEN am Nachmittag in der Stadt.
b) Anna möchte später unbedingt einmal ITALIENISCH sprechen.
c) Tim will seiner neuen Freundin auch einmal etwas ITALIENISCHES kochen.

(3 Punkte)

4 Welche der folgenden Aussagen treffen zu?

a) Bezeichnungen für Farben werden großgeschrieben, wenn man für sie WIE einsetzen kann.
b) Bezeichnungen für Sprachen werden kleingeschrieben, wenn man für sie WIE einsetzen kann.
c) Bezeichnungen für Farben werden großgeschrieben, wenn man für sie WAS einsetzen kann.
d) Bezeichnungen für Sprachen werden großgeschrieben, wenn man für sie WIE einsetzen kann.

(4 Punkte)

5 Wann darf man Bezeichnungen für Farben oder Sprachen groß- **oder** kleinschreiben? Sie werden groß- oder kleingeschrieben, wenn man

a) *wo* fragen kann.
b) *was* und *wie* fragen kann.
c) *wie* fragen kann.

(3 Punkte)

6 Im ersten Absatz des Textes steht der Satz *Nachdem die VERLASSENE nach der Trennung ganz schön geknickt war, ist sie jetzt wieder richtig glücklich*. Welche der Aussagen trifft zu?

a) VERLASSENE wird kleingeschrieben, da sich das Wort auf Anna im ersten Satz bezieht und damit die verlassene Anna meint.
b) Mit VERLASSENE ist zwar Anna gemeint, es besteht aber kein unmittelbarer Bezug mehr, denn Anna wird im ersten Satz genannt. VERLASSENE steht im fünften Satz und deutet hier auf eine besondere Person hin.

(2 Punkte)

7 Schreibe die folgenden Sätze in richtiger Groß- und Kleinschreibung auf.

ANNAS ALTER FREUND VERLÄSST NACH EINER STUNDE MIT SEINER NEUEN FREUNDIN DAS RESTAURANT. BEIM HINAUSGEHEN DREHT ER SICH NOCH EINMAL UM, WÄHREND DIE BLONDE STUR ZUR TÜR VORNE SCHAUT. ANNA TUT SO, ALS OB SIE DAS GAR NICHT BEMERKT HAT. SIE IST AN IHREM ALTEN FREUND NICHT MEHR INTERESSIERT, DENN NEBEN IHR SITZT JA TIM, IHR NEUER. SIE WÜNSCHT SICH NUR, DASS SIE BEI DER NÄCHSTEN BEGEGNUNG AUCH ETWAS SCHWARZES TRÄGT.

(8 Punkte)

In diesem Test konntest du insgesamt 37 Punkte erreichen.
Bei mehr als 27 Punkten bist du ziemlich rechtschreibsicher.
Wenn du allerdings mehr als 31 Punkte erreicht hast,
bist du schon richtig gut in der Groß- und Kleinschreibung.

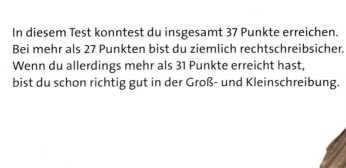

Im Überblick: Getrennt- und Zusammenschreibung

Die Getrennt- und Zusammenschreibung gibt den Lesern Auskunft darüber, wie sie nebeneinanderstehende Wörter verstehen sollen.
Die **Getrenntschreibung** zeigt ihnen an, dass die einzelnen Wörter ihre eigene Bedeutung behalten haben.
Die **Zusammenschreibung** signalisiert ihnen, dass die Wörter inhaltlich so zusammengewachsen sind, dass sie gemeinsam eine andere Bedeutung erhalten haben.
Die Übersicht über wichtige Fälle der Getrennt- und Zusammenschreibung auf Seite 236–237 soll euch bei euren Entscheidungen helfen. Seht sie euch in Ruhe an. Die folgenden Übungen beziehen sich darauf.

1 Entscheide, ob die folgenden Wörter getrennt oder zusammengeschrieben werden. Nimm die Übersicht auf Seite 236–237 zu Hilfe und schreibe hinter jedes Beispiel die entsprechende Kennziffer:
1) krankschreiben: 7.2

1) krank/schreiben
2) sich lang/weilen
3) Glück/bringen
4) gar/nicht
5) kaputt/machen
6) (eine Sache ist) gut/gegangen
7) teil/genommen
8) zu/wenig
9) da/gewesen
10) Aufsehen/erregen

11) wie/viel
12) getrennt/geschrieben
13) ein Wort zusammen/schreiben
14) heim/gehen
15) nass/kalt
16) den Unterrichtsstoff wieder/holen
17) rückwärts/fallen
18) riesig/groß
19) gar/kein
20) leid/tun

2 Schreibe die folgenden Sätze in verbaler Ausdrucksweise auf.
Benutze dazu die rechts stehenden Hilfs- bzw. Modalverben.
– Unterstreiche die Verbform.
– Welcher Kennziffer aus der Übersicht folgt die Schreibung der Verben?
a) Maria und Alex <u>haben</u> sich am Wochenende <u>kennen gelernt</u>.

a) Das Kennenlernen von Maria und Alex fand am Wochenende statt.   *haben*
b) Leider gehört Peter in diesem Schuljahr zu den Sitzenbleibern.   *sein*
c) Diese zwei Wörter unterliegen der Getrenntschreibung.   *werden*
d) Auch unschuldige Passanten gehören zu den Gefangengenommenen.   *werden*
e) Morgen unternehmen wir einen Spaziergang im Stadtpark.   *wollen*
f) Hunderte von Fahrzeugen wurden zum Stehenbleiben gezwungen.   *müssen*
g) Wenn du so weitermachst, werde ich dir das Badengehen verbieten.   *dürfen*

3 Schreibe die nummerierten Fügungen richtig auf.
Orientiere dich dabei an den entsprechenden Kennziffern der Übersicht.
(1) Rad gefahren, (2) …

Sternfahrt
Gestern sind wir (1) RAD/GEFAHREN und haben an einer Sternfahrt
(2) TEIL/GENOMMEN. Zwischendurch haben wir immer mal wieder
(3) HALT/GEMACHT und (4) SKAT/GESPIELT. Am Ziel der Fahrt hat so
eine Art Volksfest (5) STATT/GEFUNDEN. In einem Zelt wurde eine so
fürchterliche Musik gespielt, dass uns die Zuschauer richtig (6) LEID/TATEN.
Auch uns hat sie ganz (7) IRRE/GEMACHT. In einem anderen Zelt hatte
man die Möglichkeit, bei einem Quiz einen Preis zu gewinnen, natürlich
nur dann, wenn man mit seinen Antworten (8) RICHTIG/GELEGEN hatte.
(9) ACHT/GEBEN musste man beim Geschicklichkeitstest. Ehe wir (10)
HEIM/GEFAHREN sind, haben wir noch einen Abstecher ins nahe gelegene
Sportforum gemacht und sind dort eine Stunde EIS/GELAUFEN.

4 Entscheide bei den hervorgehobenen Wörtern, ob sie getrennt oder zusammengeschrieben
werden müssen. Benutze dazu die Angaben in den Kennziffern 1.1. und 1.2 aus der Übersicht.

a) Gib mir doch endlich einmal den Siegespokal.
Ich will ihn doch auch einmal in der HAND/HABEN.
b) Dieses Beispiel für großen Einsatz und engagiertes Verhalten sollte wirklich SCHULE/MACHEN.
c) Die Schulkonferenz wird dem Antrag des Schülerrats unverzüglich STATT/GEBEN.
d) Kannst du mir zeigen, wie dieser Overheadprojektor zu HAND/HABEN ist?
e) Millionen Fernsehzuschauer konnten am Schicksal des kleinen
afghanischen Jungen TEIL/HABEN.
f) Er wollte mit dieser abenteuerlichen Aktion doch nur AUFSEHEN/ERREGEN.
g) Die Betriebsleitung konnte es nicht verhindern, dass das Unternehmen PLEITE/GING.
h) Der Deich konnte den Wassermassen nicht mehr STAND/HALTEN.

5 Welche Kennziffern regeln die Getrennt- bzw. Zusammenschreibung der kursiv
gedruckten Wörter? Schreibe die Fügungen zusammen mit der jeweiligen Satz-
nummer auf. Füge dann die entsprechende Kennziffer aus der Übersicht dazu.

1) Ich habe dir das schon *so/oft* gesagt, aber du hältst dich einfach nicht daran.
2) *So/viel* ich weiß, ist Robert bereits gestern aus China zurückgekehrt.
3) Ich komme am nächsten Freitag zu dir, *so/fern* du nichts dagegen hast.
4) Wir haben uns *so/lange* wie noch nie auf die Prüfung vorbereitet.
5) *So/oft* Peter uns besucht hat, immer hatte er für jeden eine Kleinigkeit dabei.
6) Über diese geschichtliche Epoche weiß ich eigentlich noch viel *zu/wenig*.
7) Wir können mit der Planung des Projekts beginnen,
so/bald der Antrag genehmigt worden ist.
8) *So/bald* werden wir uns wohl nicht wiedersehen.

Getrenntschreibung	Zusammenschreibung	Getrennt- und Zusammenschreibung
1. Substantiv + Verb		
1.1 wenn **Bedeutung** des Substantivs **klar zu erkennen** ist: *Rad fahren, Zeit sparen, Platz machen, Hilfe suchen, Sport treiben*	**1.2** wenn **Bedeutung** des Substantivs **nicht** mehr **klar** zu erkennen ist: *eislaufen, leidtun, stattfinden, pleitegehen, wettmachen, heimgehen, irremachen, nottun, handhaben*	**1.3** wenn **Substantiv** nicht näher bestimmt ist: *Acht geben – achtgeben* aber **nur**: *allergrößte Acht geben* *Halt machen – haltmachen* aber **nur**: *einen kurzen Halt machen*
4. Verb + Verb		
4.1 wenn die Verben ihre **eigene Bedeutung** behalten: *laufen lernen, gefangen nehmen, getrennt schreiben, lesen üben, baden gehen, (auf dem Stuhl) sitzen bleiben*	kommt nicht vor	**4.2** wenn Verben zusammen mit **bleiben** oder **lassen** eine **übertragene Bedeutung** erhalten: nicht versetzt werden: *sitzen bleiben – sitzenbleiben*
7. Adjektiv + Verb		
7.1 wenn beide Wörter ihre **eigene Bedeutung** behalten: *gerade sitzen, treu bleiben, ernst nehmen, cool bleiben, tief atmen, (beim Vortrag) frei sprechen, gut merken*	**7.2** wenn beide Wörter zusammen eine **eigene Bedeutung** erhalten: *kranklachen, fernsehen, bloßstellen, schwarzarbeiten, (in einem Urteil) freisprechen*	**7.3** wenn das **Adjektiv** das **Resultat** des **Verbvorganges** bezeichnet: *sauber machen – saubermachen, kaputt machen – kaputtmachen, voll tanken – volltanken, klein hacken – kleinhacken*
10. Adverb/Präposition + Verb		
10.1 in **allen** Fügungen mit **sein**: *beisamen sein, da sein, los sein, vorbei sein*	**10.3 alle** Fügungen mit solchen Wörtern wie **abwärts, zurück, entzwei, abseits, über, aus, bei, durch, nach** …: *entlanggehen, zurückkommen*	kommt nicht vor
10.2 wenn zwischen Adverb und Verb **weitere Wörter** eingefügt werden können: *zusammen laufen → lass uns zusammen (auf der Straße) laufen*	**10.4** wenn zwischen Adverb und Verb **keine weiteren Wörter** eingefügt werden können: *zusammenlaufen → Die Farben sind zusammengelaufen.*	
13. andere Wortarten		
13.1 Diese Schreibung muss man sich **merken**: *nach wie vor, vor allem, zu Ende, zu Fuß, ohne dass, statt dass, gar kein*	**13.2** Diese Schreibung muss man sich **merken**: *nichtsdestoweniger, irgendetwas, irgendein, zuletzt, anhand, einigermaßen, unterwegs, anstatt, inwiefern*	**13.3** Hier kann man **selbst** über die Schreibung **entscheiden**: *so dass – sodass, zu Hause – zuhause, nach Hause – nachhause, zu Mute – zumute sein, im Stande – imstande sein*

Getrenntschreibung	Zusammenschreibung	Getrenntschreibung	Zusammenschreibung
2. Substantiv + Adjektiv kommt nicht vor	**2.1** wenn das Substantiv **für eine Wortgruppe** steht: *fingerbreit* → breit wie ein Finger, *angsterfüllt* → von Angst erfüllt, *freudestrahlend* → vor Freude strahlend	**3. Substantiv + Adverb/Präposition** kommt nicht vor	**3.1** Die Schreibung dieser Wörter muss man sich **merken**: *bergauf, kopfüber, landeinwärts, stromabwärts, tagsüber, infolgedessen, umständehalber, zweifelsohne*
5. Verb + Adjektiv kommt nicht vor	**5.1** wenn das Verb **für eine Wortgruppe** steht: *denkfaul* → zu faul, um zu denken, *röstfrisch* → so frisch wie beim Rösten	**6. Verb + Adverb** kommt nicht vor	kommt nicht vor
8. Adjektiv + Adjektiv **8.1** Die Schreibung muss man sich **merken**: *winzig klein, riesig groß* **8.2** wenn **erstes Adjektiv gesteigert** oder **erweitert** ist: *sehr schwer krank, leichter verdaulich, besonders schwer verständlich*	**8.3** wenn beide Adjektive **gleichrangig** sind: *nasskalt, feuchtwarm, taubstumm* **8.4** wenn das erste Adjektiv die **Bedeutung** des zweiten **verstärkt** bzw. **abschwächt**: *bitterböse, dunkelblau, lauwarm, gemeingefährlich, schwerreich* **8.5** wenn ein Bestandteil **nicht selbstständig** vorkommt: *blauäugig, großspurig, letztmalig*	**9. Adjektiv + Adverb** kommt nicht vor	kommt nicht vor
11. Adverb + Adjektiv **11.1** wenn **so, genauso, ebenso, zu** vor dem Adjektiv stehen: *so weit, so viel, genauso lang, ebenso gut, zu wenig*	**11.2** wenn Fügungen mit **so** und dem **Adjektiv** als **Konjunktion** gebraucht werden: **soviel, solange, soweit**: *Soviel ich weiß, kommt er noch. Soweit ich das überblicke, sind wir morgen fertig.*	**12. Adverb + Adverb** **12.1** wenn **so, genauso, ebenso, wie, zu** vor dem Adverb stehen: *so oft, ebenso oft, zu oft, genauso entzwei* **12.2** Die Schreibung muss man sich **merken**: *gar nicht, gar nichts, darüber hinaus*	**12.3** wenn Fügungen mit **so** und dem **Adverb** als **Konjunktion** gebraucht werden: *sooft, sobald* *Niemand hebt ab, sooft ich auch anrufe. Ich komme, sobald ich fertig bin.*

6 Probiere aus, in welche markierte Fügung noch weitere Wörter eingefügt werden können, in welche nicht. Benutze dazu die Probe, die in den Kennziffern 10.2 bzw. 10.4 enthalten ist.

a) Lass uns den Artikel über das Sportfest *zusammen/schreiben*.
b) Dieses Wort muss *zusammen/geschrieben* werden.
   a) **Getrenntschreibung**, weil zwischen *zusammen* und *schreiben* noch weitere Wörter eingefügt werden können: *Lass uns den Artikel über das Sportfest zusammen <u>bei mir zu Hause</u> schreiben.*
   b) **Zusammenschreibung**, weil zwischen *zusammen* und *schreiben* keine weiteren Wörter eingefügt werden können: *Dieses Wort muss zusammengeschrieben werden.*
c) Nach ihrer Krankheit hat Carolin ihre Arbeit *wieder/aufgenommen*.
d) Andi muss den bisher behandelten Stoff noch *wieder/holen*.
e) Robert möchte in seinem Beruf einmal *weiter/kommen*.
f) Gestern sind wir bei unserer Radtour sehr viel *weiter/gekommen*.
g) Uta lernt Gedichte am besten, wenn sie *dabei/stehen* kann.
h) Als Jan mit dem Ballon davongeflogen ist, haben seine Freunde *dabei/gestanden* und zugeschaut.
i) Dani sollte unbedingt *vorher/kommen*.
j) Niemand konnte *vorher/sagen*, dass das Gewitter so heftig wird.

7 In jeder der markierten Fügungen ist ein Adjektiv das erste Wort.
Sieh dir noch einmal die Möglichkeiten der Getrennt- und Zusammenschreibung eines Adjektivs mit anderen Wörtern in der Übersicht auf Seite 236 und 237 an. Schreibe dann die Fügungen richtig auf und füge die entsprechende Kennziffer dazu.
nachlässig gekleidet (7.1),
…

Ein seltsames Gespräch

Warum bist du eigentlich immer so *nachlässig/gekleidet*?
Findest du nicht, dass deine Frage ziemlich *hoch/mütig* wirkt?
Na ja, dein Hemd ist *bunt/gemustert* und deine Jeans sind *eng/anliegend*. Meinst du, dass das die richtige Kleidung ist?
Für mich schon, aber deiner Meinung nach muss wohl jeder bei einem kulturellen Ereignis so *gut/gekleidet* sein wie du, oder?
Wenn du mir das auch *übel/nehmen* wirst, dein Verhalten ist für mich *schwer/nachzuvollziehen*. Man kann ins Theater nicht so …
Kurz/gesagt, deiner Meinung nach kann man Kultur nur in einem Hemd, das *frisch/gewaschen* und *strahlend/weiß* ist, genießen.
Und natürlich muss auch der Anzug *gut/gebügelt* sein – und die passende Krawatte darf auch nicht fehlen. Das ist für mich *schwer/zu/verstehen*. Ich muss mich doch im Theater *wohl/fühlen*.
Ach, mit dir kann man ja nicht reden, du bist so was von *dick/köpfig*!
Vielleicht bist du in deiner Meinung auch *fest/gefahren*?

Rechtschreibung

Fremdwörter

Was sind Fremdwörter?

1. Lest die Äußerungen eines Engländers und eines Deutschen vor.

2. Vergleicht die beiden Äußerungen miteinander. Was fällt euch dabei auf?

3. Seht euch die folgende Übersicht an.
   – Aus welchem Bereich stammen die meisten deutschen Fremdwörter im Englischen?
   – Was ist mit ihrer Schreibung passiert?

Fremdwörter gibt es in jeder Sprache. Meistens kommen sie mit den Sachen, die sie bezeichnen, in eine andere Sprache. Sehr oft werden auch Wörter aus dem Ausland von Personen mitgebracht.
So gibt es z. B. auch eine Reihe von deutschen Wörtern in der englischen Sprache.

Deutsche Wörter in der englischen Sprache (Auswahl)

alpenglow, angst, autobahn;
beergarden, blitz, bock, bratwurst;
coffee-klatsch/coffee-klatch, concertmeister;
dachshund, diesel, dirndl, doppelganger, dummkopf;
edelweiss, ehrgeiz;
fest, fraulein/frollein;
gasthaus, gemuetlich, gesundheit!, glockenspiel;
hamburger, hausfrau;
iceberg;
kaputt, kindergarten, kitsch, kraut;
lager beer, leberwurst/liverwurst, lebkuchen, lederhosen, lied;
muesli;
nicht wahr?;
oktoberfest;
pilsner, pinscher, polka, pumpernickel;
reinheitsgebot, rollmops, rucksack;
sauerkraut/sourkraut, schadenfreude, schnitzel;
U-boat;
volkswagen;
waldsterben, weltschmerz, wunderkind, wurst;
zeitgeist

4 Seht euch die Tabelle an und vergleicht die Fremdwörter in den beiden Sprachen. Welche Feststellungen könnt ihr im Hinblick auf deren Schreibung treffen?

deutsche Fremdwörter im Englischen	englische Fremdwörter im Deutschen
angst, bratwurst	Job, Boom
diener/deaner	Discobesuch/Diskobesuch
coffee-klatsch/coffee-klatch	Ketchup/Ketschup

Fremdwörter können den Wortschatz einer Sprache bereichern, weil sie in bestimmten Situationen die Verständigung effektiver gestalten können. Sie unterscheiden sich von den einheimischen Wörtern dadurch, dass sie oft ihre ursprüngliche Aussprache und Betonung sowie ihre ursprüngliche Schreibung behalten.

Manche Fremdwörter passen sich aber in ihrer Schreibung im Laufe der Zeit der einheimischen Sprache an: im Englischen z. B. *Eisberg → iceberg, Biergarten → beergarden*, im Deutschen z. B. *to push → puschen, tough → taff*.

In grammatischer Hinsicht werden die meisten Fremdwörter wie einheimische Wörter behandelt, indem sie so wie diese konjugiert und dekliniert werden:
jobben – jobbte – gejobbt, der Airbag – des Airbags – die Airbags

Verflixter Plural!

Capuccinos – Capuccini – Capuccinis?
Hobbies – Hobbys?
Teenys – Teenies?
Kaktusse – Kakteen – Kaktüsse?
Praktikas – Praktika – Praktikums?
Solis – Solos – Soli?

Albums – Alben – Alba?
Graffitis – Graffiti – Graffitos?
Atlasse – Atlantis – Atlanten?
Globi – Globusse – Globen?
Lexikons – Lexika – Lexiken – Lexikas?
Kommata – Kommasse – Kommas?

5 Welche sind die richtigen Pluralformen? Schreibe sie zusammen mit dem Singular auf. Bist du dir nicht sicher, schlage in einem Wörterbuch nach. **Achtung!** Bei einigen Wörtern gibt es zwei richtige Pluralformen.

Visas?

Karla will mit ihrer Freundin nach Florida fliegen. Sie erzählt, dass sie morgen im Reisebüro ihre Visas holen will. „Und gerade jetzt habe ich wieder meine Sommergrippe bekommen. Gestern bin ich beim Arzt gewesen. Er hat mir ein Antibiotika verschrieben. In der Apotheke habe ich mir noch ein paar Pharmakas geben lassen. Und stell dir vor, dafür musste ich fast 20 Euros bezahlen! Hoffentlich werde ich bis zum Freitag wieder gesund."

6 Hat Karla bei den Fremdwörtern die richtigen Singular- und Pluralformen gewählt? Schreibe jeweils beide Formen der Fremdwörter auf. Bei Unsicherheit schlage wieder im Wörterbuch nach.

Schwere Entscheidung!

Der Flug nach Paris wurde *gecancelt/gecanceled*.
Der russische Boxer wird von einem deutschen
Boxstall *promoted/promotet*.
Er hat seinen Motor *getuned/getunt*.
Tanja hat den Ablauf der Veranstaltung sehr gut *getimt/getimed*.
Kaputte Autoreifen müssen *recycelt/recycled* werden.
Die Architektin hat das Haus hervorragend *designed/designt*.

7 Für welche der beiden Verbformen entscheidet ihr euch?
Vergleicht eure Entscheidungen. Schlagt in einem Wörterbuch nach.
Überprüft, ob eure Entscheidung richtig ist.

Über die Einbürgerung von Fremdwörtern

Fremdwörter sind doch eigentlich eine tolle Sache. Wer sie im Gespräch gebraucht, der kann zeigen, was er so alles draufhat. Es imponiert doch, wenn einer von einem irrelevanten Fakt spricht, anstatt einfallslos von einer unwichtigen oder unzutreffenden Tatsache zu reden! In der Fachsprache allerdings werden Fremdwörter sehr oft benötigt, um eine Sache kurz und präzise ausdrücken zu können. Wer vom Fußball Ahnung hat, der versteht das Fremdwort *Scout* sofort. Und das ist allemal ökonomischer, als umständlich von einem Beobachter von Fußballspielern, die ein Club vielleicht kaufen will, zu sprechen. Je mehr man sich im Laufe der Zeit an Fremdwörter gewöhnt, desto häufiger verwendet man sie selbst. Fremdwörter sind uns dann gar nicht mehr fremd und werden behandelt wie jedes andere Wort auch. Das zeigt sich manchmal darin, dass sich Fremdwörter gar nicht mehr so gewaltig von deutschen unterscheiden, weil sie sich beim Schreiben und auch beim Konjugieren und Deklinieren mehr oder weniger an die Gastsprache angepasst haben. Übrigens gibt es das nicht nur in der deutschen Sprache. Wenn man in England nicht nur eine, sondern zwei Bratwürste bestellt, dann heißt es eben *two bratwursts!* Bei uns heißt es ja auch nicht, dass einer seine Wohnung *designs*, sondern *designt*. Allerdings gibt es für die Einbürgerung von Fremdwörtern keine so festen Regeln. Da taucht plötzlich ein Fremdwort in der Werbung auf: *Heute schon gechattet?* – und schon benutzen es andere auch so. Es ist ja auch praktisch, weil es die Sache, um die es geht, genau bezeichnet. Zuerst wird es im Mündlichen gebraucht, später erhält das Wort auch eine eingedeutschte Schreibung. Andere Fremdwörter haben dagegen einen solchen Sprung nicht geschafft: Das haben wir beide aber gut getimed, also zeitlich gut abgestimmt. Die Anpassung dieses Fremdwortes ist im Schriftlichen noch nicht so weit. Aber Hoffnung besteht allemal. Die Zeit wird es zeigen.

8 Welche Gründe gibt es für die Übernahme von Fremdwörtern
in eine andere Sprache? Wie mag es kommen, dass sich manche
Fremdwörter einer vollständigen Anpassung entziehen?

Im Überblick: Wortarten

Pronomen	Verb	Adverb	Präposition	Artikel	Adjektiv	Substantiv	Konjunktion	Interjektion
Er	staunte	vielleicht	über	das	tolle	Geschenk,	– aber	hallo!
Sie	staunten	vielleicht	über	die	tollen	Geschenke,	– aber	hallo!

Die Wortarten unserer Sprache lassen sich in zwei Gruppen unterteilen:
1. in Wörter, die man flektieren (beugen) kann. Von ihnen kann man z. B. den Plural bilden.
2. in Wörter, die man nicht flektieren kann.

1 Schreibe die Wortarten auf ein DIN-A4-Blatt. Ordne sie in einer Tabelle in zwei Gruppen ein und schreibe die Beispielwörter dahinter. Lass dir Platz zwischen den einzelnen Wortarten, denn den brauchst du noch für die anderen Aufgaben!

flektierbare Wörter (mit Plural):	nicht flektierbare Wörter:
Pronomen: er, sie	Adverbien: …
…	…

2 Schreibe den folgenden Satz noch einmal auf und setze dabei alle Wörter in den Plural, bei denen es möglich ist.

Ha, das Pferd läuft an das hohe Hindernis, – und es springt darüber!

3 Füge die Beispielwörter aus diesem Satz deiner Tabelle hinzu. Von den Substantiven, Verben und Artikeln gibt es je zwei Wörter, von den anderen Wortarten je ein Wort.

4 Schreibe einen Satz auf, in dem mindestens ein Wort von allen Wortarten vorkommt. (Natürlich darf ein Wort auch zweimal vorkommen!)

5 Lest eure Sätze vor und überprüft, ob auch in jedem Satz alle Wortarten enthalten sind.

6 Jeder der folgenden Sätze besteht aus fünf Wörtern. Rechts daneben sind diese Sätze noch einmal aufgeführt, aber dort nur mit ihren Wortarten. Welcher Satz a) bis e) gehört zu welchem Satz 1) bis 5)? Ordne richtig zu.
Satz a: …; Satz b: …

Fünf Sätze über Lügen
a) Kein Mensch hat Lügen gern.
b) Trotzdem lügt jeder Mensch manchmal.
c) Viele Lügen sind sehr schlimm,
d) weil du anderen Menschen schadest.
e) Bleibe also bei der Wahrheit!

1) Adjektiv + Substantiv + Hilfsverb + Adverb + Adjektiv
2) Konjunktion + Pronomen + Adjektiv + Substantiv + Verb
3) Verb + Adverb + Präposition + Artikel + Substantiv
4) Pronomen + Substantiv + Hilfsverb + Substantiv + Adverb
5) Adverb + Verb + Pronomen + Substantiv + Adverb

Überblick über die Wortarten

Diese Tabelle gibt einen Überblick über das Wichtigste, was man über die Wortarten wissen sollte.
Vieles wird den meisten von euch schon bekannt sein.

1. Flexion: Es gibt Wörter, die sich flektieren lassen (Wortarten 1 bis 4), und solche, die nicht flektiert werden können (Wortarten 5 bis 7). Flexion ist vor allem die Veränderung von Wörtern an ihrem Wortkörper durch Singular und Plural:
Der dicke Hund bellt. → _Die dicken Hunde bellen._

2. Deklination: Es gibt Wörter, die sich deklinieren lassen (Wortarten 1 bis 3). Von diesen Wörtern lassen sich die vier Fälle bilden: 1. Nominativ, 2. Genitiv, 3. Dativ, 4. Akkusativ.

3. Konjugation: Die Verben lassen sich konjugieren, das heißt vor allem in den Zeitformen verändern: Präsens, Perfekt, Präteritum, Plusquamperfekt, Futur I und Futur II.

Wortarten	Beispiele	Was sie haben	Was sie können
1 Substantive			
	Mann, Frau, Kind, Löffel, Gabel, Messer, Mut, Idee, Glück	Flexion: Singular und Plural, grammatisches Geschlecht, Deklination: vier Fälle	bezeichnen Lebewesen, bezeichnen Gegenstände, bezeichnen Gefühle und Gedanken
2a Artikel			
	der, die, das, ein, ein	Flexion: Singular und Plural, grammatisches Geschlecht, Deklination: vier Fälle	
2b Pronomen			
Personalpronomen:	_ich, du, wir, ihr, sie …_	Flexion: Singular und Plural, Deklination: vier Fälle	verweisen auf Personen, bezeichnen Besitz, reden Personen an, stellen Fragen, weisen auf etwas hin, bezeichnen Mengen, beziehen sich auf Substantive, beziehen sich zurück
Possessivpronomen:	_mein, dein, unser, euer …_		
Anredepronomen:	_du, Du, Sie …_		
Fragepronomen:	_wo, wann, welcher, welche …_		
Demonstrativpron.:	_dieser, jener …_		
Indefinitpronomen:	_alle, manche, etwas, mehrere …_		
Relativpronomen:	_der, die, das, welcher …_		
Reflexivpronomen:	_sich, uns …_		

Wortarten	Beispiele	Was sie haben	Was sie können
3 Adjektive			
	lieb, selten, gestrig, sieben, dritte, lila	Flexion: Singular und Plural, Geschlecht, Deklination: vier Fälle	Viele können gesteigert werden, alle können zwischen Artikel und Substantiv stehen. Sie bezeichnen, wie etwas ist.
4 Verben			
	gehen, lesen, sich setzen, ausruhen, sitzen, blühen	Flexion: Singular und Plural, Konjugation: Personalformen, Infinitiv, Partizip I und II, Zeitformen, Aktiv und Passiv, Konjunktiv I und II	bezeichnen Tätigkeiten, bezeichnen Zustände
Hilfsverben:	*haben, sein, werden*	Flexion, Konjugation	verweisen auf Zeiten, Handlungen, Vorstellungen; bilden zusammengesetzte Zeitformen
Modalverben:	*wollen, sollen, können, dürfen …*	Flexion, Konjugation	stehen oft zusammen mit Verben
5 Adverbien			
	gern, oft, gestern, deshalb	keine Flexion!	weisen auf Ort, Zeit, Art und Weise, Grund hin
6 Präpositionen			
	auf, neben, über, in, nach, seit, bis, innerhalb, wegen, trotz, durch	sie fordern vom folgenden Nomen den 2., 3. oder 4. Fall	geben räumliche Verhältnisse, zeitliche Verhältnisse, gedankliche Verhältnisse an
7 Konjunktionen			
	nebenordnende: *und, oder, denn* **unterordnende:** *weil, als, wenn, obwohl, dass*		verbinden Wörter und Sätze, verbinden Hauptsätze und Nebensätze

1 Der Unterschied zwischen Adjektiven und Adverbien besteht in Folgendem: Adjektive können zwischen Artikel und Substantiv stehen: *die komischen Sachen*. Adverbien können das nicht. Man kann nicht sagen: *die hieren Sachen*. Welche der folgenden Wörter sind Adjektive? Welche Adverbien? Mache die Probe!

lieb gern selten oft manchmal häufig kaputt entzwei heutig heute

2 Den Unterschied zwischen Adjektiven und Pronomen kannst du mit derselben Probe herausbekommen: Adjektive können zwischen Artikel und Substantiv stehen, Pronomen nicht.

viel manche einige zwölf mein ersten wenig unser

3 Der Unterschied zwischen Adverbien und Konjunktionen besteht darin, dass Adverbien das Subjekt vom Satzanfang verdrängen: *er* (Subjekt) *kam gestern* → *gestern kam er* (Subjekt). Konjunktionen können das nicht. Man kann nicht sagen: *weil kam er*, sondern nur: *weil er kam*. Welche der folgenden Wörter sind Adverbien? Welche Konjunktionen?

denn dann jetzt wenn nun doch sodass schon

4 Auf Präpositionen folgt immer ein Nomen im 2., 3. oder 4. Fall: *wegen des Wetters*, *zu dem Nachbarn*, *durch den Tunnel*. Welche der folgenden Wörter sind Präpositionen? Welche nicht?

auf offen oben oberhalb über drüber weg trotz

5 Bestimme die Wortarten in folgenden Sätzen. Unterscheide dabei auch die verschiedenen Arten der Pronomen.

a) DER MANN WAR BEI UNS ZUM ESSEN EINGELADEN.
b) ER BEKAM WÜRSTCHEN MIT KETCHUP.
c) DOCH ER KONNTE DIESE FETTEN DINGER KAUM VERTRAGEN.
d) DANN HAT ER ZWEI WÜRSTE GEGESSEN.
e) AM ABEND HATTE ER SICH FAST SEINEN MAGEN VERDORBEN:
f) ER SCHWOR, DASS ER NIEMALS MEHR ETWAS VERTILGEN WÜRDE,
g) WENN IHM ÜBEL WERDEN SOLLTE.

Substantiv (8): ...
Verben (7): eingeladen ...
Konjunktionen (2): ...
Personalpronomen (8): ...
Demonstrativpronomen (1): ...

Adjektive (3): ...
Hilfsverben (5): ...
Präpositionen (4): ...
Possessivpronomen (1): ...
Reflexivpronomen (1): ...

Adverbien (6): ...
Modalverben (2): ...
Artikel (1): ...
Indefinitpronomen (1): ...

Gleichsetzungsnominativ als Bestandteil des Prädikats

1 In den Sätzen rechts gibt es außer dem Subjekt noch ein anderes Wort, das im Nominativ steht. Welches? Versucht herauszufinden, auf welches Satzglied sich dieses Wort bezieht.

Carolin ist meine Klassenkameradin.
Sie ist eine gute Schülerin.
Sie wird heute Klassensprecherin.
Vielleicht wird sie später Lehrerin.

2 Ergänze in den folgenden Sätzen jeweils die Aussage über das Subjekt.

a) Unsere Frauennationalmannschaft ist WAS?.
b) Basketball wird auch bei uns WAS?.
c) Viele Fußballspieler werden später auch WAS?.
d) Boxkämpfe im Schwergewicht sind immer WAS?.

eine beliebte Sportart
zweimaliger Fußballweltmeister
Trainer   Zuschauermagnete

In manchen Sätzen gibt es neben dem Subjekt noch ein anderes Wort, das im **Nominativ** steht. Es ist als **Substantiv** Bestandteil des Prädikats und sagt aus, was das Subjekt ist oder wird. Es ist also dem Subjekt **gleichgesetzt**:
  <u>Max</u> ist <u>ein guter Fußballer</u>.   Vielleicht wird <u>er</u> einmal <u>Nationalspieler</u>.

Deshalb wird dieser Bestandteil des Prädikats **Gleichsetzungsnominativ** genannt. Der Gleichsetzungsnominativ kommt nur in Prädikaten vor, die eine Form von **sein** und **werden** enthalten.
Ermitteln kann man den Gleichsetzungsnominativ mit Hilfe der Fragen
  Was ist + Subjekt?   –   Was wird + Subjekt?:
  Was ist Max?   Was wird er (vielleicht einmal)?
Das Substantiv als Gleichsetzungsnominativ kann auch Attribute bei sich haben:
  ein <u>guter</u> Fußballer

---

3 Schreibe aus den Beispielen rechts die Sätze mit einem Gleichsetzungsnominativ auf. Markiere diesen Bestandteil des Prädikats.
– Überprüfe, ob sich im Prädikat eine Form von *sein* oder *werden* befindet.
– Überprüfe, ob zu *sein* oder *werden* eine andere Verbform gehört. Wenn ja, enthält das Prädikat keinen Gleichsetzungsnominativ.
– Überprüfe, ob zu *sein* oder *werden* ein Substantiv gehört. Wenn ja, ist dieses Substantiv ein Gleichsetzungsnominativ.
– Wende zur Kontrolle die Fragen *Was ist ...? / Was wird ...?* an.

a) Unsere Klassenfahrt wird bestimmt ein tolles Erlebnis. b) Dieses Mal werden wir mit der Parallelklasse nach München fahren. c) Über die Stadt haben wir uns viele Informationen aus dem Internet geholt. d) Ein Besichtigungspunkt ist das berühmte Deutsche Museum. e) Am Dienstag werden wir das neue Stadion besuchen. f) Dieser Besuch wird für viele von uns der Hit unserer Klassenfahrt sein. g) Vielleicht ist ja auch ein Spieler von Bayern München zu sehen. h) Aber dieser Wunsch ist wohl nur ein Traum.

Im Überblick: Satzglieder

Wie sie heißen	Woraus sie bestehen	Was sie können
1 Subjekt *wer/was?*	**1.1 (Artikel/Pronomen) + Substantiv im Nominativ:** *Deine Lügen ärgern mich.* **1.2 Pronomen:** *Du störst mich.*	Bezeichnet (in Aktivsätzen) den **Handlungsträger**. Steht oft am Satzanfang.
2 Prädikat *was tut einer?* *was geschieht?*	**2.1 Verb (+ Reflexivpronomen):** *Er ärgert sich sehr oft.* **2.2 Hilfsverb (sein, haben, werden) + Verb:** *Du hast mich schon sehr oft geärgert.* **2.3 Modalverb + Verb:** *Ich kann das nicht leiden.* **2.4 Verb + Verbzusatz:** *Gewöhn dir das Lügen schnell ab!*	Bezeichnet, was **getan** wird bzw. was **passiert**. Steht im Aussagesatz an zweiter Satzgliedstelle.
3 Prädikat mit Gleichsetzungsnominativ	**3.1 sein + Substantiv:** *Mein Vater ist Schlosser.* **3.2 werden + Substantiv:** *Der Abend wird ein großer Erfolg.*	Sagt aus, was einer ist oder wird, und ist dem Subjekt gleichgesetzt.
4 Genitivobjekt *wessen?*	**4.1 (Artikel/Pronomen +) Substantiv im Genitiv:** *Er hat sich der Stimme enthalten.* **4.2 Pronomen im Genitiv:** *Sie hat sich deiner erinnert.*	**Ergänzt** die Aussage des Prädikats. Kommt nur noch bei wenigen Verben vor: *gedenken, sich enthalten*
5 Dativobjekt *wem?*	**5.1 (Artikel/Pronomen +) Substantiv im Dativ:** *Er hilft jedem Menschen.* **5.2 Pronomen im Dativ:** *Auch mir hat er schon geholfen.*	**Ergänzt** die Aussage des Prädikats, indem es aussagt, **wem** die Handlung zukommt.
6 Akkusativobjekt *wen/was?*	**6.1 (Artikel/Pronomen +) Substantiv im Akkusativ:** *Er hat mir mein Buch zurückgebracht.* **6.2 Pronomen im Akkusativ:** *Wir kennen ihn kaum.*	**Ergänzt** die Aussage des Prädikats, indem es aussagt, **wen** bzw. **was** die Handlung betrifft.

Wie sie heißen	Woraus sie bestehen	Was sie können
7 präpositionales Objekt		
in/auf/ an/über was/wen? worauf/woran/ worüber?	**7.1 Präposition + (Artikel/Pronomen) + Substantiv im Dativ/Akkusativ:** Ich ärgere mich _über deine Lügen_. **7.2 Präposition + Pronomen im Dativ/Akkusativ:** Ich warte _auf dich_. Er floh _vor ihm_.	**Ergänzt** die Aussage des Prädikats, indem es aussagt, **worauf** bzw. **auf wen** sich die Handlung richtet.
8 Adverbial		
temporal: wann? _lokal:_ wo? _kausal:_ warum? _modal:_ wie?	**8.1 Adjektiv:** Kannst du _schnell_ zu mir kommen? **8.2 Adverb:** Kannst du _heute_ kommen? **8.3 Präposition + Artikel + Substantiv:** Komm doch mit _auf den Sportplatz!_ **8.4 Präposition + Pronomen:** _Trotz allem_ hat mir der Tag gefallen.	Bezeichnet die **Umstände** des Satzgeschehens, indem es aussagt, **wie/wo/wann/ warum** etwas geschieht.
9 Attribut (Satzgliedteil)		
welcher/welche/ welches? wessen?	**9.1 Adjektiv:** der _ehrliche_ Finder; **9.2 Substantiv im Genitiv:** der Tag _der Entscheidung_; **9.3 Pronomen:** _mein_ Freund; **9.4 präpositionale Wortgruppe:** die Fahrt _nach Dresden_; **9.5 Relativsatz:** der Fahrer, _der als Zweiter ankam_; **9.6 Apposition:** Peter, _der Verlierer_, …; **9.7 Infinitiv mit _zu_:** der Wunsch, _dich zu sehen_, …	**Beifügungen**, mit denen die Bedeutung eines Substantivs **näher** bestimmt wird.

Subjekte, Objekte und Adverbiale können auch in anderen Formen vorkommen:

Satzglied	in Form eines Nebensatzes	in Form einen Infinitivs mit _zu_
I Subjekt	**I.1** _Dass du mir hilfst_, freut mich sehr.	**I.2** _Dich hier zu sehen_, war mein größter Wunsch.
II Objekt	**II.1** Er hat mir nicht gesagt, _dass du kommst_.	**II.2** Ich hoffe immer noch, _ihn hier zu treffen_.
III Adverbial	**III.1** Peter kann nicht kommen, _weil er erkrankt ist_.	**III.2** Er musste ein Taxi nehmen, _um pünktlich hier zu sein_.

1 Ermittle zunächst die Zahl der Satzglieder in jedem Satz:
a) Er macht manchmal seiner Freundin etwas vor.
b) Er ist sehr von sich überzeugt.
c) Sie hat sich schon oft über seine Lügen geärgert.
d) Sie liebt diesen Typ trotzdem.
e) Carl ist schließlich ihr Freund.

2 Schreibe dann die einzelnen Satzglieder jedes Satzes auf und setze die zutreffende Ziffer aus der Übersicht in Klammern dahinter. a) er (1.2), macht vor (2.4), manchmal (8.2), seiner Freundin (5.1), etwas (6.2)

3 In den folgenden Sätzen kommen Subjekt, Objekt und Adverbial in den Formen eines Nebensatzes bzw. eines Infinitivs mit *zu* vor. Schreibe zu den Buchstaben die entsprechenden Ziffern aus den beiden Übersichten auf.
a) II.1, b) …

a) Warum du nicht zum vereinbarten Treffpunkt gekommen bist, wissen wir bis heute nicht. b) Wir alle hatten bis zum Schluss gehofft, dass du doch noch kommst. c) Wer sein Versprechen nicht hält, verliert das Vertrauen seiner Freunde. d) Er muss sich sehr anstrengen, um dieses Vertrauen zurückzugewinnen. e) Wenn er es schafft, dann hat er unseren Respekt verdient. f) Das zu schaffen, wird nicht leicht für ihn.

4 Lest euch in Gruppen zu viert die ersten acht Sätze a) bis h) des nächsten Textes in der Reihenfolge der Satzglieder vor, die in der Tabelle unten angegeben ist. Bestimmt dabei die Adverbiale und Objekte so genau wie möglich. Orientiert euch dabei am Beispiel des Satzes a). Wenn ihr bei der Bestimmung der Satzglieder unsicher seid, nehmt die Übersicht auf Seite 247 und 248 zu Hilfe.

a) In einer Schulpause fiel einem Schüler ein Mann auf. b) Der schlenderte scheinbar unbeteiligt am Fahrradständer herum. c) Verdächtig genau schaute sich der Typ die Fahrräder an. d) Das kam dem Schüler merkwürdig vor. e) Er beobachtete ihn etwas genauer. f) Dann ging er etwas näher heran. g) Er rief ihm zu: h) „Was suchen Sie hier?" i) Erschrocken blickte der Typ auf. j) Dann schnappte er sich ein Fahrrad. k) Wie ein Verrückter fuhr er davon. l) Der Schüler ist ein cleverer Kerl und benachrichtigt sofort den Hausmeister. m) Der rief die Polizei, n) und die kam nach wenigen Minuten. o) Sie stellte den Täter in der Bergstraße und nahm ihn fest. p) Die Polizei lobte den Schüler für seine Aufmerksamkeit.

Subjekt	Prädikat 1. Teil	Gleichsetzungsnominativ	Adverbial	Objekt	Prädikat 2. Teil
a) Ein Mann	fiel		in einer Schulpause (temporal)	einem Schüler (Dativobjekt)	auf.

5 Übernimm die Tabelle auf ein DIN-A4-Blatt im Querformat. Gestalte die Zeilen und Spalten so, dass du die Satzglieder der Sätze i) bis p) eintragen kannst. Bestimme auch hier die Adverbiale und Objekte so genau wie möglich. Vergleicht anschließend eure Ergebnisse miteinander.

Attribute: Nominalstil – Verbalstil

<u>Die etwas ängstlich vorgebrachte</u> **Lüge** <u>aus Not</u>, die wir Notlüge nennen,
       linksverzweigte Attribute   **Substantiv**   rechtsverzweigte Attribute
<u>ist allen Menschen bekannt</u>.

1 Aus welchen Satzgliedern besteht der unterstrichene Teil des Satzes?

In welchem Medium wird am meisten gelogen?

Die Forscher einer Universität untersuchten, ob es einen Zusammenhang gibt zwischen Lügen einerseits und E-Mails, Telefongesprächen oder persönlichen Kontakten andererseits.

A <u>An einer Universität arbeitende und Tagebuch schreibende</u> **Studenten** notierten
<u>alle mehr als zehn Minuten dauernden</u> **Gespräche, Telefongespräche** und **E-Mail-Kontakte**.
<u>Die in diesen Kontakten gesprochenen und geschriebenen</u> **Unwahrheiten**
    sollten sie offen zugeben.
<u>Alle in einem der drei Medien geäußerten</u> **Lügen**
    wurden danach von den Psychologen aufgelistet.

B **Studenten**, <u>die an einer Universität arbeiteten und Tagebuch schrieben</u>, notierten
<u>alle</u> **Gespräche, Telefongespräche** und **E-Mail-Kontakte**, <u>die mehr als zehn Minuten dauerten</u>.
Die **Unwahrheiten**, <u>die sie in diesen Kontakten gesprochen und geschrieben hatten</u>,
    sollten sie offen zugeben.
<u>Alle</u> **Lügen**, <u>die in einem der drei Medien geäußert worden waren</u>,
    wurden danach von den Psychologen aufgelistet.

2 In diesen zwei Fassungen könnt ihr den Unterschied zwischen links- und rechtsverzweigten Attributen gut erkennen. Aber sind das nur verschiedene Formen ein und derselben Sache? Oder wirken die beiden Absätze auch anders auf euch? Sprecht darüber: Was lest ihr lieber? Was versteht ihr besser? Wie würdet ihr lieber schreiben?

Was kam nun bei dieser Untersuchung heraus?
Unangefochtener Spitzenreiter der Lügenmedien war mit 37 Prozent das Telefon.
In persönlichen Gesprächen wurde zu 27 Prozent die Unwahrheit gesagt.
Am Ende rangierten die E-Mail-Kontakte mit nur 14 Prozent Lügen.
<u>Beliebig oft zu lesende, ausdruckbare und sogar an Dritte weitergebbare</u> **E-Mails** hindern die Absender ganz offensichtlich eher daran, Unwahrheiten zu äußern, als <u>nicht genau wiederholbare, sich bald wieder verflüchtigende und schwer behaltbare</u> **Telefonate**.

3 Forme den letzten Satz mit seinen langen linksverzweigten Attributen so um, dass er in einer Sprache steht, die wie der Absatz B oben aussieht.

Grammatik

Das Telefonat – ein für Lügen anfälliges Kommunikationsmittel

Den Grund für die hohe Lügenrate, die an der Strippe zustande kommt, sehen die Psychologen, die diese Untersuchung durchgeführt haben, darin, dass der Benutzer, der dieses Medium verwendet, sicher ist, dass die Mimik, die sich auf seinem Gesicht abspielt, nicht gedeutet werden kann. So sieht der Partner zum Beispiel nicht, dass sein Gegenüber, das am Telefon spricht, gerade auf einer Feier ist, die bei seinen Freunden abläuft. Der Beschwipste kann in einem Gespräch, das er über das Telefon führt, sagen, dass er gerade mit Schmerzen, die in seinem Rücken toben, im Bett liegt. Und der Hörer kann ihm das Gegenteil nicht beweisen.

4 In diesem Textabschnitt sind es die Relativsätze, die das Ganze etwas übertreiben. Forme sie in kürzere präpositionale oder Genitiv-Attribute um:
Den Grund für die hohe Lügenrate an der Strippe sehen die Psychologen …

Empfohlene Medien

Aus ihren Versuchsergebnissen ziehen die Psychologen einige praktische und für jeden anwendbare Schlüsse. Allen an der Beweisbarkeit einer Aussage interessierten Partnern wird das ehrliche Medium der E-Mails oder Faxnachrichten empfohlen. Alle auf unbedingte Wahrheit Wert legende Partner sollten sich überlegen, welche Medien für sie am verlässlichsten sind. Für die Wahrheit manchmal etwas großzügig auslegende Mitarbeiter eines Betriebs sei das gute alte Telefon sicher das richtige Medium. Aber Vorsicht! Misstrauisch sich allen Gesprächen gegenüber verhaltende Telefonpartner können vielleicht bald aufatmen. Das Unternehmen V-Entertainment hat nämlich ein wie ein Lügendetektor funktionierendes und die Ehrlichkeit errechnendes Programm entwickelt. Sollte sich dieses Programm bewähren, gehen am Telefon notorisch die Unwahrheit sprechende Menschen harten Zeiten entgegen.

Attribute sind Beifügungen, mit denen wir die Bedeutung eines Substantivs genauer bestimmen können:
a) vorangestelltes **Adjektiv**:
   Unehrliche Telefongespräche
b) nachgestellter **präpositionaler Ausdruck**:
   Telefongespräche mit Lügnereien
c) **Substantiv im Genitiv**:
   Telefongespräche der Unehrlichkeit
d) **Relativsatz**:
   Telefongespräche, in denen gelogen wird
e) **Apposition** (Substantiv, das im gleichen Fall wie das Substantiv steht, zu dem es gehört):
   Telefongespräche, diese kleinen Lügenkuppler

Die meisten Attribute fördern den **Nominalstil**. Nur die Relativsätze fördern den **Verbalstil**, da sie selbst ein eigenes Verb enthalten. Welchen Stil man verwendet, hängt vom Text ab.

5 In diesem Absatz ist es nun der Nominalstil, der das Ganze etwas umständlich macht. Forme ihn in einen Verbalstil um, indem du aus den unterstrichenen linksverzweigten Attributen rechtsverzweigte Relativsätze machst:
Aus ihren Versuchsergebnissen ziehen die Psychologen einige Schlüsse, die praktisch und …

Partizip I – Partizip II

Infinitiv	Partizip I	Partizip II
gleiten	gleitend	geglitten
werfen	werfend	geworfen
treiben	treibend	getrieben
anregen	anregend	angeregt
klingen	klingend	geklungen
fortlaufen	fortlaufend	fortgelaufen

1 Ihr kennt bereits die beiden Formen des Verbs, das Partizip I und das Partizip II. Beschreibt, wie diese Formen gebildet werden.

2 Bildet von folgenden Verben das Partizip II. Vergleicht diese Formen des Partizips II mit denen aus der Aufgabe 1.

trainieren   bestellen   erzählen
versagen   widersprechen   studieren
verrühren   verraten   entscheiden   genehmigen
verändern   widerrufen   montieren

3 Wenn ihr die Betonung bei den Verben untersucht, dann könnt ihr die unterschiedliche Bildungsweise auch begründen.

trinken – studieren   warten – erwähnen
singen – zerreißen   fliehen – verreisen

4 Ergänze die folgende Aussage:
Das Partizip II wird mit dem Präfix *ge-* gebildet, wenn die Betonung auf der …?… Silbe des Verbs liegt.

Viele **Partizipien II** können im Satz an unterschiedlichen Stellen stehen und haben dann auch unterschiedliche grammatische Aufgaben.

1. Sie werden zur Bildung von **Zeitformen** des Verbs gebraucht:
   *Ich **habe** zwei Stunden auf dich __gewartet__.*
2. Sie können ein **Attribut** zu einem Substantiv sein:
   Der __geflüchtete__ Täter wurde schnell wieder gefasst.
3. Sie können als **Adverbial der Art und Weise** verwendet werden:
   Wir warteten __gespannt__ auf den Beginn des Films.

---

5 Ermittle im folgenden Text *Der entscheidende Versuch* alle Partizipien II. Welche von den drei Aufgaben erfüllt das jeweilige Partizip? Schreibe sie danach geordnet auf.

1. Bildung der Zeitform: hat teilgenommen …
2. Attribut zu einem Substantiv: …
3. Adverbial der Art und Weise: …

Der entscheidende Versuch

Andrea Friedrich ist eine hervorragende Weitspringerin. In ihrer Karriere hat sie an vielen aufregenden Wettkämpfen teilgenommen. Wenn man sie nach ihrem aufregendsten Wettkampf fragt, erinnert sie sich an ein ganz bestimmtes Ereignis. „Bei meiner letzten Teilnahme an Olympischen Spielen waren wir im sechsten
5 und damit entscheidenden Durchgang. Meine härteste Rivalin war bisher glän-

zend gesprungen und führte im Wettkampf mit zehn Zentimetern Vorsprung. Ich aber hatte noch meinen letzten Sprung. Ein fragender Blick zu meinem Trainer auf der Tribüne, er nickte mir lächelnd und aufmunternd zu. Auch die Zuschauer waren voll dabei und spornten mich rhythmisch klatschend an.
10 Mit dem Gedanken, dass sich die aufgewendete Mühe in den langen Trainingsjahren doch lohnen müsste, lief ich an, wurde immer schneller, traf das weiß gestrichene Brett auf den Zentimeter genau und hatte schon beim Flug ein sehr gutes Gefühl. Und tatsächlich landete ich weit in der Grube. Begeistert sprangen die Zuschauer auf. Und in diesem Augenblick habe ich gewusst, dass ich es ge-
15 schafft hatte. Der so sehnlich gewünschte und erhoffte Sieg gehörte mir."

6 Das Partizip I kann natürlich nicht zur Bildung von Zeitformen verwendet werden. Als Attribut und als Adverbial der Art und Weise aber wird es häufig verwendet. Schreibe alle Partizipien I aus dem Text nach ihrer Verwendung geordnet heraus.
Attribut: der entscheidende Durchgang ...
Adverbial: war glänzend gesprungen ...

7 Erprobt an Beispielen, welche Partizipien II als Attribut gebraucht werden können.

lachen zerbrechen sitzen schlagen stattfinden reisen
beginnen laufen wandern helfen verblassen gefallen

8 Alle kursiv gedruckten Wörter beginnen mit *ge*-. Acht davon sind Partizipien II. Schreibe sie mit dem entsprechenden Infinitiv auf. In Zweifelsfällen schlage in einem Wörterbuch nach.

der *gepflegte* Rasen   ein *geblümtes* Kleid   eine *geachtete* Person
das *geschickte* Mädchen   der *gefrorene* See   das *gebrauchte* Hemd
der *gefährdete* Sieg   einen *gefassten* Eindruck machen ein *gefleckter* Hund
die *gedrückte* Stimmung   der *gefiederte* Sänger   der *geflochtene* Korb

9 Vergleicht beide Sätze miteinander. Wodurch ist der Nebensatz a) im Satz b) ersetzt worden?

a) Nachdem ich mein Fahrrad frisch geölt hatte, rollte es wie von allein.
b) Frisch geölt, rollte mein Fahrrad wie von allein.

Ein Nebensatz kann durch eine Partizipialkonstruktion ersetzt werden.
Das Kind, das sich am linken Bein schwer verletzt hatte, wurde sofort versorgt.
→ *Das Kind, am linken Bein schwer verletzt, wurde sofort versorgt.*
Die Partizipialkonstruktion bezieht sich immer auf das Subjekt des Satzes.

Grammatik

10 Formt die Nebensätze in den Satzgefügen zu einer Partizipialkonstruktion um. Überlegt, ob ihr das Partizip I oder das Partizip II dafür verwendet.

a) Als wäre er von einem Blitz getroffen worden, rannte er davon.
b) Indem sie Fahnen und Schals schwenkten, zogen die Anhänger des Klubs durch die Straßen.
c) Weil ihn die heiße Sonne plagte, kam er nur langsam voran.
d) Während er wie ein Irrer schrie, wachte er aus seinem Albtraum auf.
e) Nachdem er sich von seiner schweren Krankheit erholt hatte, erzielte er gleich wieder gute Resultate.
f) Wenn er sich intensiv vorbereitet, dann kann er die Prüfung bestehen.
g) Als sie spät heimkehrte, fand sie die Wohnung verschlossen.
h) Wenn man es streng nimmt, müsste er die Schule verlassen.

11 Welche Sätze gefallen euch besser: die mit einem Nebensatz oder die mit einer Partizipialkonstruktion? Warum? Welche Vor- bzw. Nachteile könnte der Gebrauch von Partizipialkonstruktionen haben?

12 Hier stimmt etwas nicht – aber was genau?

a) Mit Wein gefüllt, überreiche ich dem Geburtstagskind den silbernen Becher.
b) Mit glänzender Farbe übergossen, nahm er die Tonfiguren aus dem Behälter.
c) Unter Alkoholeinfluss stehend, ist die Schaufensterscheibe zerstört worden.
d) Der Bus mit den Kindern fuhr, fröhliche Lieder singend, langsam weiter.
e) Frisch geölt, setzte ich mich auf mein Fahrrad und sauste davon.
f) In Berlin angekommen, besuchte er sofort das Brandenburger Tor.
g) Die ganze Nacht schlafend, hatte das Gewitter meine Schwester nicht gestört.
h) Mit frischen Tapeten beklebt, betrachtete er sich das Wohnzimmer.

13 Wenn man Partizipialkonstruktionen verwendet, muss man aufpassen, dass die inhaltlichen Beziehungen im Satz stimmen. Was ist inhaltlich am Satz a) in Aufgabe 12 falsch?

a) Mit Wein gefüllt, überreiche ich dem Geburtstagskind den silbernen Becher.

Weil sich eine Partizipialkonstruktion immer auf das Subjekt des Satzes bezieht, wäre also die Person (*ich*) mit Wein gefüllt! Deshalb muss dieser Satz auf andere Weise formuliert werden:
- *Mit Wein gefüllt, wird der silberne Becher von mir dem Geburtstagskind überreicht.*
- *Der silberne Becher, mit Wein gefüllt, wird von mir dem Geburtstagskind überreicht.*
- *Der mit Wein gefüllte silberne Becher wird dem Geburtstagskind von mir überreicht.*

14 Formuliere auch die anderen missverständlichen Sätze aus Aufgabe 12 so um, dass sie eindeutig verstanden werden können. Einen Satz brauchst du allerdings nicht zu verändern. Er ist unmissverständlich formuliert.

15 Füge beim Abschreiben der folgenden Sätze 1) bis 5) sinnentsprechende Partizipialkonstruktionen ein. Nutze dazu die rechts stehenden Wortgruppen, die aber noch im Infinitiv stehen.

a) fest die Zähne zusammenbeißen
b) nur das leise Murmeln der Wellen vernehmen
c) mit Säcken voller Reis und Mehl beladen
d) kaum aber ankommen
e) an dem einen Ende lagern

1) In der Nacht saßen wir immer lange an einer Flussbrücke.
2) Wir konnten das andere Ende der Brücke kaum erkennen.
3) Plötzlich überquerten zahllose einrädrige Schubkarren die Brücke.
4) Die Karren erfüllten die Nacht nun mit Lärm und Getöse.
5) Die Männer stießen sie auf die höher liegende Brücke.

Partizipien gehören zu den Formen des Verbs, die **nicht** nach Person, Zahl und Zeit **gebeugt** werden können. Solche Formen nennt man deshalb – im Gegensatz zu den finiten – **infinite** Verbformen.

Man unterscheidet
- das **Partizip I**, das durch das Anfügen von *-end/-nd* an den Wortstamm gebildet wird:
  *trink**end**, lächel**nd**, zöger**nd**.*
- das **Partizip II**, das meistens durch das Anfügen der Wortbausteine *ge-* vorn und *-en/-t* hinten an den Wortstamm gebildet wird:
  ***ge**trunk**en**, **ge**lächel**t**, **ge**zöger**t**.*
  Bei den unregelmäßig konjugierten Verben verändert sich beim Partizip II häufig der Stammvokal:
  *schwimmen – geschwommen,
  trinken – getrunken.*

Viele **Partizipien II** können im Satz an unterschiedlichen Stellen stehen und haben dann auch unterschiedliche grammatische Aufgaben.

1. Sie werden zur Bildung von **Zeitformen** des Verbs gebraucht: *Wir haben das Spiel gewonnen.*
2. Sie können wie ein Adjektiv ein **Attribut** zu einem Substantiv sein:
   Sie fiel durch ihr gepflegtes Aussehen auf.
3. Sie können als **Adverbial der Art und Weise** verwendet werden: *Wir unterhielten uns angeregt.*

Bis auf die Bildung der Zeitform können auch die **Partizipien I**
– wie Adjektive Attribut zu einem Substantiv sein:
  Er zeigte ein gewinnendes Lächeln.
– Adverbiale der Art und Weise sein:
  Hinkend kam er auf uns zu.

Partizipialkonstruktionen können Nebensätze ersetzen und dadurch den Text verkürzen und straffen:

Nachdem er sich gerade von seiner Krankheit erholt hatte, erzielte er im Training gleich wieder gute Resultate.
→ *Gerade von seiner Krankheit erholt*, erzielte er im Training gleich wieder gute Resultate.

Konjunktiv

Konjunktiv I – Indirekte Rede

Eine Journalistin nahm an einer öffentlichen Anhörung zum Bau einer Müllverbrennungsanlage teil. Anwesend waren u. a. Frau Wagner als Vertreterin einer Bürgerinitiative, Herr Richard als Vertreter der städtischen Müllverbrennungsanlagen sowie Frau Marcks vom Umweltamt der Stadt. Die Journalistin nahm die Äußerungen der Teilnehmerinnen und Teilnehmer mit einem Kassettenrekorder auf.

HERR RICHARD: Für _mich ist_ es dringend notwendig, wirklich alle Möglichkeiten zur Müllbeseitigung zu nutzen. Eine der wichtigsten davon überhaupt _ist_ doch die Müllverbrennung, oder? Der immer größer werdende Müllberg _fordert_ geradezu eine schnelle Entsorgung. Sie _kann_ aber nur dann gewährleistet werden, wenn sich an mehreren Standorten eine Verbrennungsanlage _befindet_.

FRAU WAGNER: Sie vergessen dabei Folgendes, lieber Herr Richard. Der geplante Standort der Anlage liegt sehr nahe an einem Erholungsgebiet. Und dazu kommt noch, dass die vorgelegten Daten über die häufigsten Windrichtungen gegen diesen geplanten Standort sprechen.

FRAU MARCKS: Wie aber wollen Sie dann ein gesundes Leben unserer Bürgerinnen und Bürger in einer gesunden Umwelt garantieren, Frau Wagner? Das ist doch nur möglich durch ein konsequentes Beseitigen des Mülls. Und im Übrigen sind die von Ihnen genannten Daten im Hinblick auf die Windrichtungen keineswegs gesichert.

HERR RICHARD: Das Problem besteht doch darin, dass Sie, Frau Wagner, und Ihre Bürgerinitiative sich auch eine saubere Umwelt wünschen. Allerdings dürfen sich die dafür notwendigen Anlagen ja nicht in der näheren Umgebung befinden. Das ist doch ein Teufelskreis, aus dem wir endlich mal herauskommen müssen. Eins steht doch fest: Dieser Standort für eine Müllverbrennungsanlage ist tatsächlich der einzige von allen Vorschlägen, der keine negativen Auswirkungen auf eine Ortschaft hat.

FRAU WAGNER: Ist diese Tatsache, Herr Richard, wirklich belegt? Ich denke, Sie wollen diesen Standort auf Teufel komm raus durchbringen, ohne ein umfassendes Konzept für den Umweltschutz vorzuweisen.

FRAU MARCKS: Das stimmt ja nun wirklich nicht! Ich verweise nur auf unsere Vorlage vom vergangenen Monat. Ich will aber noch eine Tatsache nennen, die von großer Wichtigkeit für die Menschen in der Region ist. Durch den Bau einer Müllverbrennungsanlage bringt man wieder mindestens 25 Menschen in Arbeit und Lohn.

1 Die Journalistin hat aus ihrem Mitschnitt einen Artikel für die Zeitung geschrieben, der so beginnt:

Öffentliche Anhörung zum Bau einer Müllverbrennungsanlage in G. Herr Richard betonte, dass es für <u>ihn</u> notwendig <u>sei</u>, alle Möglichkeiten zur Müllbeseitigung zu nutzen. Wichtig <u>sei</u> dabei die Müllverbrennung. Der anwachsende Müllberg <u>fordere</u> eine schnelle Entsorgung. Sie <u>könne</u> nur gewährleistet werden, wenn sich an mehreren Standorten eine Verbrennungsanlage <u>befinde</u>.

– Wie unterscheidet sich die wörtliche Äußerung des Herrn Richard von dem, was die Journalistin geschrieben hat?
– Vergleicht die unterstrichenen Verbformen und Personalpronomen in der wörtlichen Äußerung von Herrn Richard und im Text der Journalistin.

2 Warum wurde die Äußerung von Herrn Richard im Zeitungsartikel nicht wörtlich wiedergegeben?

3 Bildet in der Klasse fünf Gruppen. Jede beschäftigt sich mit einer Äußerung während der Anhörung zum Bau der Verbrennungsanlage.
– Formt jeweils die direkte Rede in die indirekte Rede um.
– Beginnt eure indirekte Rede mit dem Nennen des jeweiligen Gesprächsteilnehmers: *Frau Wagner meinte, …*
– Achtet auf das veränderte Personalpronomen und die veränderte Verbform:
Direkte Rede: Sie vergessen dabei
→ **Indirekte Rede:** …, er vergesse dabei

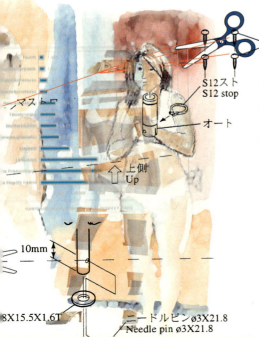

Ein Meinungsforschungsinstitut hat nach einer repräsentativen Umfrage folgende Ergebnisse veröffentlicht:
„*Das Selbstbewusstsein bei vielen Schulkindern ist nicht sehr hoch. Ein Viertel der befragten 2 000 Kinder hat angegeben, dass sie sich zu dick fühlen. Das sind immerhin zwei Prozent mehr als im Jahr zuvor. Fast ein Fünftel der Neun- bis Vierzehnjährigen hat bereits einmal daran gedacht, sich einer Schönheitsoperation zu unterziehen. Das Fettabsaugen ist dabei am häufigsten genannt worden.*"

Die indirekte Wiedergabe dieser Informationen kann auf ganz unterschiedliche Weise geschehen: In einer repräsentativen Umfrage ist festgestellt worden,
1) dass das Selbstbewusstsein bei vielen Schulkindern nicht besonders hoch sei.
2) dass das Selbstbewusstsein bei vielen Schulkindern nicht besonders hoch ist.
3) das Selbstbewusstsein bei vielen Schulkindern sei nicht besonders hoch.
4) dass das Selbstbewusstsein bei vielen Schulkindern nicht besonders hoch wäre.
5) das Selbstbewusstsein bei vielen Schulkindern wäre nicht besonders hoch.
6) dass das Selbstbewusstsein bei vielen Schulkindern nicht besonders hoch sein würde.

4 Wodurch unterscheiden sich die sechs Formulierungen? Welche von ihnen würdet ihr eher mündlich, welche eher schriftlich gebrauchen?

5 Wie steht der Schreiber der einzelnen Sätze zu den Umfrageergebnissen? In welchen Sätzen wird dem Leser der Eindruck vermittelt, dass er sich nicht für die Aussagen verbürgt, dass er zu den Aussagen eine gewisse Distanz einnimmt?

6 Gib die Umfrageergebnisse des Meinungsforschungsinstitutes in indirekter Weise wieder.

7 Lest euch eure Texte gegenseitig vor und vergleicht vor allem die verwendeten Verbformen.

Ein Viertel der befragten 2 000 Kinder gaben an, <u>dass sie sich zu dick fühlen</u>.

8 Der dass-Satz gibt die Aussage von Kindern zwar indirekt wieder; an der Verbform *fühlen* kann man das allerdings nicht erkennen. Warum eigentlich nicht? Wie könnt ihr die indirekte Rede auch an der Verbform deutlich machen? Seht euch dazu noch einmal die Formulierungen von 1) bis 6) in Aufgabe 4 an.

Wenn man die Äußerung eines anderen wörtlich wiedergeben will, verwendet man die **direkte (wörtliche) Rede**:
Sie sagte: „Ich habe ein sehr interessantes Buch über Abenteuer im All gelesen."

Beim Wechsel von der direkten zur indirekten Rede verändert sich das Personalpronomen:
*„**Ich** habe ... gelesen." → **Sie** habe ... gelesen.*

Mit der Verwendung der indirekten Rede kann zugleich eine gewisse **Distanz** zum Inhalt der Äußerung deutlich gemacht werden.

Um zu zeigen, dass die Äußerung von einem anderen stammt, benutzt man sehr oft den **Konjunktiv I**.
Der Konjunktiv I wird von den Präsens-, Perfekt- und Futurformen des Verbs abgeleitet:
er liest – er lese; er hat gelesen – er habe gelesen; er wird lesen – er werde lesen.

Manchmal ist der Konjunktiv I vom Indikativ aber nicht zu unterscheiden:
ich habe gelesen – ich habe gelesen; wir haben gelesen – wir haben gelesen.
In diesen Fällen wählt man eine **Ersatzform**, entweder den Konjunktiv II (*sie hätte gelesen*) oder die würde-Form (*sie würde lesen*).

Konjunktiv II – Wünsche, Vorgestelltes, Nichtwirkliches

1 Das folgende Gedicht heißt „Der eingebildete Kranke". Was versteht ihr eigentlich unter einem eingebildeten Kranken? Lest das Gedicht, in dem sich Eugen Roth mit einem solchen eingebildeten Kranken auseinandersetzt.

Der eingebildete Kranke

Ein Griesgram denkt mit trüber List,
Er wäre krank. (was er nicht ist!)
Er müsste nun, mit viel Verdruss,
4 Ins Bett hinein. (was er nicht muss!)
Er hätte, spräch' der Doktor glatt,
Ein Darmgeschwür. (was er nicht hat!)
Er sollt' verzichten, jammervoll,
8 Aufs Rauchen ganz. (was er nicht soll!)
Und würde, heißt es unbeirrt,
Doch sterben dran. (was er nicht wird!)
Der Mensch könnt', als gesunder Mann,
12 Recht glücklich sein. (was er nicht kann!)
Möcht glauben er nur einen Tag,
Dass ihm nichts fehlt. (was er nicht mag!)

Eugen Roth

2 Woran könnt ihr schon in der ersten Verszeile erkennen, dass es sich um einen eingebildeten Kranken handelt?

3 Sprecht darüber, warum der Dichter die in Klammern stehenden Sätze in den Text eingefügt hat.

4 Fasst jeweils in einem Satz zusammen, was durch die Sätze links und die Klammerbemerkungen rechts zum Ausdruck gebracht wird.
– Beginnt beide Sätze so: *Hier wird dargestellt, was ...*
– Ordnet euren Sätzen die Begriffe **Konjunktiv II** und **Indikativ** zu.

5 In der Gedankenwelt des Griesgrams lässt Eugen Roth noch den Doktor zu Wort kommen. Lest dessen Äußerungen vor. Ermittelt den Unterschied zwischen beiden Formulierungen, wenn sie im Gedicht so formuliert wären: Er habe, sprach der Doktor glatt, ein Darmgeschwür.

6 Tauscht euch zu folgender Frage aus: Geht aus dem Gedicht hervor, ob der Kranke wirklich beim Doktor war oder nicht?

7 Welche Aufgaben könnten die letzten vier Verszeilen im Gedicht haben? Gebt dazu den Inhalt dieser Verszeilen in einem Satz wieder. Ihr könnt ihn so beginnen: *Wenn der Mensch ...*

Immer mal wieder wächst der Lotto-Jackpot in unvorstellbare Dimensionen. Vor Kurzem war es wieder einmal so weit. Ein Reporter hat Jugendlichen auf der Straße die Frage gestellt: *Was würdet ihr tun, wenn ihr den Jackpot mit 25 Millionen Euro geknackt hättet?*

Da ich mir den Lottoschein mit einer Freundin teile, müsste ich natürlich die Hälfte des Gewinns abgeben. Ansonsten würde ich einen Großteil des Geldes spenden, z. B. an die Aids-Hilfe in Afrika. Außerdem könnte ich endlich mal nach Irland fahren.
Sarah

In den ersten Tagen danach würde ich ganz viel Geld auf den Kopf hauen und groß einkaufen gehen. Mein Zimmer würde ich mir neu einrichten. Und dann nähme ich mir eine kurze Auszeit von der Schule und würde dorthin fahren, wo es warm ist. Erst dann käme wohl die Zeit, in der ich überlege, wie ich mit dem Geld vernünftig umgehe.
Richard

Da ich drei Geschwister habe, würde ich ihnen und natürlich auch meinen Eltern einen großen Teil davon abgeben. Dann hätte die ganze Familie keine Sorgen mehr. Klar, dass ich auch etwas spenden würde. Vielen Kindern in Deutschland könnte damit geholfen werden.
Rita

Das wäre für mich bestimmt sehr beängstigend, so viel Geld zu haben. Im ersten Augenblick wüsste ich überhaupt nicht, was ich damit anfinge. Auf alle Fälle würde ich so weiterleben wie bisher, ohne groß anzugeben. Halt, ich würde mir ein Klavier kaufen. Dann könnte ich viel mehr üben als bisher.
Franziska

8 Schreibt eure eigenen Wünsche auf, die ihr in der Umfrage geäußert hättet. Lest sie euch vor.

9 Die Jugendlichen haben in ihren Antworten häufig Konjunktiv-II-Formen benutzt. Schreibe sie untereinander heraus:
ich müsste abgeben
ich könnte fahren

10 Schreibe hinter diese Verben die Form auf, von denen der Konjunktiv II abgeleitet worden ist.
ich müsste abgeben – ich musste abgeben
ich könnte fahren – ich konnte fahren
In welcher Zeitform steht das Verb in allen Fällen?

11 Die Jugendlichen benutzen oft auch die *würde*-Form,
um ihre Wünsche zu formulieren.
– Versucht, diese *würde*-Formen durch
„echte" Konjunktiv-II-Formen zu ersetzen.

ich würde spenden – ich spendete
ich würde fahren – ich führe
…

– Nennt Gründe dafür, warum manchmal die *würde*-Form
anstelle der Konjunktiv-II-Form gebraucht wird.

Wenn man sich **etwas wünscht** oder **Nichtwirkliches**, nur **Vorgestelltes**
ausdrücken will, dann verwendet man das Verb im **Konjunktiv II**.
Die Formen des Konjunktivs II werden von den **Vergangenheitsformen**
des Verbs im **Indikativ** abgeleitet:

	Indikativ	Konjunktiv II
• vom **Präteritum**:	ich musste es tun	ich müsste es tun
	es geschah	es geschähe
• vom **Plusquamperfekt**:	ihr hattet gewonnen	ihr hättet gewonnen
	wir waren gekommen	wir wären gekommen

Die *würde*-Form wird anstelle einer Konjunktiv-II-Form benutzt, wenn …

a) der **Indikativ** und der **Konjunktiv II** dieselbe Form aufweisen:
   Ich kaufte mir ein Klavier. Ich kaufte mir ein Klavier.
   → *Ich würde mir ein Klavier kaufen.*

b) der Konjunktiv II **nicht sehr gebräuchlich** ist:
   Er hoffte, er führe mit ihm nach Berlin.
   → *Er hoffte, er würde mit ihm nach Berlin fahren.*
   Wenn er doch nicht immer den Schlüssel verlöre!
   → *Wenn er doch nicht immer den Schlüssel verlieren würde!*

TIPP:
Wie **Bertolt Brecht** in seiner Kalendergeschichte *Wenn die Haifische
Menschen wären* den Konjunktiv II als künstlerisches Mittel einsetzt, könnt ihr
in dem Kapitel über diesen Schriftsteller auf den Seiten 70–72 erfahren.

S. 70

Aktiv und Passiv

Bildung und Funktion von Passivformen wiederholen

A Knigge für die elektronische Post

Seit dem berühmten Freiherrn von Knigge wird das Befolgen der Verhaltensregel erwartet, dass nicht ins Tischtuch geschnäuzt wird. Doch längst wird sich nicht mehr beim Naseschnäuzen, sondern beim Schreiben simpler E-Mails blamiert. Deshalb ist bereits in den Anfangsjahren des Cyberspace ein Online-Knigge geschaffen worden – die Netiquette. Aufgrund der ständig steigenden Zahl der Internetbenutzer musste gelernt werden, miteinander umzugehen. Nur so können Missverständnisse vermieden werden. Den Nutzern wird das Leben nicht gerade leicht gemacht, weil nur das geschriebene Wort für die Kommunikation genutzt werden kann. Einige Benimmregeln werden beim Mailen gebraucht, um sich beim Briefpartner nicht unbeliebt oder lächerlich zu machen.

B Knigge für die elektronische Post

Seit dem berühmten Freiherrn von Knigge erwartet man von jedem Menschen das Befolgen der Verhaltensregel, dass man nicht ins Tischtuch schnäuzt. Doch längst blamieren sich die Menschen nicht mehr beim Naseschnäuzen, sondern beim Schreiben simpler E-Mails. Deshalb haben die ersten Nutzer bereits in den Anfangsjahren des Cyberspace einen Online-Knigge geschaffen – die Netiquette. Aufgrund der ständig steigenden Zahl der Internetbenutzer mussten diese lernen, miteinander umzugehen. Nur so können sie Missverständnisse vermeiden. Das Medium macht den Nutzern das Leben nicht gerade leicht, weil sie nur das geschriebene Wort für die Kommunikation nutzen können. Sie brauchen beim Mailen einige Benimmregeln, um sich beim Briefpartner nicht unbeliebt oder lächerlich zu machen.

1 Beide Texte sind gleich lang und haben denselben Inhalt. Entscheidet spontan, welcher Text euch besser gefällt. Begründet.

2 Untersucht, was im Text **A** anders als im Text **B** ist.
– Welche Angaben macht Text **B**, die im Text **A** nicht enthalten sind?
– Worauf wird die Aufmerksamkeit der Leser im Text **A** stärker gelenkt als im Text **B**?

3 Kombiniert beide Texte miteinander. Fügt beim Abschreiben des Textes **A** die ausgesparten Angaben ein. Diese Angaben enthält der Text **B**.
Seit dem berühmten Freiherrn von Knigge wird <u>von jedem Menschen</u> das Befolgen der Verhaltensregel erwartet, dass nicht...

4 Schreibe alle Verbformen des Textes **A** untereinander heraus und füge das Personalpronomen *es* hinzu.
– Ordne ihnen dann die entsprechenden Verbformen des Textes **B** zu.
– Schreibe sie mit dem jeweiligen Subjekt auf.

es wird erwartet ...   jeder Mensch erwartet ...
es wird sich blamiert ...   die Menschen ...

5 Ordnet den zwei unterschiedlichen Verbformen die Begriffe **Aktiv** und **Passiv** zu.

Grammatik

262

In Sätzen, in denen das Verb im **Aktiv** steht,
liegt die Betonung eher auf dem Handelnden, dem „Täter":
***Jeder Mensch** erwartet seit Knigge, dass **man** nicht ins Tischtuch schnäuzt.*
 Aktiv   Aktiv

Sätze, in denen das Verb im **Passiv** steht, stellen dagegen eher den Vorgang,
das Geschehen des Satzes selbst heraus:
*Seit Knigge **wird** von jedem Menschen **erwartet**, dass nicht ins Tischtuch **geschnäuzt wird**.*
 Passiv   Passiv   Passiv

In Passivsätzen kann der Handelnde, der Täter, auch weggelassen werden:
*Seit Knigge **wird** [...] **erwartet**, dass nicht ins Tischtuch **geschnäuzt wird**.*
Das Passiv wird mit einer Form von *werden* und dem *Partizip II* des Verbs gebildet:
wird erwartet – wurde erwartet – ist erwartet worden – war erwartet worden – wird erwartet werden.

Wie Handlungsanweisungen formuliert werden können

Neben dem Herausstellen des Vorgangs hat das Passiv noch eine andere Funktion.
Passivsätze können als **Handlungsanweisungen** gebraucht werden.

Inhalte aus der Netiquette (1)

- E-Mails werden wie ein Papierbrief in korrekter Rechtschreibung verfasst. Besonderer Wert wird auf die Groß- und Kleinschreibung gelegt. Anmerkungen in Großbuchstaben werden vom Adressaten als unhöfliches Geschrei empfunden.

- Auf eingegangene E-Mails wird möglichst rasch geantwortet. Da E-Mailing ein schnelles Medium ist, sollte auf eine E-Mail innerhalb der nächsten 24 Stunden geantwortet werden. Umgekehrt wird vom Schreiber ein bisschen Geduld erwartet, denn der Briefkasten wird nicht von jedem täglich geprüft.

- Attachements (Anhänge) werden, wenn nicht unbedingt nötig, vermieden. Aus Angst vor Viren werden sie von vielen Anwendern nicht geöffnet und gelesen. Wenn doch ein Anhang verschickt wird, dann wird seine Größe unter einem Megabyte gehalten.

1 Wie empfindet ihr diese Hinweise aus der Netiquette, auf bestimmte Normen beim E-Mail-Schreiben zu achten: eher höflich, verbindlich oder eher streng, auffordernd?

2 Wie könnten die drei Handlungsanweisungen noch formuliert werden? Sucht euch in Gruppen jeweils eine aus und formuliert sie einmal in anderer Weise als im Passiv.

3 Aus eurem Alltag kennt ihr bestimmt auch Passivsätze, die als Aufforderung an euch zu verstehen sind. Schreibt sie auf und lest sie euch gegenseitig vor.
Zuerst wird aufgeräumt, bevor es in die Disco geht!

4 Lest eure Texte aus Aufgabe 2 im Plenum vor. Vergleicht sie miteinander. Welche Formulierungsvarianten könnt ihr feststellen?

Grammatik

Handlungsanweisungen können sehr unterschiedlich formuliert werden:

Passiv:
E-Mails werden wie ein Papierbrief in korrekter Rechtschreibung verfasst.
Imperativ:
Verfasse E-Mails wie einen Papierbrief in korrekter Rechtschreibung.
Infinitiv:
E-Mails wie einen Papierbrief in korrekter Rechtschreibung verfassen.
man-Konstruktion:
Man verfasst E-Mails wie einen Papierbrief in korrekter Rechtschreibung.
sein + zu + Infinitiv:
E-Mails sind wie ein Papierbrief in korrekter Rechtschreibung zu verfassen.

5 Welche der Formulierungsvarianten im Kasten habt ihr in euren Texten verwendet? Überprüft, ob ihr eine davon durchgehend in allen Sätzen oder ob ihr mehrere im Text gebraucht habt.

Inhalte aus der Netiquette (2)

- In E-Mails sind kurze Briefe zu schreiben. Längere Briefe sind in dem kleinen Fenster am Monitor nur schlecht zu lesen.

- E-Mails im Internetformat HTML werden vermieden. Post mit Formatierungen und eingefügten Grafiken werden von vielen Empfängern als nervend empfunden – vor allem dann, wenn die Post im Browser geöffnet werden muss.

- Veröffentliche keine privaten E-Mails. Mit der Veröffentlichung oder Weiterleitung privater E-Mails verstößt man nicht nur gegen die Netiquette. Ein solches Verhalten wird als Vertrauensbruch gewertet.

- Nachricht mit einer aussagekräftigen Überschrift (Subject/Betreff) versehen. Gefahr vermeiden, dass die E-Mail im mit Werbung gefüllten Briefkasten des Empfängers untergeht.

- Man schickt E-Mails gezielt an den richtigen Empfänger. Deshalb beachtet man unbedingt die korrekte E-Mail-Adresse. Mails an allgemeine Adressen beantwortet man oft nicht.

6 Netiquette – sind alle so nett und freundlich formuliert, wie es der Name sagt?

7 Formuliert die Netiquette-Hinweise in der Gruppe so, wie sie euch am besten gefallen.

Grammatik

Im Überblick: Kommasetzung

1. NEBENORDNUNG

1.1 Aufzählung von Wörtern

1.1.1 Zwischen den aufgezählten Wörtern steht jeweils ein Komma:
Jacob, Laura, Tanja, Tim gingen in dieselbe Klasse.

1.1.2 Wenn zwischen den aufgezählten Wörtern *und/oder/sowie* stehen, wird kein Komma gesetzt:
Jacob und Laura sowie Tanja und Tim gingen in dieselbe Klasse.

1.2 Aufzählung von Wortgruppen

1.2.1 Zwischen den aufgezählten Wortgruppen steht jeweils ein Komma:
Jacob und Laura einerseits, Tim und Tanja andererseits waren gute Freunde.

1.2.2 Wenn zwischen den aufgezählten Wortgruppen *und/oder/sowie* stehen, wird kein Komma gesetzt:
Jacob und Laura einerseits sowie Tim und Tanja andererseits waren gute Freunde.

1.3 Aufzählung von Hauptsätzen

1.3.1 Zwischen den aufgezählten Hauptsätzen steht jeweils ein Komma:
Jacob saß neben Laura, er mochte sie, er liebte sie sogar.

1.3.2 Wenn zwischen den aufgezählten Hauptsätzen *und/oder* stehen, muss kein Komma gesetzt werden:
Jacob saß neben Laura (,) und er mochte sie (,) und er liebte sie sogar.

1.4 Aufzählung von gleichrangigen Nebensätzen

1.4.1 Zwischen den aufgezählten Nebensätzen steht jeweils ein Komma:
Jacob saß neben Laura, weil er sie mochte, weil er sie sogar liebte.

1.4.2 Wenn zwischen den aufgezählten Nebensätzen *und/oder* stehen, wird kein Komma gesetzt:
Jacob saß neben Laura, weil er sie mochte und weil er sie sogar liebte.

1.5 Heraushebungen

1.5.1 nach links:
Laura aber, sie wusste noch nichts davon.

1.5.2 nach rechts:
Das musste er unbedingt ändern, der verliebte Jacob.

1.5.3 eingeschoben:
Jacob, der Verliebte, hatte sich etwas vorgenommen.

1.6 Datumsangaben

1.6.1 nach Wochentagen und Ortsangaben:
Jacob hatte sich das genau am Sonntag, dem 12. Mai (,) überlegt. Er begann, ihr einen Brief zu schreiben: Görlitz, den 12. Mai 2007.

1.6.2 Nach einer Datumsangabe muss kein Komma stehen:
Jacob hatte sich das genau am Sonntag, dem 12. Mai (,) überlegt.

1.6.3 Vor einer Zeitangabe muss ein Komma stehen, nach einer Zeitangabe muss kein Komma stehen:
Das alles geschah an diesem Sonntag, dem 12. Mai, um 18.00 Uhr (,) in seinem Zimmer.

2. UNTERORDNUNG

Die **Hauptregel** lautet: Nebensätze werden immer vom übrigen Satz durch **Komma** abgetrennt.

2.1 Nebensätze, die mit einer Konjunktion eingeleitet sind
2.1.1 vorausgestellt:
Seit er sie liebte, wollte er mit ihr gern einmal ins Kino gehen.
2.1.2 nachgestellt:
Sie hatte aber nie Zeit, wenn er sie einlud.
2.1.3 eingeschoben:
Das machte ihn, obwohl er sonst keinen Anlass hatte, misstrauisch.

2.2 Nebensätze, die mit einem Fragewort eingeleitet sind
2.2.1 vorausgestellt:
Ob sie mit ihm einmal ins Kino gehen würde, fragte er sie eines Tages.
2.2.2 nachgestellt:
Eines Tages fragte er sie, ob sie mit ihm einmal ins Kino gehen würde.

2.3 Nebensätze, die mit einem Relativpronomen eingeleitet sind
2.3.1 nachgestellt:
Dabei schaute er Laura an, deren Gesicht aber unbewegt blieb.
2.3.2 eingeschoben:
Jacob, der die Reaktion Lauras bemerkt hatte, war enttäuscht.

2.4 Nebensätze ohne Einleitewort (indirekte Rede)
Er sagte, das finde er sehr schade.

2.5 Infinitive mit *zu* und Partizipialgruppen
2.5.1 In der Regel muss kein Komma stehen:
Jacob nahm sich vor (,) seine Einladung noch einmal zu wiederholen.
Von Jacob erneut eingeladen (,) war Laura dann aber doch einverstanden.

2.5.2 Das Komma sollte gesetzt werden, um die Aussage eindeutig zu machen:
Doch es gab immer wieder Probleme für ihn, Zeit zu finden.
Doch es gab immer wieder Probleme, für ihn Zeit zu finden.

2.5.3 Das Komma muss gesetzt werden, wenn der Infinitiv mit *zu* durch ein Wort im Hauptsatz angekündigt wird:
Vielleicht ist es sogar möglich, hinterher mit ihr noch ein Eis zu essen. Jacob freute sich die ganze Zeit darauf, mit Laura im Kino zu sitzen.

2.5.4 Das Komma muss gesetzt werden, wenn der Infinitiv mit *zu* mit *um, ohne, statt, anstatt, außer, als* eingeleitet wird:
Er wird sie in eine Eisbar einladen, anstatt mit ihr vor einem Kiosk zu stehen.

2.5.5 Das Komma muss gesetzt werden, wenn sich der Infinitiv mit *zu* auf ein Substantiv bezieht:
Endlich hat sich Jacobs Traum erfüllt, längere Zeit mit Laura verbringen zu können.

TIPP: Bei einem Infinitiv mit *zu* solltet ihr **immer ein Komma** setzen, dann seid ihr auf der sicheren Seite – und die Kommasetzung ist immer richtig!

Nebenordnung: Kommasetzung

Es regnet, (A) es hört auf, (B) es regnet wieder, (C) so ist das den ganzen Tag. Der Regen ist warm, (D) und die Luft ist warm, (E) und die Pilze wachsen. Ich bin am Vormittag (F) und bin am Abend unterwegs, (G) schleppe einen Rucksack, (H) bin zu Pferde, (I) suche Pilze.

Ein Pilz bekommt mich nicht vom Pferd, (J) es müssen sich mehrere versammeln, (K) dann tue ich ihnen die Ehre an, (L) steige ab ... Was tut man eigentlich mit Pilzen? Man spricht vom Pilzesammeln, (M) vom Pilzesuchen (N) oder vom In-die-Pilze-Gehen. Großstädter sprechen zuweilen vom Pilzepflücken, (O) aber dann schmunzeln die Dörfler. Eigentlich bricht man Pilze (P) oder zieht sie aus dem Waldboden, [...] Pilzesammeln ist der häufigste Ausdruck für das Ernten von Pilzen, (Q) aber kein Mensch wird beim Auffinden einer Gruppe von Pilzen sagen: Die sammle ich mir! Er wird auch nicht sagen: Die pflücke, (R) breche, (S) ziehe (T) oder suche ich mir. Kurzum, es gibt im Deutschen kein eigentliches Verb für das Ernten von Pilzen. [...]

1 Begründe mit Hilfe der Angaben im *Überblick: Kommasetzung* (Seite 265–266), warum an den mit Buchstaben versehenen Stellen im Text ein Komma gesetzt bzw. warum keins gesetzt ist. Schreibe so auf: (A) = 1.3.1; (B) = ...

2 Im folgenden Text fehlen 13 Kommas. Schreibe den Text ab und setze dabei die fehlenden Kommas an der richtigen Stelle ein.

Ich war ein begeisterter Turner. Und ich wurde ein ziemlich guter Turner. Mit eisernen Hanteln mit hölzernen Keulen an Kletterstangen an den Ringen am Barren am Reck am Pferd am Kasten und schließlich am Hochreck. Das Hochreck wurde mein Lieblingsgerät [...] Ich genoss die Schwünge Kippen Stemmen Hocken Grätschen Kniewellen Flanken und aus dem schwungvollen Kniehang das Fliegen durch die Luft mit der in Kniebeuge und Stand abschließenden Landung auf der Kokosmatte.

3 In diesem Text fehlen vier Kommas. Lest die entsprechenden Sätze vor und sprecht die Kommas mit. Zwei Kommas könnt ihr setzen, müsst es aber nicht. Lest auch diese Sätze vor.

Ein Dackel – Held des Tages

1) Ein Dackel wurde zum Helden des Tages er hatte nämlich gemeinsam mit seinem Herrchen einen von der Polizei gesuchten Drogendealer gefangen.
2) Das Paar ging in einem Dortmunder Park spazieren denn das Herrchen brauchte frische Luft und Struppi musste mal Gassi.
3) Auf einmal blieb der Dackel knurrend und bellend vor einem Gebüsch stehen aber Herrchen kannte das zur Genüge und wartete deshalb eine Weile geduldig.
4) Plötzlich knisterte es hinter dem Gebüsch und der Rentner rief erschrocken: „Rauskommen!" und zu seiner maßlosen Überraschung kam ein junger Mann mit erhobenen Händen heraus.
5) Der hatte zu spät seinen „Dackel-Irrtum" erkannt er wurde einer Polizeistreife übergeben, die ein aufmerksamer Spaziergänger gerufen hatte.

Unterordnung: Kommasetzung

1 Begründe mit Hilfe der Angaben im *Überblick: Kommasetzung* (Seite 265–266), warum an den mit Buchstaben versehenen Stellen im Text ein Komma gesetzt ist. Schreibe deine Lösung wieder so auf:
A = 2.1.1
B = …

Fleischfressende Pflanzen

Während die meisten Pflanzen die lebenswichtigen Mineralstoffe über ihre Wurzeln aus der Erde gewinnen, **(A)** ernähren sich fleischfressende Pflanzen von tierischem Eiweiß. Weil sie an nährstoffarmen Standorten wie Felsen und Mooren wachsen, **(B)** sind sie auf diese besondere Nahrungsquelle angewiesen.
5 Manche fleischfressenden Pflanzen, **(C)** die auch Karnivoren genannt werden, **(D)** fangen Insekten auf ihren klebrigen Blättern. Wieder andere besitzen Fangarme, **(E)** die ein Insekt umschließen.
Zu den Karnivoren, **(F)** die noch in unseren Gegenden wachsen, **(G)** gehört der Sonnentau. Diese Pflanze besitzt löffelförmige Blätter, **(H)** die mit roten
10 Fangarmen besetzt sind. Wenn sich eine Fliege auf einem Sonnentaublatt niedergelassen hat, **(I)** wird sie von den klebrigen Fangarmen umschlossen und regelrecht festgeleimt. Da sich die Fliege auf dem klebrigen Untergrund heftig bewegt, **(J)** verfängt sie sich immer mehr in den Fangarmen des Sonnentaus. Der gefangene Leckerbissen wird dann so von dem Blatt verhüllt, **(K)** dass er
15 für hungrige Vögel unsichtbar ist. Verdauungssäfte umspülen das Insekt, **(L)** sodass sich sein Inneres allmählich auflöst.
Nachdem die tierischen Nahrungsstoffe über das Blatt der Pflanze zugeführt worden sind, **(M)** richten sich die Fangarme wieder auf. Sie geben den ausgehöhlten Panzer des Insekts frei, **(N)** der dann vom Wind davongeblasen wird.

Nicht in jedem Fall ist vor der Konjunktion *und* die Kommasetzung freigestellt. Wenn zwischen zwei Hauptsätzen ein Nebensatz steht, **muss** ein **Komma** stehen, selbst dann, wenn der zweite Hauptsatz mit *und* beginnt.

Die Wetterberichte geben heute schon oft Hinweise, die sich an wetterfühlige Menschen richten, ***und*** *sie machen damit für diese Menschen eine Vorsorge möglich.*

| Hauptsatz |, | Nebensatz |, und | Hauptsatz |.

Ein Test: Kommasetzung

1 Entscheide, ob an den nummerierten Stellen ein Komma gesetzt werden muss oder nicht. Schreibe die Sätze ab. Ergänze hinter jedem Satz die Begründung für deine Entscheidung.
(18 Punkte)

Im Mittelalter reiste man aus beruflichen (1) oder aus religiösen Anlässen. Die Kaufleute benutzten bereits Pferd (2) und Wagen (3) oder auch schon Schiffe (4) aber die Pilger reisten auf ihrem Weg nach Italien (5) nach Spanien (6) oder nach Jerusalem in der Regel zu Fuß. Kaufleute und Pilger mussten die einfachen (7) und sehr gefährlichen Fernhandelswege benutzen (8) und waren vor Überfällen nicht sicher. Die Reisen dauerten oft Monate (9) manchmal sogar Jahre.

2 Welche der folgenden vier Regeln zur Kommasetzung bei Nebensätzen trifft zu? Schreibe den entsprechenden Buchstaben auf. (1 Punkt)

   a) Nebensätze werden nur dann durch Komma vom übrigen Satz getrennt, wenn sie ihm vorangestellt sind.
   b) Nebensätze werden nur dann durch Komma vom übrigen Satz getrennt, wenn sie durch eine unterordnende Konjunktion eingeleitet werden.
   c) Nebensätze werden immer durch Komma vom übrigen Satz getrennt.
   d) Nebensätze werden nur dann durch Komma vom übrigen Satz getrennt, wenn sie ihm nachgestellt sind.

3 Schreibe den folgenden Text ab und setze die fehlenden Kommas ein. (7 Punkte)

Auch Insekten sollten sich nicht in die Nesseln setzen!
(1) Ein langsames Ende finden alle Arten von Insekten die sich auf einer bestimmten Blumennessel in Amerika niederlassen. (2) Die Stängel und Blätter der Nesseln werden etwa 60 cm hoch und sind mit einem Pelz von Haaren bewachsen. (3) Diese Haare bestehen aus winzigen zurückgebogenen Stacheln und Haken und krallen und bohren sich in Insekten hinein die sich auf ihnen niedergelassen haben. (4) Die Haken der Nessel fixieren das Insekt an Beinen oder Flügeln sodass eine Flucht fast unmöglich ist. (5) Die spitzen Stacheln die mit Widerhaken ausgerüstet sind durchbohren das Insekt dann. (6) Diese Ausrüstung bietet der Nessel Schutz vor jenen Insekten die Blätter fressen oder Pflanzensäfte saugen. (7) Aber auch harmlose zufällig dort landende Insekten werden von der Pflanze aufgespießt.

4 Schau dir jetzt noch einmal die Satzgefüge in dem Text *Auch Insekten sollten sich nicht in die Nesseln setzen!* an.

– Schreibe die Ziffern der Satzgefüge auf, in denen ein Relativsatz enthalten ist, der durch Kommas vom übrigen Satz abgetrennt wird. (4 Punkte)

– Unterstreiche im Satz (4) den Hauptsatz rot, den Nebensatz grün. (2 Punkte)

– Begründe deine Entscheidung zur Kommasetzung in Satz (2). (2 Punkte)

Bildhafte Ausdrucksweise

Düdellüdeltüt

Der Kellner serviert das Rumpsteak und wünscht guten Appetit. Da passiert es am Nebentisch: „Düdellüdeltüt" zirpklingelt es aus einem Handy. Dessen Besitzer holt es so lässig wie Bill Gates persönlich
5 aus seinem Diplomatenkoffer, macht dabei dieses „Bestimmt-wieder-die-Wallstreet-Gesicht" und führt den bimmelnden Sprechknochen mit affektiert gespreizten Fingern zum Ohr: „Ja, hallo", bellt er wichtig und so laut durchs Lokal, dass es jedes andere Ge-
10 spräch durchkreuzt. „Ach du bist's, Mama", säuselt er weiter, jetzt in gepresstem Flüsterton und peinlich errötend.
Handy-Rowdys scheren sich weder um das Fernmeldegeheimnis noch um Manieren bei Tisch. Ihr guter
15 Ton heißt „Düdellüdeltüt". Handys sind „in" …

Es klingelt

Der Kellner serviert das Rumpsteak und wünscht guten Appetit. Da passiert es am Nebentisch: Ein Handy klingelt. Dessen Besitzer holt es aus seinem Diplomatenkoffer, macht dabei ein wichtiges Gesicht
5 und führt das Handy ans Ohr: „Ja, hallo", meldet er sich mit lauter Stimme. „Ach du bist's, Mama", spricht er weiter, jetzt ein bisschen leiser, die Sache ist ihm nun doch
10 ein wenig peinlich.
Handy-Benutzer kümmern sich nicht um das Fernmeldegeheimnis und um Manieren bei Tisch. Für sie ist das Handyklingeln das Wichtigste. Handys sind modern …

1 In beiden Texten wird dieselbe Situation dargestellt – und doch unterscheiden sich die Texte voneinander. Worin besteht für euch der wichtigste Unterschied?

2 Sucht im ersten Text Stellen, die die Situation und vor allem das Verhalten des Handybenutzers anschaulich verdeutlichen.

3 Übernimm die folgende Tabelle, die einige sprachliche Mittel für bildhaftes Gestalten enthält, in dein Heft.
— Trage deine gefundenen Beispiele in die entsprechende Spalte ein.
— Vergleicht eure Lösungen miteinander.

Metapher	Vergleich	ungewöhnlich zusammengesetzte Wörter
er bellt		

Grammatik

Aufenthalt in D.

Aus irgendeinem unerfindlichen Grund blieb der IC in einem Ort stehen, den ich bisher nicht kannte. Die Stimme des Zugbegleiters krächzte wenige Minuten später aus dem Bordfunk, dass ein Lokschaden eine Weiterfahrt für die
5 nächsten beiden Stunden verhindere. Wir sollten uns ein wenig die Beine vertreten. Der hat gut reden, bei diesem Sauwetter, dachte ich.

Mit mir waren nur wenige Fahrgäste der tollen Empfehlung des Zugbegleiters gefolgt. Ich betrat den Bahn-
10 hofsvorplatz: Niemand zu sehen, alles ätzend, superöde. Vorm Bahnhof trifft sich doch sonst die halbe Stadt, aber bei diesem Wetter! Es goss wie aus Kannen, und über den total leeren Platz tobte ein Wind, als gelte es, auch noch die allerletzten Papierfetzen wegzufegen.

15 Zwei Stunden in diesem Kaff, das hält doch kein Mensch aus! Nachdem ich dort eine kleine Ewigkeit gestanden und beobachtet hatte, wie Wind und Regen ihre stumpfsinnige Arbeit verrichteten, hörte ich plötzlich Disko-Musik aus einem gegenüberliegenden Gebäude. Is' ja nur ein Kat-
20 zensprung dahin, ging es mir durch den Kopf, ehe ich hier anwachse. Ich stemmte mich gegen den Wind und stapfte hinüber. Als ich die Tür zur Disko öffnete, kamen mir Riesenschwaden von Rauch entgegen. Dann blieb ich wie angewurzelt stehen, so überrascht war ich: Alles, was in diesem
25 Kaff Beine hatte, fand wohl die Schwaden und den Höllenlärm absolut geil …

4 In dem Text befinden sich Wörter und Wendungen, mit denen die Situation und bestimmte Sachverhalte bildhaft dargestellt werden.
– Nennt Beispiele aus dem Text und sprecht darüber, was sie bedeuten.
– Wie wirken diese Wörter und Wendungen auf euch?
– Einige Beispiele wirken bewusst übertreibend, um die Situation besonders anschaulich darzustellen. Auf welche trifft das eurer Meinung nach zu?

5 Wie könnte die Geschichte weitergehen? Schreibt dazu ein paar Sätze im Stil des Textes auf. Vielleicht schafft ihr es, die Geschichte bis zur Weiterfahrt des Zuges zu erzählen.

6 Vergleicht eure Ergebnisse. Welche sind eurer Meinung nach besonders gut gelungen, weil sie die bisherige Atmosphäre widerspiegeln?

Eigenschaften
a) Max ist einer, der mit seiner Meinung nicht hinterm Berg hält.
b) Maria braucht nur zu erscheinen, schon hat sie bei allen Leuten einen Stein im Brett.
c) Pit kann machen, was er will, er kommt auf keinen grünen Zweig.
d) Chris ist ein echter Kumpel, mit dem man Pferde stehlen kann.
e) Sarah reißt sich fast ein Bein aus, um alles ordentlich zu erledigen.
f) Paul dagegen versucht erst einmal, alles auf die lange Bank zu schieben.

7 In jedem dieser Sätze befindet sich eine feststehende Redewendung.
– Schreibe sie heraus und übersetze sie mit eigenen Worten.
– Vergleicht eure Lösungen miteinander.

8 Hinter jeder Abbildung verbirgt sich eine feststehende Redewendung. Schreibe diese Redewendungen mit ihrer Bedeutung auf.

9 Versucht zu ermitteln, wie die eine oder andere Redewendung aus den Aufgaben 7 und 8 entstanden sein könnte. Ihr könnt dazu entsprechende Wörterbücher, z. B. Duden, Band 11, Redewendungen, benutzen. Tragt eure Ergebnisse im Plenum vor.

Der Beschluss der Stare

Bald war's trocken, bald nass, bald windig, bald still, dann wurde es warm und plötzlich noch einmal kalt. Im Weltraum schien das Rezept für den Frühling verloren gegangen zu sein.

Die Stare, die schon Reiser und Halme für die künftigen Nester
5 gesucht hatten, unterbrachen ihre Arbeit und vereinigten sich zu einem Schwarm. Um die Vormittagszeit fiel der Schwarm in der Gebüschinsel auf den frostgrauen Wiesen ein. Ein Knarren und Querren hob an, und scharfe Pfiffe schnitten drein, ein Lärmen wie von menschlichen Rüpeln auf Fußballplätzen.
10 Plötzlich wurde es still. *Die Dreijahresstare hatten sich Gehör verschafft: „Beim Schwärmen sich wärmen!"* Aber die großschnabeligen Jungstare schlugen vor, in wärmere Länder, wenigstens in die Vogesen, zurückzufliegen. „Zurück wär verquer! Sucht Wermer[1] und Mecken[2] in ihren Verstecken!", antworteten die Altstare. Ihr
15 Ratschlag wog. Alle Stare blieben, durchsuchten den wärmeren Waldboden nach Würmern, sättigten sich, sangen ein bisschen und konnten pünktlich mit dem Nestbau fortfahren, als das Frühlingsrezept zwischen den Sternen des Weltraums aufgefunden wurde.

Erwin Strittmatter

[1] regional für Würmer
[2] regional für Mücken

10 Seht euch die kursive Textstelle genau an. Welches besondere sprachliche Mittel verwendet Strittmatter hier, um die Situation bildhaft zu gestalten? Im Text könnt ihr noch weitere Beispiele für dieses sprachliche Mittel finden.

11 Der Text enthält auch noch andere sprachliche Mittel des bildhaften Gestaltens. Schreibt Beispiele für diese Mittel heraus. Ihr könnt euch dazu auch an den Angaben im Kasten orientieren.

Überblick über wichtige Mittel der bildhaften Ausdrucksweise:
- **Metaphern**: eine *spitze* Bemerkung
- **sprachliche Vergleiche**: ein Lärmen *wie von menschlichen Rüpeln auf Fußballplätzen*
- **Personifizierungen**: Die Dreijahresstare *hatten sich Gehör verschafft: „Beim Schwärmen sich wärmen."*
- **sprachliche Übertreibungen**: Vorm Bahnhof trifft sich doch sonst *die halbe Stadt*.
- **feststehende Redewendungen**: *etwas auf die lange Bank schieben*
- **ungewöhnlich zusammengesetzte Wörter**: *„Düdellüdeltüt"* zirpklingelt es.

Grammatik

Wörter gehen unter – Wörter verändern ihre Bedeutung

Was versteht man eigentlich unter der Bedeutung eines Wortes?

1 Denkt einmal darüber nach, ob die beiden Wörter *bekommen* und *erhalten* dasselbe bedeuten.
– Macht durch Handzeichen eure Entscheidung deutlich.
– Zählt eure Antworten aus: Wie viele Ja-, wie viele Nein-Stimmen gibt es?

2 Probiert in den folgenden Sätzen aus, ob für *bekommen* das Wort *erhalten* stehen kann.

a) Ich habe einen Brief bekommen.
b) Meine ältere Schwester bekam ein Kind.
c) Überraschend bekamen wir gestern Gäste.
d) Unsere Hündin hat Junge bekommen.
e) Die Kinder bekamen große Angst.
f) Wir müssen endlich etwas in den Magen bekommen.
g) Peter bekommt Carolins Adresse.
h) Uta hat heute früh ihren Bus nicht mehr bekommen.
i) Die von ihm gewünschte CD ist im Kaufhaus nicht mehr zu bekommen.
j) Von dem ganzen Trubel bekam Sandra Kopfschmerzen.

3 Vergleicht eure Lösungen. Wo gibt es Unterschiede? Sprecht über mögliche Gründe dafür.

Die **Bedeutung** eines Wortes lernt man, wenn man die Sprache lernt. Um z. B. die Bedeutung von *kindlich* und *kindisch* unterscheiden zu können, muss man lernen, in welchem Zusammenhang sie in unserer Sprache verwendet werden. *Kindlich* verweist auf ein typisches Verhalten eines Kindes, *kindisch* dagegen auf ein albernes Benehmen eines Menschen.
Die **Bedeutung** eines Wortes wird also in seiner festgelegten Verwendung in einer bestimmten Situation deutlich.

---

4 Welcher Satz trifft auf *bekommen*, welcher auf *erhalten* zu?

1) Das Verb ? hat eine umfassendere Bedeutung. Es wird eher in personenbezogenen Zusammenhängen gebraucht.
2) Das Verb ? dagegen hat eine begrenztere Bedeutung. Es wird eher in sachbezogenen Zusammenhängen gebraucht.

5 Probiert in den Sätzen a) bis j), ob man das Verb *kriegen* in allen Sätzen verwenden kann.

6 Überlegt, ob die Sätze mit *kriegen* unterschiedlich wirken, wenn man sie spricht bzw. wenn man sie schreibt.

Wörter gehen unter

Warum gehen Wörter unter?

Unser Wortschatz verändert sich ständig. Es kommen neue Wörter hinzu, und andere werden nicht mehr gebraucht. Mit der Zeit vergisst man sie, und sie gehen unter. Kaum jemand von uns kennt heute noch solche Wörter wie *Zitternadel, Feldscher* oder *Ritterzehrung*.

Zitternadel bezeichnete früher ein Schmuckstück für eine Frau. Es war ein Edelstein, der an einem dünnen elastischen Draht befestigt war. Am Ende des Drahtes befand sich eine Nadel, sodass der Edelstein in ständiger Bewegung war. Er zitterte eben. Mit *Feldscher* meinte man eine Person, die sowohl als Heeresarzt als auch als Bartscherer, also als Frisör, tätig war. Eine *Ritterzehrung* bekam im Mittelalter ein verarmter Ritter, damit er nicht hungern musste. Für diese Wörter bestand mit der Zeit kein Bedürfnis mehr, vor allem weil die Sachen, die sie bezeichneten, verschwanden. Die Frauen trugen keine Zitternadeln mehr, weil sie aus der Mode geraten waren. Heute ist es undenkbar, dass ein Arzt zugleich seine Patienten rasiert! Und Bettler solch vornehmer Art gibt es schon seit Langem nicht mehr.

Es gibt noch andere Gründe für das Untergehen von Wörtern. Wenn man früher jemandem einen Rat geben wollte, bezeichnete man das als *Ratschlagung*. Das heutige Wort Rückkehr lautete damals *Zurückkehr*. Wollte einer darauf hinweisen, dass er eine Tatsache bereits schon einmal erwähnt hatte, drückte er das mit dem Wort *vorerwähntermaßen* aus. Für unser heutiges *hoffentlich* gebrauchte man das längere Wort *verhoffentlich*. Vielleicht hatten die Leute in der Vergangenheit wirklich mehr Zeit, sich in dieser Weise auszudrücken. Der Wunsch, vieles knapper zu formulieren, nahm aber ständig zu. Solche Wortungeheuer mit unnötigen Verlängerungen und überflüssigen Wortbausteinen verschwanden. Das ökonomische Verhalten hielt Einzug in die Sprache. Mit diesen sprachökonomischen Bemühungen verbunden war auch der Wunsch nach Eindeutigkeit und Klarheit in der sprachlichen Verständigung. So wurde z.B. der Bienenstock früher auch als *Beute* bezeichnet. Dieses Wort geriet immer mehr mit dem der Bedeutung des Erbeuteten in Kollision, sodass mit den Jahren *Beute* nicht mehr im Zusammenhang mit Bienen gebraucht wurde. Das Wort *Haarwachs* hatte gar nichts mit *Haar* zu tun, sondern bezeichnete das sehnige Ende eines *Muskels*. Zunehmend störte aber der lautliche Zusammenfall mit dem für unseren Kopfschmuck, sodass *Haarwachs* nicht mehr gebraucht wurde und unterging. Eine sehr ausgefallene Bezeichnung für die heutige *Schwiegertochter* stellte das Wort *Schnur* dar. Zugleich bezeichnete es – wie auch heute noch – einen Bindfaden. Offensichtlich hängt es mit der ähnlichen Bezeichnung *Schwiegermutter* zusammen, dass *Schnur* als Bezeichnung für *Schwiegertochter* aus dem Sprachgebrauch verschwand.

1 Welche dieser Aussagen treffen auf den Text zu?

a) Mit *Ritterzehrung* wurde eine Krankheit von Rittern bezeichnet.
b) Unser Wortschatz unterliegt ständigen Veränderungen.
c) Wörter verschwinden aus unserem Wortschatz, weil sie nicht in ein Wörterbuch aufgenommen worden sind.
d) Im Laufe der Zeit versuchten die Menschen, immer längere Wörter zu bilden und zu gebrauchen.
e) Das Untergehen von *Schnur* als Bezeichnung für *Schwiegertochter* hängt mit der Analogie zum Wort *Schwiegermutter* zusammen.
f) Ein Grund für das Untergehen von Wörtern liegt im Bestreben, sich kurz und knapp auszudrücken.

Die Bedeutung von Wörtern wandelt sich

Alle Sprachen unterliegen einem ständigen Wandel. Das betrifft auch die Bedeutung von Wörtern.

1 Lies die folgenden vier Texte. In jedem wird das Wort *gemein* in einer anderen Bedeutung gebraucht.

17. Jahrhundert
Obschon im Krieg der Adel, [...], dem *gemeinen* Mann vorgezogen wird, so kommen doch viel aus niederem Stand zu hohen Ehren.

18. Jahrhundert
Durch meine Leichtigkeit, zu reimen und *gemeinen* Gegenständen eine poetische Seite abzugewinnen, hatte er sich gleichfalls zu solchen Arbeiten verführen lassen.

19. Jahrhundert
Sie, die Frau Goethe, haben wir auch alle herzlich gern, und sie fühlt dies mit Dank und Freude, erwidert es auch und war ganz offen und mit dem vollsten Vertrauen gegen alle gesinnt. Ihr äußeres Wesen hatte etwas *Gemeines*, ihr inneres aber nicht. Sie betrug sich liberal und schön …

20. Jahrhundert
Das war sehr *gemein* von dir. Das hätte ich nicht von dir erwartet, du müsstest dich eigentlich schämen!

2 In welchen Bedeutungen wird das Wort *gemein* in den vier Texten gebraucht?

gewöhnlich   nicht adlig   böse   einfach

Ordnet sie den entsprechenden Jahrhunderten zu:
17. Jh. = ?, …

3 Welchen Bedeutungswandel haben die Wörter *brav*, *rüstig*, *billig* erlebt? Lest die folgenden Angaben und beschreibt den Bedeutungswandel dieser drei Wörter mit eigenen Worten.

brav: verwandt mit dem lateinischen Wort *barbarus*, das „fremdländisch, wild, unkultiviert" bedeutete. Im Spanischen wird *bravo* neben „wild, grausam" auch verwendet für „tapfer, tüchtig". Über das Italienische und Französische gelangt *brave* Anfang des 16. Jahrhunderts ins Deutsche. Im 30-jährigen Krieg bezeichnet *brav* eine soldatische Tugend, nämlich „kühn, draufgängerisch" zu sein. Vom 18. Jahrhundert an wird es im Sinne von „ordentlich, rechtschaffen", aber auch „höflich, angenehm" verwendet. Heute dient *brav* vorwiegend dazu, Kinder als „gehorsam" zu bezeichnen.

rüstig: im Ahd.[1] (*rustih*) und im Mhd.[2] (*rüstic*) verwendet in der Bedeutung „bereit, gerüstet". Im 17. und 18. Jahrhundert bedeutete es „kräftig, vital" und konnte auf Personen, unabhängig von ihrem Alter, bezogen werden: auf Kinder, Erwachsene und Greise. Heute wird *rüstig* nur als Charakterisierung älterer Menschen verwendet, wenn sie körperlich noch fit sind.

---

[1] Ahd. = Althochdeutsch, Abschnitt in der deutschen Sprachgeschichte etwa zwischen 700 und 1100 n. Chr.
[2] Mhd. = Mittelhochdeutsch, Abschnitt in der deutschen Sprachgeschichte etwa zwischen 1100 und 1500 n. Chr.

billig: im Ahd. *(billih)*, im Mhd. *(billich)* bis ins 18. Jahrhundert in der Bedeutung „angemessen, passend" gebraucht. Diese Bedeutung hat sich bis heute in der Rechtssprache und in der Wendung *recht und billig sein* erhalten. Mitte des 19. Jahrhunderts ist eine verstärkte Verwendung von *billig* in wirtschaftlichen Zusammenhängen zu beobachten: Ein *billiger* Lohn und ein *billiger* Preis bedeuteten damals keinen niedrigen Lohn bzw. Preis, sondern einen angemessenen. Ab der zweiten Hälfte des 19. Jahrhunderts setzt sich die Verwendung von *billig* in der Bedeutung „preisgünstig" immer mehr durch. Im Zusammenhang damit kommt die Bedeutung „minderwertig" auf: Wenn etwas nicht viel kostet, dann kann es auch nicht viel taugen. Damit geht von dieser Bedeutung auch eine negative Wirkung aus: Er hat einen *billigen* Anzug an.

4 Versucht, den Bedeutungswandel der Wörter *Frau*, *Schlange* und *fahren* genauer nachzuvollziehen. Der Kasten unten gibt euch dazu die notwendigen Informationen.

a) Im Mhd. wurde mit dem Wort *vrouwe* (heute: *Frau*) nur die Herrin, also zumeist eine adlige Dame bezeichnet.
– Wen bezeichnet das Wort *Frau* heute?

b) Schon in ahd. Zeit bezeichnete man mit *slango* (heute: *Schlange*) das Tier, das sich auf dem Boden windend fortbewegt.
– Wir verwenden dieses Wort heute noch in einer anderen Bedeutung. In welcher?

c) Das Wort *fahren* wurde früher in der Bedeutung „sich fortbewegen" gebraucht. Sie bezog alle Fortbewegungsmittel ein: *gehen, reiten, schwimmen, fliegen*.
– Vergleicht die ursprüngliche Bedeutung von *fahren* mit der heutigen.

> Der Wandel der Bedeutung von Wörtern verläuft im Allgemeinen als
> **1. Bedeutungsverengung:**
> Der aktuelle Bedeutungsbereich eines Wortes ist – im Vergleich zur ursprünglichen Bedeutung – kleiner. Das Wort bedeutet weniger als früher.
> **2. Bedeutungserweiterung:**
> Der aktuelle Bedeutungsbereich eines Wortes ist – im Vergleich zur ursprünglichen Bedeutung – größer. Das Wort bedeutet mehr als früher.
> **3. Bedeutungsübertragung:**
> Ein bereits vorhandenes Wort erhält aufgrund ähnlicher Merkmale (äußere Form, bestimmte Eigenschaft) eine weitere, eine übertragene Bedeutung.

5 In der Übersicht findet ihr 13 Wörter aus dem Mittelhochdeutschen mit ihrer ursprünglichen Bedeutung und die entsprechenden Wörter aus der heutigen Sprache. Sprecht euch die mhd. Wörter einmal gegenseitig vor. Beachtet dabei folgende Hinweise:
– Die Vokale mit diesen Zeichen ^ / ¯ werden lang, die anderen kurz gesprochen.
– Das **h** wird wie das heutige **ch** (la<u>ch</u>en) gesprochen.
– Beim **ei** werden das **e** und das **i** getrennt gesprochen.

	mhd. Wort	seine ursprüngliche Bedeutung	heutiges Wort
1	hôhgezît	jedes hohe Fest	Hochzeit
2	mūs	kleines, graues Nagetier	Maus
3	schenken	jemandem etwas zu trinken geben	schenken
4	marschalc	Aufseher über Pferde, Pferdeknecht	Marschall
5	mūsen	Mäuse fangen (von Katzen, anderen Tieren)	mausen
6	wīp	jede Frau	Weib
7	kranc	schmal, gering, schwach	krank
8	ē (we)	Sitte, Recht, Gesetz	Ehe
9	bein	Knochen	Bein
10	sūber	frei von Schmutz	sauber
11	vūl	träge, nicht fleißig	faul
12	vertec	bereit zur Fahrt, zum Aufbruch	fertig
13	geil	fröhlich, ausgelassen	geil

6 In welcher Bedeutung werden die Wörter heute gebraucht? Vergleicht sie mit der ursprünglichen Bedeutung.
– Welche Wortbedeutung hat sich im Laufe der Zeit verengt bzw. erweitert?
– Welche Wörter haben eine zusätzliche, eine übertragene Bedeutung erhalten?

Der Bedeutungswandel von Wörtern zeigt sich in ihrem veränderten Gebrauch. So wurde z. B. das Wort *rüstig* zunehmend auf ältere Menschen angewendet, nachdem es lange Zeit auf Menschen jeglichen Alters zugetroffen hat. Die veränderte Bedeutung bringt nun zum Ausdruck, dass ältere Menschen körperlich noch fit sind. Der Bedeutungswandel kann verlaufen als
1. Bedeutungsverengung: *Schirm* bedeutet ursprünglich „Schutz vor allem", heute „Schutz vor Sonne/Regen": *Regenschirm*;
2. Bedeutungserweiterung: *Sehr* bedeutet ursprünglich „schmerzhaft, wund", heute drückt es „einen hohen Grad von Eigenschaften" aus: *sehr gut*;
3. Bedeutungsübertragung: *Meckern* bedeutet ursprünglich „Laute der Ziege", heute wird damit auch „Unzufriedenheit" zum Ausdruck gebracht: *Er meckert jeden Tag*.

Wie man sich in sprachlichen Zweifelsfällen helfen kann

Beim Sprechen und Schreiben könnt ihr manchmal in eine Situation geraten, in der euch Zweifel kommen, was denn nun richtig oder falsch bzw. erlaubt oder nicht erlaubt ist. Das betrifft mitunter Fragen der Rechtschreibung, auch der Grammatik und der Wortbildung. Wie ihr mit diesen Zweifeln umgehen und wie ihr sie lösen könnt, erfahrt ihr in diesem Kapitel.

..., weil ich keine Zeit habe.

Eigentlich wisst ihr, dass in einem *weil*-Satz die finite (gebeugte) Verbform am Ende steht:
a) *Ich konnte die letzte Testaufgabe nicht bearbeiten, weil mir bei den anderen Aufgaben die Zeit davongelaufen **war**.*

..., weil ich habe keine Zeit.

In letzter Zeit habt ihr aber schon viele *weil*-Sätze gehört, in denen die finite Verbform wie in einem Hauptsatz schon an zweiter Satzgliedstelle steht:
b) *Ich konnte die letzte Testaufgabe nicht bearbeiten, weil mir **war** bei den anderen Aufgaben die Zeit davongelaufen.*

1 Vermutet einmal, ob der Satz b) schon in dieser Form **geschrieben** werden kann. Zählt einmal aus, wie viele von euch das für möglich halten.

Nun wollt ihr es aber genau wissen, wie es sich mit der Stellung des finiten Verbs in *weil*-Sätzen beim Schreiben verhält. Das Nachschlagen in einem üblichen Wörterbuch hilft uns mitunter nicht weiter. Doch kapitulieren muss man deswegen nicht, denn es gibt ein Nachschlagewerk, das in diesen Fällen sehr schnell helfen kann:

Vielleicht gibt es an eurer Schule ein Exemplar davon. Und wenn ihr dann einmal darin blättert, dann könnt ihr feststellen, dass die am häufigsten vorkommenden Zweifel nach dem Alphabet geordnet sind. Das erleichtert das Nachschlagen und Klären der Zweifel sehr.

weil: 1. Komma: […]
2. Stellung des Verbs nach *weil*: Mit der Konjunktion *weil* werden Nebensätze eingeleitet, das Verb (Finitum) steht also standardsprachlich wie bei allen mit einer unterordnenden Konjunktion eingeleiteten Nebensätzen am Ende (Verbletztsatz): *Sie kann nicht mitkommen, weil sie keine Zeit hat*. In der gesprochenen Sprache kommt *weil* jedoch auch in Sätzen mit dem finiten Verb nach dem ersten Satzglied wie im Aussagehauptsatz (…, *weil sie hat keine Zeit*, Verbzweitsatz) vor: *Ich habe die Gesellenprüfung, aber die hab ich nicht da gemacht, weil in Bayern ist die Gesellenprüfung schwieriger als bei uns in Baden-Württemberg* (Fichte). *Weil* nimmt hierbei die Position der nebenordnenden Konjunktion *denn* ein. Bei *weil* jedoch gilt dieser Gebrauch in der geschriebenen Standardsprache als nicht korrekt. […]
3. […]

2 Um dieses Problem zu lösen, könnt ihr also in diesem Wörterbuch unter dem Stichwort *weil* nachschlagen.

3 Welche Erklärungen gibt das Wörterbuch *Richtiges und gutes Deutsch*?
– Wo steht die finite Verbform generell in Nebensätzen?
– Was ist in letzter Zeit in der gesprochenen Sprache zu beobachten?
– Für welche andere Konjunktion steht dabei *weil*?
– Gilt diese Rollenübernahme auch in der geschriebenen Sprache?
– Wo muss also das finite Verb in geschriebenen *weil*-Sätzen stehen?

Der Vater oder die Mutter hat es gewusst – Der Vater oder die Mutter haben es gewusst?

4 Entscheidet euch beim Lesen der folgenden Sätze spontan, ob das Verb im Singular oder im Plural stehen müsste. Sprecht anschließend darüber.

1) Uta oder Robert *muss / müssen* zur Schülerratssitzung gehen.
2) Meine Schwester oder meine beiden Brüder *sollte / sollten* den Abwasch übernehmen.
3) Entweder Andi oder Dani *hat / haben* das Gerücht in Umlauf gebracht.
4) Tom und Maria beziehungsweise Lukas allein *muss / müssen* das verloren gegangene Buch ersetzen.
5) Uns *fehlt / fehlen* noch ein Computertisch beziehungsweise zwei Regale.
6) Morgen *steht / stehen* entweder eine Mathearbeit oder eine Physikarbeit an.
7) Ein oder zwei neue Hefter *wird / werden* noch benötigt.
8) Entweder Herr Richter oder Frau Hansen *sollte / sollten* die Fahrkarten besorgen.

5 Entscheide mit Hilfe der folgenden Informationen, welche Verbform jeweils richtig ist.

Der Vater oder die Mutter hat / haben es gewusst:
Wenn ein Subjekt aus zwei Teilen besteht, die durch die Konjunktionen *oder*, *entweder – oder*, *beziehungsweise* miteinander verbunden sind, steht das Verb im Singular:
Ich weiß nicht, ob Karl oder Fritz es getan **hat**. *Entweder mein Vater oder meine Mutter* **hat** *das gesagt.*
Die Firma Meier beziehungsweise die Firma Müller **wird** *Stellung nehmen.*

Wenn aber einer von den beiden Teilen des Subjekts im Singular und einer im Plural steht, dann gilt Folgendes:

Das Verb steht im Plural, wenn der dem Verb am nächsten stehende Teil ebenfalls im Plural steht:
Der Vater allein oder **alle müssen** *die Verantwortung übernehmen. Entweder meine Mutter oder* **meine beiden Schwestern haben** *das gesagt. Die Firma Meier beziehungsweise* **die Firmen Schulze und Müller werden** *Stellung nehmen.*

Das Verb steht im Singular, wenn der dem Verb am nächsten stehende Teil ebenfalls im Singular steht:
Alle oder **der Vater allein muss** *die Verantwortung übernehmen. Entweder meine beiden Schwestern oder* **meine Mutter hat** *das gesagt. Die Firmen Schulze und Müller beziehungsweise* **die Firma Meier wird** *Stellung nehmen.*

Im Februar dieses Jahres – im Februar diesen Jahres?

6 Wie muss es eurer Meinung nach richtig heißen?

*Im Februar **dieses** Jahres wurde die Kunstausstellung eröffnet.*
oder
*Im Februar **diesen** Jahres wurde die Kunstausstellung eröffnet.*

Tauscht euch zuerst wieder dazu aus.

7 Überprüft eure Entscheidung mit Hilfe der Angaben aus *Richtiges und gutes Deutsch*.

> **dieselbe, dieselben:** ↑derselbe.
> **dieser, diese, dieses: 1. Anfang dieses Jahres:** Das Demonstrativ *dieser, diese, dieses* wird in der Regel stark flektiert. Wenn es bei einem Maskulinum oder Neutrum steht, heißt es daher im Genitiv Singular *dieses*: *die Ansichten dieses Ministers, die Fenster dieses Hauses*. Nur bei wenigen Substantiven hat sich die schwache Form *diesen* ausgebreitet, z. B. *Anfang diesen* (neben *dieses*) *Jahres* in Analogie zu *Anfang vorigen/nächsten Jahres*. Als standardsprachlich korrekt gilt jedoch vor allem bei konservativen Sprachpflegern nur *Anfang dieses Jahres*.

freigebig – freigiebig?

8 Welches von den beiden Wörtern würdet ihr gebrauchen?

9 Lest euch diese Angaben aus dem Wörterbuch durch.

> **freigebig/freigiebig:** Sprachgeschichtlich gerechtfertigt ist eigentlich nur *freigebig*, ein seit dem 16. Jh. belegtes Kompositum mit dem alten Adjektiv *gebig/gäbig* »gerne gebend« zu *Gabe*. Demgegenüber ist *freigiebig* in ursprünglich unpassender Analogie* zu *ergiebig, ausgiebig, nachgiebig* usw. gebildet (eigentlich nicht richtig deshalb, weil zwar zu *ergiebig* das Verb *ergeben* existiert, aber kein *freigeben* »gern, reichlich geben« für eine Form *freigiebig*).

* Analogie: sinngemäße Übertragung

10 Zwei der folgenden Aussagen treffen zu. Welche?

1) Die einzig richtige Wortform heißt *freigiebig*, weil sie so wie *ausgiebig* gebildet wird.
2) *Freigebig* ist eine Zusammensetzung von *frei* und dem alten Adjektiv *gebig*.
3) Genauso wie sich *ergiebig* aus dem Verb *ergeben* herleitet, existiert auch der Zusammenhang zwischen *freigiebig* und *freigeben*.
4) Aus sprachgeschichtlicher Sicht ist nur *freigibig* belegt.
5) *Freigiebig* ergibt sich aus dem Nomen *Gabe*.

11 In der Erklärung des Wörterbuchs taucht zweimal das Wort *eigentlich* auf. Was bedeutet das für die Antwort auf die Frage, ob es *freigebig* oder *freigiebig* heißt?

Ziffern oder Buchstaben?

5 Bücher oder fünf Bücher?
Grundsätzlich kann man Zahlen sowohl in Ziffern als auch in Buchstaben schreiben. Die alte Buchdruckerregel, nach der die Zahlen von 1 bis 12 in Buchstaben und die Zahlen von 13 an in Ziffern zu setzen sind, gilt heute n i c h t mehr. Auch die Zahlen von 1 bis 12 werden in Ziffern gesetzt, wenn z. B. in Statistiken, in technischen oder wissenschaftlichen Texten o. Ä. die Zahl und das die Sache bezeichnende Substantiv die Aufmerksamkeit auf sich lenken sollen:
Kurbel mit 2 Wellen, Zahnrad mit 2 Spindeln.
Auch vor Zeichen und Abkürzungen von Maßen, Gewichten, Geldsorten usw. ist die Zahl in Ziffern zu setzen: 3 km; 7,4 kg; 6 Euro.
Wählt man statt der Abkürzungen die entsprechenden Vollformen, dann kann die Zahl in Ziffern wie in Buchstaben gesetzt werden:
11/elf Kilometer, 2/zwei Euro.
Andererseits können die Zahlen von 13 an, sofern sie übersichtlich sind, auch ausgeschrieben werden, wie es z. B. in erzählenden Texten (Roman, Brief o. Ä.) geschieht:
Sie war dreiundneunzig Jahre alt geworden.

12 Beantwortet mit Hilfe dieses Textes folgende Fragen:
– Wann werden die Zahlen von 1 bis 12 in Ziffern geschrieben?
– Wie ist die Schreibung von Zahlen vor Abkürzungen geregelt?
– In welchen Texten können die Zahlen von 13 an in Buchstaben geschrieben werden?
– Wie schreibt **ihr** in euren Texten Zahlen – in Ziffern oder in Buchstaben?

Du brauchst nicht zu kommen – Du brauchst nicht kommen

13 Gebraucht ihr *brauchen* mit dem Wörtchen *zu* oder nicht? Gibt es Unterschiede zwischen dem Sprechen und Schreiben?

14 Lest den Wörterbucheintrag.
– Unter welcher Bedingung kann *brauchen* mit *zu*, unter welcher ohne *zu* verwendet werden?
– Welche Bedeutung hat *brauchen* ohne *zu*?
– Am Ende des Eintrages steht die Formulierung *meistens noch*. Worauf deutet dies hin?

Du brauchst nicht zu kommen/Du brauchst nicht kommen:
Verneintes oder durch *nur*, *erst* u. a. eingeschränktes *brauchen* + Infinitiv mit *zu* drückt aus, dass ein Tun oder Geschehen nicht oder nur unter bestimmten Bedingungen nötig ist: *Du brauchst nicht zu kommen* (≙ hast es nicht nötig, zu kommen, es besteht für dich keine Notwendigkeit, zu kommen). Besonders in der gesprochenen Sprache wird das *zu* vor dem Infinitiv oft weggelassen, d. h., verneintes oder eingeschränktes *brauchen* wird wie verneintes und eingeschränktes *müssen* verwendet: *Du brauchst nicht kommen* ≙ *Du musst nicht kommen. Du brauchst erst morgen anfangen* ≙ *Du musst erst morgen anfangen.* Damit schließt sich *brauchen* an die Reihe der Modalverben (*müssen, dürfen, können, sollen, wollen, mögen*) an, die ebenfalls mit dem reinen Infinitiv verbunden werden. In der geschriebenen Sprache wird das *zu* vor dem Infinitiv meistens noch gesetzt: *Du brauchst nicht zu kommen. Du brauchst erst morgen anzufangen.*

15 Sag es kürzer!
Du hast es wohl nicht nötig, dich zu waschen? Besteht für dich keine Notwendigkeit, jetzt deine Hausaufgaben zu machen? Hast du es nicht nötig, deine Gäste zu begrüßen? Gab es keine Notwendigkeit für dich, das Zeugnis von deinen Eltern unterschreiben zu lassen?

Fachausdrücke der Grammatik und Rechtschreibung

Adjektiv
Wortart; Adjektive geben an, was jemand oder etwas ist (das *blonde* Mädchen) und wie etwas vor sich geht (Der Sieg fiel uns *leicht*.). Wichtigstes Erkennungszeichen: Alle Adjektive können zwischen Artikel und Nomen vorkommen (ein *leichter* Sieg).
Viele Adjektive lassen sich steigern: lieb – lieber – am liebsten.

Adverb
Wortart; Adverbien geben an, *wo* (dort, links ...), *wann* (heute, bald ...), *wie* (gern, vielleicht ...), *warum* (deshalb, doch ...) etwas passiert.
Mit Adverbien lässt sich ein Bezug zum Inhalt des vorausgegangenen Satzes herstellen: Susi sah mich an. *Deshalb* wurde ich ganz verlegen. Adverbien kann man nicht beugen.

Adverbial
Satzglied, *auch* adverbiale Bestimmung/Umstandsbestimmung; man unterscheidet vier Arten:
– Adverbial der **Zeit** (wann?): am frühen Morgen;
– Adverbial des **Ortes** (wo?, wohin?): auf der Landstraße; auf die Landstraße;
– Adverbial des **Grundes** (warum?): wegen des starken Sturms;
– Adverbial der **Art und Weise** (wie?): mit voller Kraft.
Wegen des starken Sturms stürzte *am Freitagmorgen* ein 15 Meter hoher Baum *mit voller Kraft* auf die Straße.

Akkusativ
Deklinationsform, 4. Fall, Wenfall; er antwortet auf die Frage „wen/was/wohin?": den Hund, das Spiel, auf den Schulhof.

Akkusativobjekt
Satzglied; Ergänzung des Prädikats durch ein Nomen oder Pronomen im Akkusativ. Das Akkusativobjekt kann man mit den Fragen „wen?": Er trifft *seinen Freund/ihn*. bzw. „was?": Wir bauen *ein Haus/es*. ermitteln.

Aktiv
Verbform, mit der der „Täter", der Handelnde, in einem Satz in den Vordergrund gerückt wird. Dann steht der „Täter" zumeist am Satzanfang: Die Zuschauer *feiern* die Spieler.
Gegensatz: → Passiv

Antonym
Gegensatzwort; ein Wort weist im Vergleich zu einem anderen eine gegensätzliche Bedeutung auf: *groß* – *klein*, *unten* – *oben*, *Nutzen* – *Schaden*.

Artikel
Wortart; Begleiter des Nomens; man unterscheidet zwei Arten: **bestimmter** Artikel: *der* Hof, *die* Wiese, *das* Haus (Singular), *die* Höfe, Wiesen, Häuser (Plural); **unbestimmter** Artikel: *ein* Hof, *eine* Wiese, *ein* Haus.

Attribut
Satzgliedteil; mit Attributen kann man der Bedeutung eines Nomens eine Information hinzufügen. Es gibt unterschiedliche Formen des Attributs:
– **Genitiv**-Attribut: das Haus *meines Vaters*;
– **Adjektiv**-Attribut: eine *tolle* Leistung;
– **präpositionales** Attribut: die Fahrt *nach Bonn*;
– **pronominales** Attribut: *unsere* Hilfe;
– **Relativsatz**-Attribut:
 Die Hilfe, *die wir erwartet hatten*, blieb aus.
– **Apposition** als Attribut:
 Das Flugzeug, *ein alter Doppeldecker*, stürzte ab.
Attribute können im Satz nicht allein, sondern nur mit dem entsprechenden Satzglied umgestellt werden: Sie kauft sich eine *rote* Vase. – Eine *rote* Vase kauft sie sich.

Begleitsatz
Teil der wörtlichen Rede; je nach der Stellung zum Redeteil unterscheidet man:
– **vorangestellter** Begleitsatz:
 Sie fragte: „Kommst du morgen mit in den Zirkus?"
– **nachgestellter** Begleitsatz:
 „Kommst du morgen mit in den Zirkus?", *fragte sie*.
– **eingeschobener** Begleitsatz:
 „Kommst du", *fragte sie*, „morgen mit in den Zirkus?"

Dativ
Deklinationsform, 3. Fall, Wemfall; er antwortet auf die Frage „wem?/wo?": dem Hund, auf dem Schulhof.

Dativobjekt
Satzglied; Ergänzung des Prädikats durch ein Nomen oder Pronomen im Dativ. Das Dativobjekt kann man mit der Frage „wem?" ermitteln:
Das Buch schenke ich *meiner Freundin/ihr*.

Deklination
Beugung (Flexion) von Nomen, Pronomen, Artikeln, Adjektiven nach den vier Fällen:
das interessante Spiel, des interessanten Spiels, dem interessanten Spiel, das interessante Spiel; du, deiner, dir, dich. → Fall

Fall
Form der Deklination von Nomen, Pronomen, Artikeln, Adjektiven. Man unterscheidet vier Fälle:
– **Nominativ** (1. Fall): *der große Sieger*,
– **Genitiv** (2. Fall): *des großen Siegers*,
– **Dativ** (3. Fall): *dem großen Sieger*,
– **Akkusativ** (4. Fall): *den großen Sieger*.

Futur I
Zeitform des Verbs; das Futur I wird vor allem verwendet, wenn man über etwas spricht oder schreibt, was vielleicht noch passieren wird: Am Ende *werden* wir doch *gewinnen*.

Futur II
Zeitform des Verbs; das Futur II wird gebraucht,
- um etwas zu bezeichnen, das in der Zukunft geschehen, abgeschlossen sein wird: *Morgen um diese Zeit **wird** er die Prüfung **geschafft haben**.*
- um eine Vermutung, eine Annahme auszudrücken: *Maria **wird** wohl krank **geworden sein**.*

Genitiv
Deklinationsform, 2. Fall, Wesfall; er antwortet auf die Frage „wessen?": *Das ist das Haus **meiner Mutter**.*

Genitivobjekt
Satzglied; Ergänzung des Prädikats durch ein Nomen oder Pronomen im Genitiv. Das Genitivobjekt wird mit der Frage „wessen?" ermittelt: *Ich erinnere mich **des Vorfalls/seiner**.* Genitivobjekte werden im Vergleich zu Dativ-, Akkusativ- und präpositionalen Objekten selten gebraucht.

Gleichsetzungsnominativ
Satzglied; den Gleichsetzungsnominativ gibt es nur in Sätzen, in denen Formen von *sein* und *werden* vorkommen:
*Mein Vater **ist Schlosser**.*
*Meine Schwester **wird Dolmetscherin**.*
Der Gleichsetzungsnominativ ist wie das Subjekt mit den Fragen *wer?*, vor allem mit *was?* zu ermitteln:
Was ist dein Vater? Was wird deine Schwester? → Satzglied

grammatisches Geschlecht
Form des Nomens, die durch den Artikel angezeigt wird; man unterscheidet: **Maskulinum** (männlich): *der Berg*; **Femininum** (weiblich): *die Straße*; **Neutrum** (sächlich): *das Gebirge*. Grammatisches und natürliches Geschlecht stimmen nicht immer überein: *der Vater, die Mutter; aber: das Mädchen.*

Hauptsatz
Satz, der allein vorkommt und für sich verständlich ist: *Wir gewinnen das nächste Spiel. Werden wir das nächste Spiel gewinnen? Gewinnt das nächste Spiel!*

Hilfsverb
haben, sein, werden; sie werden zur Bildung von Zeitformen des Verbs benötigt: *Ich **habe** das nicht gewusst. Er **ist** seit Tagen verschwunden. Der Zug **wird** gleich ankommen.*
Das Hilfsverb *werden* wird zur Bildung von Passivformen gebraucht: *Das Spiel **wurde** auf Montag verlegt.* → Passiv

Indikativ
Verbform; sie verwendet man, wenn man über etwas Tatsächliches schreibt oder spricht: *Unsere Klasse **belegte** beim Schreibwettbewerb den 1. Platz.* Gegensatz: → Konjunktiv II

Indirekte Rede
zumeist verkürzte Wiedergabe einer wörtlichen Rede; der Sprecher/Schreiber entscheidet, in welcher Form er die indirekte Rede wiedergibt:
- Konjunktiv I: *Er sagte, er **könne** nicht kommen.*
- Indikativ: *Er sagte, er **kann** nicht kommen.*

Infinitiv
Grundform des Verbs, die im Satz nicht nach Person, Zahl und Zeit verändert wird: *schlafen, singen*.
Gegensatz: → Personalform des Verbs

Komma
Satzzeichen; das Komma wird gesetzt
- bei **Nebenordnung** von Wörtern und Sätzen: *Carolin, Daniela und Andreas fahren in Urlaub. Carolin gefallen die Ferien, Daniela würde sogar noch länger bleiben, nur Andreas findet sie nicht ganz so schön.*
- bei **Unterordnung** von Sätzen: *Nachdem wir unser Gepäck abgestellt hatten, erkundeten wir unseren Ferienort.*
- bei **Hervorhebung** von Wörtern: *Das sollte dir nicht nochmals passieren, mein Lieber. Celia, komm endlich!*

Konjugation
Veränderung (Beugung) des Verbs nach Person, Zahl und Zeit.
→ Personalform des Verbs

Konjunktion
Wortart, auch Bindewort; Konjunktionen verbinden Wörter und Sätze miteinander:
- **nebenordnend:** *Vater **und** Mutter, Sieg **oder** Niederlage, Peter kommt nicht, **denn** er muss Hausaufgaben machen.*
- **unterordnend:** *Ich denke, **dass** er noch kommen wird. Ich weiß nicht, **ob** du das verstanden hast. Ich konnte nicht kommen, **weil** ich deine Adresse nicht mehr wusste.*
Konjunktionen kann man nicht beugen.

Konjunktiv I
Verbform; sie wird häufig verwendet, wenn man eine wörtliche Rede verkürzt wiedergeben will:
*Er behauptete, er **habe** nicht mit Carolin **gesprochen**.*
*Sie sagte, sie **wünsche** keine Geburtstagsfeier.*
→ indirekte Rede

Konjunktiv II
Verbform; sie verwendet man, wenn man über etwas schreibt oder spricht, was man sich nur vorstellt, wünscht oder für möglich hält: *Jetzt **wäre** ich gern zu Hause. Dann **sähe** ich Jule wenigstens noch einmal.*
Die Formen des Konjunktivs II werden von den Vergangenheitsformen des Verbs gebildet: *er kam – er käme, er hatte gelacht – hätte gelacht.*
Der Konjunktiv II wird häufig durch eine Form mit *würden* ersetzt: *Ich **würde** Jule wenigstens noch einmal **sehen**.*
Gegensatz: → Indikativ

Metapher
Wort mit übertragener Bedeutung; die Bedeutungsübertragung von einem auf ein anderes Wort entsteht aufgrund von ähnlichen Merkmalen: Knick im Ohr eines Esels
- Knick in einer Buchseite = Eselsohr
Metaphern können sein:
- einzelne Wörter: *Bücherwurm*
- Redewendungen: *jemanden an die Kette legen*
→ Personifizierung

Modalpartikeln
kleine Wörter, mit denen man in einem Gespräch Beziehungen zum Partner aufbauen kann; z. B. *ach, eben, vielleicht, gerade, schon, denn, mal.*

Nebensatz
Satz, der weder allein stehen kann noch allein zu verstehen ist; Nebensätze können nur in Verbindung mit Hauptsätzen vorkommen, zwischen ihnen muss immer ein Komma stehen: *Wir wollten gerade losfahren, **als Lucy kam**. **Ob das in dieser Zeit zu schaffen ist**, wissen wir nicht.*

Nomen
Wortart, *auch* Substantiv; Nomen bezeichnen Lebewesen, Gegenstände, Gedanken, Gefühle und Zustände.
Sie werden immer großgeschrieben:
das Tier, der Topf, die Hoffnung, das Grün.
Auch Wörter anderer Wortarten können zu Nomen werden:
*etwas **Neues**, das **Grün**, das **Laufen**, beim **Schreiben**.*

Nominalisierung
Wechsel von Wörtern aus anderen Wortarten in die Wortart Nomen: *das **Singen**, ein kräftiges **Rot**, das **Du** anbieten, das **Für** und **Wider**, die Buslinie **Zwei**.*

Nominativ
Deklinationsform, 1. Fall, Werfall; er antwortet auf die Fragen „wer/was?": *der Hund, die Katze, das Tier.*

Objekt
Satzglied; Ergänzung des Prädikats durch ein Nomen oder Pronomen. → Akkusativobjekt, → Dativobjekt, → präpositionales Objekt, → Genitivobjekt

Partizip
Form des Verbs, die im Satz nicht nach Person, Zahl und Zeit verändert wird. Man unterscheidet zwei Arten:
Partizip I: *singend, weinend;* Partizip II: *gesungen, geweint*

Passiv
Verbform, mit der der „Betroffene" in einem Satz in den Vordergrund gerückt wird; dann steht der „Betroffene" zumeist am Satzanfang. Der „Täter" kann dabei auch weggelassen werden:
*<u>Die Spieler</u> **werden** (von den Zuschauern) **gefeiert**.*
Das Passiv wird mit dem Hilfsverb *werden* und dem Partizip II gebildet: *wird gefeiert, wird ausgelacht.*
Gegensatz: → Aktiv, → Hilfsverb

Perfekt
Zeitform des Verbs; das Perfekt verwendet man vor allem dann, wenn man über etwas spricht, was bereits vorbei ist:
*Am Sonntag **bin** ich nach Hamburg **gefahren** und **habe** mir das Spiel des HSV **angesehen**.*

Personalform des Verbs
nach Person, Zahl und Zeit veränderte Form des Verbs, auch finite Verbform: *du sprich**st**, wir hielt**en** an, er **ist** angekommen.* Gegensatz: → Infinitiv, → Partizip

Personifizierung
Übertragung von Eigenschaften von Personen auf unbelebte Gegenstände und Erscheinungen:
*Der Wind **legte sich**. Der Wald **ruft**.* Durch Personifizierung wird Sprache bildhaft und lebendig. → Metapher

Plusquamperfekt
Zeitform des Verbs; das Plusquamperfekt wird verwendet, wenn etwas in der Vergangenheit bereits abgeschlossen ist (Vorvergangenheit): *Nachdem ich in Hamburg **angekommen war**, fuhr ich mit der S-Bahn zum Stadion.*

Prädikat
Satzglied; es enthält immer ein Verb. Das Prädikat stimmt in der Person und Zahl mit dem Subjekt des Satzes überein: *Chris bringt das Buch zurück. Wir bringen Peter nach Hause.*
Man unterscheidet
– **einteilige** Prädikate: *Es **schneit**. Er **kam** gegen 20 Uhr.*
– **mehrteilige** Prädikate: *Er **lachte** mich **aus**. Er **ist** viel zu spät **gekommen**. Er **wird** das doch nicht **vergessen haben**.*

Prädikatsklammer
Wenn das Prädikat aus mehreren Teilen besteht, bilden diese eine Prädikatsklammer. In der Prädikatsklammer können sich mehrere Satzglieder befinden:
*Wir **sind** wegen des schlechten Wetters schon gestern nach Hause **gefahren**.*
*Das Spiel **fällt** infolge des starken Regens leider **aus**.*

Präposition
Wortart; Präpositionen setzen Sachverhalte miteinander in Beziehung: *Ich warte **auf** dem Bahnhof, ich warte **hinter** dem Bahnhof, ich warte **vor** dem Bahnhof.*
Sie setzen das nachfolgende Nomen oder Pronomen in einen bestimmten Fall:
– Präpositionen mit dem **Genitiv**: *wegen des Regens, trotz der Mahnung;*
– Präpositionen mit dem **Dativ**: *zu dem Haus, von dem Hof;*
– Präpositionen mit dem **Akkusativ**: *für dich, ohne ihn;*
– Präpositionen mit **Dativ und Akkusativ**: *auf dem/den Schulhof, an der/die Mauer.*

Präpositionales Objekt
Satzglied; Ergänzung des Prädikats durch ein Nomen oder Pronomen, das durch eine Präposition mit dem Verb verbunden ist: *Wir hoffen <u>**auf** schönes Wetter</u>. Peter freut sich <u>**über** das Geschenk</u>.*
Die Frage nach dem präpositionalen Objekt enthält immer die im Objekt vorkommende Präposition: *Wir hoffen **auf** was/worauf? Peter freut sich **über** was/worüber?* → Objekt

Präsens
Zeitform des Verbs; das Präsens verwendet man vor allem dann, wenn man über etwas spricht oder schreibt, was zur selben Zeit passiert: *Da **kommt** der erste Fahrer um die Kurve, er **sieht** sich noch einmal **um**, aber keiner **folgt** ihm.*

Präteritum
Zeitform des Verbs; das Präteritum verwendet man vor allem dann, wenn man über etwas schreibt, was bereits passiert ist: *Als ich gestern über den menschenleeren Marktplatz **ging**, **hörte** ich hinter mir ein Geräusch.*

Pronomen
Wortart; Pronomen können Nomen im Text ersetzen oder begleiten:
- **Indefinitpronomen:** *Hast du **irgendeine** Ahnung, wer das gewesen sein könnte?*
- **Personalpronomen:** *Das Haus gefällt mir, weil **es** so groß ist.*
- **Possessivpronomen:** ***Mein** Freund fährt heute nach Italien.*
- **Demonstrativpronomen:** ***Dieses** Buch bekommst du und **jenes** deine Schwester.*
- **Reflexivpronomen:** *Ute hat **sich** sehr gefreut.*
- **Relativpronomen:** *Die Wanderung, **die** wir für morgen geplant hatten, muss verschoben werden.*
- **Anredepronomen:** *Ich hoffe, dass ich **Sie** morgen sehe. Vielleicht kannst **du/Du** auch kommen.*

Mit Hilfe von Pronomen können die Sätze eines Textes miteinander verknüpft werden.

Redesatz
Satz der wörtlichen Rede, der immer in Anführungszeichen steht: *„Warum muss ich die Tafel abwischen?", murrte Kai. Kai murrte: „Warum muss ich die Tafel abwischen?" „Warum", murrte Kai, „muss ich die Tafel abwischen?"*

Satzglied
Teile von Sätzen, die man gemeinsam umstellen kann:
Am Wochenende/besuchen/alle Schüler unserer Klasse/ das Motorradmuseum.
Das Motorradmuseum/besuchen/alle Schüler unserer Klasse/ am Wochenende.
→ Adverbial, → Objekt, → Prädikat, → Subjekt, → Gleichsetzungsnominativ

Satzgliedfolge
Anordnung der verschiedenen Satzglieder in einem Satz; sie richtet sich in der Regel nach dem Prinzip vom Bekannten zum Neuen.
Am Satzanfang steht häufig ein Satzglied, das sich auf den vorausgegangenen Satz bezieht, am Ende dagegen steht das Satzglied, das für die Information am wichtigsten ist:
*Das Volksfest ist immer gut besucht. **Deswegen** organisiert der Verein ein solches Spektakel **jedes Jahr**.*

Sprachgeschichte
Entwicklung der deutschen Sprache von den Anfängen bis zur Gegenwart; wichtige Etappen der Sprachgeschichte: das **Althochdeutsche** (700–1100); das **Mittelhochdeutsche** (1100–1500); das **Neuhochdeutsche** (seit 1500).

Steigerung
Formen des Adjektivs, die Gleichheit oder Verschiedenheit von Eigenschaften zum Ausdruck bringen:
- **Positiv/Grundstufe:** *Der Stern leuchtet hell.*
- **Komparativ/Steigerungsstufe:** *Der Stern leuchtet heller.*
- **Superlativ/Höchststufe:** *Jener Stern leuchtet am hellsten.*

Subjekt
Satzglied; Subjekte bezeichnen Personen, Gegenstände, Sachverhalte, über die im Satz etwas ausgesagt wird: ***Hans** (wer?) winkt uns zu. **Das Auto** (was?) wurde stark beschädigt.*

Synonym
Wort, das dieselbe oder eine ähnliche Bedeutung wie andere Wörter hat: *Gasthaus – Raststätte – Restaurant, dick – beleibt – mollig, gehen – schlendern – schlurfen.* Mehrere Synonyme können in einem Wortfeld erfasst werden.
→ Wortfeld

Umstellprobe
Eine Probe, mit der man Satzglieder ermitteln kann:
***Das Spiel** musste wegen des starken Gewitters vom Schiedsrichter abgebrochen werden. **Vom Schiedsrichter** musste das Spiel wegen des starken Gewitters abgebrochen werden. **Wegen des starken Gewitters** musste das Spiel vom Schiedsrichter abgebrochen werden.* → Satzglied

Verb
Wortart; Verben geben an, was geschieht bzw. was getan wird: *Lena **schreibt**. Der Zug **kommt** schon wieder zu spät.*

Wortart
Einteilung der Wörter nach grammatischen Merkmalen und nach der Bedeutung.
→ Nomen, → Verb, → Adjektiv, → Pronomen, → Artikel, → Adverb, → Konjunktion, → Präposition

Wortfamilie
Gruppierung von Wörtern nach ihrer Wortverwandtschaft: *Spiel, spielen, Spieler, abspielen, bespielbar …*

Wortfeld
Gruppierung von Wörtern nach ihrer Bedeutungsähnlichkeit: *langsam, bedächtig, sacht, gemütlich …* → Synonym

Wortstamm
Wortbaustein; der Wortstamm ist der wichtigste Teil eines Wortes: *un-be-**spiel**-bar.*
Er ist der Kern für die Bildung neuer Wörter, indem ihm Präfixe oder Suffixe oder andere Wortstämme angefügt werden: ***Tisch** – **Tisch**ler – Ess**tisch** – auf**tisch**en.*

Zeitform
Verbform, mit der man ein Geschehen als gegenwärtig, vergangen und zukünftig darstellen kann.
→ Präsens, → Perfekt, → Präteritum, → Plusquamperfekt, → Futur I, → Futur II

Quellenverzeichnis

Texte

8–10	Mit dem Lügendetektor der Wahrheit auf der Spur?; Originalbeitrag
12–13	Wie alt können wir werden? Aus: Die Biologie des Alterns – Das Methusalem-Projekt (teilweise verändert). In: Geo, Nr. 02/2006, S. 132–133
15–16	Woher kommt im Jahr 2050 unsere Energie? Aus: Franz Alt: Zur Sonne, zur Freiheit (teilweise verändert). In: Hörzu, Nr. 31 (vom 28.07.2006), S. 10–12
17	Kreisdiagramm Biomasse; Kreisdiagramm Solarenergie: Westermann Kartographie/Technische Grafik, Braunschweig 2007
21–22	Katrin Teschner: „Auf der Autobahn ist jeder allein" (gekürzt und leicht verändert). Aus: Braunschweiger Zeitung vom 15. April 2004
24	Statistische Daten: Bundesagentur für Arbeit
34–35	Für Klima-Wende bleibt noch eine letzte Frist. Aus: Freie Presse vom 5./6.5.2007
36	Der Mensch als Sünder. Aus: Freie Presse vom 19.11.2007
37	Zitat zur Erderwärmung aus: www.co2-infos.de/002.html vom 6.11.2007
38	Luftverunreinigungen durch CO_2-Ausstoß (leicht verändert). Aus: Klaus Tischler: Grundwissen Umwelt. Ernst Klett Verlag, Stuttgart 1994
38	Wortfeld zum Begriff „nachhaltig" aus: Sinnverwandte Wörter. Bertelsmann Lexikonverlag, Gütersloh/München 1999
39–40	Stefanie Wilhelm: Klimawandel: Es wird wärmer! (leicht gekürzt) Aus: www.geolino.de vom 22.1.2007
41	Der menschliche Beitrag zum Treibhauseffekt (leicht gekürzt). Aus: www.umweltbundesamt.de/klimaschutz/klimaaenderungen/faq/skeptiker.htm vom 30.5.2007
43	Die größten Energiesünden im Haushalt. Aus: Sächsische Zeitung vom 27./28.10.2007
44	China legt eigenen nationalen Plan zum Klimaschutz vor. Aus: Freie Presse vom 5.6.2007
45	Bush gegen klare Klimaschutz-Ziele. Aus: Freie Presse vom 29./30.9.2007
48	Prozentangaben zur Entstehung des anthropogenen CO_2-Ausstoßes in Deutschland aus: Andreas Kröner: Das Weltklima im Visier. In: ADACmotorwelt 4/2007, S. 69
54/55	Zitate von Gabriela von Goerne und von Hans Verolme aus: www.owl-online.de/news/tagesthema/heute/hauptgeschichte-klimarat vom 17.11.2007
55	Schlagzeile des Artikels von Volker Mrasek aus: www.spiegel.de/wissenschaft/natur vom 17.11.2007
58	Bertolt Brecht: Ich bin aufgewachsen als Sohn … Aus: Die Gedichte von Bertolt Brecht in einem Band. Suhrkamp Verlag, Frankfurt a. M. 1981, S. 721. © 1939 by Malik-Verlag, London
58	Anekdote über Brecht von Herbert Ihering aus: Herbert Ihering: Die Schaubude. Deutsche Anekdoten und Kalendergeschichten aus sechs Jahrhunderten. Neues Leben, Berlin 1964
59	Brechts Anweisungen im Vorwort seiner „Hauspostille" aus: Gedichte von Bertolt Brecht in einem Band, a. a. O., S. 169–170. © Suhrkamp Verlag, Frankfurt a. M. 1960
59	Brecht über seine „Ballade der Hanna Cash" aus: ebd. © Suhrkamp Verlag, Frankfurt a. M. 1960
60–61	Bertolt Brecht: Ballade von der Hanna Cash. Aus: ebd., S. 229–231.
63	Information über Verfremdungseffekte bei Brecht; Originalbeitrag
64–66	Bertolt Brecht: Gang zum Galgen (Auszug). Aus: Ders.: Gesammelte Werke. Bd. I. Stücke 1918–1931. Suhrkamp Verlag, Frankfurt a. M. 1967
67	Bertolt Brecht: Der hilflose Knabe. Aus: Ders.: Geschichten vom Herrn Keuner. Suhrkamp Verlag, Frankfurt a. M. 1977, S. 22
70	Bertolt Brecht: Die Rolle der Gefühle. Aus: ebd.
70–71	Bertolt Brecht: Wenn die Haifische Menschen wären. Aus: ebd., S. 55–57
73	Bertolt Brecht: Kalifornischer Herbst. Aus: Gedichte von Bertolt Brecht in einem Band, a. a. O., S. 935. © Suhrkamp Verlag, Frankfurt a. M. 1961
73	Brechts Notiz zum kalifornischen Klima aus: Bertolt Brecht: Arbeitsjournal, Eintragung vom 21. Januar 1942. Zitiert nach: Jan Knopf: Brecht-Handbuch, Bd. 2. Stuttgart 1984, S. 10
74	Bertolt Brecht: Der Pflaumenbaum. Aus: Gedichte von Bertolt Brecht in einem Band, a. a. O., S. 647. © 1939 by Malik-Verlag, London
74	Bertolt Brecht: Vom Sprengen des Gartens. Aus: ebd., S. 861. © Suhrkamp Verlag, Frankfurt a. M. 1961
75	Über reimlose Lyrik mit unregelmäßigen Rhythmen (1938). Aus: Bertolt Brecht: Über Lyrik. © Edition Suhrkamp, Frankfurt a. M. 1964, S. 77
76–79	Bertolt Brecht: Die unwürdige Greisin. Aus: Ders.: Die unwürdige Gresin und andere Geschichten. © Suhrkamp Verlag, Frankfurt a. M. 2003
80	Bertolt Brecht: Die Lösung. Aus: Gedichte von Bertolt Brecht in einem Band, a. a. O., S. 1009. © Stefan S. Brecht, 1964
81	Bertolt Brecht: Eisen. Aus: ebd., S. 1012. © Stefan S. Brecht, 1964
81	Bertolt Brecht: Als ich nachher von dir ging. Aus: ebd., S. 993.
82–83	Marcel Reich-Ranicki: Interpretation zu Brechts Gedicht „Als ich nachher von dir ging" (Auszug). Aus: Frankfurter Anthologie. Bd. 18. Hrsg. von Marcel Reich-Ranicki. Insel Verlag, Frankfurt a. M. und Leipzig 1995
83	Bertolt Brecht: Der Blumengarten. Aus: Gedichte von Bertolt Brecht in einem Band, a. a. O., S. 1009. © Stefan S. Brecht, 1964

84	Meinungen zu Brecht von Herbert Ihering, Lion Feuchtwanger und Marianne Kesting aus: Brecht-Bildmonographie. Rowohlt Verlag, Hamburg 1989
84	Meinung zu Brecht von Marcel Reich-Ranicki aus: Frankfurter Anthologie, a. a. O.
86–105	Alle Textauszüge aus: Thomas Keneally: Schindlers Liste. C. Bertelsmann Verlag in der Verlagsgruppe Random House, München 1994
112	Merkkasten zur Figurenanalyse nach: Werner Faulstich: Grundkurs Filmanalyse. Wilhelm Fink Verlag, München 2002, S. 95–99
118	Merkkasten zur Filmmusik nach: Werner Faulstich: Grundkurs Filmanalyse. Wilhelm Fink Verlag, München 2002, S. 137–139
120–122:	Johann Wolfgang von Goethe: ein Porträt; Originalbeitrag
123	Deckblatttext zu Faust aus: Johann Wolfgang von Goethe: Dichtung und Wahrheit. Hrsg. von Walter Hettche. Reclam Verlag, Stuttgart 1998
125–143	Alle Textauszüge aus: Johann Wolfgang von Goethe: Faust. Erster Teil. Hamburger Lesehefte Verlag, 29. Heft, Husum/Nordsee o. J.
144–145	Alle Textauszüge aus: Johann Wolfgang von Goethe: Faust. Der Tragödie Zweiter Teil. Reclams Universal-Bibliothek Nr. 2, Stuttgart 2001
149	Alle Textauszüge aus: Johann Wolfgang von Goethe: Faust. Erster Teil. Hamburger Lesehefte Verlag, 29. Heft, Husum/Nordsee o. J.
150–153	Lachen und Lachen ist zweierlei; Wolfgang Menzel
155	Definition „lächeln"; Wolfgang Menzel
156–157	Das Komische – eine vielfältige Kategorie; Wolfgang Menzel
158	Zirkusszene; Wolfgang Menzel
159	Limerick „Lady of Riga"; Wolfgang Menzel
162	Loriot: Bundestagsrede. Aus: Loriots dramatische Werke. Diogenes Verlag, Zürich 1983
163	Kurt Tucholsky: Der Mensch. Aus: Kurt Tucholsky. Gesammelte Werke. Bd. III. Rowohlt Verlag, Reinbek 1960
164	Kurz Tucholsky: Was darf die Satire? Aus: Kurt Tucholsky. Gesammelte Werke. Bd. I. Rowohlt Verlag, Reinbek 1961
167	Definition „Essay"; Wolfgang Menzel
167	Definition „Witz"; Wolfgang Menzel
168–183	Alle Textauszüge aus: Bernhard Schlink: Der Vorleser. Diogenes Verlag, Zürich 1997
168	Pressestimmen zu Schlinks „Der Vorleser": Rückseite des Buchumschlags von: ebd.
179	Definition „Motiv"; Originalbeitrag
181	Definition „Schuld": juristisch. Aus: Harenberg Kompaktlexikon. Bd. 5. Harenberg Lexikonverlag, Dortmund 1994
181	1. Definition „Schuld": ethisch-moralisch. Aus: www.wikipedia.org/wiki/Schuld am 31.10.2007
181	2. Definition „Schuld": ethisch-moralisch. Aus: Microsoft ® Encarta ® 2007 © 1993–2006 Microsoft Corporation
188	Gregor Schlosser: Außergewöhnliches Buch. © 1998–2002 by wortlaut.de, Göttingen, © 1999 by Gregor Schlosser, Berlin
189	Bernhard Schlink; Originalbeitrag
190	Barbara Rhenius: Vorbeigeflogen!; Originalbeitrag
192/193	Günter Bruno Fuchs: Gestern. Aus: Ders.: Die Ankunft des Großen Unordentlichen in einer unordentlichen Zeit. Gedichte, Bilder und Geschichten. Wagenbach Verlag, Berlin o. J.
194	Robert Gernhardt: Blau und Grün. Aus: Ders.: Lichte Gedichte. Fischer Verlag, Frankfurt a. M. o. J.
194	Karl Alfred Wolken: Leere Stelle. Aus: Ders.: Außer Landes. Gedichte. Böhme und Erb, Düsseldorf 1979
198	Andreas Gryphius: Es ist alles eitel. Aus: 50 Klassiker. Lyrik. Hrsg. von B. Sichtermann und J. Scholl. Gerstenberg Verlag 2005
200	Joseph von Eichendorff: Mondnacht. Aus: Gedichte der Romantik. Hrsg. von Wolfgang Frühwald. Reclam Verlag, Stuttgart 1984
201	Annette von Droste-Hülshoff: Der Knabe im Moor. Aus: 50 Klassiker, a. a. O.
203	Ernst Jandl: die zeit vergeht. Aus: Dieter Hoffmann: Arbeitsbuch Deutschsprachige Lyrik seit 1945. A. Francke Verlag, Tübingen und Basel 1998
205	Rose Ausländer: Auf der Flucht. Aus: Gedichte und Interpretationen. Bd. 7. Gegenwart II. Hrsg. von Walter Hinck. Reclam Verlag, Stuttgart 1997
206–207	Andreas Steinhöfel: Die Katze (Auszug). Aus: Ders.: Defender. Carlsen Verlag, Hamburg 2004
209	Jochen Mariss: Beziehungsweise. Erschienen als Postkarte bei Grafik Werkstatt Bielefeld. www.gwbi.de
210	Gundula Menking: Nur ein Gefühl. Aus: Hungrig nach starken Gefühlen. Westermann Schulbuchverlag, Braunschweig 1994
210	Rolf Krenzer: Sommerabend. © Rolf Krenzer
210	Heinz Kahlau: Sommerlied. Aus: Ders.: Du. Liebesgedichte. Aufbau Verlag, Berlin und Weimar 1989
211	Wiebke Dobslaw: Trauminsel. Aus: Hungrig nach starken Gefühlen. a. a. O.
211	Heinrich Heine: Dass du mich liebst … Aus: Heinrich Heine. Sämtliche Schriften. Hrsg. von K. Briegleb. Carl Hanser Verlag, München 1968
211	Robert Gernhardt: Verdrehter Kopf. Aus: Ders.: Weiche Ziele. Gedichte 1984–1994. Haffmans, Zürich 1994
211	Karin Kiwus: So oder so. Aus: Karin Kiwus: Angenommen später. Suhrkamp Verlag, Frankfurt a. M. 1979
212	Wie bin ich? Aus: Heiko Ernst: Wie bin ich? In: Psychologie heute, April 2006
214–216	Presseinformation (Auszüge) aus der 15. Shell Jugendstudie aus: www.shell-jugendstudie.de am 30.4.2007

217	Grafiken: Auf- statt Ausstieg, Engagement für andere auf hohem Niveau, Probleme und Ängste der Jugendlichen (2002–2006), Gebremster Optimismus: Westermann Kartographie/Technische Grafik, Braunschweig 2008. Statistische Daten: 15. Shell Jugendstudie, Stand: 2006
218	Zitat von Wolfgang J. Reus aus: Nebelspalter. Schweiz, Nr. 9/2005
218–219	Zitate von Aristoteles, Theodor Fontane, Ludwig Börne, Leonardo da Vinci, Goethe über Toleranz aus: www.zitate-welt.de/zitate/ am 24.04.2007
218–219	Zitate von Rosa Luxemburg, Marie Curie und Bettina von Arnim aus: www.aphorismen.de am 12.03.2008
218–219	Zitat von Marie von Ebner-Eschenbach aus: Zitatenhandbuch. Bd. 2. Hrsg. von Eberhard Puntsch. mvg verlag im verlag moderne industrie, München/Landsberg am Lech 1994
219	Zitat von Goethe über das Leben aus: Johann Wolfgang von Goethe: Dichtung und Wahrheit. Hrsg. von Walter Hettche. Reclam Verlag, Stuttgart 1998

Abbildungen

	Umschlagfoto: Bibliothek: Corbis
13	Rekorde ohne Ende: Westermann Kartographie/Technische Grafik, Braunschweig 2007
17	Kreisdiagramm Biomasse; Kreisdiagramm Solarenergie: Westermann Kartographie/Technische Grafik, Braunschweig 2007
18	Bild links: picture-alliance/ZB, Fotograf: Andreas Lander; Bild rechts: picture-alliance/dpa, Fotograf: Armin Weigel
24	Infografik: Schulabschluss und Lehrberuf: Globus Infografik 1349
29	Klaus G. Kohn, Braunschweig
30	Konrad Eyferth, Berlin
34	Kurz vor 12: Fotoagentur Waldhäusl/Montage Freie Presse/Daniel Schmidtke
36	Ban Ki Moon und Pachauri: Heino Kalis/Reuters
42	Karikatur: Haitzinger/CCC, www.c5.net
43	Treibhausgase: AFP/Quelle: BMU
58	Familie Brecht: akg-images
59	Der junge Brecht: picture-alliance
61	Brecht: picture-alliance/akg-images
63	Dreigroschenoper: akg-images
64	Theaterzettel: picture-alliance/akg-images
67	Rudolf Schlichter: Bertolt Brecht, Gemälde 1926: akg-images
80	Brecht und Weigel: Akademie der Künste/Bertolt-Brecht-Archiv, Berlin
85	Cover zu Bertolt Brecht: Kalendergeschichten, rororo; Cover zu Reinhold Jaretzky: Bertolt Brecht, rororo; Cover zu Bertolt Brecht: Der kaukasische Kreidekreis, Suhrkamp; Cover zu Bertolt Brecht: Geschichten vom Herrn Keuner, Suhrkamp
86	Cover zu Thomas Keneally: Schindlers Liste, © der deutschen Ausgabe 1983, 1994 C. Bertelsmann Verlag, München in der Verlagsgruppe Random House
89	Schindlers Liste: cinetext
105	Schindlers Liste: cinetext
106	Schindlers Liste: cinetext
109	Schindlers Liste: cinetext
113	Schindlers Liste: cinetext
119	Schindlers Liste: cinetext
121	Goethe: bpk
150	Schimpansen: Biosphoto/Ruoseo Cyril Familie: Alamy/Ace Stock Limited
151	Wilhelm-Busch-Gesellschaft e. V., Hannover Luca Toni: M. i. S. Sportpressefoto Charlie Brown: Peanuts © United Feature Syndicate, Inc. Pop Art: dieKLEINERT-Bildarchiv Paar: face to face
152	Snoopy: Peanuts © United Feature Syndicate, Inc. Mutter und Baby: Alamy/Mira Paar: Okapia
153	Mädchen: Bildagentur Begsteiger
156	Herren im Bad: aus Loriots Dramatische Werke, © Diogenes Verlag AG Zürich
162	Loriot: Studio Loriot, Ammerland
168	Cover zu Bernhard Schlink: Der Vorleser, © 1995, 1997 Diogenes Verlag AG Zürich
170	Stadtplan: Map and Route, Nürnberg
176	Straßenbahn: Stadtarchiv Heidelberg
185	Ernst Ludwig Kirchner: Nollendorfplatz, Gemälde 1912: akg-images
189	Bernhard Schlink: © Regine Mosimann/Diogenes Verlag AG Zürich
208	Cover zu Andreas Steinhöfel: Defender. Geschichten aus der Mitte der Welt, © 2001, 2004 Carlsen Verlag Hamburg
278	Cover zu Duden. Richtiges und gutes Deutsch. 6. Auflage